中华传世藏书

【图文珍藏版】

中华上下五千年

刘宇庚⊙主编

线装书局

战国时期的联姻

赵简子、赵襄子与代王、西戎的联姻

赵简子，春秋时期晋国赵氏的领袖，原名赵鞅，又名志父，亦称赵孟。《赵氏孤儿》中的孤儿赵武之孙。晋平公时，晋已进入"季世"，"晋国之政，卒归此（韩、赵、魏）三家"；晋昭公时，赵、韩、魏、智伯、中行、范氏等六卿更强，公室更卑。作为名义上是"晋卿"但"实专晋权，奉邑侔于诸侯"的赵简子来说，这种局面正是发展自己势力的大好时机。晋定公十九年（公元前493年），赵简子打败了范氏和中行氏，然后扩大封地，为此后赵国的建立奠定了坚实基础。

代是春秋末期至战国初期活动在今河北蔚县东北的一个古国。据《史记·赵世家》记载，"翟（狄）犬者，代之先也"，而且代为白狄的住地，所以，赵简子与代的联姻实际上就是与白狄的联姻。

赵简子何时与代联姻，史无明载。根据赵襄子伐代时其姊所言"吾受先君之命，事代之王，今十有余年矣"来看，此次联姻应在战国初期的晋出公元年至八年（公元前474—前467年）之间。

非常耐人寻味的是，赵简子曾利用野人致他的"帝命"，说他儿子将"克二国于翟"，并"且必有代"。他的儿子毋恤也曾当着赵简子的面说"从常山上临代，代可取也"，为何后来又要把女儿嫁给代王呢？联系赵简子父子的言行及赵襄子即位后灭代等事件来看，赵简子与代联姻主要为了麻痹代王，借联姻进一步了解代国的情况，以便为以后消灭代国做准备。

赵简子在位时，赵与代的关系非常平静。但赵简子一死，其子赵襄子安葬了父亲，还没有脱去丧服，便迫不及待地率军北上，准备一举消灭代国。由于代国地势险要，道路艰阻，代王又英勇善战，如果赵襄子强攻，肯定会遭到代国的强烈反击，胜败很难预料。为了顺利消灭代国，赵襄子先登上夏屋山，然后设宴诱骗代王来此相会。代王因是赵襄子的姐夫，当然不会怀疑赵襄子。赵襄子为了实现他的阴谋，他令工人制作金斗，并在金斗上安上形状如刀的长柄，"令可以击人"。代王到达后，赵襄子派厨夫拿斗盛酒，招待代王及其随从，并暗中命令宰人说："即酒酣乐，进热啜，反斗以击"杀代王及从官。当"代君至酒酣"时，宰人各"反斗而击之，一成脑涂地"，使其死亡，然后出动军队一举攻占了代国。

作为赵襄子之姊的代王夫人，对母国的军事行动深表不满，所以当赵襄子派人迎请她回到赵地时，她便对来人说："我按照先君的命令，来到代国侍奉代王，到现在已经十余年了。代王并没有什么大错，主君却杀害了他。现在代国已经灭亡，我将到何处去呢？而且我听说，妇人应当坚持行义，不能有第二个丈夫，难道我还要有第二个丈夫吗？你们想把我接到什么地方去？如果我因为弟弟而不敬丈夫，这是不义；如果我因为丈夫而怨恨弟弟，这是不仁。我虽然不敢有所怨恨，但也不想回到赵地。"深明义理的赵襄子之姐当时确实处于两难境地。为了摆脱这种窘境，她只好在"泣而呼天"后"摩笄自杀"。赵襄子所派使者见此情景，"遂亦自杀"。

代王夫人自杀事件在代人当中引起了极大震动，当时"天下莫不闻"。代人为了缅怀她的壮举，把她自杀之地命名为摩笄之山。《史记·赵世家》正义引《括地志》云，摩笄山（一名磨笄山）原叫马头山，在今河北省蔚县东南；一说原称鸡鸣山，在今河北省宣化东南。

赵襄子袭灭代国后，曾一度受到韩、魏和智伯的围攻，他所在的晋阳城内曾出现过"悬釜而炊，易子而食"的悲惨局面，后以计与韩、魏联合消灭了智氏势力。为了继续扩展赵的势力，赵襄子便娶空同氏为夫人，与西戎人建立了同盟。

空同氏为生活在崆峒山的西戎人。据《史记·赵世家》正义引《括地志》云："崆峒山在肃州福禄县东南六十里，古西戎地。又原州平高县西百里亦有崆峒山，即皇帝问广成子道处。"司马贞强调说，此两处"俱是西戎地"。由此可见，赵襄子所娶空同氏无疑是西戎之女。

空同氏与赵襄子结合后生下五个儿子，但因赵襄子一定要传位给其兄伯鲁之子代成君，所以空同氏的五个儿子以后都没有承袭父位，在母以子贵的时代，空同氏自然也没有显要之位，甚至在史书中再也没有出现过她的名字。

秦惠王与燕、巴、义渠的联姻

秦惠王为秦孝公之子。秦孝公即位后，痛感"诸侯卑秦，丑莫大焉"，决心继承秦献公的事业，大力进行改革。他重用商鞅，让他主持变法。从公元前356年至公元前350年，商鞅推行过两次大规模的变法，使原来比较落后的秦国一跃成为战国时期的强国，秦国于是产生了"吞天下之心"。

燕是公元前11世纪周所分封的诸侯国，在今河北北部和辽宁西端，建都蓟（今北京城西南）。到战国燕文公在位时期，燕东有朝鲜、辽东，北有林胡、楼烦，西有云中、九原，南有滹沱、易水，"地方二千余里，带甲数十万，车六百乘，骑六千匹，粟支十年"，而且"南有碣石、雁门之饶，北有枣栗之利，民虽不佃作而足于枣栗"，成为战国七雄之一。

正是由于一方准备吞并天下，一方处于优越的地理位置，距秦甚远，秦在当时无法攻燕，所以在秦惠王即位的第四年即燕文公二十八年（公元前334年），秦便与燕联姻，秦惠王将女儿嫁给燕国太子。次年，燕文公死，其太子继立，是为易王。秦惠王之女成了王后。

对秦、燕两国来说，尽管这次联姻都是各有所需，但联姻之后，燕国明显得到了实惠。燕文公去世后，齐宣王"因燕丧伐燕"，攻占了燕国的十城。当时燕易王刚即位，没有能力夺回十城，便求苏秦帮忙。苏秦满口答应后，便到了齐国，劝说齐宣王归还了所占十城。对此，《史记·苏秦列传》有详细记载。其文云：

> 苏秦见齐王，再拜，俯而庆，仰而吊。齐王曰："是何庆吊相随之速也？"苏秦曰："臣闻饥人所以饥而不食乌喙者，为其愈充腹而与饿死同患也。今燕虽弱小，即秦王之少婿也。大王利其十城而长与强秦为仇。今使弱燕为雁行而强秦敝其后，以招天下之精兵，是食乌喙之类也。"齐王愀然变色曰："然则奈何？"苏秦曰："臣闻古之善制事者，转祸为福，因败为功。大王诚能听臣计，即归燕之十城。燕无故而得十城，必喜；秦王知以己之故而归燕之十城，亦必喜。此所谓弃仇雠而得石交者也。夫燕、秦俱事齐，则大王号令天下，莫敢不听。是王以虚辞附秦，以十城取天下。此霸王之业也。"王曰："善。"于是乃归

　　由此可见，齐国之所以会归还所夺燕国十城，虽然与苏秦的不烂之舌有关，但最重要的还是由于燕、秦联姻以及秦国的强大。如果齐国不归还十城，那么作为岳父的秦惠王势必出面干预，而且极有可能联合燕国征伐齐国。齐国当然会考虑到这种可能性以及由此造成的严重后果，因此便主动归还燕城，且"愿为兄弟而请罪于秦"，使燕国、秦国都对齐国感恩戴德。总之，强大的秦国与弱小的燕国联姻，即使燕国在一定程度上得到了保护，又使秦国的远交近攻战略得到了初步尝试。

　　秦惠王时，秦国还与巴联姻。与秦燕联姻相比，这次联姻在性质上完全不同。

　　巴为历史上的一个古国，在先秦时期主要活动在川东、鄂西和陕西汉中一带，相传周以前巴人居于武落钟离山（今湖北长阳西北）一带，廪君为其著名首领，后向川东扩展。巴国在商代已与中原交往，并且参加了周武王伐纣之战。《华阳国志·巴志》云："周武王伐纣，实得巴蜀之师，著乎《尚书》。巴师勇锐，歌舞以凌，殷师徒倒戈，故世称之曰，武王伐纣，前歌后舞也。"但《牧誓》八国中有濮无巴，或以为濮即为巴，或以为"西土"八国中的彭即为巴国。春秋初叶，巴与楚、邓等国时战时和。楚、秦强大后，巴人曾力图在楚秦夹缝中寻求独立地位，既依附楚国，又向秦国朝贡。公元前611年，庸国屡胜楚师，巴又与秦共同支持楚国夹击庸国。灭庸之后，巴在与楚、秦分割庸国时得到了庸国的西部地区，完全控制了由长江中游通往上游的枢纽，其政治中心也向今重庆地区发展，形成了与蜀在今四川地区东西对峙的局面。到春秋中后叶，巴国已发展到了鼎盛时期，兵锋所指北达邓，南涉沅、澧，并与蜀国在西南相抗衡。战国时期，巴国在清江流域的故地被楚国吞食，在鄂西北及陕南的势力也被楚、秦所逐。战国中叶，楚又掠夺了巴在川东的许多地方。至楚威王时，又"使将军庄蹻将兵循江上，略巴黔中以西"。秦惠王后元九年（公元前316年），秦国司马错出兵巴蜀，消灭巴国。

　　秦国虽以武力征服了巴国，但要牢固地控制住巴蜀地区，还需要采取一些切实可行的措施，以消除那些固有的不稳定因素。为此，秦国便在此后实行了

联姻政策，"以巴氏为蛮夷君长，世尚秦女"。综观这次联姻可以看出如下三个特点：

第一，联姻政策的连续性，即巴氏"世尚秦女"。所谓"世"即"父子相继"，可见继位的巴氏均娶秦女为夫人。

第二，明确了巴蜀向秦国交纳赋税的义务："其君长岁出赋二千一十六钱，三岁一出义赋千八百钱。其民户出幏布八丈二尺，鸡羽三十镞。"

第三，先出兵征服后嫁女联姻是中国古代政治婚姻史及中国古代和亲史上的独特类型。

秦惠王时，秦国还曾与义渠联姻。这次政治联姻也有一定特点。

义渠为西戎之一，分布于岐山、梁山、泾水、漆水之北，今甘肃庆阳及泾川一带。春秋时期，义渠发展很快，到战国初，"义渠、大荔（西戎之一）最强，筑城数十，皆自称王"。此后，义渠常与秦国发生战事。秦厉共公六年（公元前471年），"义渠来赂"；三十三年（公元前444年），秦出兵义渠，俘虏其王；秦惠王七年（公元前331年），义渠发生内乱，秦庶长操"将兵定之"；十一年（公元前327年），秦攻取义渠之地，义渠王向秦称臣；秦惠王后元七年（公元前318年），韩、赵、魏、燕、齐"帅匈奴共击秦"。当时秦怕义渠君乘机出兵秦国，便"求亲义渠君"，并将"好女百人"送给义渠君。

秦国之所以会在此时向义渠君求亲，关键在于义渠君当时处于举足轻重的地位。陈轸对此就看得比较透彻。《战国策·秦策二》载：

居无几何，五国伐秦。陈轸谓秦王曰："义渠君者，蛮夷之贤君，王不如赂之以抚其心。"秦王曰："善。"因以文绣千匹，好女百人，遗义渠君。

由此可见，秦向义渠君求亲主要出于如下考虑：一是义渠君是一位"贤君"，在西戎中有一定的影响，将他拉拢过来对秦抗击五国大有益处；二是通过联姻，使义渠出兵"相助"，以增强秦国的兵势；三是"是时诸侯连匈奴，秦恐义渠因而有变，故赂以和之"，使义渠保持中立立场，至少希望在匈奴配合韩、赵、魏、燕、齐等五国伐秦的严峻形势下，义渠不要趁火打劫。总之，秦国与义渠联姻并不是为了建立或发展双方的友好关系，而是一种解除危难的权宜之计，属于结交同盟类型的联姻。

而作为义渠君来说，他本人虽然当时不可能完全看透秦国向义渠求亲的真实用意，但当后来的事实与公孙衍早些时候向他提醒的基本吻合时，他立即改变了对秦的态度，不但不援助秦国，反而起兵袭击秦国。《史记·张仪列传》载：

义渠君朝于魏。犀首（公孙衍）闻张仪复相秦，害之。犀首乃谓义渠君曰："道远不得复过，请谒事情。"曰："中国无事，秦得烧掇焚杅君之国；有事，秦将轻使重币，事君之国。"其后五国伐秦。会陈轸谓秦王曰："义渠君者，蛮夷之贤君也，不如赂之以抚其志。"秦王曰："善。"乃以文绣千纯、妇女百人遗义渠君。义渠君致群臣而谋曰："此公孙衍所谓邪？"乃起兵袭秦，大败秦人李伯之下。

在公孙衍看来，如果齐、魏等诸侯国不联合攻打秦国，那么秦国必会对义渠国焚烧抢掠；如果齐、魏等六国联兵征伐秦国，那么秦国必会向义渠君求亲，并"事义渠之国，欲令相助"。当然公孙衍所言旨在挑拨义渠与秦的关系，"令义渠君勿援秦也"。但后来秦在遭到多国部队征伐时确实向义渠君求亲。这一事实，促使义渠君得出了秦求亲并无诚意的结论，因此便出兵秦国。由此可见，只把联姻作为权宜之计，对联姻毫无诚意，并不能给自己带来实惠，相反会给自己带来灾难。

楚与郑的联姻

战国时期，楚与郑国的联姻主要是郑袖与楚怀王的婚姻。

郑袖亦作"郑衰"。周紫芝《楚辞说》云："郑国之女多美而善舞。楚怀王幸姬郑袖，当是善舞，故名。袖者，所以舞也。"可见郑袖为郑国人，以貌美善舞而得宠于楚怀王。

楚怀王是个好色国王，虽然非常宠爱郑袖，对郑袖"所言无不从"，但当张仪问他是否"好色"以及"郑周之女，粉白墨黑，立于衢间，非知而见之者，以为神"时，楚怀王竟恬不知耻地说："楚，僻陋之国也，未尝见中国之女如此其美也。寡人之独何为不好色也？"楚怀王之言对郑袖造成了一定的心理压力。据《战国策·楚策三》记载，"郑衰闻之大恐"。

郑袖所惧非常自然。她清楚自己以色得宠的历史，而且更清楚天下美女如

云，其他美女也会以色得宠的现实。为了巩固自己的地位，她所能做到且最有成效的工作就是防止其他美女投入楚怀王的怀抱。楚怀王十八年（公元前311年），楚国囚禁了张仪，并"欲杀之"。在这危急时刻，张仪的楚国朋友靳尚对郑袖说："秦王甚爱张仪，而王欲杀之，今将以上庸之地六县赂楚，以美人聘楚王，以宫中善歌者为之媵。楚王重地，秦女必贵，而夫人必斥矣。夫人不若言而出之。"郑袖听后，觉得靳尚所言在理，于是便日夜缠着楚怀王说："人臣各为其主用。今地未入秦，秦使张仪来，至重王。王未有礼而杀张仪，秦必大怒攻楚。妾请子母具迁江南，毋为秦所鱼肉也。"不出张仪所料，楚怀王果然对郑袖言听计从，不仅赦免了张仪，而且"厚礼之如故"。张仪乘机劝说楚怀王"与秦合（和）亲，约婚姻"，结为同盟。

为了报答郑袖，张仪在离开楚国前，便借机赞美郑袖，以帮助她巩固自己的幸姬地位。《战国策·楚策三》云：

张子辞楚王曰："天下关闭不通，未知见日也，愿王赐之觞。"王曰："诺。"乃觞之。张子中饮，再拜而请曰："非有他人于此也，愿王召所便习而觞之。"王曰："诺。"乃召南后、郑袖而觞之。张子再拜而请曰："仪有死罪于大王。"王曰："何也?"曰："仪行天下遍矣，未尝见人如此其美也。而仪言得美美人，是欺王也。"王曰："子释之。吾固以为天下莫若是两人也。"

当然从郑袖曾派人送给张仪五百斤金"以供刍秣"来看，张仪赞美郑袖可能受郑袖之托，而张仪能够死里逃生并且圆满完成出使楚国的任务，主要应当归功于郑袖，因此便对郑袖大加赞美。

郑袖不仅天生丽质，而且还工于心计，为了保住自己的宠姬地位，甚至不择手段。据《战国策·楚策四》记载，魏国国王曾赠给楚怀王一名"美人"，颇受楚怀王的宠爱。郑袖见状，非常担心自己的受宠地位会被魏女长期夺走。为使楚怀王最终疏远魏女，郑袖先假惺惺地装出非常喜欢楚怀王这位"新人"的姿态，竭尽全力满足魏女的要求："衣服玩好，择其所喜而为之；宫室卧具，择其所善而为之"，甚至对魏女的喜爱"甚于王"。郑袖的假情假意骗取了"不妒"的美名，楚怀王曾对他人夸赞郑袖说："妇人所以事夫者，色也；而妒者，其情也。今郑袖知寡人之说新人也，其爱之甚于寡人，此孝子之所以事亲，忠臣之所以事君也。"郑袖见自己的努力已大见成效，于是便开始设计破坏魏女在楚怀王心目中的形象。一日，郑袖对魏女说，国王虽然非常爱你的美貌，但却讨厌你的鼻子，以后你见到国王时，务必用手捂着你的鼻子。魏女不知这是郑袖陷害她的计策，误以为这是郑袖对她的关心，于是每次见到楚怀王时，总是捂着鼻子。楚怀王对此大惑不解，便问郑袖，新人见到寡人时，总是捂着鼻子，这是什么原因？郑袖回答说，她是怕闻到你身上狐臭的气味。楚怀王一听，张口就骂魏女"悍哉"，下令割掉她的鼻子。这样，郑袖又控制了楚怀王的感情。

赵与韩的联姻

在赵武灵王即位的第五年（公元前321年），赵国与韩国联姻，赵武灵王娶韩女为夫人。

当时，赵为"强国"，韩"微小"，两国的国势虽有很大差别，但为了共同利益，双方都极愿联姻，结成同盟。

赵、韩二国本来是在与魏三家分晋基础上结成的联盟，但到魏国强盛并暴露出恢复晋国统一局面的野心后，赵、韩便趁公中缓与魏惠王争立之机，武装干涉魏国，在浊泽大败魏军，围攻魏惠王。当时赵国企图杀魏惠王，另立公中缓，割取魏国土地；而韩国则主张不杀魏惠王，支持公中缓分裂魏国。这样，赵、韩联盟出现了较大裂痕。魏惠王巩固霸业后，赵、韩二国经常遭到魏国的侵扰。魏襄王继位后，赵、韩仍时常感受到魏国的威胁。就在赵武灵王即位之年（公元前325年），魏国还出兵打败赵将赵护和韩将韩举。武灵王是一个有所作为的国君，迫切希望赵国迅速发展，而要发展，就必须削弱魏国，而要做到这一点，首先要有良好的外部环境。赵武灵王根据赵国所处的地理位置，觉得赵国极有必要与韩结成比较牢固的同盟关系。因此，他先与韩国国君会于区鼠，然后与韩联姻。

此外，赵、韩联姻也是共同对抗秦的需要。当时秦国已经强大起来，其国君已"有吞天下之心"，赵、韩的邻国——强大的魏国时常遭到秦国的威胁和侵扰。按照赵、韩所处的地理位置，秦国一旦攻打韩国，"无有名山大川之限，稍稍蚕食之，傅之国都而止矣。韩、魏不能支秦，必入臣。韩、魏臣于秦，秦无韩、魏之隔，祸必中于赵矣"。也就是说，秦当时虽然不敢举兵伐赵，但作为

"赵之南蔽"的韩国一旦为秦所有，赵国也就门户洞开，成了秦国直接攻击的对象。为了保住"南蔽"，赵国也有必要与韩联姻，以共同抗秦。联姻之后，赵、韩不仅参加了六国的伐秦战争，而且赵、韩还于次年（公元前 317 年）联合魏国"共击秦"。

田齐与秦的联姻

在韩与赵联姻的次年（公元前 320 年），田齐与秦也建立了联姻关系。关于这次联姻，史书记载得非常简略，《史记·田敬仲完世家》和《史记·六国年表》"齐表"中只有"迎妇于秦"四个字。

田齐与秦联姻在很大程度上与秦相张仪有关。《史记·秦本纪》载："（后元）二年（公元前 323 年），张仪与齐、楚大臣会啮桑。"《史记·田敬仲完世家》载："湣王元年，秦使张仪与诸侯执政会于啮桑。三年，封田婴于薛。四年，迎妇于秦。"由此可见，张仪与齐国大臣的相会奠定了齐秦联姻的基础。

齐秦联姻之所以能够顺利实施，主要取决于当时双方的国势及复杂的国际关系。从齐国来看，自齐宣王与魏、楚、赵等国交战以后，"士卒疲敝"，"其民力竭"，需要休养生息。齐湣王即位后，因听从苏秦的劝说，"厚葬（齐宣王）以明孝，高宫室大苑囿以明得意"，结果使齐出现了"破敝"景象；而且，北方的燕国一直是齐国的仇雠，随时都有伐齐的可能，加之秦已"有吞天下之心"，对齐构成了一定威胁，因此田齐便以联姻为手段结交秦国，将秦国作为外援。从秦国来看，当时秦国虽已强大起来，但也明白齐仍"地方二千余里，带甲数十万，粟如丘山。三军之良，五家之兵，进如锋矢，战如雷霆，解如风雨"的"强国"事实，而且更加清楚齐国加盟楚、韩、赵、魏、燕等国联军"以蔽秦"的可能性。再说，秦国虽已"有吞天下之心"，但当时根本不可能出兵齐国。因为秦如要伐齐，必"倍韩、魏之地，过卫阳晋之道，径乎亢父之险，车不得方轨，骑不得比行，百人守险，千人不敢过也。秦虽欲深入，则狼顾，恐韩、魏之议其后也。是故恫疑虚揭，骄矜而不敢进，则秦之不能害齐亦明矣"。既然秦国当时不能伐齐，又要实施"吞天下"战略，就有必要与齐联姻，将其作为自己的同盟。

正是由于双方都为了各自的私利而联姻，所以双方的关系并不牢固。双方联姻的第三年（公元前 318 年），齐国便参加了以楚怀王为纵长的韩、赵、魏、楚、燕、齐等六国参加的伐秦战争。

楚与齐的联姻

楚怀王在位时，楚国曾与齐国联姻。关于这次联姻，史书中没有明确记载，兹根据有关记载略加述论。

《史记·楚世家》载："十六年（公元前 313 年），秦欲伐齐，而齐与楚从亲，秦惠王患之，乃宣言张仪免相，使张仪南见楚王，谓楚王曰：'敝邑之王所甚说者无先大王，虽仪之所甚愿为门阑之厮者亦无先大王。敝邑之王所甚憎者无先齐王，虽仪之所甚憎者亦无先齐王。而大王和之，是以敝邑之王不得事王，而令仪亦不得为门阑之厮也。'"《史记·楚世家》索隐对"大王和之"解释为"和谓楚与齐相和亲"。由此可见，在公元前 313 年之前，楚已与齐国联姻。

楚齐联姻之议早在楚威王时期即已产生。当时苏秦自齐国到楚后，曾对楚威王说："秦之所害莫如楚，楚强则秦弱，秦强则楚弱，其势不两立。故为大王计，莫如从亲以孤秦。……大王诚能用臣之愚计，则韩、魏、齐、燕、赵、卫之妙音美人必充后官，燕、代橐驼良马必实外厩。故纵合则楚王，横成则秦帝。"只是因为当时条件并不成熟，所以联姻之议未占突出位置。直到楚怀王继位多年后，楚齐联姻才得以实现。

楚齐联姻使战国时期南部和东部的两大强国结成联盟，对秦国构成了严重威胁。因此，秦国便不惜一切代价破坏楚齐联姻关系。

楚与秦的联姻

战国时期，楚与秦国最早的联姻是芈八子与秦惠王的婚姻。

《资治通鉴》卷三载："芈八子，楚女也，实宣太后。"芈为楚姓，"八子"为她在秦惠王后宫中的称号。据元人胡三省介绍，"汉因秦制，嫡称皇后，次称夫人，又有美人、良人、八子、七子、长使、少使之号"；"八子视千石，比中更"。由此可见，芈八子仅是秦惠王的嫔妃之一。

尽管芈八子在当时后宫中的地位并不显赫，但由于她生下了秦昭襄王，所以在秦昭襄王继位后，她的地位突然变得异常显赫，不仅由芈八子改称宣太后，而且掌握了秦国的大权。秦昭襄王即位时（公元前 306 年）仅有 19 岁，宣太后

"自治事"，任用她的异父弟魏冉"为政，威震秦国"。秦昭襄王七年（公元前300年），宣太后又任用魏冉为相，后又将其封为穰侯。魏冉虽有宣太后做靠山官运亨通，但他的才能也确实出类拔萃。正如太史公所称赞的那样，"秦所以东益地，弱诸侯，尝称帝于天下，天下皆西乡稽首者，穰侯之功也"。

宣太后及外戚势力的强大，最终引起了秦昭襄王的反感及担忧。秦昭襄王三十六年（公元前271年）之后，昭襄王开始重用范雎。范雎向昭襄王言"宣太后专制，穰侯擅权于诸侯，泾阳君、高陵君（宣太后之子）之属太侈，富于王室。于是秦昭襄王悟，乃免相国"，并将他们驱逐出关。

魏冉等外戚势力以及宣太后两个儿子的失势，对宣太后打击很重，次年（公元前265年）她便病死，魏冉也"忧愤而亡"。

虽然"楚秦和亲，由来已久"，但在战国时期，楚怀王、楚襄王与秦昭襄王之间所建立的联姻关系，无论在联姻背景、内容、实质，还是对后世的影响等方面，都最具特色，更类似于汉唐时期的和亲。

楚怀王在位时，正是楚国由盛转衰的时期。楚怀王既无主见，容易被张仪等纵横家的如簧之舌所左右，又轻率、固执，喜欢女色，可谓昏庸至极，所以，楚国当时虽在名义上是天下第一大国，但国势已相当虚弱。

楚怀王即位（公元前328年）时，正是秦惠王即位的第十个年头。此时的秦国已"有吞天下之心"，对各诸侯国造成了极大威胁。楚怀王十一年（公元前318年），秦国击退以楚怀王为纵长的魏、赵、韩、燕、楚等六国联军的入侵。两年之后，秦惠王出兵伐蜀，攻入蜀都；不久，秦又兼并了巴国，进一步扩大了领土，加强了兵力。此时，"秦地，天下之半也，制齐、楚、三晋之命"。而对楚国来说，秦取巴蜀如拊楚人之背，迫使楚国重新考虑对秦国的态度。于是，政治联姻便成了双方所考虑的重要问题之一。

楚、秦联姻先由张仪提出。《史记·张仪列传》载：

秦欲伐齐，齐楚从亲，于是张仪往相楚。楚怀王闻张仪来，虚上舍而自馆之。曰："此僻陋之国，子何以教之？"仪说楚王曰："大王诚能听臣，闭关绝约于齐，臣请献商於之地六百里，使秦女得为大王箕帚之妾，秦楚娶妇嫁女，长为兄弟之国。此北弱齐而西益秦也，计无便此者。"楚王大说而许之。

据《史记·楚世家》和《史记·六国年表》记载，张仪相楚在楚怀王十六年（公元前313年），所以，在公元前313年，张仪就向楚怀王提出了与秦联姻问题。从张仪的建议来看，楚、秦联姻建立在破坏齐、楚联姻关系以及楚得商於之地的基础之上。在此之前，楚与齐已"相和亲"，为楚国抗秦增加了一定的砝码。如陈轸就曾对楚怀王说："秦之所以重楚者，以其有齐也。"可见，楚齐联姻对楚国抗秦起到了一定作用。对秦国来说，当时要想寻求发展，必须破坏齐楚联盟。而要达到这一目的，一是答应献地，二是与楚讨论联姻问题。当然，秦国对后者容易做到，但前者只是诱饵。所以，楚与齐绝交后，楚国派人向秦讨取土地，秦国拒绝不给，楚怀王大怒，遂于公元前312年发兵攻秦，双方战于丹阳，楚军大败，八万名甲士被杀，屈匄、逢侯丑等将领70余人被俘。秦军乘胜南进，"遂取汉中之郡"。楚怀王对此怒不可遏，"乃悉国兵复袭秦"，企图报复秦国，结果不仅在蓝田被秦军打败，而且还遭到了韩、魏两国的偷袭。楚国只好"割两城以与秦"讲和。在这种形势下，张仪自请使楚，与楚怀王再次讨论了楚、秦联姻问题。

张仪这次所议联姻与上次所议有所不同。《战国策·楚策一》记张仪对楚怀王说："今秦之与楚也，接境壤界，固形亲之国也。大王诚能听臣，臣请秦太子入质于楚，楚太子入质于秦，请以秦女为大王箕帚之妾，效万家之都，以为汤沐之邑，长为昆弟之国，重申无相攻击。臣以为计无便于此者。故敝邑秦王，使使臣献书大王之从车下风，须以决事。"楚怀王在张仪这样的说客面前，变得毫无主见。《战国策·楚策一》记楚怀王对张仪说："楚国僻陋，托东海之上。寡人年幼，不习国家之长计。今上客幸教以明制，寡人闻之，敬以国从。"于是派使者以车百乘入秦，献"鸡骇之犀"和"夜光之璧"给秦惠王，"约而与秦合（和）亲，约婚姻"。为了扩大楚、秦缔结联姻之约的影响，张仪到处宣传楚秦两国联姻之事。如他到齐国后，曾对齐宣王说："今秦楚嫁女娶妇，为昆弟之国。"

尽管楚、秦再次相约联姻，但由于秦惠王的去世以及齐宣王的策动，楚怀王"竟不合秦，而合齐以善韩"。秦武王继位后，楚、秦没有商量联姻问题，到秦昭襄王继位的次年（公元前305年），楚国才派人到秦国"迎妇"。

自楚怀王十六年（公元前313年）张仪第一次提出联姻到楚怀王二十四年（公元前305年）秦女出嫁楚国，秦国经秦惠王和秦武王二个国君，直到秦昭襄王继位后才将联姻之约变成现实。秦昭襄王之所以在即位的次年即与楚国实施联姻，尽管原因是多方面的，但如下二点最为重要：

一是秦昭襄王之母宣太后是楚国公族之女，对母国很有感情，加之她"自治事"，便于处理与楚联姻事宜。

二是秦昭襄王即位后，秦国发生了秦庶长壮与若干大臣、公子谋反事件，国内局势不稳，需要结交外援，于是便"厚赂于楚"，与楚国联姻。

关于楚、秦将联姻之约付诸实施的时间，目前有两种观点值得商榷。一种意见认为在公元前292年。元人胡三省即持此说。他说："余按张仪言秦、楚嫁女娶妇为昆弟之国，考之于史，自赧王四年（公元前311年）至十六年（赧王十六年，公元前299年），秦、楚未尝嫁娶也。至十九年（公元前296年），楚怀王死于秦。至二十三年（公元前292年），楚襄王逆妇于秦。盖先己约亲，其后襄王终丧，始逆妇成婚姻。"另一种观点认为在张仪出使齐国时，"怀王与张仪达成的楚秦和亲之约，确实付诸实施了"。张仪使齐在公元前311年。

我们认为，第一种观点将楚怀王时的楚秦联姻与楚襄王时的楚秦联姻混为一谈。前面已经提到，不仅在《史记·楚世家》中有"楚往迎妇"的记载，而且在《史记·六国年表》"楚表"中也有"秦来迎妇"的记载，前者记为秦昭襄王初立，后者记为楚怀王二十四年（公元前305年），可见在公元前305年，楚秦之间已有嫁娶之事。至于公元前292年，楚秦联姻则是另外一次联姻。第二种观点则忽略了齐国破坏楚、秦联姻关系等因素，遂将联姻实施时间提前了数年。我们知道，楚、秦相约联姻后，齐宣王"欲为纵长，恶楚之与秦合"，便致信楚怀王，挑拨离间楚、秦关系。楚怀王阅信后，"犹豫不决，下其议群臣。群臣或言和秦，或言听齐"。最后楚怀王"竟不合秦，而合齐以善韩"。联姻之约遂被一再推迟。

正是由于楚秦联姻是建立在秦国欲以楚国为外援的基础上面，所以在双方联姻之后，楚从秦国获得了一定的利益。联姻的第二年（公元前304年），秦国把上庸归还楚国；复次年，齐、韩、魏因楚怀王背盟，合兵伐楚。楚怀王极为

恐惧，便令太子横"入质于秦而请救"兵。秦国立即出兵，迫使三国联军引兵而退。楚怀王二十七年（公元前302年），楚太子横因私怨杀死秦国的一位大夫后逃回楚国，秦、楚由此交恶。此时，秦昭襄王的地位已经巩固下来，不再需要楚国做外援，于是便先联合齐、韩、魏三国伐楚，然后又两次单独出兵楚国，大获全胜。为了控制楚国，秦昭襄王继续打出联姻牌子，致书楚怀王说："寡人与楚接境壤界，故为婚姻，所从相亲久矣。……寡人愿与君王会武关，面相约，结盟而去。"以此将楚怀王诱骗至秦国，然后把他软禁起来，胁迫楚国把巫郡和黔中郡割让给秦国。

楚怀王被秦国囚禁后，其太子横自齐归国继位，是为顷襄王。顷襄王在位时，楚与秦国共有二次联姻。第一次联姻在楚顷襄王七年（公元前292年），第二次联姻在楚顷襄王十四年（公元前285年）。对楚国来说，这二次联姻都是为了减轻秦国的军事压力；而对秦国来说，则想以联姻改善自己的残暴形象和孤立处境。

我们知道，顷襄王即位后，楚国因拒绝了秦国的割地要求，激怒了秦昭襄王，遭到了秦国的侵扰，邓等16城被秦国攻占。楚顷襄王六年（公元前293年），秦在大败韩、魏两国，斩首24万后，立刻威逼楚顷襄王说："楚倍秦，秦且率诸侯伐楚，争一旦之命。愿王之饬士卒，得一乐战。"秦昭襄王致楚顷襄王的恫吓信使楚国君臣都非常恐惧，"乃复与秦和亲"。次年，楚国派人到秦国迎娶秦女。对此，宋人司马光评论说："楚之不竞也，忍其父而婚其雠！呜呼！楚之君诚得其道，臣诚得其人，秦虽强，乌得陵之哉！"而秦国之所以会接受楚国的联姻建议，主要因为楚怀王死于秦国后，"秦之无道"的形象愈益突出，出现了"诸侯由是不直秦"的孤立局面。为了改变这种处境，秦国当然需要改善形象，因此便同意嫁女于楚，与楚国建立联姻关系。此后，秦国的兵锋主要指向魏、韩、赵三国，而楚秦之间的关系则一直处于比较平静的状态。顷襄王也许将双方的平静状态全部归功于联姻的作用，因此又在十四年（公元前285年）"与秦昭王好会于宛，结和亲"。而对秦昭襄王来说，通过与楚联姻既可以稳定楚国，集中精力对付齐、魏等国，又可以把楚军绑到自己的战车上，所以也愿意再次联姻。此次联姻之后，楚顷襄王参加了秦国的伐齐战争就能说明秦国同意联姻的意图。

按照当时的国际局势，顷襄王如果能够继续遵循娶秦女为夫人，"长为昆弟之国，终身无相攻伐"的原则，那么楚秦之间的平静关系或许还会持续多年，但他却被一位猎人的豪情壮怀所感染，自以为楚国"地方五千里，带甲百万，犹足以踊跃中野"，遂想联络诸侯伐秦，但还没有来得及出兵，消息就传到了秦国，结果接二连三地遭到了秦国的征伐。楚国虽然"割上庸、汉北地予秦"，但郢都仍被攻克，其先王墓亦被焚毁。

综上所述，可将楚、秦联姻归纳为如下几点：

第一，双方各有所需，各获其利。对楚国来说，主要想借联姻得到商於之地和减轻秦国的军事压力；通过联姻，楚国虽然没有得到商於之地，却要回了上庸，并与秦国平静相处了一段时间。对秦国来说，主要想借联姻破坏齐楚联盟，结交外援，改善自己的"无道"形象，联姻之后，秦国的上述目的基本上都已经达到了。

第二，联姻除嫁女娶妇外，还包括以太子为人质、约为兄弟之国及签订"无相攻击"之约等内容。

第三，由于当时复杂的国际关系，一方面秦国积极破坏齐楚联姻关系，另一方面，楚秦联姻关系也曾遭到齐国的破坏。

第四，由于楚、秦两国势力的悬殊，所以联姻双方名义上是兄弟之国，实际上，秦王视楚王"如蕃臣，不与亢礼"。楚国虽然"怨莫大"，但因此时已处于风雨飘摇之秋，无法与秦相争，只能"忍耻而与之婚"。即使如此，楚国仍无法摆脱被秦国攻伐的厄运。所以，楚秦联姻对楚来说是屈辱性质的联姻。

第五，楚秦联姻为西汉与匈奴和亲建立了样板。楚怀王时与秦国的联姻最有特色，而此时双方联姻先由张仪提出。只要我们把张仪劝说楚怀王"与秦合（和）亲"与汉代首次和亲的缘起加以对照，就可以清楚地看出楚秦联姻对后世和亲的影响。《战国策·楚策二》载：

楚怀王拘张仪，将欲杀之。靳尚为仪谓楚王曰："拘张仪，秦王必怒。天下见楚之无秦也，楚必轻矣。"又谓王之幸夫人郑袖曰："子亦自知且贱于王乎？"郑袖曰："何也？"尚曰："张仪者，秦王之忠信有功臣也。今楚拘之，秦王欲出之。秦王有爱女而美，又简择宫中佳玩丽好玩习音者，以欢从之；资之金玉宝器，奉以上庸六县为汤沐邑，欲因张仪内之楚王。楚王必爱，秦女以强秦以为重，挟宝地以为资，势为王妻以临于楚。王惑于虞乐，必厚尊敬亲爱之而忘子，子益贱而日疏矣。"郑袖曰："愿委之于公，为之奈何？"曰："子何不急言王，出张子。张子得出，德子无已时，秦女必不来，而秦必重子。子内擅楚之贵，外结秦之交，畜张子以为用，子之子孙必为楚太子矣，此非布衣之利也。"郑袖遽说楚王出张子。

《史记·张仪列传》记郑袖对楚怀王说：

"人臣各为其主用。今地未入秦，秦使张仪来，至重王。王未有礼而杀张仪，秦必大怒攻楚。妾请子母俱迁江南，毋为秦所鱼肉也。"

《史记·楚世家》在记载以上内容后接着叙述说：

郑袖卒言张仪于王而出之。仪出，怀王因善遇仪，仪因说楚王以叛从约而与秦合（和）亲，约婚姻。

再看西汉与匈奴首次和亲的有关情况。汉高祖六年（公元前201年），刘邦被匈奴冒顿单于围困于平城达七天七夜。当时，刘邦和部下束手无策，而陈平则去劝说匈奴阏氏说：

汉有好丽美女，为道其貌天下无有，今困急，已驰使归迎取，欲进与单于。单于见此人必大好爱之，爱则阏氏日之疏远，不如及其未到，令汉得脱去，去，亦不持女来矣。阏氏妇女有妒媢（古文生僻字，现代汉语不常用）之性，必憎恶而事去之。

应劭认为："陈平使画工图美女，间遗阏氏曰：'汉有美女如此，今皇帝困急，欲献之。'阏氏畏其夺己宠，言于冒顿，令解围。"

《史记·匈奴列传》记阏氏对冒顿单于说：

两主不相困。今得汉地，而单于终非能居之也。且汉王亦有神，单于察之。

从以上所引资料，我们可以看出楚秦联姻与汉匈和亲在许多方面有共同之处。

其一，靳尚和陈平所劝说的对象相同，即都为夫人，前者为楚怀王的夫人郑袖，后者为匈奴冒顿单于的阏氏（相当于中原王朝的后妃）。

其二，靳尚和陈平能够说服二位夫人所用的法宝一致，即都是美女。对楚怀王而言，就是秦王美丽的"爱女"及其"以宫中善歌者为媵"；对冒顿单于而言，就是汉朝的美女。

其三，郑袖和匈奴阏氏力劝楚怀王和冒顿单于的动机相同，都是害怕美女夺宠，因此她们都极力加以阻止。

其四，靳尚的美人计和陈平的美人计都为此后的和亲奠定了基础。就楚国而言，楚怀王释放张仪后，张仪"因说楚王以叛从约而与秦合（和）亲，约婚姻"。就汉朝而言，这次拟献美女给冒顿单于启发了刘敬和汉高祖刘邦，所以，刘邦便于此后采纳了刘敬的建议，"岁奉匈奴絮缯酒米食物各有数，约为昆弟以和亲"。

如果说二者有何不同的话，那么靳尚的美人计使张仪化险为夷，而陈平的美人计则使刘邦解除了"平城之围"。

魏与秦的联姻

战国时期，魏国与秦国的政治婚姻见诸史书记载的只有秦"武王取魏女为后"一次联姻。

魏、秦两国之所以能够结成联姻关系，关键在于双方都有联姻的愿望，都希望通过联姻提高自己的国际地位，为牵制他国创造良好的外部环境。从魏国来看，当时"魏地方不至千里，卒不过三十万。地四平，诸侯四通辐凑，无名山大川之限。从郑至梁二百余里，车驰人走，不待力而至。梁南与楚境，西与韩境，北与赵境，东与齐境，卒戍四方，守亭鄣者不下十万。梁之地势，固战场也。梁南与楚而不与齐，则齐攻其东；东与齐而不与赵，则赵攻其北；不合于韩，则韩攻其西；不亲于楚，则楚攻其南：此所谓四分五裂之道"。魏国如果与秦联姻，建立同盟，"则楚、韩必不敢动"武于魏国。魏国从自身考虑，当然迫切希望与秦国联姻。从秦国来看，当时秦已"有吞天下之心"，而且"秦之所欲弱者莫如楚"。在当时的国际形势下，秦国无论从削弱楚国还是从吞并天下等方面考虑，都有必要暂时与魏国建立同盟。此外，从秦国向韩、赵、齐等国用兵的策略考虑，秦国也有必要与魏联姻。因此，秦武王继位后，始终采取亲魏政策，既娶魏女为后，又与魏王二次会面。

魏秦联姻后，两国关系得以进一步加强。公元前310年，魏襄王与秦武王会于临晋；魏襄王十一年（公元前308年），两国国君又会于应地；同年，秦武王"使甘茂约魏以伐韩"；次年，魏国太子到秦国朝拜秦武王。

就在两国关系沿着友好方向深入发展之时，秦武王因举鼎"绝脉而薨"，魏秦关系突然恶化起来。秦昭襄王一继位，秦国就出兵魏国的皮氏，尽管秦国"未拔而解"，但对魏国造成的伤害却是非常严重的。

秦武王死后，其异母弟继位，是为昭襄王，次年（公元前305年），魏女悼武王后回到了魏国。她的归国，既有被迫的一面，也有自愿的一面。我们知道，秦昭襄王即位后，其母宣太后执掌秦国大权，对秦惠王和秦武王的王后实行了打击迫害政策，迫使武王后回到母国。《史记·秦本纪》所记"惠文后皆不得良死。悼武王后出归魏"以及《史记·魏世家》所记"秦来归武王后"都反映了她被迫归魏的一面。另一方面，魏女与秦武王结合后既没有生育子女，又因在秦国呆的时间较短，根基不牢，所以，在秦武王死后，她的地位一定会发生动摇；加之秦昭襄王一继位，秦国就改变了秦武王的亲魏政策，对魏用兵，已经给武王后造成了不同程度的伤害。这些，都将会使武王后产生离开秦国的念头。《史记·六国年表》"魏表"中所记载的"秦武王后来归"似乎就反映了她主动要求归魏的一面。

荆轲刺秦王

战国末年，秦国代表的是新兴地主阶级的利益，以六国国君为首的旧贵族，即奴隶主阶级，虽然已经临于末日，但他们还在用一切的力量，政治的、军事的乃至卑劣的暗杀活动，来做最后的挣扎，而荆轲刺秦就是其中的突出代表。

秦王政重用尉缭，一心想统一中原，不断向各国进攻。他拆散了燕国和赵国的联盟，使燕国丢了好几座城。

燕国的太子丹原来留在秦国当人质，他见秦王政决心兼并列国，又夺去了燕国的土地，就偷偷地逃回燕国。他恨透了秦国，一心要替燕国报仇。但他既不操练兵马，也不打算联络诸侯共同抗秦，却把燕国的命运寄托在刺客身上。

他把家产全拿出来，找寻能刺秦王政的人。

后来，太子丹物色到了一个很有本领的勇士，名叫荆轲。他把荆轲收在门下当上宾，把自己的车马给荆轲坐，自己的饭食、衣服让荆轲一起享用。荆轲当然很感激太子丹。

荆轲刺秦王

公元前230年，秦国灭了韩国；过了两年，秦国大将王翦占领了赵国都城邯郸，一直向北进军，逼近了燕国。

燕太子丹十分焦急，就去找荆轲。太子丹说："拿兵力去对付秦国，简直像拿鸡蛋去砸石头；要联合各国合纵抗秦，看来也办不到了。我想派一位勇士，打扮成使者去见秦王，挨近秦王身边，逼他退还诸侯的土地。秦王要是答应了最好，要是不答应，就把他刺死。您看行不行？"

荆轲说："行是行，但要挨近秦王身边，必定得先叫他相信我们是向他求和去的。听说秦王早想得到燕国最肥沃的土地督亢（在河北涿州一带）。还有秦国将军樊於期，现在流亡在燕国，秦王正在悬赏通缉他。我要是能拿着樊将军的头和督亢的地图去献给秦王，他一定会接见我。这样，我就可以对付他了。"

太子丹感到为难，说："督亢的地图好办，樊将军受秦国迫害来投奔我，我怎么忍心伤害他呢？"

荆轲知道太子丹心里不忍，就私下去找樊於期，跟樊於期说："我有一个主意，能帮助燕国解除祸患，还能替将军报仇，可就是说不出口。"

樊於期连忙说："什么主意，你快说啊！"

荆轲说："我决定去行刺，怕的就是见不到秦王的面。现在秦王正在悬赏通缉你，如果我能够带着你的头颅去献给他，他准能接见我。"

樊於期说："好，你就拿去吧！"说着，就拔出宝剑，抹脖子自杀了。

太子丹事前准备了一把锋利的匕首，叫工匠用毒药煮炼过，谁只要被这把匕首刺出一滴血，就会立刻气绝身死。他把这把匕首送给荆轲，作为行刺的武器，又派了个年仅十三岁的勇士秦舞阳，做荆轲的副手。

公元前 227 年，荆轲从燕国出发到咸阳去。太子丹和少数宾客穿上白衣白帽，到易水（在今河北易县）边送别。临行的时候，荆轲给大家唱了一首歌：

　　　　风萧萧兮易水寒，

　　　　壮士一去兮不复还。

大家听了他悲壮的歌声，都伤心地流下眼泪。荆轲拉着秦舞阳跳上车，头也不回地走了。

荆轲到了咸阳，秦王政一听燕国派使者把樊於期的头颅和督亢的地图都送来了，十分高兴，就命令在咸阳宫接见荆轲。

朝见的仪式开始了。荆轲捧着装了樊於期头颅的盒子，秦舞阳捧着督亢的地图，一步步走上秦国朝堂的台阶。

秦舞阳一见秦国朝堂那副威严的样子，不由得害怕得发起抖来。

秦王政左右的侍卫一见，吆喝了一声，说："使者干吗变了脸色？"

荆轲回头一瞧，果然见秦舞阳的脸又青又白，就赔笑对秦王说："粗野的人，从来没见过大王的威严，免不了有点害怕，请大王原谅。"

秦王政毕竟有点怀疑，对荆轲说："叫秦舞阳把地图给你，你一个人上来吧。"

荆轲从秦舞阳手里接过地图，捧着木匣上去，献给秦王政。秦王政打开木匣，果然是樊於期的头颅。秦王政又叫荆轲拿地图来。荆轲把一卷地图慢慢打开，到地图全都打开时，荆轲预先卷在地图里的一把匕首就露了出来。

秦王政一见，惊得跳了起来。

荆轲连忙抓起匕首，左手拉住秦王政的袖子，右手把匕首向秦王政胸口直扎过去。

秦王政使劲地向后一转身，把那只袖子挣断了。他跳过旁边的屏风，刚要往外跑，荆轲拿着匕首追了上来。秦王政一见跑不了，就绕着朝堂上的大铜柱子跑。荆轲紧紧地逼着。

两个人像走马灯似的直转悠。

旁边虽然有许多官员，但是都手无寸铁；台阶下的武士，按秦国的规矩，没有秦王命令是不准上殿的，大家都急得六神无主，也没有人召台下的武士。

官员中有个伺候秦王政的医生，急中生智，拿起手里的药袋对准荆轲扔了过去。荆轲用手一扬，那只药袋就飞到一边去了。

就在这一眨眼的工夫，秦王政往前一步，拔出宝剑，砍断了荆轲的左腿。

荆轲站立不住，倒在地上，他拿匕首直向秦王政扔过去。秦王政往右边只一闪，那把匕首就从他耳边飞过去，打在铜柱子上，"嘣"的一声，直迸火星儿。

秦王政见荆轲手里没有武器，又上前向荆轲砍了几剑。荆轲身上受了八处剑伤，自己知道已经失败，苦笑着说："我没有早下手，本来是想先逼你退还燕国的土地。"

这时候，侍从的武士已经一起赶上殿来，结果了荆轲的性命。台阶下的那个秦舞阳，也早就给武士们杀了。

秦王灭六国

秦灭六国之战又称秦朝统一之战，指中国战国末期七大诸侯国之一的秦国进行消灭其他六个诸侯国、完成中国统一的战争。

秦王政杀了荆轲，当下就命令大将王翦加紧攻打燕国。燕太子丹带着兵马抵抗，哪里是秦军对手，马上给秦军打得稀里哗啦。燕王喜和太子丹逃到辽东。秦王政又派兵追击，非把太子丹拿住不肯罢休。燕王喜逼得没有办法，只好杀了太子丹，向秦国射罪求和。

秦王政又向尉缭讨主意。尉缭说："韩国已经被咱们兼并，赵国只剩下一座代城，燕王已逃到辽东，他们都快完了。目前天冷，不如先去收服南方的魏国和楚国。"秦王政听从尉缭的计策，就派王翦的儿子王贲带兵十万人先攻魏国。魏王派人向齐国求救，齐王建没有理他。公元前225年，王贲灭了魏国，把魏王和大臣都拿住，押到咸阳。

接着，秦王政就打算去打楚国。他召集将领们议论了一下，先问青年将领李信，打楚国要多少人马。李信说："不过二十万吧。"

他又问老将军王翦。王翦回答说："楚国是个大国，用二十万人去打楚国是不够的。依臣的估计，非六十万不可。"

秦王政很不高兴，说："王将军老了，怎么这样胆小？我看还是李将军说得对。"就派李信带兵二十万往南方去。

王翦见秦王不听他的意见，就告病回老家去了。

李信带了二十万人马到了楚国，不出王翦所料，打了个大败仗，兵士死伤无数，将领也死了七个，只好逃了回来。

秦王政大怒，把李信革了职，亲自跑到王翦的家乡，请他出来带兵，说："上回是我错了，没听将军的话。李信果然误事，这回非请将军出马不可。"

王翦说："大王一定要我带兵，还是非六十万人不可。楚国地广人多，他们要发动一百万人马也不难。我说我们要出兵六十万，还怕不大够呢。再要少，那就不行了。"

秦王政赔笑说："这回听将军的啦！就给王翦六十万人马。出兵那天，还亲自到灞上给王翦摆酒送行。"

王翦大军浩浩荡荡向楚国进攻，楚国也出动全国兵力抵抗。

王翦到了前方，要兵士修筑壁垒，不让出战。楚国大将项燕一再挑战，他也不去理睬。

过了一段时间，项燕想："王翦原来是上这儿驻防的。"他就不怎么把秦国的军队放在心上了。

没想到在项燕不防备的时候，秦军突然发起攻势，六十万人马像排山倒海似的冲杀过去。

楚国的将士好像在梦里被人家当头一棍子，晕头转向地抵抗了一阵，各自逃命。楚国的兵马越打越少，地方越失越多，秦军一直打到寿春俘虏了楚王负刍。

项燕得知楚王被俘的消息，渡过长江，想继续抵抗。

王翦造了不少战船，训练了水军，渡江追击。项燕觉得大势已去，叹了口气，拔剑自杀。

王翦灭楚之后，回到咸阳，由他的儿子王贲接替做大将，再去收拾燕国。燕国本来已经十分虚弱，哪里抵挡得住秦军的进攻。公元前222年，王贲灭掉燕国，还攻占了赵国最后留下的代城。

到这时候，剩下的只有一个齐国啦。齐国大臣早已被秦国重金收买过去。齐王建向来是不敢得罪秦国的。每回逢到诸侯向他求救，他总是拒绝。他满以为齐国离秦国远，只要死心塌地听秦国的话，就不用担心秦国的进攻。到了其他五国一一被秦国并吞掉，他才着急起来，派兵去守西面的边界。

可是已经晚了。

公元前221年，王贲带了几十万秦兵像泰山压顶一样，从燕国南部直扑临淄。这时候，齐王建才觉得自己势孤力单，可是其他诸侯国已经完了，往哪儿去讨救兵呢？没有几天，秦军就进了临淄，齐王建投降了。

六国诸侯只想保持自己的地位，彼此之间互相攻打，想拿别国的土地来补偿自己的损失，企图维持小规模割据的局面，给秦国以各个击破的机会。秦国当时不但在政治、经济和军事上占了优势，更重要的是符合统一的历史趋势，所以在不到十年的时间，把六国一个一个灭掉了。结束了春秋战国以来550多年的战乱局面，创建了中国历史上第一个统一的中央集权的封建大帝国。这个大帝国对中国封建社会政治制度具有划时代的意义，它开创了中国历史的新纪元，使中国古代社会大大地向前推进了一步。

一纵一横动天下

公元前343年，魏国为了补偿在桂陵之战损失，发兵攻打韩国。齐威王待魏韩火拼后以田盼为主将，田婴为副将，孙膑为军师攻打魏国。魏国派太子申来抵挡，在马陵全军覆没，随之田盼又以"减灶"之策诱魏国庞涓中计，追至马陵山中伏身亡，齐军乘胜追击，俘太子申，全歼魏军。经此一战魏国元气大伤，失去霸主地位。马陵之战也成为中国古代战争史上的著名战例。

马陵之战后，战国局势发生重大变化。昔日最为强盛的魏国衰落，秦、齐两大强国东西对峙，尤其是新兴的秦国，声势咄咄逼人。秦、齐二强不断发动战争，为争取在兼并战争中获胜，齐国和秦国都展开了争取盟友，孤立敌国的外交斗争。而韩、赵、魏各国在不同时期，根据形势的变化发展也采取了联秦抗齐和联齐抗秦的政策。他们这些"没有永恒的朋友，也没有永恒的敌人，只有永恒的利益"的错综复杂的结约活动，被称为"合纵"和"连横"。在合纵和连横的斗争中，有一批游士和食客往来奔走于各国之间，为各国君主出谋划策，影响巨大。因为他们的学说以如何处理合纵和连横为主要内容，讲究权变，历史上把这些人叫作纵横家。

纵横家产生

纵横家的出现是春秋战国时期社会巨大变动的产物。春秋时期周王室衰微，诸侯争霸，小国灭亡踵继。原来依附于王室和诸侯的史官大量流散到四方，其所学也随之流布民间。春秋时期"国""野"界限逐渐被打破，乡学普及，加速了学术在民间的传播。这样，学术在于官府的局面随之改变，平民有了学习的机会，一个新的知识阶层——新士人应运而生。新士人有的还来自大夫家臣。当时的家臣不但博学多闻，而且往往骁勇善战。最后，在社会变革的春秋战国之际，有大批的没落贵族被抛进了平民阶层，他们过去受过教育，也成为新士人的一个来源。

新士人是一个有着广泛社会联系和很大社会影响的阶层。他们有独立的人格和思想，可以按照自己的意思著书立说或发表言论，成了这一时期不同阶级和阶层的思想代表。按照所持学说的不同，他们又分为各个学派，纵横家即是其中一派。和其他新士人一样，纵横家在政治和经济上摆脱了过去士对贵族的依附关系，他们奔波于各诸侯国，能用则留，不用则去，具有相当的独立性。战国时期各国国君都非常重视招纳人才，即使他们在其他的国家担任职务，只要能为己所用，也照样委以重任。所以那时往来于诸国之间的纵横家可能同时担任几国高官。

张仪替秦奔走

战国时期，最早发起合纵的是魏国的公孙衍，其后合纵的组织者以燕国的苏秦最为有名。而组织连横最有成效、最著名的是秦国的张仪。

张仪是魏国贵族的后代，他曾经到楚国游说，和楚相饮酒。不久，楚相发现自己的一块玉璧不见了，他的手下都猜测是张仪偷的，说："张仪贫困，品行也不好，盗璧的多半就是他。"于是大家抓住并鞭打他，张仪不肯承认，只好释

放了事。张仪的妻子说："要是你不去读书游说，怎么会受到这样的差辱的？"张仪对妻子说："你看看我的舌头还在不在？"他的妻子笑着说："还在。"张仪说："这就够了。"公元前329年，张仪进入秦国，被秦惠文王拜为客卿，直接参与谋划讨伐诸侯的大事。公元前328年，张仪与公子华带兵攻魏，夺取了魏国的蒲阳城。这时，张仪建议秦王把蒲阳归还魏国，并且派公子繇到魏国去做人质，向魏国示好。而他利用护送公子繇入魏的机会与魏王接近，游说魏王投靠秦国。结果魏王被张仪说动，割地与秦，两国结好。张仪的连横政策首战告捷。张仪也被秦王提拔为相，代替了公孙衍的大良造职位。公孙衍是魏国阴晋（今陕西华阴市）人，流传下来的事迹不多，但在当时一些人的心目中与张仪是齐名的。公孙衍宣扬合纵，张仪力推连横，他们二人在政治和私人关系上都是对头。这样，公孙衍因得不到重用而离秦奔魏。

秦魏虽暂时和解，但是秦国扩张的战略并没有改变。过了两年，背信弃义的秦惠文王又派张仪攻魏。魏国上下一片恐慌，企图依靠齐国对抗秦国。由于张仪从中挑拨离间，又极力为秦国拉拢齐国和楚国，结果齐、楚共同打击魏国。公元前324年，由秦归魏的公孙衍趁机发起魏、赵、韩、燕、中山"五国相王"，就是五国国君都宣布称王，互相承认，用意是联合抗秦，借以增强魏国的防御力量。但是，楚国就在当年发兵攻魏，在襄陵大败魏军，占领了八个坻邑。"五国相王"没有达到预期效果，魏与齐、楚却结下了深仇。这时，魏国已经陷于孤立，张仪认为联合它对付他国的时机已到。公元前323年，张仪约集齐、楚、魏三国执政大臣在啮桑相会，试图为魏国调停，以讨好和拉拢魏国。魏惠王在此后果然放弃公孙衍的合纵政策，而接受了张仪的联合秦、韩以对付齐、楚的政策。

一年之后，张仪辞掉秦国相位，来到魏国，魏王马上任命他为魏相，但实际上张仪是为秦国的利益在魏国活动。公孙衍取得韩国当权者的支持，破坏了张仪联合秦、魏的政策。张仪的阴谋败露，被驱逐回秦国。公元前319年，公孙衍在齐、燕、赵、韩、楚五国的支持下做了魏相。次年，他发起合纵，联合东方的魏、赵、韩、燕、楚五国，联合伐秦。当时曾推楚怀王为纵长，但由于各国的利害关系不同，楚、燕两国对合纵不热心，没有出兵。结果在公元前317年的修鱼（晋河南原阳西）之战中，三晋联军大败于秦军，斩首 8 万，这次合纵以失败告终。

　　秦国的强盛，给其他各国造成了严重的威胁，于是东方和南方的两强——齐国和楚国——互相结盟，加强了与秦国争雄的力量。因此，齐楚联盟成了秦国的心腹之患，而离间齐楚联盟，削弱齐楚力量就成为秦向东扩张过程中的关键。公元前 313 年，张仪来到楚国见楚怀王，称秦国最痛恨的就是齐国，想要攻打它，如果楚国断绝与齐国的关系，秦王就献出商於（今河南淅川西南）一带 600 里的土地给楚国。目光短浅的楚怀王中计了，决定和齐国断交，任命张仪为相，派人去秦国接管土地。张仪假装坠车受伤，3 个月不上朝。楚王以为张仪嫌他与齐国断交的意念不诚，于是派人骂了齐王一顿。齐王盛怒之下，和秦国联合起来，要对付楚国。这时张仪却翻脸不认账，对使者说："秦国的土地怎么可能随便送人呢？我答应让给楚国的是我的六里封地，不是什么六百里。"楚王听到使者的回报，大怒，立即调集大军进攻秦国。公元前 312 年，秦楚战于丹阳（今河南丹水北），楚军被打得大败，主将和副将都被俘虏，斩首 8 万余人。楚国的汉中也被秦国夺去。失败的消息传到楚国，怀王恼羞成怒，倾全国之力进攻秦国。同年，秦楚又战于蓝田（今属陕西），楚军再次大败。这时，韩、魏两国趁火打劫，攻击楚国，一直打到邓（今河南邓州市）。楚军两面受敌，只好割城与秦国，草草撤兵。

　　秦王派使者知会楚王，说愿意以秦国武关以外的地方换取楚国的黔中地。怀王对张仪痛恨未已，说："只要得到张仪，就愿意献上黔中地。"张仪听说后请求到楚国去，秦王认为危险，张仪说："秦强而楚弱，楚王不敢随便处死我。我贿赂过深受楚王爱姬郑袖信赖的大臣靳尚，而郑袖的话，楚王多半要听。只要我买通靳尚去劝说郑袖，性命便可无虞。"张仪到楚国后，楚王将他关押起来，这时靳尚向郑袖说情。郑袖对楚王说，杀掉张仪于事无补，而且势必破坏与秦国的关系，不如放掉张仪，与秦国和亲。怀王果然听从了她的意见，放了张仪。

　　过了不久，秦惠王病死，武王继位。武王自幼讨厌张仪，群臣中忌妒张仪的又趁机向武王进谗言，张仪害怕大祸迟早降临，因而辞掉相位，去了魏国，并于公元前 310 年病死。

从公元前 328 年开始，张仪游说于魏、楚、韩等国之间，利用各国之间的矛盾，或组织连横，或拆散合纵，为秦国利益谋划。尽管他不讲信义，在外交上运用欺骗伎俩，为人所不齿，但在整个秦惠文王时期，他使秦国在外交上连连取得胜利，为秦国开疆拓土、日后统一六国立下了汗马功劳。

苏秦为燕谋利

楚国被击败后，秦、齐两强东西对峙，对各弱小国家构成威胁，在这样的形势下，著名的合纵者苏秦，开始活动于政治舞台。苏秦是东周洛阳人。相传他曾到齐国跟随鬼谷子先生学习，后来外出游说了几年，没有人理睬他，他的盘缠耗尽，只好返回家乡，遭到亲人和乡里的冷遇和嘲讽，于是更加发愤读书，"头悬梁，锥刺股"，终于学业大进。公元前 314 年，燕国发生内乱，齐国乘机大举攻燕，几乎灭掉了燕国。第二年，燕昭王即位，他不忘亡国之耻，广纳贤才，力图报仇，燕国国力逐渐增强。这时苏秦来到燕国，他受命出使齐国，劝说齐宣王归还了燕国土地，他因此受到燕王器重。他一生主要谋求燕国的强大，在齐国从事反间活动，同时奔被于齐、赵、韩、魏等国之间，组织合纵攻齐和合纵攻秦。

公元前 288 年，秦昭三和齐王相约称帝，秦为西帝，齐为东帝。秦齐联合对其他国家更加不利，燕昭王于是再次派苏秦到齐国，劝说齐王进攻宋国，宋处在齐国南面，齐若攻宋，必然就减弱北面对燕的防守；宋与楚、魏接壤，而且还和秦国交好，齐国进攻宋国，肯定与这三个国家产生矛盾，处于四面树敌的地位。苏秦又劝齐王放弃帝号，孤立秦国，拉拢各国反秦，以便乘机灭宋。齐王采纳了他的主张。于是苏秦分别游说韩、赵、魏、燕四国国君，各自出军兵粮草，进攻秦国，推选赵国宰相奉阳君为合纵长，而实际上由苏秦一手操纵。这次合纵声势很大，联军与秦国军队对峙在荥阳、成皋一带。然而，各国表面上联合起来了，但其实各自都有自己的打算。齐国乘各国无暇东顾之机，同时出兵攻打宋国，引起各方不满。秦国乘机对五国联盟进行分化瓦解。齐国既不卖力，其他各国自然也都互相推让，逡巡不进，联军始终未与秦发生大规模的战争。尽管如此，这次合纵还是取得了一些成果，秦昭王放弃了帝号，退还了过去所占魏国、赵国的一些土地。

公元前286年，齐国灭掉了宋国，土地和人口大大扩张，引起了震动，各国都感到了齐的强大压力。秦国乘机约上韩、赵、魏、燕攻齐，在济西大败齐军，燕昭王乘机派乐毅率军南下攻入齐国。由于齐王对苏秦的信任，所以对燕毫无防备，齐大败，几乎亡国。但苏秦身在齐国心在燕的间谍身份也完全暴露，被处以车裂之刑。从此以后，东方巨人齐国一蹶不振，秦国独霸的局面形成。

在苏秦之后，随着各国斗争形势的变化，又出现了一批纵横家，例如李兑、信陵君等人也曾发起和组织合纵，但是无论从规模上还是影响上都比不上以前。

战国时期的纵横家，心怀机诈权谋，口含巧舌如簧，活动于政治舞台，一旦他们的主张被采纳，各国关系可能面临调整，关系到一国兴衰，所以《孟子》说："公孙衍，张仪岂不诚大丈夫哉！一怒而诸侯惧，安居而天下息。"足见他们的影响力之大。

地理学之祖——《禹贡》

《禹贡》是中国古代名著，属于《尚书》（一作《书经》，简称《书》）中的一篇，其地理记载囊括了各地山川、地形、土壤、物产等情况。是中国古代最完整、最有系统性和科学性的地理记载，文简而赅，一直被奉为地理学之祖。战国秦汉以来，人们一直认为它是大禹本人或禹时代对大禹治水过程的一部记录，同时谈及与治水有关的地理状况和把贡品送往当时的帝都所在地冀州的贡道。《禹贡》的序说："禹别九州，随山浚川，任土作贡。"《禹贡》大约成书于春秋末期和战国初期。它以地理为径，分天下为九州，这是撰著者理想中的政治区划，此外对山脉、河流、土壤、天地、物产、道路，以及各地的部落，无不详加论述。

《禹贡》全篇共1100多字，约为4部分：第一部分是最主要的部分，把中国东部按自然条件的河流、山脉和大海等分界，划分为九州。之后简括各州境内的山、水、泽、地，然后较详细地叙述其土壤，三等九则的田赋，动、植、矿的物产和手工业，及其转运的贡道。

《禹贡》所说的九州，包括冀、兖、青、徐、扬、荆、豫、梁、雍。冀州相当于今山西省和河北省的西部、北部以及太行山南河南省的一部分土地；兖州与冀州当时以黄河为界，包括今河北省东南部、山东省西北部和河南省的东北部；青州在今山东省东部；徐州相当于今山东省东南部和江苏省北部；扬州在淮海之间，是今江苏和安徽两省淮水以南，兼有浙江、江西两省的土地；梁州大概包括今陕西南部和四川省，或者还包括四川省以南的一些地方；雍州的具体范围和梁州一样，现在不能十分确定，大约在今陕西省的北部和中部、甘肃省（除东南部）和青海省的东部。

　　各州的土壤、植被、特产、田赋，《禹贡》中都做了描述，较真实地反映了各个地区的地理特色。列如对冀州和兖州的描述，指出冀州土壤是一种松散的白色土壤，岁收属于上等，有些地方较差，田地属于中等，当地人穿皮衣服。兖州土壤是黑色的肥土，草木茂盛，田地属于中等，以桑田养蚕，向帝都进贡漆和蚕丝。

　　《禹贡》对于当时以黄河为中心的水系网络记述得井然有序，提供了古河道情况的宝贵历史资料。贡道，是作者对全国水道交通系统的构想，以帝都安邑为各条送交贡赋道路的目的地：冀州夹右碣石入河；兖州浮于济、漯，通于河；青州浮于汶，达于济；徐州浮于淮、泗，达于河；扬州沿于江海，通于淮、泗；荆州浮于江、沱、潜、汉，逾于洛，至于南河；豫州浮于洛，入于河；梁州浮于潜，逾于沔，入于渭，乱于河；雍州浮于积石，至于龙门西河，会于渭、汭。因为时代的局限，这些记载不尽确切，但作者能够有这样宏伟的设计，对于当时的天下形势是相当了解的，对于当时的地理山川也是较为熟悉的。

　　第二部分是导山，按从北到南的顺序列出了4列山系，自西向东延伸，而且是西部集中，东部分散，正确反映了中国西部多山、东部平坦、西高东低的地形特点。群山分为四系：第一系，自岍至碣石十二山，在黄河北岸，第二系，自西倾至陪尾八山，在黄河南岸；第三系，自嶓冢至大别四山，在汉水流域；第四系，自岷山、衡水至敷浅原，在长江流域。这部分对黄河两岸山势，叙述首尾详细明晰，但长江流域诸山则比较模糊。

　　第三部分是导水，分为9系，对9条河流的水源、流向、流经地区、汇纳的

支流和河口等内容都做了叙述。这9条河流分别是弱水、黑水、黄河、汉水、江水、济水、淮水、渭水、洛水。中国以农立国，作者大概假借大禹治水的故事，描绘全国与农业有关的水利，可做经济地理看待。由于江河河道变迁，加上此部分与导山一样，明北晦南，详于冀而略于梁，所以今天要考证清楚各条河流已经不大可能。

最后部分附带修正《国语·周语》的"五服"制，规定甸、侯、绥、要、荒各500里，它不受诸侯割据形势的局限，把广大的地区看作一个整体，以帝都为中心向外扩展，所言范围远超当时实际了解的地域。这反映了作者政治上的大一统思想，但与九州制不免矛盾。

《禹贡》在我国地理学历史发展过程中具有重要地位，它关于九州区划、山岳关联、水道体系、交通网络以及土壤、物产、景色的描述，都体现出明确的地理观念，所以它对我国后世地理学的发展产生了深远的影响。

《山海经》

除了《禹贡》，到西汉末年才通行于世的《山海经》也包含了先秦时代丰富的地理知识。《山海经》是中国一部记述古代志怪的古籍，大体是战国中后期到汉代初中期的楚国或巴蜀人所作。也是一部荒诞不经的奇书。该书作者不详，古人认为该书是"战国好奇之士取《穆王传》，杂录《庄》《列》《离骚》《周书》《晋乘》以成者"。现代学者也均认为成书并非一时，作者亦非一人。

《山海经》全书现存18篇，其余篇章内容早佚。原共22篇约32650字。共藏山经5篇、海外经4篇、海内经5篇、大荒经4篇。《汉书·艺文志》作13篇，未把晚出的大荒经和海内经计算在内。山海经内容主要是民间传说中的地理知识，包括山川、道里、民族、物产、药物、祭祀、巫医等。保存了包括夸父逐日、女娲补天、精卫填海、大禹治水等不少脍炙人口的远古神话传说和寓言故事。

《山海经》由《山经》《海经》和《大荒经》三部分组成。

《山经》大约是战国后期写成的，包括5篇，在结尾处有"天下名山经五千

三百七十山，……居地⼯，言其五藏"的文字，所以又被称为《五藏山经》。所谓五藏，可能兼有地分 5 区、书分 5 篇的意思。《五藏山经》以山为纲，把我国的山地分为中、南、西、北、东五个走向系统，每个系统中的许多山又被分为若干行列，即若干次经，依次分别叙述它们的起首、走向、相距里数和结尾。虽然当时还只有把山隔成行列的概念，而缺乏山势连绵的意义，但在叙述每列山岳时，都记述山的位置、高度、走向、陡峭程度，形状、谷穴及其面积大小，并注意两山之间的相互关联，有的还涉及植被覆盖密度、雨雪情况等，显然已具备了山脉的初步概念，堪称我国最早的山岳地理书。《五藏山经》中的有些山名现在还在使用。但由于原著对五大系统中各个山列的方位、距离的说明不够准确，加上一些虚构、夸张的内容，造成后人的许多误解和争论。

《五藏山经》叙述的地理范围从黄河流域的中原地区一直延伸到长江流域，反映出当时人们的地理视野已经相当开阔。其中《东山经》的范围包括今山东及苏皖北境，东到大海。包括 46 座山，分为四次经，大致都呈南北走向。《北山经》西起今内蒙古、宁夏腾格里沙漠贺兰山，东抵河北太行山东麓，北至内蒙古阴山以北。有山 87 座，由东而西分成三次经，其中不少山名至今可考，不过夸大了各山之间的距离。《南山经》东起浙江舟山群岛，西抵湖南西部，南抵广东南海，包括今浙、赣、闽、粤、湘 5 省。有山 40 座，从北到南分为三次经，都是东西走向。《西山经》东起山、陕间黄河，南起陕、甘秦岭山脉，北抵宁夏盐池西北，西北达新疆阿尔金山。有 77 座山，由南而北分为 4 次经，大致分布在今山西、陕西两省之间的黄河大峡谷以西。《中山经》论述的范围大致在巴、蜀和东部的湘、鄂、豫部分地区。包括 97 座山，分为 12 次经，基本都是东西走向。这一部分叙述得最为详细，大概是作者最熟悉的地方。

《山经》中还有关于河流的内容，叙述其发源与流向，还注意到河流的支流或流进支流的水系，包括某些水流的伏流和潜流的情况以及盐池、湖泊、井泉的记载。它一共记述了 358 条河流和湖泊，粗略勾画出了北至黄河流域，南至长江中下游的水系分布情况。关于黄河源头，《北山经》说："敦薨之水出焉，而西流注于泑泽，出于昆仑之东北隅，实惟河源"，又称："积石之山，其下有石门，河水冒以西流。"这似乎是想把黄河之源推向积石山以远地区，夸大河源遥远，但由于当时地理考察的局限性，因而把昆仑山以北很远的罗布泊水系和昆仑山以东的黄河水系不切实际地混连起来，把前者当作黄河的上源。这个错误的说法对后世影响颇大。关于长江之源，《中山经》把"岷山之首"称为女几之山，其水是"东注于江"的支流，"又东北三百里日岷山，江水出焉，东北流注于海"。这是沿袭"岷山导江"的说法。

《五藏山经》关于其他自然地理的知识也很丰富。例如《南山经》：说"南禺之山，……其下多水，有穴焉。水春辄人，夏乃出，冬则闭。"这是对南方山地喀斯特溶洞的描述。又如"白沙之山，……鮪水出于其上，潜于其下"，这是关于潜流或地下暗河的描述。关于北方干旱和半干旱地区季节性或间歇性河流，有"教山，……教水出焉，西流注于河，是水冬干而夏流，实惟干河"等记载。《西山经》还有对火山的描写："南望昆仑，其光熊熊"。

《山经》中还记述了许多具有区域自然地理特色的内容。例如对西部高山地区的描写："申首之山，无草木，冬夏有雪。"《南山经》中有"多桂""多象""多白猿"的叙述，反映了热带和亚热带的区域特点。凡此种种，不一而足。

到了秦汉以后，有人将《海经》和《大荒经》与《山经》合并成《山海经》。《山海经》是一部记录远古自然地理和人文地理的专著，它记述着中华民族文明与文化的起源和发展，以及这种生存与发展所凭依的自然生态环境。《海经》和《大荒经》记载的内容虽然也有一些地理学方面的内容，但是大都不准确，包含了众多的神话传闻和诡谲荒诞的内容。正因为如此，清在编撰《四库全书》时把此书列入小说类。到了 20 世纪，一批学者重新研究《山海经》，取得了重要成果。顾颉刚做《五藏山经试探》，提出了许多极为精辟的见解，使人们认识到《山海经》的科学价值。其后，谭其骧又利用《山海经》中丰富的河道资料，考证出一条最古的黄河故道。《山海经》尤其是《五藏山经》在地理学上的科学地位，得到进一步确立。

曾侯乙墓

春秋战国时期，诸侯国林立，只有极少数大国的丰功伟业流传于史册，传播于闾巷之间，为广大人民所熟知。众多的小国却逐渐消失在历史的记忆之中，例如东周时期先后被楚国吞并的"汉阳诸姬"，中国古代史籍中对它们只有零星记载。然而，在 20 世纪 70 年代末，历史的迷雾终于被揭开了一层，一个重大的考古发现将人们领入 2000 多年前"汉阳诸姬"之一——曾国辉煌灿烂的文化当中，这就是曾侯乙墓。曾侯乙墓是战国早期曾侯乙的一座墓葬，位于湖北随州城西两公里的擂鼓墩东团坡上。曾侯乙墓呈"卜"字形，墓坑开凿于红砾岩中，为多边形岩坑竖穴木椁墓。无墓道，南北向，墓坑南北长 16.5 米，东西宽 21 米，深 13 米，面积为 220 平方米。由于随州地处南方荆楚文化与中原华夏文化交流与荟萃之地，所以曾侯乙墓的文化内涵有着鲜明的时代特征和地域特色。

音乐圣殿

我国民族音乐的发展历史悠久，但随着时间的流逝，许多史籍有载的乐器逐渐湮没无闻，难闻其声，有的乐器残缺不全，或者众说纷纭，莫衷一是。曾侯乙墓中出土的乐器数量极多，品种全而且能够形成配套，规模也最大，是中国乐器史上的大发现。其中的十弦琴、编钟、排箫，为早已失传的品种，它们的发现意义十分重大。

曾侯乙墓出土的大批乐器，以其品类之多、数量之众、规模之大，展现了当时音乐艺术的辉煌成就。根据《周礼·春官》，中国传统乐器按制造材质可分为"八音"，即金、石、木、革、丝、土、匏、竹八类。曾侯乙墓出土的乐器按"八音"分类，编钟为金，编磬为石，建鼓、悬鼓、手鼓为革，琴瑟为丝，鹿鼓为木，匏有葫芦笙，排箫等为竹，只缺土质乐器。这些乐器件件制作精美绝伦，在地下埋藏 2400 余年而不朽，出土时摆设位置还保持着当年下葬时的原状，这在中国考古史上是没有前例的。此墓出土的 9 种 125 件乐器，分属两个乐队使用。出自中室的 115 件钟、磬、鼓、箫、笙、篪属于"庙堂乐队"，按照礼制规定来编组，不仅娱人，而且也在祭天祀祖等仪式上演奏。东室的 7 件乐器主要用来为人提供娱乐欣赏的享受，属于"寝宫乐队"。各有自己的主要功能与表演技艺的两个乐队、两组乐器，是曾国音乐艺术高水平的反映。

编钟是中国具有悠久历史的打击乐器，为古代宫廷乐器的最重要的组成部分，是拥有者权位、身份的象征。曾侯乙墓出土的一套编钟，包含铜木结构的钟架一副，青铜挂钟 65 件以及挂钟构件和演奏工具。整架编钟在墓坑积水中长期浸泡，竟然毫无锈蚀，这种罕见现象令人惊叹不已。65 件编钟可分为钮钟、甬钟、镈三类，它们放置有序，使钟架既达到饱和状态，又能够方便演奏者演奏。全套编钟不同层、组的钟，音色各有特点：上层钮钟音质清脆嘹亮，余音较短；中层甬钟音质圆润，余音适中，为演奏乐曲旋律的主要部分；下层大钟声音深沉浑厚，气势磅礴，余音较长，适于和声，用来烘托气氛。整套钟合奏时多种音质音色混合，优雅和谐。又因为钟架呈曲尺形三层，演奏时乐音有了三维立体效果，高低错落有致，音韵跌宕。从声学和音乐学的角度考察，这件钟有一个最为奇妙的地方：敲击每个钟的鼓（钟体下部）的口沿正中和鼓部两侧，能发出两个不同频率的乐音，这两个音可以单独也可以同时击发，而且互不干扰。

全套编钟音域宽广，跨 5 个八度又 1 个大二度，比现代钢琴高低仅各差一个八度。经过研究，这套钟是以姑洗律为标准设计制作，就是按照现代的 C 调来调制的，这说明春秋战国之际，我国已存在绝对音高和相对音高的概念，打破了过去一些西方人持有的"中国直到战国晚期受到西方影响才有相对音高的概念"这一说法。

曾侯乙编钟的钟体、钟架、挂钟构件上共有铭文 3700 多字，内容除少数记事外，绝大多数都和音乐相关。其中字数最多的是钟体铭文，65 件钟上有 2800 多字，内容主要为记事、标音和阐述乐理关系。这些铭文堪称目前所见世界上最早的乐理书，将其与测音所获音响资料对照研究，中外音乐史上许多长期以来争论不休的问题就会迎刃而解。例如唯一沿用至今的一套中国传统乐律十二律，有人认为它是汉朝由希腊传来而后汉化，曾侯乙钟铭文中出现的十二律及其异名达 28 个，其中大多数早已失传，证明曾国十二律已经过漫长的发展过程，外来之说不攻自破。另外还有我国何时使用七声音阶的问题，长期以来没有定论，甚至有七声音阶是汉以后随着佛教从国外传入的说法。在曾侯乙钟铭文的考释和编钟的演奏实践中，证明了钟磬铭文的阶名包括传统的宫、商、角、徵、羽，还有变徵、变宫，可以奏出五声、六声、七声音阶的乐曲。这表明战国以前七声音阶已经存在并使用于中国了。

天文学成就的新发现

曾侯乙墓的发掘，还发现了许多我国先秦科学技术史的新资料，反映出我国先秦科学技术的光辉成就，也提出了许多有待探索的课题。

自然科学中，天文学是一门古老的学科。人们根据天象变化、四季循环来安排耕种、收藏等生产和生活活动，出行时也要依靠星宿和太阳的位置来辨明方向。中国是世界上天文学发展最早的国家之一，几千年中积累了丰富的天文知识。作为先秦中国天文学发达的见证，曾侯乙墓中出土了不少有助于研究我国先秦天文学的珍贵资料。在曾侯乙墓中出土的漆木衣箱 5 件，它们形制相同、大小相近，但纹饰和铭文各异，都与天文星象或天地宇宙间的神话故事有关。编号为 E·66 的衣箱箱体是矩形，箱盖拱起，分别象征天穹和大地；衣箱顶中央有一个大"斗"字，用意表示北斗天极，象征天球的中央；绕着"斗"字有二十八宿星辰的全部名称，箱盖和箱身绘有代表二十八宿的"四象"中的三象：青龙、白虎和朱雀。古代二十八宿的划分，在中国、印度、波斯、阿拉伯等国家都有，这个衣箱上的二十八宿天文图，是迄今为止世界上最早的，有力地支撑了中国老一辈学者关于二十八宿起源于春秋时代的推断。编号为 E·61 的木箱箱盖左端一隅有漆书 20 字。衣箱上的图像与漆书是中国古代天文历法的形象与文字相配的最早记录，也反映出我国古代天文学的杰出成就。

青铜和纺织工艺的见证

曾侯乙墓出土的青铜器造型大，工艺精湛，需要高超的铸造技术。例如墓主的外棺铜构架，重达 3000 多公斤。还有编钟，铸造时不仅要求外形精美，还要求音律准确、音色纯正悦耳，铸造难度极大。就是在现在，我国的研究人员采用现代技术复制曾侯乙编钟，总觉得与原钟存在差距。曾侯乙墓青铜器的铸造者们，继承了我国古代传统的青铜铸造工艺，而且在许多方面还有创造发明。

首先是组合陶范浑铸技术有了创新。陶范浑铸就是利用多块陶范合铸铜器的一种技术，曾侯乙墓出土的各类青铜礼器的主体部分大都是采用浑铸法铸成。另外，传统的分铸技术也有了突破。分铸就是先分别铸出局部，然后与主体铸接。以往的分铸件大多形体小，重量轻，而曾侯乙墓中则出土了许多大件分铸的青铜礼器。例如用来储酒的两件大尊缶，高 1 米多，腹径 1 米，重 300 公斤，铸造时，设计和工艺流程十分严密，工序没有丝毫差错。它们的铸件的结合部位，不仅十分牢固，而且还很严密。还有焊接技术，不论是强度较高、操作较难的铜焊，还是强度较低、操作简便的锡焊，都取得了新成就。此外，还大量使用了在前期铜器中少见的榫卯和组装连接技术。使用比较复杂的先组装再加焊的技术，在过去的器物中也是比较罕见的。曾侯乙墓中大量青铜器的红铜纹饰呈铸态组织，是浇铸而成的，根据其工艺特点，这种方法被称为"铸镶法"，是一种新的发明。

曾侯乙墓还出土了大量的丝麻织品，由于年代久远而且长期浸水，都已经腐烂，但仍然为研究战国早期的纺织工艺提供了宝贵的实物资料。通过检测丝纤维，可以看出当时已经注意蚕茧的选用，缫丝质量较之早期也有提高。墓中还首次发现了丝麻交织的纱袋，经线或丝或麻，纬线则全部用丝，是世界上已知最早的丝麻混纺织品。在出土的丝麻织品中，包括纱、绢、锦、绣等多种织物，其中首次发现了一种用夹纬使经线现出暗花的单层几何织锦，对我们了解商锦、周锦再到汉锦的发展过程和织造工艺具有重要价值。

军事装备种种

春秋战国时代，诸侯割据，各国之间征战频繁，军事装备的制作技术随之迅速发展。曾侯乙墓出土的众多兵器、车马和记载葬仪的车马兵甲的竹简，都生动地反映出这一点。

其中兵器既有车兵所用，又有步兵所用，还有骑兵武器。功能攻防兼备，包括用于格斗的戈、矛、戟、殳，用于远射的弓矢，以及防卫的盾、甲、胄。各种武器如何配备，竹简遗册上还有明确的记载。在进攻性长兵器中，锐殳、双戈、三戈相结合的戟都极具特点。它们的器首锐利异常，所用长杆一般都在3米以上，甚至有4.3米的。长杆大多为积竹木柲，制作时以木杆为芯，外包竹篾，再用丝线缠绕，最后髹漆。这样的复合杆身，强度、硬度、韧性和防腐防潮都得到了很好的保证，更加适于车战的远距离厮杀，是我国先秦时代兵器制造技术的一大创举。在长兵器中，有我国兵器史上首次发现的锐殳、双戈或三戈结合的戟，杀伤力都很大。

防卫性武器甲胄有大量出土，包括人胄和马胄。经过清理、复原和仿制研究，首次查明了制作甲胄的工艺流程，获得了有关东周甲胄的珍贵科研资料。

曾侯乙墓出土了 1127 件车马器，其中有许多重要品种，尤其是铜车軎的铸造，不仅种类多，铸造精，而且出现了两件矛状车軎。軎是车轴上用于固定车轮的部件，矛状车，是在车軎外端加铸连弧刃的矛。装有这种车軎的战车在中国极为少见，可以在和敌车交错时铰断对方车轮的辐条，杀伤战马，这是军事技术上的创造，相当于世界古代史上的刀轮战车。这两件车軎的出土，表明在曾侯乙的时代，中国的战车制作与车战技术处于世界的前列。

曾侯乙墓出土的 240 枚竹简，记载参加葬仪的车马兵甲的情况，所记车名有 40 多种，不少是在文献中没有记载的，其中战车至少有 21 种，明显多于其他用途的车乘。从竹简的记载中，人们还可以看到当年车战的某些情况，例如车上的武器装备、战车的队列阵形等等，反映了当时军事科技的发达。

另外，曾侯乙墓出土的文物，在雕塑、绘画、书法等等艺术领域也有着重要的意义。

曾侯乙墓的发掘和研究，为研究东周诸侯葬制提供了可考资料，为东周考古断代树立了新的标尺。在春秋战国时期曾国这样一个小国的墓葬里，出土了这样多的精美文物，展示出这么高度发达令人称奇的文化。它是社会制度变革，生产力发展的结果，也是中国区域文化交流的见证。

郑国渠

缓兵之计

自秦昭襄王采纳范雎"远交近攻"的策略后，魏、赵、韩三国就成了秦国大军重点攻伐的对象，尤其是位当秦国东进要冲的韩国，更是岁无宁日。秦庄襄王元年（公元前 249 年），吕不韦出任秦相伊始，就派大将蒙骜伐韩，攻陷韩军事重镇成皋、荥阳，设置三川郡；次年，转攻赵国，连陷榆次、狼孟等三十七城；再过一年，秦将王龁又攻上党，上党地区二十几城尽被秦军占领，置太原郡，与此同时，蒙骜占领魏高都、汲城。在秦军凌厉的攻势下，赵、魏、韩三国简直成了惊弓之鸟，寝食难安。

如何才能遏制侵略成性的秦国，使自己有个喘息的时机，三国国君动足了脑筋。公元前246年，韩桓惠王终于想出了一个办法。听说秦国一直苦于关中地区得不到开发，何不将国内水利专家郑国派去？让他以帮助开发关中为名，诱使秦国大规模兴修水利，一旦丁夫全派去开河挖渠，还有余力兴兵打仗吗？他把这个想法和大臣们一商量，个个拍案叫绝。关中地区方圆几百里，不倾注全部人力、物力，根本无从下手，且没二十年工夫难以奏效。只要秦王被关中吸引住，韩国十几年的安稳日子就没有问题了。

郑国渠遗址

间谍还是工程师？

郑国奉命悄悄来到秦国，装扮成行商四处转悠，先把关中地区的山川河道、地形地貌、土质物产考察了一遍，然后设计出一个庞大的水利工程计划：凿开仲山（今陕西泾阳西北），引泾水向西至瓠口（即今焦获泽），再沿北山南麓东去，经今三原、富平等县注入北洛水，全长三百余里。水渠凿成后，可将这一带荒芜不毛的四万余顷盐碱地全部改良成高产良日。郑国暗自盘算：吕不韦商人出身，爱财如命，只要用重金先打通吕不韦，就可请他向秦王推荐。

此时，秦庄襄王已去世，年轻的嬴政继承了王位。这天，秦王政接受吕不韦的安排，召见郑国。郑国将调查得来的精确数据，和水渠凿成后关中地区的丰饶前景，作了生动的描述，又有"仲父"吕不韦从旁敲边鼓，秦国君臣个个被郑国的设计所折服，当场就通过了他的计划，并封他为这一水利工程的技术总管。

当时火药尚未在生产中得到广泛使用，劈山开河全凭原始的人力，因此对人力、物力、财力的消耗非常巨大，时有死伤，怨声四起，朝廷对这项工程的得失也出现了争论。水利工程进行到一半时，郑国的真实身份被秦国侦知，顿时朝野一片哗然。秦王政暴跳如雷，下令把郑国押来咸阳亲自审问。

关中开发带来的效应

郑国十分平静，他从踏入秦界的第一天起就做好了赴死的准备。甲士把他推上大殿，满殿君臣恼怒的目光恨不得把他撕成碎片。郑国镇定地说："我奉韩王之命到秦国来鼓动开发关中，韩国能得到什么呢？充其量不过是秦国不去进攻，过几年安定日子，但对秦国来讲，一旦关中水渠修成，就成就了秦国的万世基业，粮食将更多，人丁将更兴旺，国力也会更强盛。说到底，开发关中究竟对谁有利，岂非不言自明吗？"

郑国的一席话，说得文武大臣无言以对，秦王政的脸色也慢慢地转怒为喜。秦国君臣心里都明白：秦国要实现横扫六合、一统天下的目标，足够的兵员与粮草是根本前提，关中一旦开发成功，方圆数百里将成为巨大的粮仓和后备兵力源源滋生的基地，眼前看似乎东进的步伐延缓了若干年，但从长远看，关中的开发实在是秦最终统一天下的必需准备。秦王想到这些，转怒为喜，走下王位，亲自为郑国解除了锁链，好言抚慰，请他继续负责水利工程的实施。

数年以后，这个庞大的水利工程终于完工了。汹涌的泾河水穿过被劈开的仲山，源源不断地流入关中平原，水流过处，一片片不毛的盐碱地逐渐变成麦浪翻滚的绿色田园，昔日荒芜的山丘飘溢出瓜果的芳香，原本落寞的原野出现了人口稠密的村庄。于是关中变为沃野，连年丰收。人们为纪念郑国，就把这条水渠叫作"郑国渠"。

秦国因郑国渠的开凿而更加富强，加快了兼并的步伐，韩国并没有因这个缓兵之计而挽救自己的灭亡。

战车和车战

在人类战争史上，步兵是最古老的兵种，是军队中的一个常见兵种。步兵对军队装备要求不高，易于组建和维持。相应地，人类战争的最初形式也主要是步战。在中国历史上，原始社会的战争也以步战为主，这种状况一直延续到商代前期。但是到了商代晚期，这种步战方式开始逐渐让位于新崛起的车战。到春秋时期，车战已是当时重要的作战方式。

战车结构和人员装备

在安阳殷墟已发掘出殷商时的车子 18 辆，可以知道商代的战车用木制作，其形制是独辕、两轮、长毂。车辕前有车衡，衡上缚两轭以供驾马，后端与车轴在车厢（舆）底相交，挖槽嵌含。车轴两端镶有铜车軎。车厢呈横宽纵短的长方形，四周有轻桎，桎间有栏，门开在后面。车厢内可容纳甲士 3 人和他们携带的兵器、马鞭、修理车的工具等。这种基本形制，西周和东周的战车承袭下来，但在结构上也有所改进。一是车辕的曲度加大，辕端抬高，减少了服马的压力，马的拉力由此增加；二是车厢加宽，甲士完全可以在车上自由挥动兵器，有利于甲士在战车行进时灵活刺杀。为了使战车更加牢固，耐冲撞，一些关键部位的青铜加固件有所增加。例如大多数车子都用铜辖把车舌固定在毂外侧轴上，内侧以铜轴饰保护毂，减轻了车辆运行时的左右摆动。为了提高战车的机动性能，周代战车的轨宽逐渐减小，车辕逐渐缩短，而轮上的辐条则逐渐增多。西周的兵车种类也增多了：除了供进攻用的"轻车"外，还有供防御用的"广车"，有环和皮革以遮蔽矢石的"革车"，有指挥用的"戎车"，有攻城用的临车、冲车，有装器物用的辇。

商代战车大多数均驾 2 马，少数驾 4 马。车上载 3 名甲士，按左、中、右排列：左方甲士持弓主射，是一车之首，称"车左"，又称"甲首"，甲骨卜辞中也直接称之为"射"；右方甲士执长兵（矛、戈等）主格斗，并负责为战车排除障碍，称"车右"或"戎右"，又称"参乘"；居中的是控马驱车的御者，只随身佩戴刀、剑等短兵。实际上，车左除弓箭外，也还配备长兵或短兵；车右除长兵外，也还佩戴短兵和弓箭，只是责任有所侧重。指挥车则将帅居左，卫士居右，车上配备有旗和鼓，以供指挥和联络。左右中的次序反映了甲士崇左的原则。此外，每辆战车还附属一定数量的徒兵，战斗中随车跟进。

战车上的进攻性武器包括戈、酋矛、夷矛、戟、殳等5种长兵器，和用于近距离肉搏、随身防卫的短兵器刀、剑等，还有用于远距离攻击的兵器弓矢。战车上甲士的护卫装备有盾、甲胄等。

车战时，比较近距离的格斗发生在两乘战车交错时，所以具有钩割功能的戈是一种比较有效的杀伤工具。戈装有长柄，主要适于在战车上抡动作战。矛是尖形的刺杀工具，也是西周、春秋战车上常见的兵器。从商周到春秋战国，矛的形状不断改进，矛身逐渐加长，两翼则变得窄小，这样能刺得更深，加强了杀伤力。戟是戈和矛的复合体，兼有二者啄、刺、勾三种功能。春秋时期，戟的形制也在不断变化，战国时期更是出现了钢铁制造的戟。殳是一种打击兵器，由菱形的金属头和竹、木杆构成。战国时，殳的金属头往往带刺或棱。用于防卫的盾有木、竹、藤、金属等各种质地。甲形如衣服，披在身上，胄形如帽子，戴在头上，就是头盔。

车站的战斗方式

战车的形状与战斗队形密切相关。西庵战车长宽各3米左右，加上两侧徒兵的位置，超过9平方米的面积。这样大的方形战斗单位本身的机动性能有限，再加上攻杀器械的制约，战车组成的队形作纵深配置很困难，只有采用大排面横列方式作战才能发挥战车的效能。横排队列可以做到左右照应，免受敌人的攻击。

车战时，双方战车在接近过程中，首先是用弓箭对射，力图以强大的杀伤力造成对方阵容的混乱，到战车逼近时，谁的队形严整，谁就能争得在战车错毂的瞬间夹击对方战车，在格斗中占有优势。如果两车正面相遇，甲士之间相隔在4米以上，3米多的戈、矛、戟发挥不了效力，只有两车相错，车厢侧面间距在1.6米以下，双方甲士才能用长兵器进行格斗。这样的车战战斗方式，队形整齐就成为取得胜利的重要保障。

以战车为主力的车、步结合的作战方式要求交战双方选择平原旷野作为战场。《六韬·犬韬·战车》说："步贵知变动，车贵知地形；骑贵知别径奇道"。"贵知地形"，确实是对车战特点的最好概括。

春秋时期，车战成为主要战争方式，使军事编制也随之发生了改变。春秋列国军队典型的编制一般有军、师、旅、卒、两、伍6级。春秋早期，伍由5名战士组成，是战车下的步卒，以战车为依托展开战斗。两由5个伍25名战士和1乘战车组成，战车是战斗核心。4两是1卒，5卒组成1旅，5旅成1师，5师成1军。

屈原在《楚辞·国殇》中生动描写了车战的悲壮情景："操吴戈兮披犀甲，车错毂兮短兵接。旌蔽日兮敌若云，矢交坠兮士争先。凌余阵兮躐余行，左骖殪兮右刃伤。霾两轮兮絷四马，援玉枹兮击鸣鼓。天时怼兮威灵怒，严杀尽兮弃原野。"郭沫若将它翻译成了今文：盾牌手里拿，身披犀牛甲。敌我车轮两交错，刀剑相砍杀。战旗一片遮了天，敌兵仿佛云连绵。你箭来，我箭往，恐后争先，谁也不相让。阵势冲破乱了行，车上四马，一死一受伤。埋了两车轮，不解马头。擂得战鼓咚咚响。天昏地暗，鬼哭狼嚎。片甲不留，死在疆场上。

车战战术的发展

春秋时期是车站的鼎盛时期，当时的大国，动辄拥有万乘战车，小国也拥有千辆战车，各国的军事实力，也以战车数量来衡量。其时的战争，绝大部分都是车战。总体而言，当时的车战尤其是春秋早期的车战是贵族式战争，崇尚礼节，本是残酷的战斗中甚至弥漫着艺术化的气息。两国发生大规模冲突时，作战军队相会，首先安营扎寨驻军，称为"次"或"军""合"。例如，公元前632年晋楚城濮之战时，晋军"次于城濮，楚师背部而合"。然后双方约定战斗时间和地点。城濮之战时，楚军元帅子玉给晋文公送信说："请与君之士戏，君冯轼观之，得臣与寓目焉。"在正式战斗之前，往往还有"致"或"致师"的行动，就是以猛士驾单车进犯敌军营垒，目的是挑战和炫耀武力。战斗在约定的日期开始，双方要排列好阵势，这是车战最主要的步骤，春秋车战无一例外地遵循预先列阵，先阵后战的原则。如城濮之战时，"晋师陈于莘北"。宋襄公意欲争霸，与楚军交战时，等到楚军过河摆好阵势再进行决战，被后世讥笑为

不知变通，其实这也表现了春秋及以前战争尚礼，先阵后战的风气。摆好阵势之后，双方冲锋，发起最后的决战。春秋时期各国军队规模不大，车兵的机动性也不强，所以战争在很短时间内就可以分出胜负，一般几个时辰，最多一天即结束。城濮之战在春秋时期算是规模非常大的战争，一天就打完了。公元前575年鄢陵之战，晋楚两军"旦而战，见星未已"，在春秋中期已属罕见。春秋的车战基本都在白天进行，若有少数白天不见胜负的战争，则夜晚休战，双方清理死伤，重组部伍，以待明日再战。

春秋时期，列国之间战争频仍，在战争中车战战术也取得了显著进步。首先是车战阵形有了很大发展，比较普遍地采用了中军和左翼、右翼三部分相配合的宽正面横向阵形。随着车战规模扩大、参战车辆增加，战车编队也扩大了。其次，出现了初级的野战防御方法——营垒，能够阻碍战车的冲击。另外，春秋时尤其是晚期的战争中，诈术也开始使用，信义在战争胜负的比照下显得微不足道，比如乘对方阵形尚未列好就发起攻击。又如鲁僖公三十三年（公元前627年），晋、楚军队隔河对峙，因为渡河的一方在渡河时很容易被对方攻击而溃败，所以双方相持不下。这时晋国内部发生动乱，晋军急切回撤，于是晋军将领写信给楚帅，提出了一个建议：或者晋军后退30里，楚军过河，然后双方摆阵决战；或者楚军后退，让晋军过河。楚帅接受了后一种办法。他没想到等楚军撤退后，晋军乘机也撤回国了，追之不及。

春秋时期的战车阵战灵活运用了多种作战方法，比如迂回侧后、攻其不备，佯退侧击和设伏合围等等。在城濮之战中，晋楚双方各自都有左、中、右三军。晋军首先击溃了薄弱的楚军右翼陈、蔡联军，接着上军和下军同时向后佯退，楚左师孤军追击晋上军。结果造成侧翼暴露，晋中军乘机从旁侧击，晋上军也回师夹攻，楚左师大败。这是佯退侧击的著名战例。公元前684年齐鲁长勺之战，当齐军败退时，曹刿阻止鲁庄公匆忙追击。他观察齐军败退时的旗帜和车辙，确认齐军是真的溃败后才下令追击，就是因为害怕齐军佯退设伏。

车战逐渐淡出历史舞台

商周时期，军事角逐的中心区域在关中和中原地区，地势开阔平坦，是适合战车驰骋的平原地带，马拉战车的巨大冲击力是早期步兵无法抗拒的。春秋中期以后，由于争霸战争不断发生，作战区域扩大，地形也变得复杂，其中不乏山川沼泽，战车无法在这些地方列阵冲锋，也就没有用武之地。于是一些国家又组织了适应能力更强的步兵，或将车兵改编为步兵。这些现象预示了车战的衰落和步战的复兴。

到战国时期，战争规模进一步扩大，残酷性增强，伤亡也随之增多，必须征召大量军队。战国群雄的军队数量较之春秋时期十倍几十倍地增长，秦国有带甲百万，齐国带甲数十万，楚国也有带甲百万。这些军队都来自农民，平时没有经过车战必需的长期系统的训练，而以各国的实力，也根本没有可能将这样庞大的军队装备成车兵，以农民为主体的大规模军队必然是步兵。另外，车战也有其固有弱点，除了对地形依赖较大外，它作战方式呆板，主要是速战速决的野战，不适于攻城，缺乏有效的攻坚手段。战国时期，经济发展，城市作为商品贸易和政治中心的战略地位不断上升，攻城灭国成为大国兼并的直接目标，城的防御功能也显得突出。车战既然不能担任起攻城的重任，其地位也必然下降。战国时期步兵的战术有了很大突破，在野战方面，广泛采用了先进的密集阵形和更加坚固的布障设垒等防御方法，能够与战车抗衡；他们的武器装备有了很大改进，特别是大量使用了威力巨大的远射兵器弩，能够在宽大的正面上有效地遏制战车的冲击。战国时期作战区域进一步扩大，地形更加复杂。正是在这些因素的作用下，车战风光不再，步战取而代之。

玉器和漆器

玉全称玉石，是质地细密、色泽淡雅、浸润光华的美石，以玉制成的物品称作玉器。古代玉器不仅是日常用具和饰品，同时还是具有宗教意义的礼器，以及祭祀天地、沟通神灵的法物，它反映出的是相关的意识形态、宗教信仰和丧葬习俗。这种以玉器的形式、蕴涵和审美为内容所形成的文化，即为"玉文化"。玉文化是中国古代文明的重要组成部分，有着鲜明的民族特色。

玉器

先秦时期是中国玉器和玉文化孕育和成长的时期。考古发掘证明，中国的

先民最迟在七八千年以前就已经开始制造和使用玉器。现在所知最早的玉器出自内蒙古敖汉旗兴隆洼遗址和辽宁阜新查海遗址。当时的玉器主要是用作装饰品和礼器。商周逐渐认识到玉的价值，玉器的数量和品种都有增加，雕琢技艺也有提高。玉被琢成礼器、制器、乐器和各种装饰品，供奉于庙堂或佩戴于身上。这时的玉器已成为三者、贵族高贵身份的标志，形成"君子必佩玉"的风气。同时，古人还把玉器看作是高尚、纯洁、亲善、吉祥的象征。

春秋战国时期，由于诸侯蜂起，经济发展，各国的区域文化异彩纷呈，交融频繁，玉器的制作和工艺逐渐走向成熟和趋同。这时期玉器种类主要有：璧、环、玦、璜、琮、珠、佩、冶、串饰、勒、瑗、圭、璋、管、柄形器、戈、带钩、镜架、匕等。其中多数是礼器，少数为生活用具。

春秋时期墓葬出土的玉器数量和种类极多，制作工艺相当精湛。河南信阳春秋早期黄君孟夫妇墓出土玉器 130 余件，器类有璧、玦、环、璜、虎、鱼、牌、兽面饰、蚕形饰、玉雕人、玉雕兽首等；河南淅川下寺春秋中期楚墓出土玉器 3139 件，器类有璧、环、璜、琮、瑗、镯、珠、管等，器形有虎、鸟、鹦鹉、龙等；山西太原金胜村 251 号春秋晚期墓出土玉器 545 件，器类有璋、龊、璧、环、璜、珠、玦、玉刀、玉尺、玛瑙环、水晶环等十余种。山东沂水、江苏吴县（今苏州）、山西侯马、陕西凤翔等地都有春秋玉器出土。

从出土的玉器看，春秋时期琮、璋、璧、圭等礼器仍在继续制作，但玉制的工具和兵器已经较为少见，玉器更多的是用作装饰品。当时盛行随身佩带玉饰，"行则鸣佩玉"。这时期的玉器雕琢精致，构图考究。淅川下寺 1 号楚墓出土玉兽面纹饰，长 7.1、宽 7.5 厘米，上宽下窄，四边有高低起伏的脊牙。正面中下部琢兽面纹，兽面两侧饰以三组对称的变形龙首纹，背面光素无纹。器中端上下分别钻上小孔，可用来嵌固在它物上。这件玉器纹饰细密，工艺难度颇高，是春秋晚期的代表性作品。

有学者估计，目前已经发掘的战国墓葬可能要超过万座，出土的玉器也较为普遍。安徽省长丰县杨公庙战国墓出土玉器 79 件，器类有璧、璜、佩、圭、环、镌、管等，纹饰为谷纹或涡纹。陕西雍城考古队发现秦国墓葬 40 余座，出土玉器 28 件，器类有璧、玦、冶、珠、串饰等，均素面无纹，其中有 1 件玉蝉，

造型逼真，形象生动。湖北江陵九店乡雨台村 558 座楚墓出土玉器 253 件，器类有璧、环、璜、佩饰、串饰、玉料珠、五料管、绿松石片等。湖北随县曾侯乙墓共出土器物 15404 件，其中玉器 528 件，器类有璧、环、块、璜、琮、方镯、佩、挂饰、串饰、珠、管、双面人、剑、梳等，这批玉器都经过打磨抛光，制作精良，色彩丰富，纹饰华美，是战国时期最著名的玉器墓葬。

战国玉器达到空前繁荣的程度。当时的工具和仪仗玉器比以前明显减少，璧、璜、环、佩等礼器和装饰用品增加较多，而且出现许多新的器形。制作工艺也有提高，雕刻细腻，纹饰精美，具有极高的艺术价值。

从春秋开始，自原始社会以来被贵族所钟爱和垄断的玉器，经过以儒家为首的诸子的推崇和宣传，成为社会生活中具有礼仪、宗教、经济和装饰多种特殊功能的标志物。先秦儒家的用玉道德观，就是以玉的各种物理性质来表示人的道德品质。《礼记·聘义》记载，孔子认为玉有仁、知、义、礼、乐、忠、信、天、地、德、道 11 种品德。"夫昔者，君子比德于玉焉。温润而泽，仁也；缜密以栗，知也；廉而不刿，义也；垂之如队，礼也；叩之其声清越以长，其终诎然，乐也；瑕不掩瑜，瑜不掩瑕，忠也孚尹旁达，信也；气如白虹，天也；精神见于山川，地也；圭璋特达，德也；天下莫不贵者，道也。"这种以玉比德的观点为后世玉器的发展了提供了重要的理论依据。

《周礼》载："以玉作六器，以礼天地四方：以苍璧礼天，以黄琮礼地，以青圭礼东方，以赤璋礼南方，以白琥礼西方，以玄璜礼北方。"这是后世苍天、黄土、青龙、朱雀、白虎、玄武思想的由来。如下就来简单介绍这几类玉器，其中玉琥，由于史料的缺乏，不再展开论述。

玉璧是有孔的圆形玉器，其纹饰主要有几何纹、云纹和谷纹。《尔雅》说："肉倍好谓之璧"，就是说玉璧圆孔的直径要等于周边直径的 1/2。玉环和玉瑗的形状和璧相同，只是"肉"与"好"的比例不是 2：1。所以有学者建议把三者统称为璧环类，或简称璧类。秦代以前玉璧极为珍贵，比如秦国为得到赵国的和氏璧，诈以 15 城相换，好在蔺相如智勇双全，使"完璧归赵"。从古文献考古发现来看，玉璧的用途有用作祭器、礼器、佩饰、砝码、辟邪和防腐。

按古书的说法，半璧为璜，但实际并非完全如此。殷商时期的玉璜多数只有玉璧的1/3，达到半璧的较少。玉璜初为祭器，用黑玉制成，是立冬祭祀北方的器物，后衍生成饰品，故又称佩璜。玉璜形制多样，纹饰精美。曾侯乙墓出土透雕四龙玉璜，青色，长15.2厘米，宽4.6厘米，厚0.6厘米，体扁平，呈弧形，透雕对称的匹条龙，曲身卷尾，单面阴刻眼、鳞、爪等。同时用阴线刻出两条蛇纹，精雕细琢，布局对称。故宫博物院收藏的战国双龙首玉璜，白色，长17.1厘米，宽7.4厘米，厚0.5厘米，体扁薄，呈半圆形。两端镂雕龙首，龙口微启，唇微卷，露牙，环眼圆睁，长耳后伏于颈，饰阴刻细线纹，龙身浮雕六行勾连纹。外缀以对称的镂空夔纹，中部有圆孔，可穿系，制作极为精巧。

玉琮是内圆外方的管形玉器，用作礼地、发兵、敛尸等。原始社会末期玉琮曾经非常盛行，夏商时迅速衰落，西周规定"以黄琮礼地"，玉琮应该是比较常见的，但在这时期墓葬中基本没发现其身影，这至今是个谜团。春秋战国墓葬中出土的玉琮极少，即便有发现，工艺也十分简陋。到西汉以后，玉琮逐渐退出历史舞台，后世也有好事者仿制上古玉琮，但已明显脱离先秦的风格。

《说文》说，"剡上为圭"。玉圭指的是上部尖锐呈三角，下端平直呈长方形的玉器，有的玉圭两侧略呈梯形。玉圭源自新石器时代的石铲和石斧，因此，有人将新石器时代至商周时期的许多玉铲和方首长条形玉器都定名为圭。但真正标准的尖首形圭到商代才开始出现，盛行于两周时期。玉圭是标明身份的瑞玉和祭祖盟誓的祭器，用来规范宗法关系。按照等级不同，王执持镇圭，公执持桓圭，侯执持信圭，伯执持躬圭。周代玉圭，以尖首长条形为多，圭身素面，尺寸长15至20厘米。战国墓葬出土的圭数量较多，圭身宽窄各异。汉代玉圭逐渐淡出社会生活，后世王公贵族只有想显示其地位时，才雕造少量的玉圭。

玉璋与玉圭相似，"半圭为璋"，它与圭都是区分等级的器物。玉璋始见于龙山文化，殷墟出土过许多石璋，西周的玉璋较为少见，器形与商代相近，器身窄长。春秋战国墓葬出土的玉璋与古书的记载情况存在着诸多不同，这还有待考古工作者做深入的研究。《周礼》将玉璋分为赤璋、大璋、中璋、边璋、牙璋5种。赤璋用赤玉（玛瑙）制成，是祭祀南方神灵朱雀的礼器。大璋、中璋、边璋是天子巡守时祭祀山川的器物，所祭的如果是山，礼毕后就将玉璋埋于地下；如果是川的话，则将璋投到河里。《考工记》还有"大璋亦如之，诸侯以聘女"的记载。《周礼·典瑞》说："牙璋以起军旅，以治兵守。"郑玄注："有鉏（古文生僻字，现代汉语不常用）牙之饰于琰侧，先言牙璋有纹饰也"。牙璋可能与军旅有关，与后代虎符相似。璋牙尖锐，流露出锋利、肃杀的气息。三星堆出土的牙璋，中间开刃，形状似齿，直伸向前，攻击的意味极其明显。从三星堆的考古发现来看，牙璋的用途极可能是祭山的礼玉。

除以上的仪礼"六器"外，先秦日常社会生活中盛行用玉作佩饰。人佩带玉饰是有讲究的，《白虎通义》说，道德高深者佩环，能决嫌疑者佩玦。当然员普遍的佩饰是玉佩。佩的概念较为宽泛，凡是璧、环、玦、璜、琮、圭等规范性玉器以外的饰玉，都可以称为佩。春秋战国时期，人们用佩玉来协调举止、标明身份、表达情意和作为承诺的信物。另外，先秦的丧葬制度也盛行用玉，例如放人死者口中的玉琀、堵住尸体孔窍的玉塞、下葬时死者手里的握玉等。

漆器

用漆树自然分泌的漆液涂在各种器具上，这就是原始的漆器。漆树的液汁经搅拌后变为熟漆，生漆或熟漆加进熟桐油调制即成漆膜坚硬、光亮、耐温的广漆，再添入颜料或染料就形成彩色漆层。

考古发现证明，中国是世界上最早知道和使用天然漆的国家，漆器的制造有着悠久的历史。古代以漆涂于物称"髹"，用漆绘制图案花纹谓"饰"。六七千年前的河姆渡文化遗址出土的木胎朱漆碗是现知最早的漆器。商周时期开始用色漆和雕刻来装饰器物，还设立有皇家漆园。《尚书·禹贡》载："厥贡漆丝"。

春秋战国是古代漆工史上的重要时期，漆器种类和髹漆工艺都得到飞速发展，漆器业空前的繁荣，甚至使新兴的诸侯不再仅热衷于青铜器，而把兴趣转向光亮洁净、易洗、体轻、隔热、耐腐、嵌饰彩绘五光十色的漆器。当时，鲁国出现所谓的漆室女，这是专门从事漆工的作坊，主要承担者可能是妇女。官方也极为重视漆器工艺的发展，选派专人进行管理，道家的著名代表庄子就曾做过宋国的漆园吏。

春秋战国漆器工艺取得的辉煌的成就首先体现在器物种类丰富，几乎包括

当时生活各方面的用品。现结合考古发现，简要列举如下：家具类有末、几、禁、案、枕、俎等；容器类有筒、箱、盒、奁、匣、豆、樽、盂、鼎、勺、盘、壶、杯、耳、钫、匜、卮等；丧葬类有棺、芩床、木俑、镇墓兽等；饰物类有座屏、木鱼、木球、木壁等；乐器类有编钟架、钟锤、编磬架、大鼓、小鼓、虎座双鸟鼓、瑟、琴、笙、竽、排箫、笛等；兵器类有甲、弓、弩、矛秘、戈秘、箭、箭菔、剑鞘、盾等；交通类有车、车盖、船等；文具类有笔、笔架、文具箱等。

值得注意的是，这时已逐渐应用木案和漆案，反映了生活方式的进步。此前的古人席地而坐，有几无案，盛食物的器皿放在地上，人坐在地上饮食。从考古文物来看，漆案开始较多地出土于战国墓中。自从有案以后，食物就可以放到案上，后来汉代就沿用了这种生活习惯。

其次，这时期漆器的分布范围极为广泛。山东、山西都有大量的春秋彩绘漆器出土。战国漆器的产地更是遍及各地，目前已经在全国40多个县市的80多处发掘出漆器，其中以河南、湖南、湖北三省最多。当时巴蜀地区的竹、木漆器业发达，多数考古遗存都保留有许多带有文字和符号的漆器，有学者认为，成都可能是春秋战国时期长江上游最大的漆器制造中心。

当然，最能体现春秋战国时期漆器业进步的还得说是髹漆工艺的发展。春秋以后，为适应制造各种漆器的需要，漆器胎骨除木胎外，还出现夹贮胎、皮胎和竹胎。

木胎便于斫制、雕刻、描漆和镶嵌，容易制造出立体感强烈、色彩绚丽、纹饰复杂华美的漆器作品。当时人们用大张薄木片圈制卷木胎，来制造圆筒状器物，圆形而体轻的奁和卮就是用这种方法做成的。

夹贮胎是纯用漆与编织物构成的胎骨，夹贮胎漆器比木胎更牢固和轻巧，而且随气候变化，失水和吸水的能力比木胎漆器强，适宜制造形状复杂而且不规则的器物，它就是现在所谓的"脱胎漆器"。夹贮胎的数量不多，著名的有长沙左家塘3号战国中期墓出土的黑漆杯和彩绘羽觞，以及常德战国晚期墓出土的深褐色朱绘龙纹漆奁等。

皮胎质地柔韧轻盈，多用来做防御武器，比如长沙近郊出土的龙凤纹描漆

盾（也有人认为可能是舞蹈道具）。竹胎漆器则有江陵拍马山出土的双层篾胎奁。至于藤胎就是矛柲。同时，这时期的漆器不断改进质量，具备无异味、抗酸耐腐的特点。

春秋战国的漆器还充分使用色彩，将髹漆、雕刻和彩绘三者完美地结合起来。湖北江陵楚墓出土的由蛇蛙鸟兽盘结而成的彩绘透雕座屏，就是利用这种方法的代表。这件漆器通高 15 厘米、长 51.8 厘米，两端落地，中部悬空，浮雕着蛇蟒。座上是矩形外框，框中透雕着各种动物，整个小屏先雕刻 51 个动物，计 20 条蟒、17 条蛇、2 只蛙、鹿凤雀各 4 只，周身黑漆为地，施以朱红、灰绿、金银等色进行彩绘。雕刻的动物互相角斗，鹿做奔跑状，神鸟食蛇，屈蟒蟠绕，造型生动，体现出中国古代精湛的工艺水平和高度的审美意识。

同时，春秋战国时期漆器的花纹装饰也达到极高的造诣。花纹的图案以云、雷、龙、凤纹为主，飘逸轻快，富于变化，看似随心所欲，实则自有章法。绘画的内容涉及现实生活、神话传说以至飞禽走兽。湖北江陵包山楚墓出土的 1 件彩绘漆奁，描绘的是楚国贵族出行的场面。奁盖上共绘有 16 个人、4 乘车、14 匹马、5 棵树、1 头猪、2 条狗、9 只雁，画面以黑漆为地，先用单线勾勒出轮廓，再平涂颜色。整幅图画构思精妙，布局疏密有致，生动传神，是春秋战国漆器中的杰作。

春秋战国的漆器业空前繁荣，为以后漆器工艺的发展起到重要的推动作用。汉代以后，中国的漆器和髹漆工艺先后流传到亚洲各国，后经波斯人、阿拉伯人和中亚人传到西方世界。正如瓷器那样，世界各国的漆器制造，也受益于中国古人的发明创造。

稷下学宫盛况

学者自由讲论、共同研讨的场所

战国时代齐国为招引学者前来讲学，开设了一个学宫，它位于齐都临淄城西面的稷门附近，在稷山之下，因此称为"稷下学宫"。学宫建立之处，原来是谈说之士经常聚会的地方。开设学宫后，在那里建起了讲室、馆舍。学者们定期在学宫聚会，进行讲学活动更方便和频繁了。来到学宫讲学的人称"稷下先生"，他们各自著书立说，谈论如何治理国家。

稷下学宫的创立者是齐桓公，他不是春秋初年的霸主，而是战国时期的田齐桓公，公元前374年到前357年在位。建稷下学宫后，就招致贤人，给以大夫的称号，尊崇有加。当桓公子齐威王时，稷下学宫有了进一步的发展。威王子宣王更喜爱文学游说之士，学宫更加繁盛。直到齐襄王时（公元前283年到前265年在位），稷下学宫犹存。据说当时来学宫讲学的人，都给予"列大夫"的地位。荀子50岁来游学，由于他的学问和声望，曾经三次当了荣誉最高的"祭酒"。学宫的学术讲论活动，在齐国一直延续了一百余年。

待遇优厚，贤士云集

齐王对来稷下学宫讲学的学者，一向给予优惠的待遇。除了赠予"列大夫"的称号和高额的俸禄，还给他们分配高门大屋的住房；专门划出一个区域，给稷下学者居住，在居住区内开辟宽敞的大道，让学者和官吏们自由往来，显示出宏伟的气派。据说齐宣王时稷下学者76人，都赐以大住宅，命为"上大大"，让他们在学宫中高谈阔论。由于统治者的扶持、提倡，稷下学宫的规模愈来愈大，学者云集，最盛时学者达到数百，甚至上千人。这在战国时代，真是一个奇迹。

当时各国的学者，大部分都到稷下学宫来讲过学，其中较著名的有：齐国人田骈，著作有《田子》二十五篇；接子，著作有《接子》二篇；淳于髡，言谈诙谐幽默，著作未详；邹衍，善言谈辩论，提出过"大九州"等学说，著作有《邹子》四十九篇和《邹子终始》五十六篇；邹奭，善写文章，著作有《邹奭子》十二篇；鲁仲连，好出奇策，著作有《鲁仲连子》十四篇；楚国人环渊，著作有《蜎子》十三篇；宋国人宋鈃，著作有《宋子》十八篇；尹文，著作有《尹文子》一篇；邹国人孟轲，著作有《孟子》十一篇；赵国人慎到，著作有《慎子》四十二篇；荀卿，著作有《荀子》三十二篇，等等。

争鸣热烈，成果累累

上述这些学者，分属于不同的学派。他们自由讲学，各抒己见，互相切磋，必然形成热烈的争鸣气氛。据说齐国有个辩士田巴在稷下学宫讲学，他诋毁五帝，斥责三皇，赞美五霸，一天折服千人。有个年轻人鲁仲连发问说："今楚攻南阳，赵伐高唐，燕夺聊城，国家危亡在旦夕，先生该怎么办"田巴无言以对，乃终身不谈，可见稷下学宫讲学活动中交锋的激烈。孟子能提出"民贵君轻"，荀子提出"制天命而用之"即制服天命而利用自然等先进理论，显然是受了稷下学者热烈争鸣的思想影响。

除稷下学者个人的著作外，学宫还有许多集体的研究成果。现今流传的《管子》一书，内容丰富，包罗万象，它就是稷下学者的论文汇编。齐威王时，又命稷下学者追论整理古代的《司马法》和春秋时的《穰苴兵法》，使它们重放光辉。

稷下学宫的创办和学术交流活动的盛行，使齐国成为战国时代学术文化的重要中心，在当时以至后世都产生过积极的影响。

秦朝

秦帝系表

前221—前206

昭襄王(赢则，又名稷)	（56）	前306
孝文王（赢柱）	（1）	前250
庄襄王（赢子楚）	（3）	前249
始皇帝（赢政）	（37）	前246
二世皇帝（赢胡亥）	（3）	前209

始皇嬴政

秦王政兼并了六国，结束了战国割据的局面，统一了中国。他觉得自己的功绩比古代传说中的三皇五帝还要大，不能再用"王"的称号，应该用一个更加尊贵的称号才配得上他的功绩，就决定采用了"皇帝"的称号。他是中国第一个皇帝，就自称是始皇帝。他还规定：子孙接替他皇位的按照次序排列，第二代叫二世皇帝，第三代叫三世皇帝，这样一代一代传下去，一直传到千世万世。

秦始皇

全国统一了，该怎样来治理这样大的国家呢？

在一次朝会上，丞相王绾等对秦始皇说："现在诸侯刚刚消灭，特别是燕、楚、齐三国离咸阳很远，不在那里封几个王不行，请皇上把几位皇子封到那里去。"

秦始皇要大臣议论一下，许多大臣都赞成王绾的意见，只有李斯反对。他说："周武王建立周朝的时候，封了不少诸侯。到后来，像冤家一样互相残杀，周天子也没法禁止。可见分封的办法不好，不如在全国设立郡县。"

李斯的意见正合秦始皇的心意，他决定废除分封的办法，改用郡县制，把全国分为三十六个郡，郡下面再分县。

郡的长官都由朝廷直接任命。国家的政事，不论大小，都由皇帝决定。据说秦始皇每天看下面送来的奏章，要看一百二十一斤（那时的奏章都是刻在竹简上的），不看完不休息，可见他的权力是多么集中了。

在秦始皇统一中原之前，列国向来是没有统一的制度的。就拿交通来说，

各地的车辆大小就不一样，因此车道也有宽有窄。国家统一了，车辆要在不同的车道上行走，多不方便。从那时候起，规定车辆上两个轮子的距离一律改为六尺，使车轮的轨道相同。这样，全国各地车辆往来就方便了。这叫作"车同轨"。

在秦始皇统一中原之前，列国的文字也很不统一。就是一样的文字，也有好几种写法。从那时候起，采用了比较方便的书法，规定了统一的文字。这样，各地的文化交流也方便多了。这叫作"书同文"。

各地交通便利，商业也发达起来，但是原来列国的尺寸、升斗、斤两的标准全不一样。从那时候起，又规定了全国用统一的度、量、衡制。这样，各地的买卖交换也没有困难了。

秦始皇正在从事国内的改革，没想到北方的匈奴打了进来。匈奴本来是我国北部一个古老的少数民族。战国后期，匈奴贵族趁北方的燕国、赵国衰落，一步步向南侵犯，把黄河河套一带大片土地夺了过去。秦始皇统一中原以后，就派大将蒙恬带领三十万大军去抵抗，把河套一带地区都收了回来，设置了四十四个县。

为了防御匈奴的侵犯，秦始皇又征用民伕，把原来燕、赵、秦三国北方的城墙连接起来，又新造了不少城墙。这样从西面的临洮到东面的辽东，连成一条万里长城。这座举世闻名的古建筑，一直成为我们中华民族古老悠久文明的象征。

后来，秦始皇又派出大军五十万人，平定南方，添设了三个郡；第二年，蒙恬打败了匈奴，又添了一个郡。这样，全国总共有四十个郡。

公元前213年，秦始皇因为开辟了国土，在咸阳宫里举行了一个庆祝宴会，许多大臣都赞颂秦始皇统一国家的功绩。博士淳于越却重新提出分封制度不能废除，他认为不按照古代的规矩办事是行不通的。

这时候，李斯已经做了丞相，秦始皇要听听他的意见。

李斯说："现在天下已经安定，法令统一。但是有一批读书人不学现在，却去学古代，对国家大事乱发议论，在百姓中制造混乱。如果不加禁止，会影响朝廷的威信。"

秦始皇采用了李斯的主张，立刻下了一道命令：除了医药、种树等书籍以外，凡是有私藏《诗》《书》、百家言论的书籍，一概交出来烧掉；谁要是再私下谈论这类书，办死罪；谁要是拿古代的制度来批评现在，满门抄斩。

第二年，有两个方士（一种用求神仙、炼仙丹骗钱的人）叫作卢生、侯生，在背后议论秦始皇的不是。秦始皇得知这个情况，派人去抓他们，他们早已逃跑了。

秦始皇大为恼火，再一查，又发现咸阳有一些儒生也一起议论过他。秦始皇把那些儒生抓来审问。儒生经不起拷打，又东拉西扯地供出一大批人来。秦始皇下令，把那些犯禁严重的四百六十多个儒生都埋了，其余犯禁的就流放到边境去。

这就是历史上所说的"焚书坑儒"事件。

秦始皇正在火头上，大臣们谁也不敢劝他。他的大儿子扶苏认为这样处置儒生太严厉，劝谏他不要这样做。这一来，触怒了秦始皇，他命令扶苏离开咸阳，到北方去和蒙恬一起守边疆。

秦始皇的传国玉玺

秦始皇统一中国以后，为了显示其至高无上的权威，令玉工孙寿为其刻制了一枚玉玺。秦始皇原想将之代代相传，没想到秦朝二世便亡国了。从此，这象征着皇帝权力的玉玺便成了历代帝王争夺的对象，而关于传国玉玺的种种传闻也是此起彼伏。

传国玉玺简称"传国玺"，是用天下闻名的和氏璧雕刻而成的，玺方四寸，其上蟠曲巨龙，镌刻着李斯手书的"受命于天，既寿永昌"八个形如"龙凤鸟鱼"之状的篆字。秦汉之前，"玺"和"印"并无尊卑之分。自秦始皇后，玺成为皇帝专用，用玉刻制，故称"玉玺"。

秦末，刘邦进入咸阳，子婴投降并将传国玉玺献给了刘邦。到了西汉末年，王莽篡权，命其弟王舜进宫向其姑母孝元太后逼索传国玉玺，太后怒掷玉玺，将其摔破一角，王莽以纯金包嵌。王莽之后，玉玺为东汉刘秀所得。东汉末年，十常侍作乱，汉少帝夜出北宫，传国玉玺丢失。后来孙坚攻入长沙，在城南甄官，井中捞出一具女尸。从其项下锦囊中一金锁关闭的小匣子内取出了玉玺。孙坚死后，袁术乘孙坚妻吴氏扶梓归里，将她拘捕而夺得玉玺。袁术兵败身亡后，曹操得到传国玉玺，到了西晋统一后归了司马炎。西晋灭亡后，玉玺在北方十六国流传。北魏灭亡时，传国玉玺被濮阳太守戴施献给了东晋皇帝。东晋亡，刘裕得到玉玺，传国玉玺开始在南朝流传。隋文帝灭陈后，得到传国玉玺。隋末，玉玺归宇文化及，后落入窦建德手中，后由窦妻献给唐高祖李渊，玉玺在唐传了370多年。最后玉玺被朱温所得，落入了后唐手中。公元936年，石敬瑭勾结契丹耶律德光进攻洛阳，后唐废帝李从珂见大势已去，便带着玉玺登玄武楼自焚了，传国玉玺至此失踪。

后来，又有不少关于传国玉玺重新发现的传说。但是，传说再神奇，传说中的玉玺也都是假的。

封建官僚制度的确立

公元前221年（秦始皇二十六年），秦王朝开始在全国推行封建官僚制度，以适应新形势，加强中央集权。

秦王朝的中央政权是原秦国的中央政权的延续和扩大，但官职的名称和权力有许多变化。具体来说，就是在中央设立负责政务的丞相、太尉、御史大夫。丞相为百官之长，其职责是协助天子处理全国的政务和事务，丞相使用的相印为玉石所制，上面的印钮为金制，所以称"金印"。官员上朝时官印要放在袋中用一丝带系于腰际，丞相用的丝带为紫色，所以称之为"金印紫绶"；秦朝的丞相为左、右两位，左丞相的地位高于右丞相。太尉是辅助皇帝以参理武事，同样也是"金印紫绶"。御史大夫是负责监察工作，同时又要辅助丞相处理政务，为"银印紫绶"。

丞相、太尉、御史大夫，在习惯上称为"三公"。三公虽然有分职，但相互牵制。如：丞相虽是百官之长，但其仅负责民事，军事由太尉管理；太尉虽管军事，但并不直接掌握军队，也没有发兵权，发兵权归皇帝；御史大夫虽然地位比丞相和太尉低，但由于他负责监察百官，同时又负责协助丞相处理政务，所以对丞相和太尉都有所牵制。三公互相牵制的结果，使军政大权都掌握在皇帝一人手中。

在三公之下，设有一些分受具体事务的官员，一般称之为"九卿"，其实不止此数，其中主要有：负责宗庙礼仪的奉常，负责皇帝禁卫的郎中令，负责皇宫守卫的卫尉，负责京城防卫的中尉，负责皇室车马的太仆，负责皇室财政的少府，负责宫室修葺的将作少府，负责宗室亲属事务的宗正，负责全国司法的廷尉，负责全国财政的治粟内史，负责民族事务的典属国等等，九卿都分别有自己的办事机构和属僚。

三公和九卿都可以参加商议国家大政和决策。商议中，群臣各言其是，最后由皇帝裁决，颁布诏令，分头执行。此外，秦还在中央设立了由那些博学强志、通古达今、有理论学说为基础，又辅以渊博见闻的人担任的博士官，充当皇帝的参谋或顾问，也参加议政。秦王朝推行的封建官僚制度，历中国封建社会两千年之久而没有大的改变，是历史的一大进步。它不仅改变了世袭制，而且取消了"食邑""食封"制，并规定了各级官吏的俸禄。

郡县制的推行

郡县制，中国古代继宗法血缘分封制度之后出现的以郡统县的两级地方行政制度。是中央垂直管理下官员由中央直接任免的流官任期制。标志着官僚政治取代血缘政治，是中国由贵族封建制度走向皇帝专制制度的象征。公元前221年（秦始皇二十六年），秦始皇决定对国家全面施行郡县制行政管理，在全国范围内确立了郡县制度。最初，分天下为三十六郡，以后，随着边境的开发和郡制的调整，总郡数最多时曾达到四十六郡。郡设郡守，郡守之下有郡丞、郡尉、监察史等。郡下设县，万户人口以上为大县，设县令；万户以下为小县，设县长。县令或县长之下又设县丞和县尉，也与上级政权一脉相承。县以下以乡、亭、里为单位。十里为一亭，十亭为一乡，并设各级官员加以管理。这样，从中央到地方都建立起了封建专制主义中央集权制。

其实，早在秦献公十年（公元前375年），秦国就建立了以"告奸"为目的的"户籍相伍"制度。后来商鞅规定，不论男女，出生后都要列名户籍，死后除名；还"令民为什伍"，有罪连坐，秦律载明迁徙者当谒吏转移户籍，叫作"更籍"。秦王政统治时期，户籍制度趋于完备。秦王政十六年（公元前231年）令男子申报年龄，叫作"书年"。据云梦秦简推定，秦制男年十五（另一推算是十七）载明户籍，以给公家徭役，叫作"傅籍"。书年、傅籍，是国家征发徭役的依据。始皇三十一年"使黔首自实田"，即令百姓自己申报土地。土地载于户籍，使国家征发租税有了主要依据。户籍中有年纪、土地等项内容，户籍制度也就远远超过"告奸"的需要，成为国家统治人民的一项根本制度。秦置二十级爵，以赏军功。国家按人们的爵级赐给田宅，高爵者还可以得到食邑和其他特权。爵级载在户籍，所以户籍也是人们身份的凭证。

实际上，郡县制并非秦始皇所开创，只是到了秦始皇统一全国时，才实现了它的系统化和规范化，才成为整个国家法定的行政制度，所以才称秦始皇推行郡县制。其实，早在春秋时期，县制管理便已在一些诸侯国家中萌生了。秦国在统一全国前早已开始在国内设县，并从公元前324年秦攻楚汉中地六百里置汉中郡开始，创立并逐渐采用了郡制，到本年统一六国为止，秦国已先后设置了巴郡、陇西郡、北地郡、蜀郡、南郡、九江郡、齐郡等十几个郡。县制之后又设郡制，使从中央到地方的统治又多了一个层次，中央集权就更加巩固了。

秦始皇统一法律

秦始皇二十六年（公元前221年），秦始皇为了维护封建秩序，令大臣在秦国原有法律的基础上，加以修订、扩充，吸取其他各国的有关条文，制订了一套严密的刑法制度，发布于全国。

秦的主要法律形式有律、令、法律答问、式、廷行事等多种。秦代完整的法律条文今已佚失。但人们从考古发掘中能够部分地窥见其内容。1976年，湖北云梦县睡虎地出土秦代竹简一千余支。这些秦律主要有三部分：一是《田律》《工律》《徭律》《军爵律》《置吏律》《陈吏律》《效》等各种单行条例近三十种。二是案例与疑案问答，其中有六十多条是关于治"盗"的。三是有关判决程序的规定与说明。由此可见，秦律集中反映了地主阶级的意志，它对巩固和统一专制主义中央集权国家起了积极的作用。秦律所确认的法律形式，对后世封建法制的发展具有深远的影响。

维持一个大国的统一，还需要强大的军队。秦军以灭六国的余威，驻守全国，南北边塞，是屯兵的重点地区。秦制以铜虎符发兵，虎符剖半，右半由皇帝掌握，左半在领兵者之手，左右合符，才能调动军队。这是保证兵权在皇帝手中的重要制度。秦军是一支前所未有的巨大的震慑力量。近年发掘的秦皇陵侧的兵马俑坑，估计其中两坑有武士俑七千件，战车百乘，战骑百匹。武士俑同真人一样高大，所持武器都是实物而非明器。这种车、步、骑兵混合编组的大型军阵，其规模之大，军容之盛，是秦军强大的表征。

皇权的加强和神化

秦始皇为了巩固自己的统治，不但建立了一套专制主义中央集权的统治机构和制度，而且还采用了战国时期阴阳家的终始五德说，以辩护秦朝的法统。终始五德说认为，各个相袭的朝代以土、木、金、火、水等五德的顺序进行统治，周而复始。秦得水德，水德尚黑，所以秦的礼服旌旗等都用黑色；与水德相应的数是六，所以符传长度、法冠高度各为六寸，车轨宽六尺；水德主刑杀，所以政治统治力求严酷，不讲究"仁恩和义"；与水德相应，历法以亥月即十月为岁首，等等。秦始皇还确定了一套与皇帝地位相适应的复杂的祭典以及封禅大典，择时进行活动。秦始皇在咸阳附近仿照关东诸国宫殿式样营建了许多宫殿，并于渭水之南修造富丽宏伟的阿房宫。咸阳宫殿布局取法于天上的紫微宫，俨然是人间上帝的居处，天下一统的象征。秦始皇还在骊山预建陵寝，墓室中以水银为百川、江河、大海，机相灌输，上具天文，下具地理。他采取这些措施，和他采用皇帝的名号一样，是要表示他在人间的权力与上帝在天上的权力相当，从而向臣民灌输皇权神秘的观念。皇权神秘观念，是专制主义中央集权制度的思想基础。

皇权的加强和神化，郡县制的全面推行，体现专制皇权的官僚机构和各种制度的建立，法律的完备和统一，皇帝对军队控制的加强等等，这些就是专制主义中央集权制度的主要内容，在当时的条件下是维持封建统一所不可少的条件。但是这种政治制度对百姓的束缚极大，而且它对经济文化发展的促进作用也可以转变为阻滞作用，这在封建社会后期更为显著。

秦始皇巡游

秦始皇帝二十六年（公元前221年）秦国统一天下之后，还带领百官仆从，大规模出游，巡视东方。这是秦始皇采取一系列巩固统一的措施之一。他巡游天下的目的在于：一是向山东原六国诸侯旧地之民显示武力和威风，压服他们的反抗之心；第二是为了遍观各地山川风物人情。秦始皇的大规模出游主要有三次。

秦始皇二十七年（公元前220年），秦始皇由咸阳（今陕西咸阳）向西，巡视陇西（治狄道，今甘肃临洮）、北地（治义渠，今甘肃镇原东），至鸡头山（六盘山支脉，在今宁夏泾源北），然后经回中道（今陕西陇县西）回到咸阳。此次巡游，主要意图是视察西北地区边防。

秦始皇二十八年（公元前219年），秦始皇由咸阳向东，巡视山东郡县，上邹峄山（在今山东邹县东南），在此立石颂功，并召集鲁地的儒生，和他们讨论，商议封禅望祭山川的事情。之后，秦始皇一行北上泰山，立厂，祭祀。下山的时候，突遇暴风雨，在一棵大树下避雨，因封此树为五大夫。他们又在泰山南边的一座叫梁父的小山祭祀仪式，并立石碑颂秦朝之功德，其辞有"皇帝圣躬，既平天下，不懈于治。夙兴夜寐，建设长利，专隆教诲"等句。从泰山上下来后，秦始皇一行北至渤海，沿渤海向东，经过黄（今山东黄县）、睡（今山东福山），翻越成山（今山东荣成东北），登上芝罘（今山东烟台北面的芝罘岛），刻石颂功。一路走，一路遍祭各名山大川的神灵。

离开芝罘后，秦始皇南至琅邪（今东胶南），在此居留三月，徙民三万户于琅邪台下，立石刻，歌颂秦德，辞中有"六合之内，皇帝之土，西海流沙，南尽北户，东有东海，北过大厦（即晋阳，今山西太原西南）。人迹所至，无不臣者"等句。这便是著名的琅邪刻石。

秦始皇在琅邪时，齐国方士徐市等人上书，说东海之中有三神山，名叫蓬莱、方丈、瀛洲，上面居住着仙人，请求秦始皇斋戒祭祀，并派童男童女前去寻找。秦始皇想长生不老，便派徐市征派童男童女几千人入海求仙。但徐市等人一去即不复返。

秦始皇从琅邪回来，路过彭城（今江苏徐州）。彭城东有一条河叫泗水，传说秦昭襄王时派人向周王索要象征国家政权的九鼎，移置咸阳，有一个鼎飞入了泗水。所以，秦始皇想把这个鼎从泗水中捞出来。他派了一千多人到水中去摸，没有摸到。便向南渡过淮水，到衡山（今安徽当涂北）和南郡（今湖北江陵）去。又渡过长江，进入洞庭湖，至湘山祠（在今湖南岳阳西）。突遇上大风，几乎渡不过去。秦始皇问博士："湘君是什么神？"博士回答说："听说是尧的女儿、舜的妻子，死后埋葬在这里。"秦始皇大怒，以为湘君蔑视自己，便派三千名刑徒把湘山上的树木砍了个精光。然后，自南郡由武关而归咸阳。

秦始皇二十九年（公元前218年），又一次东游。他们走到阳武县（今河南原阳境）南的博浪沙中时，韩国贵族之后张良派力士操铁锥在这里狙击秦始皇，但误中秦始皇的副车。秦始皇受到惊吓，派人追捕，未能捕得，便令天下大索十日，仍一无所获。秦始皇没有停留，继续东行，登上芝罘，刻石颂功。回头经过琅邪，从上党（今山西长治地区）取路而归。

秦始皇三十二年（公元前215年），秦始皇北巡，到达碣石（今河北昌黎北），派燕人方士卢生寻求羡门等神仙。然后由碣石向西，巡视北部边防，取道上郡（治肤施，今陕西榆林南）而归。卢生从海上回来后，向秦始皇献上《禄图书》，其中有"亡秦者胡也"之句。秦始皇大怒，派将军蒙恬率军三十万北伐匈奴。

秦始皇三十七年（公元前210年）是秦始皇最后一次出游。左丞相李斯和少子胡亥跟从。冬十一月，他们到达云梦（今湖南、湖北交界的洞庭湖、洪湖地区）。又南至九嶷山（今湖南宁远南）望祀虞舜。然后顺江东下，经丹阳（今安徽马鞍山东南）至钱唐（今浙江杭州西南），到浙江（即今钱塘江）边上，欲渡河，会河水猛涨（即有名的钱江潮），被迫沿河上溯一百二十里渡河，上会稽山（今浙江绍兴西南），祭祀大禹，望于南海，立石颂德，即《会稽刻石》，一路上，秦始皇处处立石树碑，让人们敬颂他的功绩，宣扬秦国的威强。

这行巡游队伍，盛况空前，努力制造巩固专制主义中央集权国家的舆论。实际上这支庞大的巡游队伍本身，就是最形象最有力的宣传队。它把皇帝的威严，官府的声势，帝国的雄伟气魄，朝廷的政令制度，最生动鲜明地带到沿途各地，给各处地方官吏以至广大民众留下最深刻的印象。在幅员辽阔，交通不便，文盲众多的古代中国，这是贯彻中央集权的有力措施，其作用远远超过若干道诏书和刻石。为了处理政务，秦始皇巡游时还把他主要的文武官员也都带上，这样沿途照常可以批阅公文。

出兵南越

秦虽然统一了六国，但处于中国的西南部、东南部广大地区仍然没有统一起来。秦代当时所指的南越地区即现在的福建、浙江东南部、广东和广西的大部分地区。这个地区气候温和，雨水充沛，森林茂密，十分富饶，但为山川所阻隔，仍过着相当原始的生活，社会的发展远远落后于中原地区。越人主要分布于今华南和华东的广大地区，分为西瓯、东瓯、南越、闽越等几个部分。西瓯约在今广东西南部、广西南部；南越遍布于今广东南部、北部与西部地区；东瓯、闽越散居于浙江、福建一带。西瓯人主要从事农业生产，南越和闽越主要从事渔猎和农业。越人"断发文身"，文化知识落后，各部互不统属，甚至经常自相残杀，带兵打仗方面作战虽勇敢，但缺乏大部队的整体协同观念，更没有相应的战略头脑，无论政治、军事、经济等等方面均明显地劣于秦军。南越居住的地区，高山大川纵横交织，沼泽密布，陆路交通极为不便，一些城邑之间虽有山路相通，但也多蜿蜒于崇山峻岭之间，对大部队的进军造成极为不利的障碍。相比之下，水路交通尚比较便利。东面有鄱阳湖五水，西面有洞庭湖四水，有的可以通达南越、闽越、西瓯部族居住的一些地区，为水路进军的重要通道。秦国此时正值统一大业兴时，国富兵强，军威鼎盛，秦始皇想乘胜南征，统一中国东南和西南的广大地区，最终完成全国统一大业。

秦军统一南越之战，因在广大地域对付分散之众多部族作战，所以无法集中力量于一地作战略决战，因而采取多路分兵进击的作战行动，如遇重大抵抗，可以将多路分兵合兵共击。据《淮南子·人间训》记述，秦军征南越计划分五路大军作战：一军塞镡越之岭，一军守九嶷之塞，一军处番禺之都，一军守南野之界，一军驻余干之水，这样各路大军即可适时向前推进，分别进入闽地、粤地、广州、桂林等地，既分路行动，也相约合击，确保作战胜利。

秦对东越的用兵、对闽越的用兵，都是相当顺利的，可以说是所向披靡，这说明秦所采用的用兵政策是正确的，即分兵与合兵相辅相成的战略部署。秦在统一这两个地区后，设置了闽中郡，以东越、闽越的首领为行政长官。

从秦始皇二十六年（公元前221年）起，秦始皇派尉屠睢率五十万大军按照分路与合兵相辅相成的作战计划，进入与南越、闽越等接界之地区，"三年不卸甲弛弩"。秦始皇三十三年（公元前214年），五路大军开始按预定计划行动。

秦军统帅尉屠睢亲自率领第三路军，从长沙、宜章南下，势头正劲，所向无敌，发展顺利，击溃越族许多部落，瓯君采宁战死。

秦之另一路军于出兵当年顺利进至闽中区，击破了闽越人的抵抗，将所占地区建立为中郡。

秦第五路与第四路军，分别由镡城、零陵进合击，占领了桂林周围广大地区，进而占据红河流域地区，建立了桂林郡和象郡，把这些地区纳入秦帝国的统治之下。

为确保经营岭南的大军和戍卒的后勤供应粮道，秦始皇命令监禄负责转运粮饷。监禄继承秦国兴修水利事业的优良传统经验，经过精心查勘规划，巧妙地在长江水系和珠江水系的关键地段，即湘江和漓江源头分水岭上，修建了著名的兴安灵渠。就是在向北流的湘江上修筑"人字坝"，分出约三分之一的水量向西流入十公里长的人工渠道，再利用灵河二十公里的河道，汇入向南流的漓江。头十公里渠道是在分水岭上开凿，不仅工程艰巨，而且比降大（十公里落差二十七米），不能行船。为了解决这个难题，便创建了三十六座"斗门"，也就是船闸，分段控制水位，使船只沿梯级上下，顺利通过了两大水系的分水岭，

把华中和华南联结起来。至今，灵渠——这一巧妙的工程仍令今天的建筑师为之惊叹不已。

蒙恬征匈奴

少数民族生活于中国北方与秦王朝接壤处，至秦统一六国前后，已逐渐融合为东胡、匈奴、月氏三大民族，并以匈奴最为强大。匈奴部族主要居住于蒙古高原地区。匈奴单于头曼为一世之雄主，他雄心勃勃，常以武力征服周围弱小部族，多年来，与赵、燕、秦交兵于三国北部长城内外，成为三国之大患。它已占有了现今之辽宁西北部、山西北部、内蒙古、宁夏等一带地区。匈奴已将东胡部族全部逐赶于燕山以东，将月氏部族逐赶至祁连山以西地区，并进占河套水草丰茂地区，人强马壮，经济繁荣，且男女老少长于乘骑，勇猛凶悍，具有相当强的野战机动作战能力，成为北方各国最难对付的敌手。

秦、赵、燕三国北部地区长期受到匈奴等部族的袭掠，秦在统一六国之前，边境地区烽火连绵不断，人民生命财产经常处于朝不保夕的状态之中。当时除原赵将李牧防守代郡期间堪与匹敌之外，各国既无征战匈奴的精兵勇将，也无对匈奴作战长期有效的战略，多以筑长城单纯防御为主，战略上始终处于消极被动的局面。秦始皇在统一六国之后，为消除来自匈奴的侵袭，寻求对匈奴作战的策略，于秦王政三十二年（公元前215年）亲自沿边境地带巡视，进而确定了对匈奴作战的战略：（一）从内地移民充实边境地区，开发边境地区的经济，以增加战争的人力和物力资源；（二）修筑从内地通往边境的道路，为调兵运粮提供可靠的保障；（三）连接秦、赵、燕之长城，使之成为绵亘不断的防护屏障；（四）加紧战争准备，收复失地，彻底战胜匈奴，永保边疆巩固。

秦始皇为了保障大一统的版图免受侵扰，秦始皇二十六年（公元前221年）完成统一六国的大业后，加强了对匈奴的防范。秦始皇二十七年（公元前220年），为了向匈奴表示皇帝的威力，对匈奴起威慑作用，车驾出巡边郡，并登鸡头山（今宁夏回族自治区泾源县西）。秦始皇二十九年（公元前218年），秦始皇调集三十万大军，派蒙恬为将，向匈奴居住地河南地（今内蒙古西河套及鄂

尔多斯市地区）大举进攻。由于有备而战，军事进展十分顺利。秦始皇三十二年（公元前215年），将匈奴赶出河南地。秦始皇三十三年（公元前214年），蒙恬又率军渡过黄河，占领了高阙（今内蒙古乌拉特中后旗西南）、阴山（今内蒙古狼山）、北假（今内蒙古河套以北、阴山以南地区）等地。为了加强防御，在榆中（今内蒙古鄂尔多斯市地区）以东，黄河以北直到阴山的广大地区内，设置三十四个县，并重新设立九原郡，将有罪官吏及内地人民迁徙到这一地区。三十六年（公元前211年），始皇又令内地三万户移居北河（今内蒙古河套地区）、榆中，垦田生产，开拓边疆。

在设置郡县的同时，蒙恬又沿袭战国时期筑长城拒匈奴的方法，秦始皇三十四年（公元前213年），蒙恬从内地征发在刑犯人，与边军戍卒一起，把秦、赵、燕三国长城连接起来，修成西起临洮（今甘肃岷县）东到辽东的万里长城。始皇又命蒙恬修筑从九原（今内蒙古包头西北）到云阳（今陕西省淳化西北）的直道，工程十分浩大，这项工程对加强关中与河套的联系起到重要作用。

万里长城与孟姜女

长城修筑的历史可上溯到西周时期，春秋战国时期列国争霸，互相防守，长城修筑进入第一个高潮，但修筑的长度较短，到秦始皇连接和修缮的战国长城，始有万里长城之称。明朝是最后一个大修和利用长城的朝代。战国时期，秦、赵、燕三国经常受到匈奴、东胡等游牧民族的侵扰。这些游牧民族精于骑射，来去飘忽，战斗的运动性很大，再加上三国忙于兼并战争，无力去对付这些来去无踪、飘忽不定的游牧民族，遂在自己的北部边境修筑长城，派军队戍守，以抵御游牧民族的掠夺。

蒙恬收复原被匈奴占领的领土之后，为了更进一步防御匈奴的侵袭，秦始皇派蒙恬在原来秦、赵、燕三国旧长城的基础上，修筑了一条西起甘肃临洮，东到辽东郡碣石，绵延五千余公里的万里长城。

秦的长城大多为土筑或石砌而成。整个工程由关隘、城墙、城台、烽燧四部分组成。关隘，往往设于高山隘谷等险要处，扼守要冲；城墙为长城的主体，

孟姜女哭长城

大都随地势而筑；城台凸出于墙外，或用来放哨，或用来藏兵；烽燧，大多建于山顶或长城转折处，主要是用来传递军情，白天燃烟，晚上烧火。

秦蒙恬修筑长城时，除三十万军士之外，更多的是大量征调的民夫，一共修了十几年。随后，又调发各地丁壮，到长城沿线戍边。当时，秦统一六国不久，社会生产还未恢复，秦朝不顾民力艰难，同时兴建很多大工程，如阿房宫、骊山墓、驰道等，劳动人民已经不堪负担。所以，在封建制度下，修筑长城和守城戍边，自然更多地给人民带来莫大的灾难。

据民间故事，孟姜女哭长城说的是秦始皇时代，有一对新婚夫妇范喜良和孟姜女。范喜良被强征去修长城，终于在沉重的劳役中折磨死去。孟姜女思夫心切，饱含深情地为范做了"寒衣"。她带着寒衣，历尽艰辛，跋涉千山万水，满怀希望与丈夫相会。可是，来到长城边，才知道丈夫已死。她放声恸哭，哭声震动天地，把长城也给震塌了一道四十里长的缺口！

孟姜女哭长城的故事，从一个侧面反映了劳动人民对秦朝繁重徭役的控诉，同时也是对历代封建统治者残酷压迫的抗议。

秦长城的修筑在当时和相当长的一段时间里对阻止北方游牧民族的侵扰，对保护中原地区的社会经济和人民生活的安定，是起着积极的作用的。万里长城也奠定了此后相当长的一段时间内中国北方的疆域，而强秦时代的疆域大抵东至海，南至五岭（大庚、骑田、都庞、萌渚、越城），自西北临洮（今甘肃岷县）起，大体循秦、赵、燕旧长城至东北辽东止，筑长城万余里，防匈奴等游牧民族内侵。这是当时确定了的中国疆域，疆域内的居民基本上是汉族。秦以后的中国就在这个基础上逐渐向外扩展。

名相李斯

李斯是中国历史上有名的政治家、文学家、书法家。他的一生既有波澜壮阔的政治斗争，又有在文化上的卓越建树，可惜的是，他过于贪恋权势地位，结果使自己的一生成为一出令人叹息的悲剧。

李斯本来是楚国人。他年轻的时候，在郡里做一个小官，经常和公家的仓库打交道。有一天，他忽然发现了一件有趣的事：厕所里面的老鼠，每次只敢偷偷出来吃脏东西，一旦有狗或者人来，就吓得赶快逃跑，唯恐送了性命；而在仓库里，老鼠逍遥自在地吃着老百姓都不敢乱动的粮食，从来就不担心受到惊吓。两下一比，李斯大发感慨，说："一个人有没有能耐，能不能富贵，其实就看他处在什么环境中啊！这和老鼠一点区别都没有，做人，就应该做个仓鼠，那才是成功之道！"

李斯由此对自己的社会地位十分不满，他一心想成功，听说荀子很有学问，名望也很高，正在楚国聚众讲学，他便辞去了公职，跋山涉水，拜到荀子门下，学习"帝王之道"。

荀子是著名的新兴地主阶级的思想家、政治家，生活在战国末期。那时，在秦、齐、楚、燕、韩、魏、赵七个大诸侯国中，都进行了不同程度的封建制改革，而以秦国的商鞅变法最为彻底，秦国越来越走在了七国的前面。

在秦昭襄王（前306—前251年在位）时期，荀子曾亲自到秦国进行考察。他得出的结论是：秦国将担负起统一中国的大任。

荀子把他看到的，都融进了他的学说和思想中，并传授给他的学生们。

李斯则通过向荀子学习，了解了天下大势，判断出了各国的强弱，他已经认识到："楚王不足事，而六国皆弱。"毕业的时候，他已经选定了秦国作为自己效力的国家。荀子很支持李斯，他知道李斯会在秦国找到施展自己才能的舞台。果然，李斯不负所望。

从商鞅变法到李斯来秦国，秦国已经传了六代，秦国在任何一个方面都远远超过了东方六国。事实上，距离秦统一中国，已经很近了。

通过一番努力，李斯做了丞相吕不韦的家臣。由于他师出名门，见解不凡，很快就引起了吕不韦的注意，并把他引荐给秦王嬴政，即后来的秦始皇。秦国欣欣向荣的气氛令李斯非常振奋，他庆幸自己来秦国真是来对了。

秦王嬴政听说李斯是大学问家荀子的学生，对他格外看重，经常让他讲解他所学到的帝王之道。李斯就对秦王说："想成就大业，必须有一副铁石心肠，能够抓住时机，当机立断，把对手消灭在萌芽状态中。现在，以秦国的实力，加上您的圣明，已经完全可以兼并诸侯、一统天下，成就帝王大业。这是摆在您面前的千载难逢的机遇。您应该立即着手，把帝王之道付诸实践。否则，等诸侯们强大起来，您就没有机会了。"

李斯

这话很对秦王的心思，秦王很高兴，就封李斯做长史，经常向他咨询意见。

不久，李斯向秦王进谏，让他以重金收买各诸侯国的知名人士，只要是可以收买的，就极力拉拢他们，否则就想办法刺杀他们。这时期，秦国派出了很多间谍，收买内奸，刺探情报，看重哪个有识之士，就拉到秦国，不服从，就暗杀。同时，用反间计离间诸侯各国。

李斯的工作卓有成效，没过几年，诸侯分崩离析，个个只求自保，秦国越来越显得鹤立鸡群。秦王高兴地把李斯提升为客卿。

秦王政八年，即公元前239年，秦王嬴政平定了嫪毐集团的叛乱，又罢免了国相吕不韦。秦王政野心勃勃地着手一统天下的准备。

在这之前的公元前246年，韩国苦于强秦侵扰，派一名叫郑国的水利专家到秦王那里，劝说秦兴修水利。秦用10多年的时间，修建了郑国渠，引水灌溉四万多顷土地，使关中成为富饶之地。在修建工程中，动用了大量人力物力，使秦的东侵受到一定的牵制。当秦宗室大臣们了解到韩派郑国为秦修渠的动机之后，纷纷上书秦王："六国客卿都是来秦国搞间谍的，要一律驱逐。"秦王便下令赶走所有在秦做官的外乡人，客卿李斯因为曾做过吕不韦的门客，当然也在被逐之列。

李斯被逐，不得不踏上离开秦国的道路。可是，他实在是不想离开秦国。他是抱着建功立业、飞黄腾达的理想来到秦国的，如今，理想还未实现他无论如何也不甘心啊。

他越想越气，便躲进一个客店里，奋笔疾书，一气写成《谏逐客书》，托人转给秦王。

《谏逐客书》是一篇千古传诵的政论文，他是一个政治家兼文学家的李斯一生最重要的文献，历史学家司马迁把它收录在《史记·李斯列传》中。

文章一开头，就针锋相对地指出，秦王不应该驱逐所有客卿。然后，回顾了客卿在秦国历史上的作用。他说，辅佐秦穆公的百里奚、蹇叔，辅助秦孝公变法的商鞅、惠王、昭王时的张仪、范雎，他们都是东方人士，为秦国的发展做出了重大贡献。他说自己也是忠心于秦王的，他要帮助秦王完成帝王之业。他说秦王身担重任，应该有广阔的胸怀和远大的政治抱负。

秦王政看到李斯的《谏逐客书》非常振奋，立即取消逐客令，派人接回了李斯，恢复了他的官职。不久，李斯又被提拔为廷尉。

李斯忠心耿耿地为秦国服务了多年。公元前221年，秦国终于统一了天下。李斯功劳昭著，被拜为丞相。

统一后，在李斯的建议下，秦始皇命令拆毁了各郡县的城墙，销熔了各地的兵器，以示天下再也不会有战争。同时，以郡县制代替分封制，实行新的统治方法。

后来，出于统治的需要，秦朝又在全国上下统一法制律令，统一文字；不久，秦始皇为显示他德高"三皇"，功过"五帝"，又巡视天下，积极用兵，对外平定四方异族。所有这些，都有李斯参与策划，成绩斐然。始皇更加信任他了，李斯位极人臣，早年的理想实现了，他过着梦寐以求的富贵生活，当年他一心向往的仓鼠生活已经微不足道了。

李斯是荀子的学生，可是他做丞相后就完全倒向法家一面去了。荀子听说李斯做了秦国的丞相，竟然"为之不食"，因为李斯已完全背弃了他的教义。

后来，李斯授意秦始皇，做出了"焚书坑儒"之举，中华文化遭受了一次空前的浩劫。

公元前213年，秦始皇举行盛大的宫廷宴会。群臣咸至，一派威严豪华的气氛。席间，博士仆射周青臣忍不住称赞始皇，灭诸侯，设郡县，统一中国，免除了战争的祸根，是前无古人的大业。

儒生淳于越听了就不高兴，他说："商周两朝都实行分封制，可以辅佐王室，现在陛下统一了中国，却不实行分封，子弟都是平民，一旦发生变故，怎么相互救援呢？不效法古代是不能长久的！"

李斯一听，淳于越明显地是在以古非今，立即予以批驳。他说："五帝不相重复，三代不相因袭。夏、商、周三代的旧制根本不值得效法。现在天下已定，法令一统，百姓安居乐业。可是，儒生们不师今而师古，各尊私学，诽谤朝政，惑乱民心。如不禁止，陛下的威信就会降低，国家就会出乱子。"

于是，李斯建议秦始皇焚书。李斯的建议被始皇采纳，并下了一个焚书令。一大批从古代流传下来的珍贵书籍被付之一炬。第二年，又有400多个儒生被活埋。

李斯首倡的文化专制主义对以后的中国历史产生了消极的影响。

李斯当官唯一的目的就是功名富贵。当这个愿望实现以后，剩下的就是如何长久地享受这富贵了。身在官场，其险恶，李斯是深有感触的，他心中常常充满了恐惧。

公元前212年，秦始皇出游咸阳宫外，远远地望见一支车队从附近经过，气派无比。秦始皇就问是谁的，随从答是丞相李斯的车驾。始皇听了面露不悦。事后就有人把这件事告诉了李斯，李斯马上削减了自己的车骑。始皇知道了，大怒，说："一定是有人把我的话泄露给李斯了，难道李斯比我还重要吗？"他下令严查泄密的人，把那次随行的人全抓了起来，可是大家惧怕李斯的权势，竟没人敢承认。始皇更愤怒了，竟把那次随行的人员全给杀了。

李斯虽贵为重臣，也很难事事顺遂上意，他不得不小心翼翼。

李斯飞黄腾达以后，大儿子李由担任了三川郡的郡守。三川郡治洛阳，东周的王都，是控制东方六国的重镇。李斯父子，一个在朝为相，一个在外为将，尊崇至极，权倾内外，荣耀无比。李斯的几个儿子都娶了秦的公主，女儿们都嫁给了皇族子弟。

但李斯深谙帝王之道，更懂得物极必反的道理。

一次，李由回家探亲，李斯为他大摆酒宴，款待前来道贺的文武百官。宾客的车辆有几千辆之多，门前都摆满了。李斯喝了酒，望着眼前喧闹的景象，再一次感叹道："我的老师荀卿说过'过犹不及'的话。我原本是一介草民，出身卑微。皇帝不知道底细，才把我提拔到如此高的地位。现在，我位极人臣，除了皇上，再也没有人比我富贵啦。可是，事情发展到了顶点，必然开始走下坡路，真难以想象，将来我的归宿在哪里呢？"

实现了仓鼠之志的李斯，几十年来，见过太多的钩心斗角，尔虞我诈，他深深地知道，在争夺权势的大路上，不进则退，没有永远的赢家。他一度曾有急流勇退的想法，但是自己多年的辛苦努力，他又怎么忍心化为乌有呢？

公元前210年，秦始皇身带重病，再一次也是最后一次出巡。丞相李斯和宦官中车府令赵高及始皇的小儿子胡亥护驾随行。七月，始皇在沙丘病逝。始皇已死，只有胡亥、赵高、李斯等几个人知道。李斯秘不发丧，日夜兼程回咸阳。

途中，赵高引诱胡亥篡改始皇遗诏，自己继位为帝，并且威胁李斯："你我只有同心协力，把事情办好了，才能长享荣华富贵。否则，不但富贵难保，恐怕自身和子孙后代都在劫难逃。"

李斯本来就贪恋富贵，为了保住到手的既得利益，面对赵高的威胁，步步妥协退让，终于屈从，还流着泪说："我生逢乱世，不能一死以殉主上，我自己又能怎么安排呢？"

于是，李斯、赵高、胡亥一起密谋，共立胡亥为太子，假传始皇诏命，赐公子扶苏和大将蒙恬死。然后，马不停蹄，载着始皇的遗体回到咸阳。胡亥继位为帝，是为秦二世，秦朝的灾难从此开始了。

胡亥靠着阴谋诡计当上了皇帝，但他并没有什么治国本领，一切都听赵高的。在赵高的唆使下，他使用了严酷的刑罚来对待不满意他的人。据史书记载，

二世上台后，先后杀了蒙恬的弟弟蒙毅、右丞相冯去疾等，杀了12个公子，把10个公主断裂肢解。一时间，"群臣人人自危，欲叛者众"。同时，二世丕横征暴敛，大兴土木，把一个大帝国搞得乌烟瘴气。

对二世的所作所为，李斯看在眼里，可是他太贪恋自己的权势了，就算二世一伙做了恶事，他也充耳不闻，有时甚至公然附和。李斯已经完全由一个政治家沦落为一个苟全保位的庸人了。可是，就是这样，他的荣华富贵已快到头了。

公元前209年，陈胜、吴广揭竿而起，一场轰轰烈烈的农民大起义开始了。李斯这才意识到了问题的严峻性，但他已经无能为力了。

当时，吴广率军西进，围困荥阳，袭击三川郡。长官李由无法抵抗，只好全力固守。周文率领的另一路起义军已经打到了咸阳附近，秦帝国岌岌可危。这时，秦二世反把李由不能抵御起义军的责任归咎于李斯。李斯真的害怕了，他曾多次要求晋见皇帝，都被二世拒绝。

赵高大权在握，就要徐掉一切对他不利的人，连李斯也不放过，设计陷害李斯。一次赵高对李斯说："如今天下大乱，皇帝却不管不顾。我想劝皇帝，可是我地位太低，人微言轻。这正是您应该管的，您为什么不进谏呢？"

李斯说："我早就想进谏了，可是皇帝不坐朝，深居宫中，我哪有机会啊！"

赵高就说："以后我替您留意着，一有机会，我就通知您。"

赵高专选二世和宫女元乐的时候，给李斯送信，让李斯晋见。二世正玩在兴头上，听说李斯来了，就不高兴。一次、两次、三次之后，二世就认为李斯是成心和自己过不去，对赵高说："我有空的时候，李斯不来晋见，我刚想娱乐一会儿，他就来见我，分明是故意找我的麻烦嘛！"

赵高就趁机进谗言："李斯在沙丘拥戴您为皇帝，可是您当上皇帝了，他却没得到更多实惠，他肯定不满。您要是封他为王，他就满足了。"赵高还说："我听说李斯的儿子李由和陈胜常有书信来往，勾勾搭搭的，我不知道详情，不敢向您汇报。李斯在外边，名声比您还大呢！"

二世信以为真，就派人去追查此事。李斯知道了，怒不可遏，便闯进宫里，揭发赵高的种种罪行。这时，二世正宠信赵高，就把李斯的话都告诉赵高了。

赵高却说："丞相图谋不轨，所顾忌的就我赵高一人了。等我一死，他就可以肆无忌惮地杀君谋反了。"

二世一听大怒，立即把李斯逮捕入狱，让赵高负责审讯。

在严刑拷打、百般折磨之下，李斯只好供认"谋反"的罪行。

二世二年七月，李斯被判死刑。

行刑的这一天，李斯和他的次子被绑着走出监狱。李斯回过头，看着他的儿子，说："我多么想和你小时候那样，父子俩牵着黄狗，带着猎鹰，一起到上蔡城东门外去打兔子啊！"说罢，父子二人相对而泣。

这一天，李斯被腰斩于咸阳闹市。同一天，他的父母、兄弟、妻子三族都被诛灭，一代名相就这样死于昏君恶宦的手上。

秦始皇的暴政

在短短的十年中，秦始皇残酷地剥削压迫人民，这使得秦的统治具有急政暴虐的特征。

秦始皇好神仙方术，追求长生不老，为此也耗费了大量人、财、物力。秦始皇想在自己活着的时候，做完一切要做的事，好让子孙世守，二世三世以至于千万世，传之无穷。所谓"常职既定，后嗣循业"，就是他的唯一愿望。他知道死到底是不可避免的，因而在骊山大造坟墓；他又希望或者可以不死，因而召集方士求神仙，浪费大量财物，寻求长生不死的奇药。派徐市率千名童男童女下海求仙即为一例。方士妖妄，劝他隐藏，不让臣下知道住处。多造宫室，建筑长城（方士奏图书说"亡秦者胡也"，秦始皇发大军击匈奴，并筑长城），大都是受方士欺骗。

秦始皇即位后，大造宫室和坟墓，规模宏大，空前未有。秦始皇灭六国后即图绘各国宫室，在咸阳北照样建筑，共有宫室一百四十五处，藏美女一万人以上。他还以为小，在长安西南造阿房宫前殿，东西五百步，南北五十丈，庭中可以坐一万人，殿中可以建立五丈高的大旗。宫前立十二个铜人，重各二十四万斤，这是初并天下时，收集民间兵器，销毁改铸的。又用磁石作大门，防有人藏铁兵器入宫。计关中共有宫室三百所，关外四百余所。这样巨大的工程还没有完毕，秦始皇死了，秦二世继续兴修。后来项羽入关，烧秦宫室，火三月不息，阿房宫全部被烧掉。一座艺术珍品就这样被毁掉了。

秦始皇在大修宫殿的同时，又为自己大造坟墓。他刚即位就在骊山造自己的坟墓。并六国后，征发所谓罪人七十余万人到骊山服役。

据史料记载，骊山陵高五十余丈，周四五里多，墓基很深，并用铜液进行灌注。墓中筑有各式各样的宫殿以及百官位次。殿内陈列着各色珍奇珠宝，配以水银做成的百川、江河、大海，以机械使其转动，形象逼真，用昳珠做成日月星辰，用人鱼膏做成蜡烛长期照明。为了防止后人挖掘坟墓，命令工匠装置了许多机弩，如有盗墓之人穿坟入内，弓弩就会自动发射，将入墓者杀死。据考古工作者实地挖掘表明，骊山陵的地宫呈长方形，长约四百六十米，宽约五百米。地宫东、北、西三面都有通往地窖深处的甬道。另外，经过钻探还发现，陵园有内外城垣。城垣呈长方形，有十个城门，外城四个，内城六个。内外城四角都有角楼。近年来，在骊山陵东侧发掘陪葬的兵马俑坑三个。俑坑总面积为一万二千六百平方米，陶俑与真人真马大小相仿，估计全部武士俑的数目当在六千左右，排列成一个完整的军阵场面。

当时流行着这样一首歌谣："望石甘泉口，渭水为不流。千人歌，万人吼，运石堆积如山阜。"可见为了修建这座坟墓，秦始皇在征战六国过程中，就征发人力物力，前后共征发全国刑徒及奴隶七十八万人。征集北山的石樗、巴蜀等地的优质木料，千里迢迢运往骊山。可见修筑陵墓工程之浩大。始皇死后，秦二世胡亥在埋葬始皇时，竟下令把后宫无子女的宫女全部殉葬。为了不泄露陵墓的秘密，把参加修陵的工匠全部活埋。帝王就是如此，死后也不忘残暴统治人民。这样必然会引起起义。

秦时全中国人口约二千万左右，被征发造宫室坟墓共一百五十万人，守五岭五十万人，蒙恬所率防卫匈奴兵三十万人，筑长城假定五十万人，再另其他杂役，总数不下三百万人，占总人口百分之十五。使用民力如此巨大急促，实非民力所能胜任，很多农民被称为罪人去服各种劳役，农民苦不堪言。

除了繁重的赋税徭役之外，广大人民还受到严刑峻法的摧残。秦的法律十

分残酷，刑法的名称很多。人民摇手触禁，动辄陷刑，轻则判徒刑，重则处死。还有所谓族诛、连坐等法，一人犯法，罪及三族；一家犯法，邻里连坐。秦朝的官吏大都是穷凶极恶的刽子手，如一个小小的范阳令"杀人之父，孤人之子，断人之足，黥人之首，不可胜数"。当时犯罪的人很多，有人统计不下二百万，牢狱皆满。押解的囚徒，甚至堵塞了道路。

秦始皇的残暴统治，加剧了阶级矛盾，"于是百姓离心瓦解，欲为乱者，十家而七"。有的已经逃亡山林、草泽，准备起义。

焚书坑儒

秦自孝公以来，历七世，都遵循一个共同的目标——统一六国，并为此不遗余力地奋争。到秦王嬴政即位时，剪灭六国已成摧枯拉朽之势。秦国内上至国君、群臣，下到众将、士卒都同心同德为统一大业而奋斗。这样，秦与诸侯各国的矛盾始终处于主导地位，国内不同阶级、阶层，不同政见、学派之间的矛盾，被推到次要、从属地位。

但是，当秦始皇统一天下后，形势发生了天翻地覆的变化：原六国的臣民，特别是王公贵族在心理上一时难以接受国破家亡的事实，他们怀着刻骨的仇恨，时时企图复国还旧，采取种种手段，甚至包括行刺秦始皇来达到目的。这个矛盾一直伴随着秦帝国从诞生到衰亡。同时，原六国在礼法制度、语言习俗方面与秦差别很大，破坏着秦统一帝国的凝聚力。加之秦王朝统治阶级内部的不同政治派别、不同思想主见的斗争以及国内统治阶级与劳苦大众的阶级矛盾也随外敌的消灭而渐渐激化。面对这重重矛盾，秦始皇及时地采用了李斯的种种谋略加以防范，但政治上的斗争必然会爆发。

秦始皇三十四年（前213），为庆贺攻匈奴、征百越的成功，始皇置酒咸阳宫大宴群臣。文武百官争先恐后举杯致辞，为始皇歌功颂德。

博士仆射周青臣高声向秦始皇赞道："从前，秦地不过千里，仰赖陛下圣明，削平六国，统一天下。如今又北败匈奴，南服百越，凡日月所能照到的地方，无不顺服。陛下废除分封旧制，遍置郡县，消除战乱隐患，百姓安居乐业。

如此彬彬之盛，可以传之于万世。古往今来多少帝王，唯有陛下兵甲富胸中，忧乐关天下，有谁能和陛下的威德相比啊！"

秦坑儒谷

周青臣虽有夸赞取宠之嫌，但也毕竟有某种程度的事实依据，始皇听了怡然自得。

可是，偏偏有个叫享于越的博士对周青臣的话十分反感，反驳道："陛下，臣观古籍中所载，商、周两朝，一代一代相传了千余年，都是因为开国后大封子弟功臣、有各国诸侯共同辅佐的结果。如今陛下统一了六国，抚有海内，子弟功臣却未被加封，各地遍设了郡县。如果出现原先齐国田常、晋国六卿那样的乱臣贼子企图篡夺皇位，有谁来帮助相救？总之，凡事不按古代规制来办而想维系持久的，我闻所未闻。如今周青臣又当面阿谀奉承，以助长陛下的过错，实在不是忠臣！"

淳于越的驳斥虽言辞激昂，却有悖于社会进步。以周代而论，东、西周计800年，但名存实亡的时间过半。至于"田常""六卿"篡国夺位之忧，绝非分封子弟可以避免的；甚至恰恰相反，分封遗留的历史问题更加严重。但他所说的皇帝拥有天下，而"子弟为匹夫"，却不幸言中了。这一现象本身正是历史的一大进步，但子弟、功臣因未曾受封而不满者大有人在，他们与守旧的贵族势

力沆瀣一气，极力反对郡县制，怂恿分封，这倒是事实。围绕这一关键问题，新、旧两派政治势力的争斗愈演愈烈。

为此，秦始皇又将淳于越之议下达朝廷，让群臣计议。丞相李斯说："陛下，臣一向以为，五帝不相因，三王不相袭。古来治理天下的办法并无常制，贵在因时而异。如今陛下统一了天下，颁定了秦法，迂腐的儒家岂能知晓？淳于越所言，都是夏、商、周三代的事，年代久远，不足效法。当时诸侯纷争，天下不宁；现在天下已定，法令划一，老百姓安分守己，为农的用力务农，为工的专心做工，为官的努力学习和掌握法律。只是有那么一些读书人不肯学习现在的东西而专学过去的，以古非今，并造谣惑众。"至此，李斯的观点基本是正确的，但他却又向前多迈了一步，从而走向谬误。他说："如果对这些师古非今的行为不加以禁止，上则皇帝的权势有所降低，下则臣民结党营私，因此必须严禁。"

李斯讲完这些后，余愤难消。散席回家，又写了一封奏章，把儒生说成是危险势力，建议始皇坚决制止他们的非法活动，并正式提出焚书的建议。秦始皇立即批准此议，颁布了"禁书令"，规定：除秦国的历史书及医药、卜卦、种树等书外，六国史书及民间所藏《诗》《书》《百家语》等一律烧掉。违令者处以黥刑，并罚做四年筑长城的苦役。有敢谈论《诗》《书》《百家语》的，处以重刑。以古非今者，举族连坐。官吏知情不报者与之同罪。

"焚书令"一颁布，官吏挨户搜书，全国各地焚书之火遍燃，绝大多数珍贵书籍难逃此劫。焚书之举激起了人们强烈的反对。

焚书次年，即秦始皇三十五年（前212），为秦始皇寻觅长生不老仙药的方士侯生和卢生怕骗局败露，带着所骗钱财逃走了。秦始皇大怒，召群臣说道："朕以前召集文学方士来秦国，是要他们辅政、炼丹；结果淳于越借古讽今、非议时政，卢生拿了厚赏反倒诽谤朕，并逃之夭夭。现在咸阳儒生不下百千，必然还有以妖言惑乱百姓者。"遂命御史大夫追查诽谤朝廷的儒生，御史大夫拘捕了400多名儒生，以酷刑逼其认罪，然后坑杀于咸阳。这就是历史上著名的"焚书坑儒"。

沙丘政变

秦始皇的事业，是在短短的十几年中完成的。统一的大业，军费的开支，先后五次大规模地巡游，也需要更多的人力、物力、财力，秦国需要大量的财富，以及人民的各种徭役、赋役才能维持，这使得秦帝国带有明显的急政特点。

作为一代英明帝王，秦始皇又带着自身的弱点，他好神仙方术，追求长生不老，为此也耗费了大量人力、财力、物力。秦始皇想在自己活着的时候，做完一切要做的事，好让子孙世世代代地传下去，二世三世以至于千万世，传之无穷。所谓"常职既定，后嗣循业"，就是他唯一的愿望。他知道死终究是不可避免的，因而在骊山大造坟墓；他又希望可以不死，因而召集方士求神仙，浪费大量财物，寻求长生不死的奇药，派徐福率千名童男童女下海求仙即为一例。

秦始皇又大造宫室和坟墓，规模宏大，空前未有。秦始皇灭六国后即图绘各国宫室，在咸阳北照样建筑，共有宫室 145 处，藏美女 1 万人以上。他还以为小，在长安西南造阿房宫前殿，东西 500 步，南北 50 丈，庭中可以坐 1 万人，殿中可以立 5 丈高的大旗。宫前立 12 个铜人，重各 24 万斤，这是初并天下时，收集民间兵器，销毁改铸的。又用磁石做大门，防有人藏铁兵器入宫。征发所谓罪人 70 余万人，分工营造，北山的石料，楚蜀的木材，都运输到关中。计关中共有宫室 300 所，关外 400 余所。这样巨大的工程还没有完毕，秦始皇就死了，秦二世继位后继续修建。可惜阿房宫后来全部被烧掉。

秦始皇在大修宫殿的同时，又为自己大造坟墓。他刚即位就在骊山为自己造坟墓。并六国后，征发所谓罪人 70 余万人到骊山服役。坟墓高 50 余丈，周围 5 里余，掘地极深，灌入铜液。坟墓中有宫殿及百官位次，珠玉珍宝，不可计数。用水银造江河大海，机械转动，水银流注。又用人鱼膏（据说是一种四脚鱼，生活在东海中）做烛，在墓中燃烧。令工匠特制弓弩，有人穿坟入内，弓弩自动放射。秦始皇尸体入墓，没有生子的宫女，全数殉葬。不待工匠出来，封闭墓门，工匠都被活埋在里面。

秦时全中国人口约两千万，被征发造宫室坟墓共 150 万人，守五岭 50 万人，蒙恬所率防卫匈奴兵 30 万人，筑长城假定 50 万人，再加其他杂役，总数不下 300 万人，占总人口的 15%。使用民力如此之多，实非民力所能承受。很多农民被称为罪人去服各种劳役，农民苦不堪言。

秦的法律十分残酷，刑法的名称很多，百姓稍有不慎触犯刑法，轻则判徒刑，重则处死。还有所谓族诛、连坐等法，一人犯法，罪及三族；一家犯法，邻里连坐。秦朝的官吏大都是穷凶极恶的刽子手，史书记载一个小小的范阳令"杀人之父，孤人之子，断人之足，黥人之首，不可胜数"。当时犯罪的人很多，有人统计不下 200 万，牢狱皆满，被押解的囚徒甚至堵塞了道路。

秦始皇的残暴统治，使社会矛盾急剧恶化，"于是百姓离心瓦解，欲为乱者，十家而七"。有的已经逃亡山林、草泽，准备起义。

始皇三十七年十月（前 210），秦始皇身带重病，最后一次出巡。丞相李斯和宦官中车府令赵高护驾随行。这时，始皇的小儿子胡亥随从出巡，长子扶苏因为多次劝谏始皇而被贬到长城脚下监工去了。

始皇一行来到沙丘，这时，他的病忽然加重了。秦始皇讨厌别人说死，群臣不敢进言他死后的安排。现在始皇临终了，才写下了遗诏，下令封印后送给公子扶苏，上说："速回咸阳办丧事。"遗诏还没送出，始皇就死了，遗诏和玺印都在赵高那里。

秦始皇已死，只有胡亥、赵高、李斯等几个人知道。李斯害怕始皇死了，会引起大乱，又担心始皇没有指定继承人，一旦诸子争位，天下会生变便秘不发丧。他把始皇的尸体藏在有遮帘的车里，百官照常奏事，太监照常进奉饮食。因为天气炎热，尸体很快腐烂了，李斯又命人买几车腌咸鱼，以乱其臭。

赵高曾教胡亥决断讼案，胡亥是个花花公子，唯独对断狱之事感兴趣，所以一直把赵高当老师看，对他十分信任。赵高与公子胡亥、丞相李斯阴谋篡改了秦始皇所封的诏书，赐公子扶苏死，立小儿子胡亥为太子。公子扶苏、大将蒙恬都被赐死。一直到咸阳，才为秦始皇发丧。胡亥登位，是为秦二世。九月，始皇下葬骊山。

指鹿为马

有一天，赵高去上朝，牵着一只梅花鹿上了大殿。胡亥感到很奇怪，问他这是什么意思。赵高一本正经地对胡亥说："这是臣下刚得到的一匹好马，打算献给陛下。"胡亥不禁哈哈大笑，说："丞相错了吧？这明明是鹿，怎么能说是马呀？"赵高好像向众大臣示威似的连声说："是马！是马！陛下怎么能说是鹿呢？如果陛下不相信，请让众大臣说说，这究竟是鹿还是马？"听赵高这么一说，胡亥更加莫名其妙了。他吩咐大臣们都过来仔细瞧瞧，说说这究竟是鹿还是马。有几个无耻之徒，为了讨好赵高，就附和着他说："是马，是马，这哪儿是鹿？"也有几个正直的大臣，不买赵高的账，坚持说："明明是鹿，怎么会是马？"事后，赵高便捏造罪名，把那几个说实话的大臣都关进了监狱。这么一来，大臣们就更加害怕他了。

没过多久，刘邦就率领农民起义军攻占了武关，打开了通往咸阳的东大门。赵高做好了准备，趁京城里人心惶惶的时候，让弟弟赵成和女婿阎乐带领人马去杀胡亥。他们包围了胡亥居住的望夷宫，不容分说，冲过去就捆绑了守卫宫门的卫兵。卫队长大吃一惊，质问他们想干什么。阎乐抽出宝剑，一下就结果了他的性命。接着，赵成就命令弓箭手弯弓搭箭，一齐朝宫里乱射。宫里跑出来几十个郎官、宦官跟他们搏斗，也都被杀死了。

胡亥听说赵高发动了宫廷政变，吓得浑身直打哆嗦。不大一会儿，阎乐带领人马闯进了胡亥的内室。他一把揪住胡亥，指着他的鼻子骂道："你这个无道的昏君，杀了那么多人，办了那么多坏事，实在是罪大恶极。如今，天下的老百姓都起来造反了，你自己也应该好好考虑考虑了！"说白了，就是叫胡亥放明白些，快点儿自杀。

胡亥想拖延时间，就央告阎乐说："我想跟丞相商量商量，行不行？"阎乐恶狠狠地说："不行！"胡亥又说："既然如此，请丞相做皇帝，给我一个郡的地方，让我做诸侯王行不行？"阎乐仍然不答应。胡亥又问："那就让我做一个万户侯吧？"阎乐还是不答应。胡亥仍然不甘心，又说："那么，给我留一条活路，

让我和妻子去做普通老百姓总可以吧?"阎乐抖了抖手中的宝剑,很生气地说:"你别再啰唆了!我奉了丞相的命令,就是要除掉你这个昏君。"直到此时,胡亥才知道自己上了赵高的当。可事到如今,再后悔也来不及了。他只好拿起宝剑,战战兢兢地自杀了。当时,他只有23岁。

阎乐和赵成逼死了秦二世胡亥,急忙拿着秦始皇留下来的传国玉玺,去向赵高报告。赵高拿到玉玺,非常高兴,他立即召集文武百官,要进宫做皇帝,可是,大臣们都不同意。他们就像商量好了一样,一个个都站在大殿的外面,谁也不肯上朝。赵高害怕大臣们联合起来反对自己,只好改变主意,说:"如今二世已经自杀,需要另立新君,我看子婴这个人还不错,又是始皇帝的亲孙子,可以由他来继

彩绘兽首凤形勺（秦）

位。始皇帝统一了天下,才改称为皇帝。现在,东方六国纷纷自立,秦剩下来的地盘已经不多了,如果再让子婴继续称皇帝,恐怕有点儿不合适。我看,还是像从前那样,先让子婴称王吧。"大臣们议论了一番,最后都同意赵高的意见。按照当时的制度,他们决定先让子婴斋戒五天,然后再到宗庙里去举行即位仪式。

子婴听说赵高要立自己做秦王,心里非常不安,于是就找来心腹韩谈和自己的两个儿子,跟他们商量对策。他说:"赵高杀二世的目的,本来是想自己当皇帝,只是由于大臣们反对,才不得不立我做秦王。他野心不死,过些日子还会杀我的,这该如何是好啊?"韩谈说:"与其等着让他来杀咱们,还不如先把他杀了呢!"子婴考虑了半晌,忽然灵机一动,说:"我想这么着:过几天,我要到宗庙去即位,我如果坚持不去的话,赵高一定会亲自来请我。到那个时候,咱们就下手把他杀了,你们看怎么样?"韩谈和子婴的儿子都同意这么办。到了第五天,赵高和大臣们一齐来到宗庙里,迎立子婴即位。可是,左等也不来,

右等也不来，赵高派人请了几次，子婴推辞说："我生病了，今天不能云。"赵高很生气，果然亲自来请子婴。见了子婴，赵高没好气地责备他说："今天是公子即位的日子，大臣们都在宗庙里等着，为什么到现在还不去？"话音刚落，冷不防子婴挥起一把寒光闪闪的宝剑，一下子将赵高刺倒在地。韩谈等人也从暗处跳出来，往赵高的身上乱砍。

赵高这个祸国殃民的家伙，终于被除掉了。文武百官听说了，都纷纷赶来向子婴表示祝贺，一致拥立他即位做秦王。

大泽乡起义

公元前 209 年夏，正值淮北的雨季。一支 900 余人的队伍在两名将尉的押送下，拖着疲惫的步伐，正向泗水郡蕲县的大泽乡（今安徽宿县）走去。他们是奉二世之命到遥远的渔阳（今北京密云西南）戍守的一批"闾左"（原本可免除徭役的自由民）。按秦律，戍卒如果无法按时到达，一律斩首。正当众人为了延误期限而愁眉不展时，队伍中的两个屯长，陈胜和吴广正在密谋策划一场惊天动地的举动。为了鼓动戍卒，他们将写有"陈胜王"的帛书塞入鱼腹，再让戍卒买鱼烹食。戍卒见鱼腹中的帛书，惊诧不已。当晚，陈胜又密令吴广潜入附近荒野中的神祠，学着狐狸的嚎叫声，高呼"大楚兴，陈胜王"。平素就迷信的农民以为这一切完全是"天意"，在他们心目中，陈胜俨然是个颇具传奇色彩的真命天子了。

当时两个将尉见雨天路难行，便借酒浇愁。这时，吴广故意扬言自己打算逃亡，竭力激怒将尉。果然，一个将尉勃然大怒，当众鞭笞吴广。吴广仍不住口，将尉便欲拔剑。这时，早有准备的吴广奋起夺剑，陈胜也上来帮忙，杀死了两个将尉。陈胜当即召集众人，慷慨陈词："我们遇到大雨，肯定无法按期赶到，而失期要被处斩。即使不斩，戍守边疆死者十之六七。壮士不死也就罢了，死则应得大名。王侯将相，宁有种乎！"陈胜这鼓动性强的讲演，让戍卒们群情激昂，众人同声响应。

陈胜、吴广假借受公子扶苏、楚将项燕之命，以顺乎民心。于是，在一片

反秦的怒吼声中，900名戍卒"斩木为兵，揭竿为旗"，打出"大楚"旗号，陈胜自封将军，吴广为都尉。中国历史上第一次农民起义的熊熊烈火便首先在大泽乡的雨夜燃烧起来。

大泽乡的星星之火，转眼间已成燎原之势。这支不足千人的义军，有了诛灭暴秦的正义目标，有了死里求生的坚强信念，在陈胜、吴广的指挥下，兵锋指处，所向披靡。义军首战告捷，攻下大泽乡，此后不到一个月的时间，先后攻下今安徽和河南两省的大部分土地。当义军逼近陈（今河南淮阳）地时，已经拥有战车六七百辆，骑兵千余，步卒数万。

陈，地处南北交通要冲，历来是兵家必争之地。当数万大军兵临城下的时候，秦朝的郡守、县令早已逃之夭夭。陈胜大军杀死出城迎战的郡丞，歼灭顽守的秦军，浩浩荡荡地开进这座历史名城。入城之后，陈胜自立为"楚王"，国号"张楚"，即张大楚国之意。"张楚"政权建立以后，各地农民纷纷投入义军行列，沛县（今江苏沛县东）人刘邦在县吏萧何、曹参等人支持下，杀沛县令起义；项梁、项羽叔侄原是楚国贵族后代，因避仇居于吴（今江苏苏州），也杀秦会稽郡守响应陈胜。还有英布、彭越、王陵、秦嘉等先后在各地起兵，起义军的声势达到了顶峰。

陈胜称王后，迅速组织起义军和各地反秦势力，向秦朝发起猛烈攻势。西征军主要战略目标是关中之地，兵分三路：一路以吴广为假（暂且、代理之意）王，西进荥阳；一路命宋留率军向西南进发，配合吴广西进；一路命周文为将军，经颍川（郡治在今河南禹县），过函谷关（今河南灵宝东北），直捣咸阳。

各路起义军在广大人民的拥戴下，"攻城略地，莫不降下"。公元前209年九月，周文大军一度打到始皇骊山墓附近的戏（今陕西临潼境内），距离秦国都城咸阳只有百里了。秦二世胡亥如遇晴天霹雳，悉发几十万骊山刑徒，由章邯带领以反击周文。周文远来疲惫，装备落后，孤军深入，缺乏后援，虽率兵奋力拼杀，还是惨遭失败。公元前208年，周文在渑池浴血奋战十余天，终因寡不敌众，兵败自杀。

周文西征军的溃败，使得吴广军腹背受敌。秦二世增派长史司马欣、董翳率两支人马，出关协助章邯，对吴广形成内外夹击之势。但由于吴广听不进属

下意见，被其部将田臧假借陈胜命令杀害。陈胜为稳住军心，便派使臣授田臧为楚令尹，拜为上将，指挥荥阳大军。田臧亲率精兵大战章邯于敖仓，大军惨败，田臧战死。陈胜起义军的主力西征军相继溃败，成为由胜而败的转折点。

章邯乘胜扫清陈城外围，直接进犯陈胜起义军的政治中心。守城的上柱国蔡赐血染疆场，大将张贺也终因寡不敌众而捐躯城西。陈胜只好带领义军回城固守，以待支援。坚守月余后，内无粮草，外无救兵，公元前208年腊月，陈胜退走汝阴（今安徽阜阳），不久又转战下城父（今安徽涡阳东南），后被其车夫杀害。

可怜陈胜，起义不到半年，鸿鹄之志未遂，出师未捷身先死。这又是一幕触目惊心的历史悲剧，但陈胜"一呼而天下应"，刘邦、项羽等后继者正踏着他的足迹，完成他未竟的反秦事业。

项羽的崛起

陈胜、吴广起义之后，各地都纷纷起来响应。

陈胜起义时所假托的楚国名将项燕实际上在秦灭楚时就已兵败自杀，但他的儿子项梁和项梁的侄子项羽却在积极图谋报复。项羽小时候学识字不成功，改学剑术也没学好。项梁责备他文也不学、武也不学想干啥呢？项羽却回答：识字只不过记录姓名，剑术只能同个别人对敌，都不值得学，我想学习"万人敌"，也就是一个人能战胜许多人的本领。于是，项梁就教他学习兵法，他很高兴学，但略懂得大意，他又不肯深入学习了。

后来，项梁因躲避仇家带着项羽到了

项羽

吴县（秦会稽郡治，今江苏苏州），成为当地士大夫的领袖，经常主办地方上一些公共活动。项羽长大后身高8尺多（约2米），"力能扛鼎，才气过人"，在当地青年人中也很有威望。这些青年听到陈胜起义的消息，就借机杀了会稽郡郡守，并很快组织起一支八千人的军队，这支军队里的士兵大多是当地青年，因此称作"子弟兵"。

不久，项梁、项羽率领八千子弟兵渡江北上，一路上又有别的起义军前来投奔他们，其中就有刘邦一百多人的起义队伍。

刘邦是沛县（今江苏沛县）人，当过沛县的泗水亭长。他也是一个不同凡响的人物。有一次，他服徭役到了咸阳，正好看到秦始皇盛大的车驾出巡，不禁慨叹道："大丈夫就应当这样啊！"

公元前209年，刘邦奉上司的命令押一批人去修建骊山陵。这是九死一生的苦役，所以每天都有几个民伕开小差逃走。刘邦想，照这样下去，到了骊山这些民伕就会一个也不剩。于是，他就对大家说："你们到骊山去，不累死也会被打死。就算侥幸不死，也不知哪年哪月才能回到家乡。现在我把你们都放走吧，我从此也要逃亡了。"民伕们非常感动，当下就有十几个人愿意跟随他。

陈胜打下了陈县以后，刘邦在萧何、曹参的帮助下，也在沛县起兵。攻占了自己的家乡丰邑，被推举为沛公。

刘邦带了一部分人继续攻打别的县城时，留在丰邑的部下叛变了，刘邦兵力不足，只好去投靠项梁，成了项梁的部下。

赵义军领袖陈胜被杀的消息传来以后，项梁采纳谋士范增的意见，从民间找来楚怀王的孙子，立为楚王。因为楚国人一直都为受骗死在秦国的楚怀王抱不平，所以就把这个新立的楚王仍称作楚怀王。

项梁的军队连打了几个大胜仗，项梁就骄傲起来，不把秦军放在眼里，对秦军放松了警惕。章邯乘机补充兵力，发起反攻，结果项梁在战斗中被杀。章邯就带军北上进攻赵国，攻下了赵国的都城邯郸，派秦将王离把赵王歇围困在巨鹿（今河北平乡县），自己驻扎在巨鹿南面的棘原作呼应。赵王几次向楚怀王求救。

楚怀王认为项羽脾气暴躁，杀人太多；而刘邦比较忠厚平和，所以就派刘

邦向西攻打咸阳，而派宋义、项羽到巨鹿去解救赵国。楚怀王还和诸将约定，谁先攻下咸阳，就封谁为关中王。

宋义带领大军到了安阳（今山东曹县东南），听说秦军声势浩大，就按兵不动了，一停就是46天。

项羽很着急，就对宋义说："形势这样危急，我们还是尽快渡河过去交战吧！"

宋义说："等秦军和赵军决战以后再说。"还下了一道命令："凡是勇猛好斗不听指挥的一律杀头。"

当时已经是十一月，天气很冷，又赶上了大雨，楚军粮食不够，士兵们挨饿受冻，而宋义却在自己的营帐里饮酒作乐，大家都很不满。项羽就在一次朝会时拔出剑来杀了宋义，对将士们说："宋义背叛大王（指楚怀王），我已经奉大王的命令把他处死了。"

将士们都拥护项羽，楚怀王得知以后，也只好任命项羽为上将军。

项羽先派英布、蒲将军带领两万人渡过漳水，切断了章邯与王离军队的联系。然后他亲自率领主力部队渡河。过河以后，他命令将士们每人只准带三天的干粮，还把做饭的锅全砸碎，把渡河的船凿沉了（文言叫作"破釜沉舟"），对将士们说："三天之内，一定要把秦军打败！"

楚军将士斗志昂扬，以迅雷不及掩耳之势，浩浩荡荡地直逼巨鹿。在巨鹿城外，突然切断秦军粮道，使秦兵给养补充不上。

尽管燕、齐等国的起义军，"莫敢纵兵"，"皆从壁上观"，可是楚军将士以一当十，锐不可当，同秦军摆开战势，结果，九战九胜，打得秦军惨败，杀死秦将苏角，生擒秦将王离，主将章邯投降，活埋秦军将士20万人，共消灭秦军30余万，彻底摧毁了秦国军队主力，为推翻秦王朝立下了汗马功劳。从此，项羽威震天下，成了各路义军的首领。

巨鹿大战

秦二世二年发生了巨鹿之战，项羽率领农民起义军一举摧毁了秦军主力，这是历史上著名的战役。

项梁在整顿了军队以后，接连打了几个胜仗，打败了秦朝大将章邯。项羽、刘邦带领另一支队伍，杀了秦将李由。项梁开始盲目骄傲起来，认为秦军没有什么了不起，于是对其放松了警惕。秦二世又给章邯重新补充了兵力，章邯率三十万大军在定陶，趁项梁不备，发动了猛烈的反扑。项梁在战斗中被杀身亡，秦军乘胜挺进，渡过黄河，项羽、刘邦也只好退守彭城。

章邯打败了轻敌的项梁，认为楚军已大伤元气，就暂时撇开黄河以南这一头，带领秦军北上进攻赵国，很快就击溃了赵军，又攻下了赵国都城邯郸，赵王歇弃城仓皇逃到巨鹿。

章邯派秦将王离率兵把巨鹿包围起来，自己带领大军驻扎在巨鹿南面的棘原，开始紧张备战，修筑工事。他还在棘原和巨鹿之间修筑了一条粮道，给王离的大军运送粮草。章邯打算一切准备就绪后，再出兵全歼赵军。

赵王歇见情势危急，寡不敌众，便几次三番派人向楚怀王求救，可是楚怀王却犹豫不决，因为当时楚怀王正想派人往西进攻咸阳。项羽急于想为叔父报仇雪恨，便跑到楚王府内，要求带兵进关抗击秦军。

可是这时，怀王身边有几个老臣暗地对怀王说："项羽性子太暴躁，杀人太多；刘邦倒是个忠厚之人，不如派他去攻咸阳，迎敌更稳妥。"正好赵国此时来讨救兵，于是楚怀王就派刘邦带兵攻打咸阳，另派宋义为上将军，项羽为副将，带领二十万大军到巨鹿去救赵国。

宋义带领的大军到了安阳（山东曹县东南），听说秦军声势浩大，他就害怕了，不敢与秦军硬拼，就命令楚军停了下来，想等秦军和赵军打上一阵，让秦军消耗掉一部分兵力，再过去进攻。

宋义按兵不动，在安阳一停就是四十多天，项羽当然耐不住性子，闯进大帐跟宋义说："秦军包围了巨鹿，形势这样紧急，两军相争，迫在眉睫。咱们必须赶快渡过河去，跟赵军里外夹击，一定能够打败秦军。"

宋义不大高兴地说："我们等秦军和赵军决战后再说也不迟。"他又对项羽说："要说上阵跟敌人交锋，我比不上你；要说坐在帐篷里出个计策指挥大军，你就比不上我了。"项羽再与他争辩，他也充耳不闻。

宋义随后还下了一道命令："将士中如有不服从指挥的，就按军法砍头！"

这道命令明明是针对项羽的，项羽听后气得要命。这时候已经是十一月的天气，北方天气转冷，又碰巧下着大雨。楚营里军粮接济不上，兵士们受冻挨饿，都抱怨起来，而宋义却躲在大帐里吃喝玩乐，把出兵救赵这件大事抛在了脑后。

项羽自言自语说："现在军营里没有粮食，但是上将军却按兵不动，自己喝酒作乐，这样不顾国家，不体谅兵士，哪里像个大将的样子？"

第二天，项羽实在忍无可忍，趁进账禀报军情的时候，拔出剑来把宋义杀了。他提着宋义的人头，对将士说："宋义背叛大王的旨意，按兵不动，现在我奉大王的命令，已经把他处死了。"

将士们大多是项梁的老部下，宋义在将士中本来没有什么威望，大伙见项羽把他杀了，都表示愿意听项羽指挥，并推举他为"假上将军"，即代理上将军。

项羽接着又把宋义被处死的事派人报告了楚怀王。楚怀王虽然对他的做法很不满，但也只好封项羽为上将军。

项羽杀了宋义以后，先派部将英布、蒲将军率领两万人马做先锋，渡过漳水，抢占对岸阵地，切断秦军运粮的交通要道，把章邯和王离的军队分割开来。然后，项羽率领主力二十万大军渡河，去解救巨鹿之围。

待大军渡过了河，项羽命令将士，每人只许携带三天的干粮，并且又下令把军队里做饭的锅全砸了，把渡河的船只全凿沉了。他斩钉截铁地对将士说："咱们这次打仗，有进无退，成败在此一举。三天之内，一定要把秦兵打退。"这就是"破釜沉舟"的故事。

项羽的决心和勇气对将士起了很大的鼓舞作用。楚军迅速逼近巨鹿，把王离的军队包围起来，交战时士兵各个士气振奋，越战越勇，锐不可当，一个人抵得上十个秦兵，十个就可以抵上一百。经过九次激烈战斗，秦军大败，死伤惨重，楚军活捉了王离。其他的秦军将士有被杀的，也有逃走的，围困巨鹿的秦军就这样被项羽瓦解了。

当时，各路将领来救赵国的有十几路人马，可是他们害怕秦军强大的阵势，都扎下营寨，避而不出，不敢跟秦军交锋，后来，听到楚军震天动地的喊杀声，都挤在壁垒上观看。他们瞧见楚军横冲直撞杀进秦营的情景，吓得伸着舌头，屏住了气息，一动也不敢动。等到项羽打垮了秦军，请他们到军营来相见的时候，他们都跪在地上爬着进去，连头也不敢抬起来，对项羽敬而生畏。

大家一致颂扬项羽说："上将军的神威真了不起，自古到今没有第二个人能与您相比，我们心甘情愿听从您的指挥。"

从那时候起，项羽实际上就已经成了各路反秦军的首领。

巨鹿一战，项羽率领的楚军击溃了秦军的主力，扭转了整个反秦战争的局势。不久，刘邦率领的一支队伍打进咸阳，推翻了秦朝的中央政府。项羽听到这一消息，急忙引兵西进，去跟刘邦争夺天下。

项羽坑降

汉王元年（公元前206年），项羽在取得巨鹿之战的巨大胜利后，率领包括秦降卒在内的60余万大军，浩浩荡荡地向关中进发，渡过黄河之后，到了新安（今河南渑池县东）。

秦统一全国后，曾在全国各地征调百姓去关中（今陕西西安一带）服徭役，修筑宫殿和秦始皇的陵墓，还征发百姓修长城和驰道，轮流屯戍边境。这些人在经过关中一带时，一些秦国的百姓以胜利者自居，曾对他们傲慢无礼，甚至进行侮辱。当时这些服徭役的人，处在被欺压的地位，表面上对这些秦人的侮辱无可奈何，但内心里很不服气。现在章邯被迫率领20万秦军投降了，他们大部分是关中一带的秦人，一直被迫参与镇压农民起义。本来这些秦的百姓，也是在被迫的情况下，或者是在被欺骗的情况下，才做过一些欺压服徭役人的事，参加了镇压农民起义。他们远离家乡，去做一些自己不愿干的事，他们自己本身也是受害者。可是一些起义军将士并不理解这种情况，他们对这些投降者仍怀有敌对的情绪，所以经常借机向他们出气，指使他们干这干那，甚至当众侮辱谩骂他们，对他们进行各种各样的报复。

这些秦朝投降的将士，因为是失败者，虽然在表面上不敢公开反抗胜利者

加给自己的各种欺侮，但内心都十分不满。他们常常在背后偷偷地议论说："章邯欺骗了我们。投降后他被封为王，我们却让人欺负。以后如果起义军能入关推翻秦的统治，我们的日子可能还好过；如果推不翻秦的统治，我们就要被迫随着起义军东撤，秦朝为了报复，会将我们留在关中的父母妻子全杀了。"这些投降的秦军将士，纷纷私下议论自己的前途，发泄自己的不满，散布对起义的动摇情绪。

项羽的部下听到了秦降卒中的这种不满的议论，将它报告给项羽。项羽把黥布和蒲将军叫来商量，以防不测。他们觉得这20万秦降卒，如果发生意外，很难对付。这些人心里还不服气，思想情绪很动荡，如果进入关中地区后，万一又反叛回去，会给推翻秦的统治带来困难。他们最后秘密决定，只留下章邯和他的助手司马欣和董翳，以利用他们在秦统治中的影响，其他投降的秦将士，一个不留，找机会把他们全部干掉。

一个漆黑的夜里，在秦投降士卒的兵营里，静悄悄地大家全睡了；而在项羽的兵营里，将士们都全副武装，黥布和蒲将军在秘密地给他们布置任务。到了半夜，当人们都熟睡的时候，黥布和蒲将军带领这批起义军将士，突然袭击秦降卒的兵营，趁他们毫无准备，将他们杀的杀，缚的缚，全部在新安的城南活埋了。这就是历史上有名的"新安坑降卒20万"的事件。

秦的20万降卒有不满和动荡的迹象，这是投降者常见的情形。项羽本来可以采取更好的办法处理这个问题，而不应该用活埋这种残酷的手段。这批降卒，大部分也是秦统治的受害者，只要教育起义将士正确对待他们，再给他们进行一些反秦斗争意义的宣传，组织上还可以采取一些分散治理的办法，本来可以将这批降卒的大部分，教育为反秦斗争的将士。如果措施得当，是不会发生大规模倒戈问题的，因为当时秦的统治已经摇摇欲坠，这是大部分人都看清楚的，秦的降卒中大部分人也会很快认清这个形势，走在反秦斗争的第一线。可是项羽没有这样做，他似乎还没有完全认识到反秦起义的威力，结果采取了这种处理问题的下策。这是巨鹿之战以后，他所犯下的第一个大错误。

杀降者，而且是杀20万降者，这是一件很不得人心的事。在任何的战争中，杀降者只会孤立自己，促使未降之敌采取更加顽强的反抗态度。活埋了这20万

秦降卒，就等于把他们的父母妻儿以及亲戚朋友，都推向了反秦斗争的对立面，增加了关中百姓对起义军的对抗情绪。项羽的军队入关之后，之所以遭到了关中百姓的抵制，有人讽刺他是"沐猴而冠"，这与这次活埋降卒有很大的关系。

活埋秦降卒这件事，看来是黥布和蒲将军出的主意。从巨鹿之战前后项羽在处理一系列军事和政治问题中，所表现出来的才能看，他为什么会采纳黥布和蒲将军的这个错误意见，实在令人费解。当然，他的那些高明的决策，从后来的情况看，也可能是范增出的主意，这次杀降卒是背着范增干的。可范增是项羽的第一助手，决定这么大的事，为什么不征求范增的意见，这也是个谜。从后来项羽与范增的关系看，也可能这时他俩已发生了矛盾，他俩的矛盾甚至可能就是从这件事开始的，所以范增才无法制止项羽的这一野蛮行动。

刘邦进咸阳

秦军在巨鹿打了败仗，主力军队遭到重创，可章邯还有二十多万人马驻在棘原。他上了一份奏章，向朝廷讨救兵，准备反扑，二世和赵高不但不发救兵，反而要查办章邯，定他的罪。章邯怕赵高害他，只好率领部下向项羽投降了。

公元前206年，刘邦的人马攻破了武关，离咸阳不远了。二世得知这个消息后吓得直打哆嗦，连忙派人叫赵高发兵抵抗。赵高知道自己不能再这样混下去，就派心腹用计策把二世逼死。

赵高杀了二世之后，召集大臣对他们说："现在六国都已恢复了，秦国不能够再挂个皇帝的空名，所以应该像以前那样仍然称王。我看二世的侄儿子婴可以立为秦王。"这些大臣不敢得罪赵高，只好同意他的主张。

子婴知道赵高用计杀害二世，想自己做王，只是怕大臣们和诸侯反对，才假意立他为王。于是，他和他两个儿子商量好，到即位那天，子婴故意推说有病不去，趁赵高亲自去催子婴的时候，就把赵高杀了。

子婴杀了赵高，接着派了五万兵马守住峣关。刘邦用张良的计策，派兵在峣关左右的山头插上无数的旗子，作为疑兵；另派将军周勃带领全部人马绕过峣关正面，从东南侧面打进去，杀死守将，彻底消灭了这支秦军。

就这样，刘邦的军队浩浩荡荡，长驱直入，进了峣关，到了灞上。秦王子婴再也无力抵抗，只好带着秦朝的大臣来投降了。子婴脖子上套着带子，手里拿着秦皇的玉玺、兵符和节杖，哈着腰等在路旁，听候发落。

刘邦手下的将军主张把子婴杀了，但是刘邦却拦阻说："楚怀王派我带兵攻咸阳，就因为相信我能待人宽厚；再说，人家已经举手投降，再杀他不好。"说完，他收了玉玺，把子婴交给将士看管起来。

这样，秦始皇建立起来的强大王朝，仅仅维持了十五年，就在轰轰烈烈的农民起义的浪潮中灭亡了。

刘邦

刘邦的军队耀武扬威地开进了咸阳，许多将士认为多年征战，如今总算胜利了，这回可该享享福了。于是他们纷纷争着抢着去找皇宫的仓库，各人都拣值钱的金银财宝拿，闹得乱哄哄的。只有萧何不稀罕这些东西，他先跑到秦朝的丞相府，把有关户口、地图等文书档案都收了起来，保管好，以备将来之用。

刘邦在众多将士的簇同下，来到了豪华无比的阿房宫。他看见阿房宫宫殿这么富丽堂皇，各式各样的幔帐、摆设好看得叫人睁不开眼睛，还有许许多多的美丽宫女在里面侍候着。他在宫里待了一会儿，心里竟然迷迷糊糊地简直不想离开了，打算到里面去享受一下。

这时候，他的部将樊哙闯了进来，气愤地对他说："沛公您是想要打天下，还是要当个富翁呀？这些奢侈华丽的东西，使秦朝都灭亡了，您还要这些干什么？我劝您还是赶快回到军营里去吧！"

刘邦根本不听他的话，顺口对他说："你还是让我进去歇歇吧。"

这时，恰巧张良也进来了，听到樊哙的话，对刘邦劝谏说："俗话说：良药苦口利于病，忠言逆耳利于行。樊哙的话说得很对呀，希望您能够听从他的劝

　　刘邦一向是很敬重信任张良的，听了他的话，马上醒悟过来，接着马上吩咐将士封了皇宫的仓库，带着将士仍旧回到了军营灞上。

　　为了争取人心，刘邦召集了咸阳附近各县的父老，对他们说："你们被秦朝的残酷法令害苦了，我来这里就是为了给你们解除痛苦，今天，我跟诸位父老约定三条法令：第一，杀人的偿命；第二，打伤人的治罪；第三，偷盗抢劫的治罪严罚。除了这三条，其他秦国的法律、禁令，一律废除。父老乡亲可以安居乐业，不必惊慌。"

　　刘邦还叫各县父老和原来秦国的官吏到咸阳附近的各县去宣布这三条法令，并命令全军将士认真执行。百姓听到了刘邦的约法三章，都甚为称赞，高兴得了不得。大伙儿争先恐后地拿着牛肉、羊肉、酒和粮食来慰劳刘邦的将士，刘邦好言好语地劝他们把这些东西拿回去，并对他们说："粮仓里有的是粮食，不要再让你们费心了。"

　　打那时候起，刘邦的军队在关中的百姓中留下了非常好的印象，深受广大百姓的爱戴和拥护，人们都巴不得刘邦能留在关中做王。

　　由此可知，后来刘邦夺取天下，建立汉朝，与他的"约法三章"有很大关系。

鸿门宴

　　项羽接受了章邯投降之后，想趁着秦国混乱，赶快打到咸阳去。

　　大军到了新安，投降的秦兵纷纷议论说："咱们的家都在关中，现在打进关去，受灾难的还是我们自己。要是打不进去，楚军把我们带到东边去，我们的一家老小也会被秦朝杀光。怎么办？"

　　部将听到这些议论，去报告项羽。项羽怕管不住秦国的降兵，就起了杀心，除了章邯和两个降将之外，一夜之间，竟把二十多万秦兵全部活活地埋在大坑里。打那以后，项羽的残暴可就出了名。

　　项羽的大军到了函谷关，瞧见关上有兵守着，不让进去。守关的将士说：

"我们是奉沛公的命令，不论哪一路军队，都不准进关。"

项羽这一气非同小可，命令将士猛攻函谷关。刘邦兵力少，不消多大工夫，项羽就打进了关。大军接着往前走，一直到了新三鸿门，驻扎下来。

刘邦手下有个将官曹无伤，想投靠项羽，偷偷地派人到项羽那儿去密告，

鸿门宴

说："这次沛公进入咸阳，是想在关中做王。"

项羽听了，气得瞪着眼直骂刘邦不讲理。

项羽的谋士范增对项羽说："刘邦这次进咸阳，不贪图财货和美女，他的野心可不小哩。现在不消灭他，将来后患无穷。"

项羽下决心要把刘邦的兵力消灭。那时候，项羽的兵马四十万，驻扎在鸿门；刘邦的兵马只有十万，驻扎在灞上。双方相隔只有四十里地，兵力悬殊，刘邦的处境十分危险。

项羽的叔父项伯是张良的老朋友，张良曾经救过他的命。项伯怕仗一打起来，张良会陪着刘邦遭难，就连夜骑着快马到灞上去找张良，劝张良逃走。

张良不愿离开刘邦，却把项伯带来的消息告诉了刘邦。刘邦请张良陪同，会见项伯，再三辩白自己没有反对项羽的意思，请项伯帮忙在项羽面前说句好话。

项伯答应了，并且叮嘱刘邦亲自到项羽那边去赔礼。

第二天一清早，刘邦带着张良、樊哙和一百多个随从，到了鸿门拜见项羽。刘邦说："我跟将军同心协力攻打秦国，将军在河北，我在河南，我自己也没有想到能够先进了关。今天在这儿和将军相见，真是件令人高兴的事。哪儿知道有人在您面前挑拨，叫您生了气，这实在太不幸了。"

项羽见刘邦低声下气向他说话，满肚子气都消了。他老老实实地说："这都是你的部下曹无伤来说的。要不然，我也不会这样。"

当天，项羽就留刘邦在军营喝酒，还请范增、项伯、张良作陪。

酒席上，范增一再向项羽使眼色，并且举起他身上佩戴的玉玦，要项羽下决心，趁机把刘邦杀掉，可是项羽只当没看见。

范增看项羽不忍心下手，就借个因由走出营门，找到项羽的堂兄弟项庄说："咱们大王心肠太软，你进去给他们敬酒，瞧个方便，把刘邦杀了算了。"

项庄进去敬了酒，说："军营里没有什么娱乐，请让我舞剑助助兴吧。"说着，就拔出剑舞起来，舞着舞着，慢慢舞到刘邦面前来了。

项伯看出项庄舞剑的用意是想杀刘邦，说："咱们两人来对舞吧。"说着，也拔剑起舞。他一面舞剑，一面老把身子护住刘邦，使项庄刺不到刘邦。

张良一看形势十分紧张，也向项羽告个便，离开酒席，走到营门外找樊哙。樊哙连忙上前问："怎么样了？"

张良说："情况十分危急，现在项庄正在舞剑，看来他们要对沛公下手了。"

樊哙跳了起来说："要死死在一起。"他右手提着剑，左手抱着盾牌，直往军门冲去。卫士们想拦住他，樊哙拿盾牌一顶，就把卫士撞倒在地上。他拉开帐幕，闯了进去，气呼呼地望着项羽，头发像要往上直竖起来，眼睛瞪得大大的，连眼角都要裂开了。

项羽十分吃惊，按着剑问："这是什么人？到这儿干吗？"

张良已经跟了进来，替他回答说："这是替沛公驾车的樊哙。"

项羽说："好一个壮士！"接着，就吩咐侍从的兵士赏他一杯酒、一只猪腿。

樊哙一边喝酒，一边气愤地说："当初，怀王跟将士们约定，谁先进关，谁就封王。现在沛公进了关，可并没有做王。他封了库房，关了宫室，把军队驻在灞上，天天等将军来。像这样劳苦功高，没受到什么赏赐，将军反倒想杀害他，这是在走秦王的老路呀，我倒替将军担心哩。"

项羽听了，没话可以回答，只说："坐吧。"樊哙就挨着张良身边坐下了。

过了一会儿，刘邦起来上厕所，张良和樊哙也跟了出来。刘邦留下一些礼物，交给张良，要张良向项羽告别，自己带着樊哙从小道跑回灞上去了。

刘邦走了好一会儿，张良才进去向项羽说："沛公酒量小，刚才喝醉了酒先回去了。叫我奉上白璧--双，献给将军；玉斗一对，送给亚父。"

项羽接过白璧，放在座席上。范增却非常生气，把玉斗摔在地上，拔出剑来，砸得粉碎，说：“唉！真是没用的小子，没法替他出主意。将来夺取天下的，一定是刘邦，我们等着做俘虏就是了。”

一场剑拔弩张的宴会，总算暂时缓和了下来。

火烧咸阳

鸿门宴后，项羽认为刘邦已经归服，自己理所当然地已成为反秦力量的主宰。于是，刘邦进入咸阳后没有敢干的事，他毫无顾忌地去办了。他带领自己的大军，以胜利者的姿态进入咸阳，放纵士兵进行烧杀抢掠。他杀了秦降王子婴和秦的全部宗室家族，对秦统治者进行了报复。他把秦宫室里的珠宝和后宫的美女据为己有，然后放了一把大火，全部烧了秦的宫室。大火烧了三个月才熄灭。

除了珍宝和美女外，他对秦的一切都很反感，都存在报复的心理，都想将它们毁掉。经过他的这一番烧杀，繁华壮丽的秦都咸阳，就变成了一片废墟。这时有人出来劝项羽说：“关中土地肥沃，人口众多。东有函谷关，南面武关，西临散关，北隔萧关，四周都以山河为塞，退可以守，进可以攻，是建都称霸的好地方。”可是这个意见提得太晚了，经过项羽的一番报复性的烧杀抢掠，这时的咸阳已经残破不堪，富饶的关中也已非昔日。

项羽活埋了20万秦降卒，又在咸阳一带大肆烧杀抢掠，关中的父老兄弟当然对他很反感。这时有人说：“人们都说楚国人像猕猴，性情暴躁不定，不能久着冠带，项羽果然是这样，他长久不了。”这个话传到了项羽的耳朵中，他很愤怒，找到了说这个话的人，把他杀了。

项羽觉得关中的百姓对他持敌视的态度，关中虽然富饶，但他不愿久留关中，却很思念故乡，所以决定离开关中，东归故乡。他对别人说：“一个人富贵了，如果不回到家乡，就像夜里穿着绣花的衣服行走一样，谁也看不见，那还有什么意思呢！”

项羽愿意不愿意留居关中，这本来是他个人的一种趋向。但是由于他不愿意留在关中，又对秦统治者的一些遗物采取了报复性的毁灭态度，结果将秦统一全国后集中在咸阳一带的大量经济和文化的财富，毁于大火，这对中华民族经济和文化的积累和发展，无疑是一个不可挽救的重大损失。特别是经过秦始皇的"焚书坑儒"之后，一些古代的文化典籍在民间流传已经很少，但在秦宫室和政府机构中，仍有大量的保存。如果项羽对成阳秦的遗留物品，采取稍为克制和宽容的态度，不去有意用大火加以焚毁，就会有一部分保留下来，到了汉初开国之时，也就不会因为寻找和恢复一些古籍，要凭老儒靠记忆而口授，费那么大的劲，又给后世研究和校阅古籍造成那么大的困难了。所以项羽对咸阳的烧杀抢掠，不管是从政治上争取秦人的支持，还是从经济和文化的延续发展上，都是做了一件绝大的蠢事，对他自己和后世都产生了恶劣的影响。

萧何追韩信

项羽进了咸阳，杀了秦王子婴和秦国贵族八百多人，还下命令烧阿房宫。跟随项羽进关的五十多万兵士，谁没受过秦朝的压迫？他们见了豪华的阿房宫，想到他们过去受的罪，心里燃烧起报仇的火苗。项羽一声令下，大伙儿就放起火来。

这场火一直烧了三个月，把阿房宫烧成一堆瓦砾。

项羽原来是楚国的贵族，趁着农民起义的机会，参加了反秦战争，灭了秦朝以后，他不可能为广大农民着想。他决定重新划分封地，把统一了的中国又弄得四分五裂。

当时名义上的首领还是楚怀王。项羽把他改称为义帝，表面上承认他是帝，实际上只让义帝顶个虚名，一切分封的事，都得听他主张。

他把六国旧贵族和有功的将领一共封了十八个王，自称为西楚霸王。春秋时期不是有霸主吗？项羽自称霸主，等于宣布他有权号令别的诸侯，诸侯都得由他指挥。到了第二年，项羽干脆把挂名的义帝杀了。

分封诸侯以后，各国诸侯就都分别带兵回自己的封国去，项羽也回到他的封国西楚的都城彭城。

在十八个诸侯中，项羽最忌惮的是刘邦。他把刘邦封在偏远的巴蜀和汉中，称为汉王；又把关中地区封给秦国的三名降将章邯等人，让他们挡住刘邦，不让刘邦出来。

汉王刘邦对他的封地很不满意，但是自己兵力弱小，没法跟项羽计较，只好带着人马到封国的都城南郑去。

汉王到了南郑，拜萧何为丞相，曹参、樊哙、周勃等为将军，养精蓄锐，准备再和项羽争夺天下。但是他手下的兵士们却都想回老家，差不多每天有人开小差逃走，急得汉王连饭也吃不下。

有一天，忽然有人来报告："丞相逃走了。"

韩信

汉王急坏了，真像突然被人斩掉了左右手一样难过。

到了第三天早晨，萧何才回来。汉王见了他，又气又高兴，责问萧何说："你怎么也逃走了？"

萧何说："我怎么会逃走呢？我是去追逃走的人呀。"

汉王又问他："你追谁呢？"

萧何说："韩信。"

萧何所说的韩信，本来是淮阴人。项梁起兵以后，路过淮阴，韩信去投奔他，在楚营里当个小兵。项梁死了，又跟项羽，项羽见他比一般兵士强，就让他做个小军官。

韩信好几回向项羽献计策，项羽都没有采用，韩信感到十分失望。赶到汉王刘邦到南郑去的时候，韩信就投奔汉王。

韩信到了南郑，汉王也只给他当个小官。有一次，韩信犯了法被抓了起来，差不多快要被砍头了。幸亏汉王部下一个将军夏侯婴经过，韩信高声呼喊，向他求救，说："汉王难道不想打天下了吗，为什么要斩壮士？"

夏侯婴看韩信的模样，真是一条好汉，把他放了，还向汉王推荐。汉王派韩信做个管粮食的官。

后来，丞相萧何见到了韩信，跟他谈了谈，认为韩信的能耐不小，很器重他，还几次三番劝汉王重用他，但汉王总是不听。

韩信知道汉王不肯重用他，趁着将士纷纷开小差的时候，也找个机会走了。

萧何得到韩信逃走的消息，急得跺脚，立即亲自骑上快马追赶上去，追了两天，才把韩信找了回来。

汉王听说萧何追的是韩信，生气地骂萧何说："逃走的将军有十来个，没听说你追过谁，单单去追韩信，是什么道理？"

萧何说："一般的将军有的是，像韩信那样的人才，简直是举世无双。大王要是准备在汉中待一辈子，那就用不到韩信；要是准备打天下，就非用他不可。大王到底准备怎么样？"

汉王说："我当然要回东边去，哪能老待在这儿呢？"

萧何说："大王一定要争天下，就赶快重用韩信；不重用他，韩信早晚还是要走的。"

汉王说："好吧，我就依着你的意思，让他做个将军。"

萧何说："叫他做将军，还是留不住他。"

汉王说："那就拜他为大将吧！"

萧何很高兴地说："这是大王的英明。"

汉王叫萧何把韩信找来，想马上拜他为大将。萧何直爽地说："大王平日不大注意礼貌，拜大将可是件大事，不能像跟小孩闹着玩似的叫他来就来。大王决心拜他为大将，要择个好日子，还得隆重地举行拜将的仪式才好。"

汉王说："好，我都依你。"

汉营里传出消息，汉王要择日子拜大将啦。几个跟随汉王多年的将军个个兴奋得睡不着觉，认为这次自己一定能当上大将。

赶到拜大将的日子，大家知道拜的大将竟是平日被他们瞧不起的韩信，一下子都愣了。

汉王举行拜将仪式以后，再接见韩信，说："丞相多次推荐将军，将军一定有好计策，请将军指教。"

韩信谢过汉王，向汉王详详细细分析了楚汉双方的条件，认为汉王发兵东征，一定能战胜项羽。汉王越听越高兴，只后悔没早点发现这个人才。

打那以后，韩信就指挥将士，操练兵马，东征项羽的条件渐渐成熟了。

楚汉之争

楚汉之争，又名楚汉战争、楚汉争霸、楚汉相争、楚汉之战等，即汉元年（公元前206年）八月至汉五年（公元前202年）十二月，西楚霸王项羽、汉王刘邦两大集团为争夺政权而进行的一场大规模战争。

汉王刘邦拜韩信为大将、萧何为丞相，整顿后方，扩充战备，训练人马。公元前206年8月，汉王和韩信率领汉军攻打关中。关中的百姓对"约法三章"的汉王本来就怀有好感，汉军一到，士兵们大多不愿抵抗，因此不到三个月工夫，汉王刘邦就率军消灭了原来秦国降将章邯等人的兵力，关中地区就成了汉王的地盘。

这一来，可把西楚霸王项羽气坏了。项羽打算发兵往西去攻打刘邦，可是这时东边也出了事，齐国的田荣也起兵轰走了项羽所封的齐王，自立为王，那里的情况比西边更严重。项羽只好先去对付齐国，派兵去镇压田荣。

汉王刘邦趁项羽和齐国相持不下的时候，一直向东打过来，攻下了西楚霸王的都城彭城。项羽又不得不扔了齐国那一头，率领大军赶回来，在睢水上跟汉军打了一仗。这一仗打得天昏地暗，只见到处血肉横飞，刀光剑影。

打到最后，汉军大败，掉在水里淹死的士兵不知道有多少，被俘的也不少，汉王的父亲太公和妻子吕后也被楚军俘虏了。

汉王无奈，仓皇退到荥阳、成皋一带，又继续收集散兵游勇。这时候，萧何从关中调来一支军队来支援汉王，韩信也带着军队来见汉王，汉军这时才又重新振作起来。

汉王这时采取以攻为守的办法，一面令人守住荥阳，用少数兵力拖住项羽的军队；一面下令派韩信带领一些兵马，向北边收服魏国、燕国和赵国。

后来，项羽的谋士范增劝项羽出兵把荥阳迅速攻下来，汉王知道后十分着

急。正巧，他有个谋士陈平原来是从项羽那边投奔过来的，陈平向他献了一条计策来离间项羽和范增的关系。

项羽是个猜忌心很重的人，正中了汉王的反间计，真的对范增怀疑起来。范增十分气愤，对项羽说："天下的大事已经定了，大王自己好好干吧。我年老体衰，该回老家了。"说罢就离去了。

范增离开荥阳，一路上又气又伤心，就害了病，他还没有回到彭城，就由于脊背上长了毒疮而不幸死去。

范增一死，楚营里少了一位得力的谋士，再没人替霸王出主意献计策，汉军受到的压力也减轻了。汉王于是继续用少数兵力在荥阳、成皋一带牵制项羽的兵力，让韩信继续攻取北边以及东边，又叫将军彭越在楚军后方截断楚军的运粮道路，使项羽的军队不得不来回奔波作战。汉王牢牢地控制住了楚军。

楚汉双方就这样对峙了两年多的时间。

公元前203年，项羽决定自己亲自带兵去攻打彭越，把手下将军曹咎留下来守住成皋，再三嘱咐他固守城池，千万不要跟汉军交战。

汉王见项羽一走，很快就向曹咎挑战。一开始，曹咎说什么也不出来与汉军交战，汉王就叫兵士成天隔着汜水（流经荥阳西）朝着楚军大营辱骂挑衅。

汉军一连骂了几天，曹咎实在沉不住气了，就决定率领守军渡过汜水，和汉军拼个你死我活，决一死战。

楚军由于兵多船少，只好陆续分批渡河。汉军趁楚兵刚渡过一半士兵的时候，就发动突然袭击，把楚军的前军打败。后军一见立刻乱了阵，仓皇逃退，自相践踏，死伤无数。曹咎见兵败如山倒，觉得没有脸再见项羽，拔剑在汜水边自杀了。

项羽在东边正打了胜仗，一听成皋失守，曹咎自尽身亡，又急忙率军赶到了西边对付汉王。在广武，楚汉两军又对峙起来。

日子一久，楚军的粮食给养接应不上。项羽没法子，就想出一计，令兵士把汉王的父亲绑了起来，放在宰猪的案上，派人向汉王大声吆喝："刘邦如果还不快投降，就把你父亲宰了。"

汉王一见吓得心惊肉跳，但也知道项羽是在用计吓唬他，于是镇定下来，

鼓足勇气大声回答说："我跟你曾经结为兄弟，我的父亲也就是你的父亲。你要是把父亲杀了煮成肉羹，请分给我一碗让我也尝尝味道。"

项羽恨得咬牙切齿，真的想把太公杀了，又是项伯劝住了他。项伯说："大王杀了太公，对咱们没有任何好处，反而给人家一个话柄，不如再想办法。"

项羽点头称是，于是又想出一个主意，派使者跟汉王说："现在天下闹得乱哄哄的，无非是你我两个人相持不下，争执不休，这样也没完没了。现在，你敢不敢出来单独跟我比个上下高低？"

汉王要使者回话说："我可以跟你斗智，但是不跟你比力气。"

项羽于是又叫汉王从军营里出来，两个人在阵前对话。汉王当面数落项羽的十大罪状，劈头盖脸地诉说他不讲信义、杀害义帝、屠杀百姓等伤天害理不得人心的行为。项羽听着不由得发了火，用戟向前一指，后面的弓箭手一齐向汉王放箭。汉王赶快回马，但胸口已经中了一箭，受了重伤。

他差点儿摔下马来，强忍住疼，故意弓着腰摸摸脚，骂着说："贼人射中了我的脚趾。"

守护在汉王左右的卫兵赶紧把汉王扶进了营帐。汉军上下官兵听说汉王受了重伤，都慌了。张良恐怕军心动摇，影响大局，便力劝汉王忍痛坚持，又叫医官包扎好伤口，然后让汉王坐车到各军营巡视了一遍，这样大家才安定下来。

项羽听说汉王没有死，还能巡视军营，便大失所望。接着，韩信在齐地大败楚军，楚军的运粮道又被彭越截断，粮草越来越少，楚军几乎陷入了绝境。项羽一时感到了进退两难，愁眉不展。

汉王本来重伤在身，就趁项羽正在为难的时候，派人跟项羽讲和，要求把太公、吕后放回来，并且建议楚汉双方以鸿沟为界，鸿沟以东归楚，鸿沟以西归汉。双方各守疆土，互不侵犯，停止争战。

项羽综合分析了一下现今的形势、军事力量对比，又权衡了分界的利弊，认为这样划定"楚河汉界"还不错，于是就同意了汉王讲和的条件，然后又放了太公、吕后，接着把自己的人马带回彭城。

其实，汉王这次与项羽讲和，只是一个缓兵之计。汉王听取了张良、陈平的计策，不出两个月的时间，就又组织了韩信、彭越、英布三路人马一齐会合，

由韩信统领，追击项羽。楚、汉双方一场真正的决战就此正式开始了。

暗度陈仓

刘邦是汉元年（公元前206年）四月去南郑就汉王位的，到八月他就做好了东进的准备，开始向关中进军，破坏项羽分封所形成的政治格局了。

刘邦让丞相萧何留守巴蜀和汉中，经营后方，支援前线。他自己率大军出故道（今陕西宝鸡市南），暗度陈仓（今陕西宝鸡市东），突然进入关中。陈仓是雍王章邯的地盘，他急忙率兵迎敌，被刘邦在陈仓击败，章邯退守好畤（今陕西乾县），又被刘邦军所败，章邯再退守废丘（今陕西兴平市）。

刘邦没有再以主力围攻退守废丘的章邯，而是只派了一部分兵力加以牵制，使其困守废丘，不让其出兵干扰刘邦的其他军事行动，同时集中军力消灭了章邯的其他力量，占领了咸阳，全部控制了章邯的封地。这样，章邯在废丘就成了孤立无援的一个据点，无法再对刘邦形成威胁。

刘邦基本消灭了章邯的力量，解决了雍王的问题后，接着又迫使塞王司马欣和翟王董翳投降，不到一个月就基本占领了关中，设置了陇西、北地、上郡、渭南（后改名京兆）、河上（后改名冯翊）、中地（后改名扶风）等六郡。从此刘邦就以关中这六郡为根据地，再加上原来的汉中、巴、蜀等地，与项羽展开了全面的楚汉战争。

从刘邦暗度陈仓，率兵东进后的军事发展形势看，与韩信的估计完全一样。项羽分封的关中三王，都得不到当地百姓的支持，互相又不能协调力量，联合起来对付刘邦。刘邦暗度陈仓以后，首先集中力量对付三王中力量最强的章邯，连续将其击败，迫使他退守废丘；然后再解决其他两个比较弱的封王的问题。除了退守废丘的章邯，一时未加以解决外，其他进军关中的问题都解决得比较顺利。仅用了不足一个月的时间，就突破了项羽设置的阻止刘邦进入关中的障碍。这不仅是项羽分封的时候没有想到的，连刘邦也没有预计到会这么顺利，但韩信事前却估计到了，这正是韩信比他们的高明之处。

刘邦进占关中，这是他在与项羽斗争中具有决定意义的第一步。这一步选择的时机好，进展很顺利，没有费多大的力量，就占据了有利的地位。这也是他在与项羽的斗争中，由被动变主动的第一步，它对刘邦以后的胜利，具有关键性的意义。

项羽分封刘邦到巴、蜀一带，本来是为了借巴、蜀与关中的交通不便，将刘邦的力量封闭起来，让他无法再到中原地区与项羽争天下。项羽的这一策略如果执行得当，很可能从此就将刘邦的力量驱逐出中原，再也构不成对项羽的威胁。但可惜的是项羽在执行这一策略时，犯了几个重要的错误，使他未能达到原来设想的目的。

第一个错误是把汉中也封给刘邦。汉中是巴、蜀与关中来往必经的要地，如果项羽控制了汉中，就堵住了刘邦进出巴、蜀的咽喉，对刘邦十分不利；可如果刘邦控制了汉中，就让他掌握了进出关中的跳板，他随时可以通过汉中进入关中。项羽本来不打算把汉中封给刘邦，可经过项伯为刘邦说情后，做了让步，把汉中让给刘邦，这无疑给刘邦打通了进入关中的通道，破坏了自己封闭刘邦的策略。

第二个错误是分封三个秦降将王关中。关中是对刘邦逐鹿中原的第一道封锁线，如果在关中设置一个强大的诸侯王，用以扼制刘邦出汉中，那也可以把刘邦封闭在巴、蜀、汉中一带，使他无法进入中原争夺天下。当时只有项羽的力量可以起这个作用，所以如果项羽自己占据关中，就会使刘邦进入关中遇到很大的困难。这是封闭刘邦力量的上策。即使项羽自己不愿占据关中，他也应分封其他的得力将领如黥布等占据关中，更不应将关中分割为三块，削弱关中封王的力量。

特别是分封三个秦降将关中王，这是最不利的下策。因为这三个降将在关中百姓中既无威信，又无军事力量，只靠临时招募和组织起来的一点兵力，当然不是刘邦这支久经战斗军队的对手。所以项羽分封这三个降将王关中，无异等于把关中送给刘邦。而如果刘邦据有了关中，项羽再想收拾刘邦就不容易了。

项羽所犯的这两个错误，正好给处于劣势的刘邦以复苏的条件和机会。他到了汉中四个月，一举就成功地进入了关中。进入关中一个月，就基本消灭了三王的力量，占领了全部关中。从刘邦进入关中和占领了关中看，在军事上并没有遇到太大的阻力，总的说来比较顺利。这与半年前刘邦被迫就王汉中，项羽可以左右天下的形势，已经大不相同。为什么形势会发生这么快的变化，主要是由于项羽的一系列失误造成的。而其中项羽最大的一个失误，就是他自己不王关中，却把关中分封给三个秦降将。

张良运筹帷幄

张良，字子房，其家原为韩国贵族。秦国灭掉韩国之时，张良年纪尚少，有家僮 300 人。为报灭韩之仇，弟弟去世，张良也不埋葬，而散掉全部家财以结交刺客，后果然结识了一个力士，做了一只 120 斤重的铁锥。秦始皇二十九年（公元前 218 年），秦始皇东巡，张良和刺客埋伏在博浪沙狙击秦始皇，但未成功，误中副车。秦始皇下令大索天下，张良不得不更名改良生，逃往下邳。

在中国历史上，张良是以其智谋多端著称。早在汉代，就流传着张良智慧来源的神奇传说，司马迁在《史记》中完整地记载了这个故事。据说张良逃下到邳以后，一次在下邳城外的一座桥上散步，遇见一个穿着褐色衣服的老人。老人走到张良近前，把自己的鞋子脱下来踢到桥下去，回头对张良说："小孩，下去把鞋给我取上来。"张良感到很惊愕，伸手想打，又看老人年纪挺大了，便强忍怒气，从桥下把鞋拣了上来。老人又说："给我穿上。"张良想着，既然已经拣了上来，再给他穿上也无妨，便跪在地上，给老人穿上了鞋。老人穿上鞋后，笑着走了。张良觉得其中有怪，心中有点吃惊，一直盯着老人的背影。老人走出一里多以后，又转了回来，对张良说："孺子可教。五天以后天亮时分在这里等我。"张良答应了，五天之后，张良前去赴约，见老人已经先到了那里。老人见张良来迟，发怒说："与长辈期会，怎么能晚呢？过五天再来。"过了五天后，鸡一叫张良就起身前往，一看，老人又已先到了。老人又发怒说："为何又来迟了？去，过五天再来。"到了第五天，张良半夜就到了期会的地方，过了一会，老人也来了，见张良已先在那里，高兴地说："应该如此。"说着，从怀中掏出一编书递给张良，说："读了这个，就可以为王者之师。十年之后，你当有所成就。十三年后，你会在济北谷城山（今山东东平北）下见到一块黄石，

那就是我。”说完老人就走了。天亮之后，张良打开老人送的书一看，原来是《太公兵法》（太公指姜尚）。从此后，张良便经常研究、背诵这本书，终于成为一代著名的谋略家。

这个故事虽有些神奇，但张良的足智多谋是当时人所公认和钦佩的。公元前208年，张良始跟随刘邦，为刘邦出过许多奇谋妙计，使刘邦多次摆脱困境，为汉王朝的建立立下不朽功勋。

汉高祖三年（公元前204年），刘邦率军在荥阳和楚军相持，楚军几次切断汉军输送粮饷的甬道，使汉军乏粮，陷入困境。刘邦窘急，和郦食其商量削弱项羽的力量，减轻战场压力。郦食其建议说：“过去汤伐桀，封其后于杞；武王伐纣，封其后于宋。如今秦朝失德弃义，侵伐诸侯之社稷，灭六国之后，使无立锥之地。陛下如果能重立六国的后代，援与他们印绶，其君臣百姓必然都感戴陛下之德，愿为臣下。那样，陛下可以南面称霸，楚王也得敛衽而朝。”刘邦认为有理，说：“好，你赶紧找人刻印，刻好后带上走。”

郦食其还未出发，恰好张良从外面回来谒见刘邦。刘邦正在吃饭，说：“子房你过来。有人为我出主意削弱楚国。”把郦食其的计策都告诉了张良，并问：“怎么样？”张良说：“谁为陛下出这个主意？陛下的事情完了。”刘邦问：“为什么？”张良说：“请陛下听我说。过去汤伐桀而封其后于杞，是自己有把握制桀之死命。如今陛下能制项羽之死命吗？”刘邦说：“不能。”张良说：“这是一不可。武王伐纣而封其后于宋，是有把握得纣之人头，如今陛下能得到项羽的人头吗？”刘邦说：“不能。”张良说：“这是二不可。武王入殷，表商容之闾，释箕子之囚，封比干之墓。如今陛下能封圣人之墓，表贤者之闾，饰智者之门吗？”刘邦说：“不能。”张良说：“这是三不可。武王发巨桥之粟，散鹿台之钱以赐贫穷人。如今陛下能散府库之财以赐贫穷吗？”刘邦说：“不能。”张良说：“这是四不可。灭商之后，偃武修文，以示天下不复用兵。如今陛下能偃武修文，不再用兵吗？”刘邦说：“不能。”张良说：“这是五不可。休马于华山之阴，以示无所为，如今陛下能休息士马无所用之吗？”刘邦说：“不能。”张良说：“这是六不可。放牛于桃林之阳，以示不再运输积聚，劳民伤众，如今陛下能这样吗？”刘邦说：“不能。”张良说：“这是七不可。而且天下的游士离其亲戚，

弃其祖宗之坟墓，去其故旧朋友而从陛下游，都只是日夜盼望将来能有咫尺之封地。如今要复六国，立韩、魏、燕、赵、齐、楚诸国的后代，则天下游士各归其主，从其亲戚，返其故旧、坟墓，那时陛下和谁一起打天下？这是八不可。而且，一个楚国如此强大就够我们对付的了，六国之后重又桡而从之，陛下从哪里得而臣之？如果用郦食其的计策，陛下的事情就完了。"刘邦一听，饭也不吃了，把口中的饭也吐到地上，骂道："竖儒，几乎败了你老子的事。"赶紧下令销毁那些印绶。

汉高祖四年（公元前203年）十二月，韩信在平定齐地之后，派人来对刘邦说："齐人伪诈多变，是反复无常之国，南边又靠着楚国。不立假王，恐怕难以镇服。"当时，刘邦正为楚军所困，危急万分，接到韩信的报告，不觉大怒，骂道："我困在这里，日夜盼望你来帮助我，却居然想自立为王？"张良和陈平在旁边一听，急忙从下边踢了踢刘邦的脚，在他耳边小声说："汉军正处不利，哪有力量禁止韩信自立为王？不如因而立之，善待他，使他自为守备。不然，恐生变化。"刘邦是个鬼精灵，一听这话，顿时醒悟，急忙改口骂道："大丈夫平定诸侯，当真王就是了，当什么假王？"并在二月遣张良带印至齐，立韩信为齐王，从而稳住了韩信，并征齐兵击楚。

汉高祖四年（公元前203年）八月，项羽和刘邦定约，中分天下，割鸿沟以西为汉，以东为楚。九月，项羽释放刘邦之父和吕后，引兵解而东归。刘邦也想西归，张良和陈平劝他说："汉已有天下的大半，而诸侯皆归附，楚军兵疲食尽，此天亡楚之时。现在如果不乘机消灭项羽，便是养虎遗患。"刘邦听从了张良、陈平的意见。汉高帝五年（公元前202年）冬十月，刘邦追项羽至固陵（今河南太康南），与齐王韩信、魏相国彭越等约期集合，共击楚军，但韩信和彭越都未按时派兵到达。结果，项羽挥兵反击，汉军大败，不得不坚壁自守。刘邦很是忧虑，对张良说："诸侯都不跟从，该怎么办呢？"张良说："楚军快要被击败，而韩信和彭越二人名虽为王，却未为他们划明疆界，所以他们不肯和陛下会师。陛下若能和他们共有天下，他们立刻便会率军到达。韩信之立为齐王不是陛下的意思，韩信自己也信心不足；梁地本来是彭越平定的，开始的时候，陛下因为魏豹的缘故而拜彭越为魏相国。如今魏豹已死，彭越也想为王，

而陛下又不早点定下来。现在，应取睢阳（今河南商丘南）以北至谷城〔今山东东阿南）之地以立彭越为王，将陈（今河南淮阳）以东一直到海边之地以王韩信，韩信家在楚地，还想得到故乡之地。若能将这些土地封给二人，让二人各自为自己而战，则楚军容易被攻破。"刘邦听从了张良之计，韩信和彭越果然引兵前来，汉军终于在垓下会战中大获全胜。

汉高祖五年（公元前 202 年）春，刘邦西都洛阳。一次，刘邦在洛阳南宫大宴群臣，席中问群臣道："列位大臣，不要隐瞒朕，要各言其情：我为什么能得天下？项羽为什么会失天下？"高起和王陵站起来回答说："陛下让人攻城略地，顺势就将所占之地封给他，和天下人同其利；项羽则不然，有功的人就妒忌，有才能的人则怀疑他，所以项羽会失去天下。"刘邦说："只知其一，未知其二。夫运筹帷幄之中，决胜千里之外，吾不如子房；镇国家，抚百姓，给饷馈，不绝粮道，吾不如萧何；连百万之众，战必胜，攻必取，吾不如韩信。这三个人都是人杰，我能用他们，这是我所以取天下的原因。项羽只有一个范增而不能用，此其所以为我所擒。"群臣都佩服刘邦的分析。

汉高祖六年（公元前 201 年），刘邦已经分封了大功臣 20 多人，其余的人日夜争功不决，刘邦也拿不定主意行封赏。一天，刘邦在洛阳南宫，望见不少将领三五一伙地坐在沙地上谈论什么事情，便问张良："他们在说些什么？"张良说："陛下不知道吗？这些人在谋划造反。"刘邦说："天下刚刚安定，为什么要谋反？"张良说："陛下从平民起家，靠了这些人才夺取了天下。如今陛下做了天子，而所封赏的人都是像萧何、曹参这些故旧亲朋，而所杀的人都是平生所仇怨的人。如今军吏考功行赏，不可能每个人都得到封地。这些人害怕陛下不能对他们尽行封赏，又害怕陛下追究他们平日的过错或疑惑而被杀，所以才相聚而谋反。"刘邦担忧地说："这该怎么办呢？"张良问："陛下平生所憎恶，而大家又都知道的，以谁为最著？"刘邦说："雍齿原和我有故交，曾数次窘辱我，我想杀他，又为他功劳挺多，所以不忍心。"张良说："请陛下赶紧先封雍齿以示群臣，群臣见雍齿被封，心便会安定下来。"于是，刘邦采纳了张良的建议，摆酒宴饮群臣，在酒席宴上封雍齿为什邡侯，并催促丞相、御史等赶紧给群臣定功行封。群臣喝完酒后，都高兴地说："雍齿尚且封了侯，我们还怕

什么。"

张良为刘邦出的奇谋妙计还有许多。他又深谙功成身退的道理，在天下平定、被封为留侯之后，经常闭门不出，声称愿尽弃人间之事而从赤松子游，学习辟谷、导引轻身之术，以延长性命。汉高后八年（公元前180年），张良去世，谥为文成侯。

背水一战

公元前204年，汉楚两军在荥阳相持不下，形成对峙。由于一度楚军占上风，魏、赵、燕、齐等依附项羽。汉王刘邦的大将、左丞相韩信，率领大军，对这些小国逐一进行迎头痛击。

韩信率领汉军首先大破西魏兵，生擒了叛汉的魏王豹。接着又同张耳一起，一举歼灭代军，擒住代相夏说，取得了胜利，并收复了好多失地。隆冬十月，天气寒冷，韩信率领数万大军，准备东出井陉攻赵。

赵国的国君赵歇和他的大将陈余，听说韩信就要来进攻赵国，便集结兵力，号称二十万人马，驻扎在井陉口，准备迎战汉军。

这时，谋士李左车向赵军统帅、成安君陈余献计道："汉军来势凶猛，我们应该利用有利地势，用智才能取胜。请您给我三万精兵，从小道迎上去，截住他们的军需物资。您只要命令士兵深挖沟，高筑墙，坚守到底，形成对峙之势。这样一来，能够让韩信他们要前进，又打不了仗，后退，又无退路。这时，我再出奇兵不断偷袭骚扰他们，让他们得不到半点接济。这样，他们就会不战自败。我一定把韩信和张耳的脑袋献给将军，希望您能认真考虑我的计策，否则，我们这些人，一定会成为韩信他们的俘虏。"

然而，陈余是个迂腐透顶的书呆子，只善于纸上谈兵，缺乏谋略。他常常把"正义的部队堂堂正正，是不用阴谋诡计的"这句话挂在口头上，并且想方设法照搬兵书来指挥部队作战。他听了李左车的计策，连连摆手，不耐烦地说："算了，算了，你不要再说了。兵书上说，兵力十倍于敌，就可以进行围攻；两倍于敌，就可以交战。我军数十倍于敌，敌军又是从远道而来，我们能够以逸待劳，抗击汉军。在这种极为有利的条件下，我们不敢正面迎敌与他们交战，却要躲避起来，岂不让诸侯耻笑我陈余太软弱了吗？这样一来，他们就会轻而易举地来攻击我们。"

李左车见陈余是个食古不化、迂腐透顶的书呆子，不采用自己的计策，便愤然而去。

出井陉口往东，就是南北走向的大河，叫绵蔓水。陈余根据自己的战略思想，把赵军的大本营扎在大河东岸较远的山坡上。显然，这是一个圈套：引汉军渡河，让汉军背水作战。

此时，韩信派出的侦探悄悄溜进赵国，暗中探听到陈余没有采纳谋士李左车的建议，于是便赶忙回来报告了韩信。韩信听到这个消息，心中十分高兴，便筹划了一个以少胜多、以弱胜强的抗敌计划。

按照这个计划，韩信率领部队浩浩荡荡地向井陉口进军。军队过了井陉，便在离赵军三十里的地方扎了营。这时已是半夜了，他挑选出两千名勇猛精干的骑兵，让每人拿一面红色的汉军旗帜，趁月色掩护，悄悄地从山间小路绕到赵军大营的后面，埋伏在丛林里。临出发韩信为他们送行，并命令他们道："明晨将与赵军交战，你们一定要等到我军佯攻败退。赵军见我军溃败逃走，一定会全部出营追击我们。你们趁此机会，立刻冲进敌营，拔掉他们的旗帜，换上咱们的旗帜。"接着，又让他的副将弄一点食物给骑兵们吃饱喝足了。他坚定地对士兵们说："你们先随便吃点吧，等明天我们打败赵军，要为你们大摆庆功宴。"士兵们很快地吃完饭，便悄然出发了。

韩信随后率主力部队，趁着月色，越过井陉口，渡过大河，命军队停在东岸，面对赵军，背靠大河，扎下大营，摆开阵势，做好迎战的准备。将士们都觉得这样的摆阵法无异于白白送上门去等着挨打。然而大家都知道韩信神机妙算，善于用兵，料事如神，虽然有怀疑，但谁也不好发问。

赵军将领望见汉军背水摆阵，不禁哈哈大笑，议论纷纷，都认为汉军愚蠢至极，必败无疑。要知道背水摆阵，乃是兵家大忌，这样做等于断绝自己的退路，使自己陷于绝境，自取灭亡。陈余见韩信上了圈套，心中不禁暗自欢喜。

第二天，天刚蒙蒙亮，汉军大营里的号角呜呜地吹响了。韩信率领一支精

兵，打着帅旗，带着大将的仪仗鼓乐，大吹大擂地向赵军大举发动进攻。

陈余看到韩信亲自带领汉军来攻赵军的大营，不禁咧开大嘴哈哈大笑道："韩信啊韩信，我就怕你不敢出来交战。现在你终于出来了，今天我一定叫你有来无回，死无葬身之地！"接着，他把令旗一摆，大声地向赵军发出命令："全军立即出击，如谁能活捉韩信，重重有赏！"

赵军打开营门，部队一拥而出，漫山遍野地向汉军杀来，双方展开了一场激烈的混战。战斗持续了一段时间，韩信见时机已到，便命令："全军假意溃逃！"这么一来，汉军顿时装作阵形大乱，士兵们一边向水边阵地逃跑，一边把旗帜、战鼓等丢得满地都是。赵军不知是计，见汉军败退，便倾巢而出，不顾一切地向前凶猛地追击。

韩信带领的部队退到河边，跟原来背水列阵的主力会合了。他回转身来，向士兵们高声喊道："将士们，敌人杀过来了，现在我们后退无路，只有死里求生，立功的时候到了，快向他们冲杀啊！"

顿时，汉军将士们在韩信号令的指挥下，向赵军发起了勇猛的冲击，绵蔓水边展开了一场血战。

这时，埋伏在山坡上的两千骑兵对赵军空无一人的大营发起了突然袭击，不费什么力气就冲进了赵军大营，转眼之间，赵军大营内就插遍了红色的汉军旗帜。

在水边的阵地上，韩信指挥着汉军，与赵军拼命厮杀。汉军个个精神百倍，勇猛无比。这时，赵军将士已经精疲力竭，支持不住了。

陈余眼看赵军士气不抵汉军，一时无法取胜，急忙下令撤退。可是当他回头一看的时候，才发现大事不好，自己营寨内的赵旗都没有了，反倒插满了汉军的红旗。这一下不要紧，赵军上下都惊慌失措了，阵形秩序大乱，士兵自相践踏。这时，汉军埋伏的两千骑兵，也冲出赵营，左突右攻，配合着守在背水阵地的汉军，两面夹击，片刻之间就把赵军打得大败。最后，汉军斩杀了陈余，并活捉了赵王歇。

战斗胜利结束了，韩信的部将们在庆功宴上兴高采烈，各个眉飞色舞，开怀畅饮。有个将官向韩信请教："韩将军，背水作战，兵法所忌，您冒险取胜，莫非这是天意？"

韩信哈哈大笑，不紧不慢地说："这个摆阵法也出自兵法，兵法上不是说'陷之死地而后生，置之亡地而后存'吗？"将领们听了，恍然大悟，无不佩服韩信巧妙地运用战略战术的才能。

彭城之战

陈平投降刘邦

陈平是阳武（今河南原阳县东）人，从小家穷，但长得魁梧，又好读书，很有学问。陈胜起义后，他投入魏王咎的军中，被任命为太仆，几次给魏王提建议，魏王听不进，有人还向魏王说他的坏话，他觉得跟着魏王不会受到重用，就逃离魏王，投奔到项羽处。因为随项羽入关有功，赐爵为卿。

在刘邦暗度陈仓的时候，殷王也反叛了项羽。项羽封陈平为信武君，让他率领在项羽军中的魏王旧部下，去进击殷王，迫使殷王又归顺了项羽。陈平因为平叛殷王有功，项羽就任命他为其部将项悍的都尉，并赐金20镒。

不久，刘邦占领了关中后，又进攻殷王，殷王投降了刘邦。殷王的投降刘邦，本来也是被迫的。但项羽却认为，殷王原来的归顺就是假的，是陈平欺骗了他，要杀陈平及其部下。陈平听到这一消息，就封存好项羽赠他的金钱和印信，派人送还项羽，自己带着一把剑和简单的行李逃亡了。

陈平在修武（今河南获嘉县）找到刘邦，托他的老朋友魏无知向刘邦推荐，去拜见刘邦。刘邦同时接见了陈平等七个人，并一起招待他们吃饭。饭吃完后，刘邦对大家说："请大家回住处休息吧！"陈平很想与刘邦单独谈一谈，向他提些建议，他一听刘邦要送客人，就对刘邦说："我有重要事情要单独向你讲，过了今天就晚了。"刘邦听说陈平有不能过当日的重要事情讲，就请他留下来谈。

陈平很善于抓问题，他一谈就吸引住刘邦，对他产生了好感。谈完后刘邦问陈平："你在项羽那里做什么官？"陈平回答："都尉。"于是刘邦当天就任命陈平为都尉，监护各个将领，负责自己的卫队。这个消息传到各个将领中后，

大家议论纷纷，都很不平。他们觉得陈平只不过是项羽逃亡的部下，还不知道他有多大的能力，刘邦就把他当成亲信使用，要他监护军中的一批老将领，太不公平了。但刘邦认识到了陈平的才干，他听到大家的议论，并不以为然，反而更加信任陈平了。

刘邦的老将周勃和灌婴看不惯陈平的被重用，就在刘邦面前说陈平的坏话："陈平外表看起来虽然很魁伟，但未必有才华。听说他在家里的时候，和他的嫂子不干净；到了魏王那里，魏王不采纳他的建议，就跑到项羽处；项羽也看不上他，才又逃到我们这里。你现在这么重用他，让他率领你的卫队，可是他对于部下，送他钱多就待你好，送他钱少就刁难你。可见陈平是一个反复无常、贪得无厌的乱臣，希望你对他要提高警惕！"

刘邦听了他们的这些话，心里对陈平也产生了猜疑，就叫来陈平的引见人魏无知，问他有没有这种事。魏无知直爽地回答说："有。"刘邦质问："那你引见时为什么说他是个贤人呢？"魏无知解释说："我说的是他的能力，而你问的却是他的行为。有高尚道德行为的人，对你取得战争的胜利若无帮助，他现在对你又有什么用呢？现今你在和项羽争天下，我给你推荐的是有奇谋大计的人，他的计策有利于你战胜项羽就行了，你管他和嫂子的关系及接受贿赂干吗呢？"刘邦听了，觉得魏无知的话很有道理，他现在急需用的是能帮他战胜项羽的人，在其他方面不应对之苛求。

刘邦为了释去对陈平的猜疑，证实魏无知的话，就把陈平找来，直接对他说："你先在魏国，不中意又跑到楚国，现在又从楚国跑到我这里，一些人对你这样的反复产生了疑心。"

陈平知道刘邦的一些老部下因为刘邦重用自己，而对自己很嫉妒，所以在刘邦面前散布了一些流言蜚语，已经影响到刘邦对自己的信任，现在刘邦问起来，正好作些解释。因此，他向刘邦表白说："我离开魏王，是因为他不听取我的建议；我又离开项羽，是因为他只信任自己的亲属，他所重用的不是项氏子侄，就是妻子的亲属，并不重用有才干的人。我在项羽那里时，就听说你很重用人才，所以我又离开项羽，投奔到你这里。我只身而来，来的时候身上未带分文钱财，我如果不接受部下送的一些钱，怎么生活呢？你如果认为我的计策还有可用之处，我愿意为你效力；如果认为并无可用之处，大家送的钱财都还在，我愿意全部拿出来送给官府，请你放我离开这里。"

陈平的解释，并没有回避部下送钱财的事实。刘邦听了，觉得陈平讲的也有道理，因而解除了对他的猜疑，更加信任他了。刘邦觉得陈平这样的人才不可多得，但过去对他的生活照顾不够，因此厚送给他一笔钱财，请他谅解自己的不周。

刘邦经过这次对陈平的考察，觉得应对他更加重用。于是，任命陈平为护军中尉，负责监护全军的将领。大家见刘邦对陈平这么信任，谁也不敢再讲陈平的坏话。陈平也以自己的才能，逐步得到了大家的信任和支持，成为刘邦的一名得力助手。

陈平是一个有缺点的人，从他接受部下送的钱财看，在战争时期他的缺点表现得还很突出，因为爱财的人很容易被敌人所利用和收买。但是陈平也是一个很有才干的人，从他后来的表现看，他的一些建议对刘邦取得胜利，起了积极的作用。在如何使用这样的人才上，魏无知对刘邦的分析是很有认识价值的。

魏无知把一个人的德和才分离开来评价。他认为陈平和嫂子的关系不正，接受部下的钱财，这都是属于一个人道德品质范围内的事。可是一个人的道德水平再高，在战争时期也未必有多大的用处。要取得战争的胜利，不是用道德去感化敌人，而只能用计谋击败敌手，所以才能比道德更为重要。陈平有战胜项羽的才能，他虽然在道德行为上有缺点，为什么就不能重用他呢？

陈平对接受部下的钱财，又有自己的看法。他来到刘邦处时，把项羽送的钱财都退回了，自己分文未留。而当时的军队，除了利用战争可以抢掠外，并无正式的薪俸。一个人要生活，没有钱财是不行的。所以陈平认为自己接受部下送的钱财，是理所当然的事。

刘邦对这件事的处理，也有一个认识过程。他一开始听到别人对陈平的议论，自己也产生了猜疑。他先把对陈平了解的魏无知叫来，向他询问陈平的情况。魏无知没有为朋友掩盖缺点，但他全面分析和评价了陈平，谈了自己对陈平缺点的看法。魏无知对陈平的分析，合情合理，所以得到刘邦的认可和理解。刘邦接着又把陈平叫来，当面向他讲了大家对他的意见。陈平没有否认和隐瞒

事实的真相，他承认自己接受过部下送的钱财，但讲明了自己接受的理由。

刘邦经过对魏无知和陈平的当面对质和调查，对陈平有了更深入全面的了解。他没有责怪陈平的所作所为，而是理解了他的困难和处境。刘邦厚送给陈平一笔钱财，一方面当然是表示过去对他了解和关心的不够，另一方面也是要他今后再也不要接受部下的钱财。

刘邦听到别人说陈平的坏话，然后经过自己的调查，又与陈平当面亮了底，最后终于进一步认识了陈平。他不但没有不重用陈平，反而对陈平更加信任，让他监护全部将领。这说明刘邦在认识和使用人才上，是有很高的气量和风度的，这是他战胜自己对手的一个重要原因。

刘邦占领彭城

刘邦在稳定了关中一带的统治后，就于汉王二年（公元前205年）四月，率领塞王、翟王、河南王、魏王、殷王等五诸侯的人马，合计56万的大军，浩浩荡荡地东进讨伐项羽。大军在经过外黄的时候，又有彭城的3万人参加，军队人数达到了近60万。

当时项羽率主力军正在东部与齐国的军队作战，后方彭城一带很空虚。当他听到刘邦率大军东进的消息，思想上轻敌麻痹，认为刘邦一时攻不到彭城，想用速决战击败齐国后，再回击刘邦。可是由于他在齐国的残暴政策，引起齐国人民的坚决反抗，在城阳久攻田横不下，结果刘邦乘虚一举攻占了彭城。

刘邦占领彭城后，为自己取得的巨大胜利所陶醉。他没有想到，攻占彭城并没有消灭项羽的主力，对项羽在齐国的力量失去了警惕。各路诸侯兵纷纷在彭城抢掠财宝和美女，将领们也整天饮酒宴会，庆祝自己的胜利。他们被已经取得的胜利冲昏了头脑，认为占领了彭城就等于击败项羽，根本没有再把身在齐国的项羽放在眼里。

可是项羽的头脑还是清醒的。当他在齐国的前线听到刘邦攻占彭城的消息后，并没有惊慌失措。他让部将继续围攻困守城阳的齐军，自己亲率三万精兵，经鲁县（今山东曲阜市）、胡陵至萧县（今安徽萧县），切断刘邦军的西退之路，然后趁刘邦军队的松懈无备，突然发动进攻，刘邦军大败。

刘邦攻占彭城之后，他的主要谋士除萧何留守关中外，张良、韩信、陈平等人都跟随他到了彭城。他们为什么没有像刘邦进入咸阳时那样，劝他约束士兵的纪律，提高对敌人的警惕，避免将士的抢掠和腐败呢？可能他们劝说了，未引起刘邦的重视；也可能是刘邦虽然重视并进行了努力，但却无效果。

因为这近60万大军，是临时拼凑起来的。五诸侯虽然都带兵参加了刘邦攻占彭城的战斗，但他们都是被迫参加的。他们投降刘邦，本来就是被迫的，参加彭城之战，当然更不是他们的心愿了。可是迫于刘邦的威力，他们毕竟参加了攻占彭城的战斗，而且想象不到仗又打得这么顺利，很快就攻占了彭城。他们当然要趁机捞一把，刘邦想要约束他们，当然也就无能为力了。

可是话又说回来，刘邦虽然约束不了五诸侯的兵，但他起码还能管住自己的军队，在攻占彭城之后，将他们驻扎在彭城外围的一些军事要地，以阻击项羽的军队。刘邦连这一点也没有做到，说明他和其主要的部下，也被胜利冲昏了头脑，对项羽矢去了起码的警惕，所以才引来一场惨败！

刘邦从彭城的败逃

项羽的军队到了萧县，看来刘邦并不知道，因为他没有相应地采取防范措施。

项羽率军一早从萧县出发，虽然受到刘邦军队的一些零星阻击，但中午就到达了彭城。刘邦率诸侯军仓促应战，这支军队虽然比项羽的军队多近二十倍，但都是些乌合之众，身上又都带着不少劫掠的财宝，当然敌不过项羽的这支精兵。所以一接战，刘邦军就大败，溃不成军。

刘邦的军队在一片混乱的情况下，匆忙从彭城撤退，因为号令不一，大家争相逃命，在抢渡彭城附近的谷水和泗水时，被项羽军拦击，死亡10多万人。刘邦的军队再向彭城南部的山区撤退，项羽的军队追到灵璧（今安徽宿县西北）东的睢水上，趁刘邦军仓促渡河时加以阻击，刘邦军队又大乱，互相在水中踩死挤死者不计其数，有十余万具尸体把睢水堵塞，河水为之不流。

项羽把刘邦围困在睢水旁。刘邦的残兵败将，士气十分低落，没有斗志，人人只顾逃命，处境十分危险。这时突然刮起一阵西北狂风，飞沙走石，天昏地暗，拔树倒屋，伸手不见五指，围困刘邦的项羽军一阵混乱，刘邦趁机带领数十骑突围而出，向北逃到自己的家乡沛县。

刘邦率军西征的时候，他的父亲、妻子和儿女一直留在沛县老家。刘邦暗度陈仓，占领关中后，曾派部下薛殴和王吸出武关，想让他们去沛县迎接自己的亲属。项羽得知后，派兵在阳夏（今河南太康县）阻击，薛殴和王吸未能到达沛县。

刘邦在彭城战败逃出后，想顺便路过沛县，和家人一起西逃。可是他家里人听到刘邦在彭城战败的消息，早已逃离家乡，刘邦未能找到。事有凑巧，刘邦在家乡未能找到自己的亲属，却在逃亡的路上正好碰到逃出家乡的儿子刘盈和女儿鲁元，刘邦喜出望外，就让他们上车与自己一起逃亡。

这时项羽的骑兵发现了刘邦逃跑的踪迹，就在后边穷追不舍。刘邦座车的马跑得已经很疲乏，眼看后边的敌人就要追上，刘邦急了，就把儿子和女儿推下车，想减轻车的重量，好让自己一人逃脱追兵。

给刘邦驾车的是他的同乡夏侯婴，他不忍抛下这两个孩子不管，就下车又把他们抱上来。刘邦更急了，怕追兵赶上，想再把这两小孩推下车。夏侯婴一面赶车，一面用手紧抱着这两个孩子，责怪刘邦说："现在虽然很危急，敌人未必能追上，为什么要推他们下车不管？"刘邦这时只顾自己逃命，根本不考虑这两个亲生骨肉的安危，见夏侯婴护着这两个孩子不让推，几次拔剑要杀夏侯婴，都被夏侯婴巧妙地躲过，才没有受伤。

后边追赶刘邦的项羽部将是丁固，由于刘邦的车重马乏跑不快，很快就追上了刘邦。刘邦和夏侯婴下车与他短兵相接，交手恶战。刘邦渐渐敌不过丁固，就对丁固说："你我都是好样的，为什么要互相厮杀，非要分出胜负来呢？"丁固听了，认为刘邦很看得起自己，不忍心再追杀刘邦，就引兵而去，刘邦因而得以脱险。这样，夏侯婴终于救出了刘邦的两个孩子，并与刘邦一起逃脱了项羽的追兵，总算捞到了活命。

刘邦为什么忍心抛弃自己的亲生子女，只身逃亡呢？这除了刘邦自己的贪生怕死，不顾亲生子女的死活，而只求自己活命外，与他对这两个子女无多大感情也有关系。刘邦一直在外面进行政治活动，两个子女在家里随母亲生活，刘邦偶尔才回家看一看，所以父亲和子女间的感情较淡薄。后来刘邦不喜欢刘盈，几次要废刘盈的太子地位，而立赵王如意，都和父子间的这种感情有关。

刘邦还曾要杀害女婿赵王张敖，也和父女的感情相关。所以他在危难之时，想抛弃子女而自己活命，也就不足为怪了。

夏侯婴因为救刘邦的子女有功，后来很得到吕后的信任。她赐给夏侯婴一处豪华的住宅，是皇宫北面的第一家，说"这样才靠得近"。

刘邦离开沛县西征时，留自己的朋友审食其在家乡照顾父亲和妻子儿女。刘邦在彭城战败，审食其怕项羽的军队报复，带着刘邦的家属外出逃亡时，因为兵荒马乱，与刘盈和鲁元失散。刘盈和鲁元碰上刘邦，虽然几被抛弃，在夏侯婴的帮助下，总算逃出了虎口；而审食其带着刘邦的父亲和妻子，本想走小道去找刘邦的军队，结果不巧，反而遇上项羽的军队，成为项羽的俘虏。项羽把他们作为人质放在国中，准备以后作为和刘邦讨价还价的砝码。

刘邦在彭城战败后，原来临时组织起来的反项羽联盟很快瓦解了，一些投降和归附了刘邦的诸侯王，这时纷纷背叛刘邦，投降了项羽。塞王司马欣和翟王董翳，离开刘邦跑到项羽那里，殷王司马卬战死，齐、赵、燕等国已抛弃刘邦，与项羽结为盟友。刘邦这时处境困难，十分孤立。

在彭城之战中，从战术上来说，双方都十分轻敌麻痹，所以刘邦攻占彭城很容易，项羽击败刘邦收复彭城也没有费劲。彭城是项羽的都城，是他的根据地，项羽去击齐，怎么也得留重兵把守彭城，免得后方被敌所扰，这是兵家的常识，项羽不会不知道。佢他却一反常规，倾全力去击齐，结果彭城空虚，让刘邦钻了空子，一下子就占领了彭城。这恐怕是刘邦和项羽都没有想到的。

刘邦占领彭城后，从刘邦的军事斗争经验看，他不应该忽视远在齐国的项羽主力，应有所防备，有所警惕。可是刘邦也一反常态，完全沉溺在胜利的欢乐中，而未对项羽采取起码的防范措施。结果项羽以少量的兵力，就连败刘邦的几十万大军，刘邦几乎成了项羽的俘虏。这恐怕也是刘邦和项羽未能预料到的事。

作为已经披坚执锐数年，取得了丰富战斗经验的项羽和刘邦来说，为什么都在战术上犯了这样常识性的错误呢？这可能都与他们过分轻视对方的力量有关。项羽根本不把刘邦看成是自己的对手，所以他敢集中全力击齐，而不认为刘邦会乘虚攻彭城。刘邦率领数十万大军，不费力就攻占了彭城，他也不再把身在齐国的项羽看在眼里，所以并未设防，因为他认为项羽绝不敢回击彭城。由于他们对敌方的估计都错误了，所以都采取了错误的战术，结果都受到了惩罚。

彭城之战是刘邦和项羽之间第一次大规模的军事交锋，项羽先败后胜，刘邦先胜后败。双方经过这一次交锋，才直接认识到对方的力量，从此都把对方看成是自己的主要敌手，双方全面展开了争天下的斗争。失败的教训，使他们在战术上都变得谨慎，不敢再轻视对方，因而战斗也更加持久和残酷了。

彭城之战是在项羽的腹地进行的，对项羽的军队来说，可以说是一种保家卫国的战斗。因为项羽将士的家庭和妻女大多在彭城，刘邦进入彭城后的烧杀抢掠，都直接侵害到每个将士家庭的利益，所以他们在兵力众多的敌人面前，个个都勇敢善战，连续战斗，再次创造了以少胜多的战绩。而对刘邦的将士来说，这是一次深入敌人腹地的战斗，经过长途跋涉，一下子取得了意想不到的胜利，因而一定要以胜利者的姿态，尽情地掠夺和享受一番，所以一败而不可收拾，也是意料中的事。

项羽在彭城之战中只能胜利，不能失败，如果失败了，就无退路，可能从此在历史上消失；而刘邦却还有大后方，只要他能生还，还有可能依赖后方的力量，重整旗鼓，再次登上历史的舞台。所以刘邦一战失利，军队就四散逃亡，刘邦也不顾部下，甚至不顾自己的子女，只身去逃命。因为他只要逃出来，还有再恢复力量的希望。正因为有这种希望，还有退路可走，刘邦才失败了，而且失败得那样惨。惨痛的教训使刘邦认识到，他要战胜项羽并不那么容易，必须作持久战的打算。

霸王乌江自刎

公元前 202 年，韩信布置十面埋伏，把项羽围困在垓下。项羽的人马少，粮食也快用完了。

他想带领一支人马冲杀出去，但是汉军和诸侯的人马把楚军包围得重重叠叠。项羽打退一批，又来一批；杀出一层，还有一层；这儿还没杀出去，那儿的汉兵又围了上来。

项羽没法突围，只好仍回到垓下大营，吩咐将士小心防守，准备瞅个机会再出战。

这天夜里，项羽进了营帐，愁眉不展。他身边有个宠爱的美人名叫虞姬，看见他闷闷不乐，陪伴他喝酒解闷。

到了定更的时候，只听得一阵阵西

乌江自刎

风吹得呼呼直响，风声里还夹着唱歌的声音。项羽仔细一听，歌声是由汉营里传出来的，唱的净是楚人的歌子，唱的人还真不少。

项羽听到四面到处是楚歌声，不觉愣住了。他失神似的说："完了！难道刘邦已经打下西楚了吗？怎么汉营里有这么多的楚人呢。"

项羽再也忍不住了，随口唱起一曲悲凉的歌来：

> 力拔山兮气盖世，
>
> 时不利兮骓不逝。
>
> 骓不逝兮可奈何，
>
> 虞兮虞兮奈若何！

项羽一连唱了几遍，虞姬也跟着唱起来。霸王唱着唱着，禁不住流下了眼泪，旁边的侍从也都伤心得抬不起头。

当夜，项羽跨上乌骓马，带了八百个子弟兵冲过汉营，马不停蹄地往前跑去。到了天蒙蒙亮，汉军才发现项羽已经突围，连忙派了五千骑兵紧紧追赶。

项羽一路奔跑，赶到他渡过淮河，跟着他的只剩下一百多人了。又跑了一程，迷了道儿。

项羽来到一个三岔路口，瞧见一个庄稼人，就问他哪条道儿可以到彭城。那个庄稼人知道他是霸王，不愿给他指路，哄骗他说："往左边走。"

项羽和一百多个人往左跑下去，越跑越不对头，跑到后来，只见前面是一片沼泽地带，连道儿都没有了，项羽这才知道是受了骗。他赶快拉转马头，再绕出这个沼泽地，汉兵已经追上了。

项羽又往东南跑，一路上，随从的兵士死的死，伤的伤。到了东城，再点了点人数，只有二十八个骑兵，但是汉军的几千名追兵却密密麻麻地围了上来。

项羽料想没法脱身，但是他仍旧不肯服输，对跟随他的兵士们说："我起兵到现在已经八年，经历过七十多次战斗，从来没打过一次败仗，才当上了天下霸王。今天在这里被围，这是天叫我灭亡，并不是我打不过他们啊！"

他把仅有的二十八人分为四队，对他们说："看我先斩他们一员大将，你们可以分四路跑开去，大家在东山下集合。"

说着，他猛喝一声，向汉军冲过去。汉兵抵挡不住，纷纷散开，当场被项羽杀死了一名汉将。

项羽到了东山下，那四队人马也到齐了。项羽又把他们分成三队，分三处把守。汉军也分兵三路，把楚军围住。项羽来往冲杀，又杀了汉军一名都尉和几百名兵士。最后，他又把三处人马会合在一起，点了一下人数，二十八名骑兵只损失了两名。

项羽对部下说："你们看怎么样？"

部下都说："大王说得一点不错。"

项羽杀出汉兵的包围，带着二十六个人一直往南跑去，到了乌江，恰巧乌江的亭长有一条小船停在岸边。

亭长劝项羽马上渡江，说："江东虽然小，可还有一千多里土地，几十万人口。大王过了江，还可以在那边称王。"

项羽苦笑了一下说："我在会稽郡起兵后，带了八千子弟渡江，到今天他们没有一个能回去，只有我一个人回到江东。即使江东父老同情我，立我为王，我还有什么脸再见他们呢。"

他把乌骓马送给了亭长，也叫兵士们都跳下马。他和二十六个兵士都拿着短刀，跟追上来的汉兵肉搏起来。他们杀了几百名汉兵，楚兵也一个个倒下。项羽受了十几处创伤，最后在乌江边拔剑自杀。

西汉

西汉帝系表

公元前 206—公元 25

高帝（刘邦）	（12）	前206		五凤（4）	前57
惠帝（刘盈）	（7）	前194	宣帝（刘询）	甘露（4）	前53
高后（吕雉）	（8）	前187		黄龙（1）	前49
文帝（刘恒）	（15）	前179		初元（5）	前48
	（后元）（7）	前163	元帝（刘奭）	永光（5）	前43
	（7）	前156		建昭（5）	前38
景帝（刘启）	（中元）（6）	前149		竟宁（1）	前33
	（后元）（3）	前143		建始（4）	前32
	建元（6）	前140		河平（4）	前28
	元光（6）	前134		阳朔（4）	前24
	元朔（6）	前128	成帝（刘骜）	鸿嘉（4）	前20
	元狩（6）	前122		永始（4）	前16
	元鼎（6）	前116		元延（4）	前12
武帝（刘彻）	元封（6）	前110		绥和（2）	前8
	太初（4）	前104	哀帝（刘欣）	建平（4）	前6
	天汉（4）	前100		元寿（2）	前2
	太始（4）	前96	平帝（刘衎）	元始（5）	公元1
	征和（4）	前92		居摄（3）	6
	后元（2）	前88	孺子婴（王莽摄政）	初始（1）	8
	始元（7）	前86		始建国（5）	9
昭帝（刘弗陵）	元凤（6）	前80	[新]王莽	天凤（6）	14
	元平（1）	前74		地皇（4）	20
	本始（4）	前73	更始帝（刘玄）	更始（3）	23
宣帝（刘询）	地节（4）	前69			
	元康（5）	前65			
	神爵（4）	前61			

刘邦杀功臣

韩信带兵围追项羽，项羽拔剑自刎乌江，楚军被彻底消灭。

韩信心想：如今天下已归汉中王刘邦，我不如先带头让他称帝，以免他罢免了我。于是韩信带头，群臣共同上书，推举刘邦称帝。

刘邦一见诸侯大臣所上的书，心里非常高兴，便找来张良，问他可不可以称帝。

张良道："大王，如今天下已归汉王您，天下诸侯也甘心辅佐您，您当然可以称帝了。这样既有利于统治天下，又可以相传世代。"

公元前202年2月，刘邦举行了隆重的仪式，正式做了皇帝，后世称他为汉高祖。

刘邦称帝建立了汉朝，历史上称西汉。刘邦建都洛阳，后又建都长安。

刘邦称帝后，便把自己的父母和兄长接到都城。他父亲没来过繁荣的都市，一看儿子做了皇帝，他做梦也没有想到。刘邦问父亲："父亲，您说是我有本领，还是我那两个种田的哥哥有本领？"老人家被问得脸一阵红一阵白，答道："当然是你有本领了，你两个哥哥怎么能和你比！"刘邦哈哈大笑，十分满足。

楚汉战争初期，由于项羽兵力强大，刘邦为了拉拢人心，分封了许多诸侯。如：封张耳为赵王，英布为淮南王，吴芮为长沙王，臧荼为燕王。这些诸侯在楚汉战争中都派兵援助刘邦，使项羽处于孤立无援之中。

刘邦派兵攻打项羽之时，因急调韩信、彭越等将前来汇合而采纳了张良的建议，被迫封韩信为齐王，封彭越为梁王，封韩国贵族信为韩王，但他心里一直很不痛快。

刘邦打败项羽，得了天下称帝后，就想废了这些异姓王。他怕他们势力强大起来，会危及自己的江山社稷。

刘邦深知不能同时对付他们，因为一旦引起这些人的共愤，他们联起手来，就会推翻自己。这些诸侯王，能征善战，手里又都有兵马，所以刘邦没敢轻举妄动，而是等待时机。

在这几个异姓王中，韩信威望最高，功劳最大，军队也最多，所以刘邦对韩信采取了敬重的态度，安抚他。刘邦认为长沙王势力最弱小，对自己构不成威胁，灭了他，反倒会失去人心。因此，他便把目标瞄准了燕王臧荼。燕王有一定的实力，但又不是很大，而且对刘邦也有些不满。

刘邦称帝后不久，便借口臧荼谋反，亲自率兵征讨。燕王实力毕竟弱小，敌不过刘邦，成了俘虏。刘邦为了稳定人心，没有杀他，只是把他囚禁起来。刘邦让自己的同乡好友卢绾去管辖那一带，并封他为燕王。

公元前201年，汉高祖刘邦听说韩信收留了项羽的大将钟离昧，十分生气，他怕韩信和钟离昧勾结在一起造反。

刘邦并不想现在就去征讨韩信，他知道韩信在众将士心中的地位非常高，其他的诸侯也都高看他一眼。如果他征讨韩信，其他人很可能联合起来，共同对付自己。但刘邦又不能容忍韩信在自己眼皮底下胡作非为，所以刘邦找到张良，问张良如何处罚韩信。

张良一听说刘邦要找借口处罚韩信，忙劝道："陛下，韩信乃一员大将，为建立汉朝立下了汗马功劳，天下人尽知，如果陛下现在讨伐他，一定会失去天下人心，对您的江山社稷很不利啊！如果陛下想知道韩信是否有造反之意，可以借到楚国游玩为名，带着亲信部队前去韩信封地。如果发现他真有造反之意，就果断出兵，杀了韩信。如果他没有造反之意，还是不要动他为好。"

刘邦听了张良的话，便以游玩为名带领着亲信部队来到韩信的封地。韩信一看刘邦前来，而且又带了军队，心里十分矛盾，心想：我韩信乃有功之臣，你不会像对待燕王那样对我吧！韩信想起兵造反，可又怕万一不成功，既落得罪名，又招来杀身之祸。如果不去拜望刘邦吧，又怕刘邦怪罪，说自己目中无君，根本不把皇上放在眼里。如果去拜望吧，又无法带军队，如果刘邦翻脸，把自己除掉，可就只能命归西天了。

正当韩信发愁时，一位大臣说道："汉高祖这次以游玩为名，又带来了亲信部队，其实是看您是否造反。"

韩信问道："我并无反意，他怎么会胡乱想象我要造反呢？"

那位老臣又说道："钟离昧乃项羽的大将，你将其收留，汉高祖以为你要造反呢？你不如提着钟离昧的人头去见汉高祖，那样就可以消除他的疑虑，您也就可以平安无事了。"

韩信听完便去找钟离昧。钟离昧哈哈大笑，说道："韩将军，是不是想要我钟离昧的人头啊？我可以给你，但是你若把我的人头交给刘邦，他也不会放过你的！"

韩信道："汉高祖不会那样不讲情义吧？"

钟离昧大怒道："看来你是真想要我的人头啊，当初我投奔于你，觉得你是个英雄，今日一见，太令我失望了。刘邦若讲情义，他会乌江逼死项羽，找借口杀燕王？你也小心自己的脑袋吧！"

说着，钟离昧拔剑自刎。韩信割下了他的人头，带着他去见汉高祖。汉高祖一看见钟离昧的人头，很是高兴，过了一会儿，脸就变了，说道："来人啊，将韩信绑起来。"

韩信连忙说道："陛下，我没有造反，我无罪，您为什么还要绑我？我为您的天下立下了无数战功，您为什么要如此待我？"

刘邦说道："我怀疑你要造反，我要把你押到洛阳亲自审问。"

韩信被装上囚车，押送洛阳。一路之上，韩信心想：刘邦真是太不讲情义了，我乃一员大将，对汉朝有功，你却如此对我，不如当时反了呢，成功不了，也不受这种气。

路旁站着许多百姓，他们一看是韩信，都议论纷纷："韩将军怎么啦？""韩将军不会犯罪了吧？"

汉高祖把韩信带到洛阳，他考虑到自己刚刚继位，如果杀了韩信，会有许多人不服气，所以又放了韩信。可韩信还是没有逃过一死，后来吕后将韩信骗入未央宫将他杀死。

韩信一死，全国一片哗然，特别是那些被封的异姓王，都知道自己的死期不远了。

刘邦又以彭越谋反为借口，把他逮捕，后来将他流放蜀地。彭越在路上遇到了吕后，便向她哭诉了半天。心狠手辣的吕后将彭越带回了洛阳，对刘邦说："陛下，若不杀掉彭越，就等于放虎归山啊！"刘邦听后，立即传下命令杀了彭越。

淮南王英布一看韩信、彭越都被杀害，不想束手就擒，就起兵造反。刘邦亲自带兵镇压，英布寡不敌众，最后战死在战场上，但是刘邦在这次战争中被射了一箭，伤势很重。

公元前195年，卢绾密谋起兵造反，结果被刘邦得知。刘邦派樊哙去攻打燕国，卢绾敌不过樊哙，只好带着自己的一部分人马去逃命。他逃到了赵王那里，赵王没敢收留，又万般无奈地逃到了匈奴那里。

张敖嗣乃赵王张耳的儿子，张耳死后，他称了王，又娶了刘邦的女儿。后来赵相贯高谋反，刘邦认为张敖嗣没有管教好，所以把张敖嗣也一起抓了起来。女儿亲自求情，张敖嗣才保住了性命，但被贬为宣平侯。

7个异姓王，只有长沙王吴芮幸免于难，原因是他的势力太弱小了。到了汉文帝时，由于长沙王没有了后代，其封号也被除去。

刘邦用了7年时间，削平了异姓王国，巩固了西汉政权，但是他却不讲信用，把有功之臣都杀死了。在这一点上，他失去了人心。

汉高祖的伤情越来越重，临死前，他带领大臣到太庙杀马宣誓："从今以后，凡不是刘姓不许封王，凡是无功之人，不许封侯。"

宣誓不久，汉高祖就因伤势恶化而亡。

白登之围

匈奴是我国古代聚居在阴山南北草原上的一个游牧民族，秦始皇时被蒙恬率军击败，退往漠北。秦末汉初，匈奴首领冒顿单于趁刘邦、项羽争夺天下之机，东灭东胡，占有今大兴安岭、辽河上游地区；北败丁零、屈射、薪犁等部落，控制了今贝加尔湖一带；西驱月氏，并征服乌孙等部族，据有今祁连山、阿尔泰山地区；南并楼烦、白羊，重新占领了河南地（今内蒙古河套地区），成为横跨蒙古高原的一大强国。

汉初，匈奴常骚扰边陲，朝廷特派韩王信率兵驻太原，以抵御匈奴。谁知，韩王信在匈奴大队人马蜂拥而来时，为其虚张声势所吓倒，在求和不得，朝廷

白登之围

又疑他通敌的关键时刻，韩王信在马邑投降了匈奴。

高祖七年（前200）冬十月，韩王信将与匈奴兵共击太原的消息传到长安，高祖刘邦立即亲自率军远征。这回，刘邦亲率32万人马，猛将、谋臣都随同前往。在杀退了匈奴前锋部队后，刘邦到晋阳住下，然后派出探马前往侦察。不大工夫，探马回报说，匈奴在冒顿单于的亲领下已率部赶到，只是军中多老弱残兵，不足深虑，如往攻之，定可取胜。

时下正值严寒，大雪纷飞，寒风怒号，汉兵个个冻得手缩足僵。显然，汉兵不太习惯于在如此恶劣的气候下交战。刘邦心想，反正对方是些老弱残兵，不如速战速决，班师回朝。刚想发兵，又想到为了慎重起见，特派奉春君刘敬再去探视。

刘敬原姓娄，是个戍卒，因为曾经建议刘邦定都关中，终被采纳而授官郎中，并赐姓刘，号奉春君。这时，他奉了皇帝使命前往侦察。他侦察回来时，看到刘邦已率军上路了。刘邦见了刘敬忙问："你探察过匈奴情形，必有所见，大概攻打它没什么问题吧？"没想到刘敬回答："臣以为不宜轻进。"

"为何不宜轻进？"刘邦已率军越过了勾注山，都快要到广武了，一路上十分顺利，所以听了刘敬的话，十分不顺心。

刘敬说："两国相争，理应耀武扬威，各夺兵力。可是臣观匈奴人马，不是老弱就是疲损，没精打采。这样的部队，怎么像打仗的样子？臣料其中必有诈，以羸弱做假象，暗中埋藏着精锐，布好圈套，正引诱我军去钻呢。为慎重起见，陛下不要上它的当。"

刘邦正欲挥师杀敌还在兴头上，谁料刘敬上来就是一瓢冷水，不觉十分懊丧，破口大骂道："你这个齐国佬，本来就靠着一张嘴，三寸舌，自以为得了个官职就了不起，居然敢在这里蛊惑人心，阻我军锋，你知罪吗？"说完，不由分说，令左右拿下刘敬，囚于广武的牢狱中，说是待回来再加发落。

后来的事实证明，刘敬是对的。刘邦率30万大军浩浩荡荡开赴北边迎敌，结果在白登山遭冒顿单于40万骑兵的围困，七天七夜没有粮食吃，处境十分险恶。要不是陈平献计，恐怕连回都回不来了。

据《史记》记载，此次陈平献计十分神秘，没有几个人听说过。后来史书说：陈平设法派遣密使细作，溜进敌营，偷偷会见冒顿的阏氏，献上一大笔贿赂，另外还有一张美女图，对阏氏说："汉朝有这么个美女，就像这张画一样美，我们皇帝被困，想把她献给单于，以求解围。"冒顿阏氏怕汉帝真的献美女，自己会失宠，便向冒顿单于吹起十二级枕头风，说："两主不相困，今得汉地，而单于也非能长久居住此地，何况汉王也有神保佑，单于察之！"单于宠爱阏氏，就传令解围一角，刘邦这才趁机脱险。

班师回经广武时，刘邦面带愧色，当面向刘敬道歉："我不用公言，才中了匈奴的诡计，险些不得相见。你前面去侦察的那班家伙，以虚言误我，我已将他们治罪了。"刘邦不仅赦免了刘敬，还把他加封为关内侯，食邑二千户，号为建信侯。

实践证明，刘敬的眼光是锐利的，他能识破匈奴的假象，提醒刘邦不要上当。可是，刘邦求胜心切，不听刘敬的话，结果吃了大亏。由此可见，如何透过现象看本质，做到去伪存真，还真不是一件容易的事。

由于秦汉之际的长期战乱，中原地区的社会经济遭到严重破坏，刘邦感到无力再与匈奴交战，接受了刘敬的建议，实行"和亲"，将刘敬的女儿伪称公主嫁给单于，陪嫁黄金千斤，另外每年奉送给匈奴大量棉絮、酒、米等财物，以缓和双方的关系，求得边境上暂时的和平。此后，惠帝、文帝、景帝时继续采取和亲政策，将宗室女下嫁单于，岁岁奉献物品。汉朝和匈奴之间避免了大规模的战争，但匈奴军队对汉边郡的侵扰仍未停止。

成也萧何，败也萧何

汉高祖刘邦为了使刘姓坐稳江山，便寻找借口陆续消灭异姓王。军功最高的楚王韩信最让刘邦放心不下，几次借故削去韩信的兵权，最后降为只有虚名的淮阴侯。

汉十一年（前197），阳夏侯陈豨谋反，自立为王。刘邦亲率大军前去征讨。当时韩信推说自己有病，没有随同前往。韩信的一个门客向吕后告密，说韩信和陈豨是知交，这次陈豨谋反，韩信是内应。准备在一天夜里，假传圣旨，把奴隶和犯人释放出来，袭击吕后和太子刘盈。

吕后听到消息，就想让韩信入宫，借机把他杀了，但又怕韩信察觉，便秘密召见丞相萧何。两人商量出计策，由萧何执行。第二天，萧何就让人去请韩信，说刘邦已消灭陈豨叛乱，请他入宫朝贺。韩信自称有病，婉言谢绝了。

萧何亲自到韩信府上，以探病为由，劝说韩信跟他一起入宫。韩信相信萧何，便随他一起来了。谁知萧何刚到长乐殿，事先埋伏好的刀斧手立即将韩信绑翻在地。韩信见事情不妙，急忙呼叫："萧丞相快来救我！"哪知萧何早就避开了。吕

萧何

后不容韩信申辩，命令武士把他拖到钟室里，乱刀砍死了。

萧何辅助吕后，谋杀韩信，为刘邦除去了一块心病。刘邦对萧何却是喜忧参半，他拜丞相萧何为相国，受封五千户。臣下们都对萧何表示祝贺，只有一个名叫召平的人，穿着白衣白鞋，进来吊丧。萧何见状大怒。召平对萧何说："相国，您的大祸就要临头了。皇上在外风餐露宿，而您长年留守在京城，您既没有什么汗马功劳，又没有什么特殊的功绩，皇上却给您加封，又给您设置卫

队，表面是保护您，实际是在监视您呀。"萧何一听，害怕了。就依着召平的计策，辞掉了封赏，把全部私家财产都捐给军用了。刘邦对萧何的疑虑也暂时消除了。

汉十二年秋，英布谋反，刘邦亲自率军征讨。他身在前方，每次萧何派人输送军粮到前方时，刘邦都要问："萧相国在长安做什么？"使者回答，萧相国爱民如子，除办军需以外，无非是做些安抚、体恤百姓的事。刘邦听后总是默不作声。

后来，门客召平提醒萧何："您不久就要被满门抄斩了。您想想，您身为相国，功列第一，还能有比这更高的封赏吗？况且您一入关就深得百姓的爱戴，到现在已经十多年了，百姓都拥护您，您还在想尽办法为民办事，以此安抚百姓。皇上肯定怕您危及他的社稷呀！如今您何不贱价强买民间田宅，故意让百姓骂您、怨恨您，制造些坏名声，这样皇上一看您也不得民心了，才会对您放心。"

为了保住身家性命，萧何只得故意做些坏事自污名节。刘邦听说了，反倒减轻了对萧何的疑虑。

当年，萧何与曹参同在沛县做小吏的时候，两个人的交情很好。汉立国后，曹参虽然战功卓著，但还是排在了萧何的后面，屈居第二，两人之间就产生了隔阂。公元前195年，刘邦病死，萧何以老迈衰残之躯辅佐太子刘盈登上帝位，这就是汉惠帝，萧何继任丞相。

两年后，萧何卧病不起。病危之际，汉惠帝亲自去探望他，并趁机询问："您百年之后，有谁可以代替您来做丞相？"

萧何说："了解我的没有超过君王的。"

惠帝问："曹参怎样？"

萧何听了，挣扎着支撑起病体，向惠帝叩头，说："皇上能得曹参为相，我萧何死而无憾！"

公元前193年，萧何病逝。萧何购置土地房屋一定选择贫穷僻远的地方，营造宅第也从来不修建围墙。他说："后代子孙如果贤德，可以从中学我的俭朴；如果不贤，这种财产也不会被有势力的人家所侵夺。"

吕后称制

汉代贵族妇女拥有较高的社会地位，在社会生活中有较大影响。汉宣帝时，大臣王吉曾上疏评论政治得失，认为"使男事女，夫拙于妇，逆阴阳之位，故多女乱"，将所谓的"女乱"，即政治生活中妇女专权现象的原因归结为社会生活中女子地位尊贵的现象。

吕后专权可以算是当时后宫专权的一个典型例子。吕后，姓吕名雉，是高祖刘邦的结发妻子。她为人刚强坚毅，政治手段狠辣，曾经与刘邦同生死、共患难，在辅佐刘邦夺取天下和建汉后诛杀韩信、彭越等功臣时都发挥了重要作用。

吕后生有一个皇子和一个公主。皇子名叫刘盈，按照立嫡的传统被册立为太子。刘盈天性仁厚，没有刘邦身上的狠辣和奸诈，虽然被立为太子，但并不讨刘邦喜欢。在众多的姬妾中，刘邦最宠爱的是戚夫人。这个戚夫人也是个有心计的女人，她知道眼前的幸福虽然享用不尽，但日后一旦刘邦离世，太子刘盈即位，厉害的吕后岂能放过自己？于是，她就凭着刘邦的宠爱，又哭又闹地要刘邦改立自己的儿子如意当太子。刘邦被她这么闹腾，就答应先封如意为赵王，然后再相机行事。可是以萧何、张良为首的大臣们都属意仁厚的刘盈，极力诤谏，刘盈这才勉强保住了太子的位置。

公元前195年，刘邦逝于长安长乐宫，太子刘盈继位，即汉惠帝。偏心眼的丈夫死了，儿子当了皇帝，吕后总算是熬出了头。她命令把戚夫人囚禁起来，同时派人将赵王如意召进京。本性善良的惠帝顾念手足情谊，也知道自己母亲心狠手辣，就亲自到灞上迎接赵王，和他一起回到宫中，一起饮食，一同起居。吕后想要杀害赵王，却一直得不到机会。

公元前194年冬的一天清晨，惠帝要出去打猎，但赵王如意贪睡，还没有起床，惠帝不忍心叫醒弟弟，就自己出去了。吕后得知赵王独自留在宫中，立即派人拿毒酒去逼赵王喝下。等到惠帝回到宫中，赵王已经被毒死了。惠帝抚着弟弟的尸体号啕大哭。吕后除掉赵王后并没有罢手，而是派人砍断了戚夫人的

手脚，挖去眼睛，熏聋耳朵，灌了哑药，置于厕所，呼为"人彘（即猪的意思）"，这才让吕后积聚了多年的怨恨彻底发泄了出来。几天后，吕后叫惠帝去看自己的"作品"。当得知这就是昔日沉鱼落雁的戚夫人时，惠帝当场大哭起来。惠帝受了这场惊吓，得了一场大病，他派人对吕后说："这不是人干的事情，我作为太后的儿子，再也没有脸面治理天下了。"惠帝从此每天饮酒作乐，放纵无度，不问朝政，以此作为对母亲的反抗。

公元前188年，满心怨愤的惠帝去世。吕后立张皇后的养子为帝，称为少帝，自己临朝称制。这个张皇后就是惠帝姐姐鲁元的女儿，这位嫁给自己亲舅舅的皇后没有儿子，吕后便让她抱来后宫妃子所生的孩子说成是自己所生，并杀了孩子的母亲。

吕后大权在握之后，立即召集大臣商议，打算立吕家的人为王。但执拗偏强的右丞相王陵却极力反对："高祖曾杀白马，和大臣们立下誓约，'非刘氏而王，天下共击之'。现在如果封吕氏为王，是违背誓约的。"不久，吕后让"绊脚石"王陵回家养老，以亲信审食其为左丞相。之后，吕后先选择刘家功勋卓著和有影响的人封为王侯，以缓和刘氏家族对吕氏的对立情绪。然后就大封吕氏家族，吕台、吕产、吕禄、吕通等六人列为王侯。同时，吕后还陆续害死了刘氏诸王中的赵王刘友、燕灵王刘建等人。经过吕后的苦心经营，吕氏的势力已经盘根错节地从中央延伸到了地方，牢牢地控制了国家的命脉。

这时少帝慢慢懂事了，偶然听人说起自己的身世，便恨恨地说："皇太后怎么能杀死我的母亲，却把我说成是自己的儿子呢？等我长大后，她怎么对待我母亲，我就怎么对待她。"吕后听说这件事以后害怕少帝将来报复，就把他囚禁在永巷宫中。公元前184年，吕后派人杀了少帝，另立常山王刘义为少帝，改名为刘弘，但朝政大权仍然牢牢地握在自己手中。

公元前180年三月，吕后到长安城外举行祭天仪式。从祭坛回宫的路上，不知道是疲劳过度，还是视力衰退，她蒙眬中好像看到一条黑狗撞到了自己的腋下，转眼就不见了。占卜的卦师说这是赵王如意的鬼魂在作祟。这场惊吓之后，吕后就得了重病，几个月后就病逝了。吕后在世时，没有人敢与之抗衡，可她刚一撒手归天，周勃、陈平等人就起兵发难，诛杀诸吕，吕氏彻底被灭族，这

恐怕是吕后始料不及的。

吕后前后执掌朝政16年，其中临朝称制8年。她为了加强吕氏统治，不惜残害高祖后代，打击开国功臣，酿成了诸吕之乱，几乎断送了刘氏天下。但不可否定的是，吕后在社会经济方面仍奉行黄老无为的指导思想，与民休养生息，鼓励耕织。因此在这一时期，社会比较安定，经济生产也得到了恢复。

布衣丞相王陵

王陵是秦末沛县人。秦末农民战争时，聚众数千人据南阳，后归刘邦，转战各地。汉朝建立后，封安国侯，任右丞相。因反对吕后封诸吕为王，罢相，改任太傅，病死。他任侠使气，缺少文采，直来直去，不会曲意奉承、阿谀权势。一生坎坷，本为孝子，为让他一心一意追随刘邦，老母亲在相营自刎身死。当了丞相又不肯听从吕后，结果辞官，郁郁而死。

王陵和刘邦、萧何、曹参一样，都是沛县人。这个人为人率直，小的时候在县中就被称为豪杰。他比刘邦大一点，刘邦就把他当大哥一样侍奉。后来，陈胜、吴广起义，各国纷纷起兵，王陵也聚集了数千人，占据南阳。

这时，刘邦早已起事，被拥为沛公，领兵入关，路过南阳，就派人招王陵归附自己。王陵心想："原来你刘邦可是敬我如兄长，现在让我投靠你，地位反在你下面，那多没面子。"于是，找了个托词婉言谢绝了。

谁知刘邦势不可当，很快就平定三秦，受封汉王。刘邦已经今非昔比了，他又有个长处，只要对他有用的人，他都要招至旗下，为自己所用。王陵当然是个豪杰，刘邦哪肯错过，便再次派人到南阳，向王陵表达刘邦的意思，请其助汉伐楚。

王陵已经漂泊数年，毫无成就，也在想着该选个人跟了。眼见着现在形势很明了，项羽暴虐，肯定会失败，此外各国国王，他也不大看得起，只有刘邦是旧交，又听说刘邦为政宽仁，各路人才纷纷归附，老百姓信任他，这就是刘邦的优势啊。王陵也看出来了，他日刘邦必坐天下。正好，刘邦又派人来找他了，王陵就决计归汉，率领部众，偕同刘邦派来的使者，准备前往沛县，迎取刘邦的家室，连着自己老母一同入关。

谁知一行人走到阳夏，却被项羽发兵拦阻，不得前进，两下对峙。一天，王陵得到消息："汉王由彭城大败，回至荥阳。"王陵知道楚兵势盛，前进无功，急忙赶到荥阳，会见刘邦。

就在这时，刘邦的父亲、妻子吕雉和王陵的老母，都被楚军掠去了。

项羽把王陵的老母，放在军营里。项羽知道王陵素来孝顺，吩咐看管之人格外优待，想使老太太心中感激，引得王陵归楚。王陵派人看望老母，项王吩咐请出老太太，让她面向东上座，自己南向而坐。这在古代是一种礼节，表示尊重之意。项羽问使者因何而来？使者转达王陵之言，问母安好。老太太见了使者，知道儿子王陵已经归附刘邦了，心中暗喜，可是项王在场又不便直说。项羽想让老太太招降王陵，老太太偏不开口。使者见老太太也没什么话要说，便告辞，老太太亲送使者，一同走出。

这位老太太也是生性刚强，她送了使者上车，眼中不觉流泪，对着使者说道："你告诉我的儿子，让他好好侍奉汉王。汉王为人宽厚，不要因为我在这里，就三心二意。我现在以死相送，免得陵儿惦念！"说罢，拔出剑来，自刎而死。

项羽听说老太太自刎而死，怒骂道："真是不知好歹！我如此以礼相待，却还受她愚弄，气死我了！"下令将陵母尸首放釜中烹煮，以泄此愤。

王陵听说母亲死了，痛哭不止。后来又听说母亲的尸体被烹，痛入骨髓，哭得死去活来，深恨项羽参无人道，立意要报杀母之仇。从此王陵一心一意跟着刘邦，南征北战，立下了汗马功劳。

西汉六年（前201），刘邦终于取得了政权，登上了皇帝宝座，称高祖。开始大封功臣了，然而封来封去，还是只封了萧何、曹参等20多个亲信，没有王陵的份儿。为什么呢？刘邦也是小心眼。当初王陵不肯归附，他再三派人，直到自己封王了，他才投靠；而且，王陵和雍齿关系很好。

这个雍齿说起来也是个豪杰之士，可是他却屡次背叛刘邦，刘邦对他是恨之入骨。刘邦封功臣，太偏向了，很多人不服，不服就容易闹事。这时，张良出现了，张良是个好人，并已封为留侯，刘邦的天下一半有他的功劳。在紧急关头，他不客气地对刘邦说："你本是一介布衣，就是靠着这一批兄弟朋友取得了天下，当了皇帝。本来，大家都是有功的，而你封功臣却只封了一些老朋友和你喜欢的人，你不喜欢的人就都诛杀了。分封不均，诸将就要造反了。"言外之意：你一介布衣造反都可以得到天下，更何况那些虎视眈眈的军中将领呢？

张良

刘邦开始着急了。张良问："皇上一生最恨的、群臣都知道的那个人是谁?"刘邦说："雍齿啊。这家伙和我积怨很深，曾多次使我难堪，使我受辱，我真想杀了他。可是他立的功很多，我不忍心。"张良说："好，现在当务之急是先封雍齿，以示群臣。"

刘邦赶快下令封雍齿为什邡侯，群臣一看：雍齿都能封，我们还有啥话说呢。

王陵就因为和雍齿有很好的私交，刘邦也嫉恨。后来，刘邦也封了王陵，让他做了安国侯。

汉惠帝六年（前189），国相曹参死了，按照刘邦的遗嘱，朝廷分置左右丞相，王陵当了右丞相，陈平为左丞相。当时，以右为上。

王陵性格豪气，喜欢直来直去，从来不肯阿谀逢迎。他当了两年丞相，汉惠帝崩逝。高后吕雉提出想立自家的人为王，先问王陵的意见，王陵当即拒绝，毫无商量余地。王陵说："当年高皇帝杀白马立盟约，'非刘氏而王者，天下共击之'。如今您要封吕姓为王，是违背高祖遗训的，不可以。"吕雉非常不高兴。她又问陈平，陈平说："封吕氏合情合理。"

退朝后，王陵愤怒地质问陈平："当初与高皇帝立盟，你们都在场。高皇帝驾崩，女主擅权，要封吕姓，改刘姓江山，你们却屈从阿谀，将来有何面目见高祖于地下!"陈平不慌不忙地说："您别生气，您确实是秉持正义，可那又有

什么用呢？要想保全社稷，安定刘氏天下，您可不如我啊！"

太后吕雉对王陵颇为气恼，于是明里升迁王陵为汉少帝太傅，实际上暗中把他架空。王陵为此发怒，借病辞官。太后吕雉就干脆升陈平为右丞相，以自己的情夫审食其为左丞相。

诸吕横行霸道，王陵气愤不过，10年不上朝，最后郁郁而死。

周勃归相印

周勃是汉高祖刘邦的老乡，更是他手下璀璨将星中的一位。周勃年轻的时候家里非常穷，在沛县的时候他以编织养蚕器具为生，有时候在别人办丧事的时候去吹箫，获得一些额外的收入来改善生活，后来成为一名能拉强弓的勇士。

当初刘邦在沛县起事时，周勃就以亲近侍从的身份紧紧跟随，以后屡立战功。当然和曹参相比就差远了，更不要说和韩信这样的大将相比。从灭秦到楚汉相争，周勃始终跟随刘邦没有离开，最后论功行赏，他被封为绛侯，有食邑八千多户，像萧何、曹参、张良都有食邑万户以上，号称"万户侯"，所以周勃的地位远远在这三位之下。

汉朝建立初年，各诸侯王反叛不绝，周勃成为汉初平乱的主将。他先后随高祖刘邦参加平定韩王信、陈豨、卢绾的叛乱，历任太尉、相国。

周勃

周勃跟随高祖征战以来，战功如下：俘虏相国一人，丞相两人，将军与二千石官吏各三人，还单独打垮两支部队，攻下三座城池，平定五个郡，七十九个县，活捉丞相、大将各一人。战绩赫赫，功不可没。

周勃为人憨厚刚正，高祖刘邦很了解他，说他可委以大事。可是周勃不习经术，鄙薄儒生。每次召见儒生和说客，他总是坐在尊位上，眼睛直愣愣地瞅

着人家，直截了当地告诉他们："有话快说，不用斯斯文文，不用引经据典，咬文嚼字。"

据说，刘邦在弥留之际，吕后曾问："陛下一旦离世，萧相国也死了，谁可以代为相国呢？"

高祖说："曹参可用。"

"曹参之后呢？"吕后又问。

"王陵可以。但王陵过于直率，陈平可以帮助他。陈平有智谋，但难以独当大任。周勃实重厚笃而少文采，然而，将来能安刘氏天下的，一定是周勃。"

在此之前，有人揭发樊哙是吕后的同党，皇帝如果驾崩，樊哙就要举兵杀赵王如意和他的母亲戚氏。高祖刘邦听了大怒，派陈平带着周勃去取代樊哙，继续伐燕，并在军营里将樊哙斩首。陈平和周勃商议："樊哙是高帝的故友，又是吕后妹吕媭的丈夫，皇帝要杀他，不过是一时糊涂。现在皇帝病危，眼见着大权就要旁落吕后手里，杀了樊哙，人死不能复活，等于是和吕氏结怨，对我们可不利啊！"于是，把樊哙装在囚车中，送回长安。

周勃率军平定燕王叛乱，班师回朝，刘邦已逝世。他就以列侯的身份辅佐汉惠帝。汉惠帝六年（前189）设太尉职，任周勃为太尉。

公元前180年，吕后死，临终前命令吕禄掌握北军，吕产掌握南军。吕产还兼任相国，控制中央政权；把吕禄的女儿嫁给皇帝，并封为皇后。吕氏把持朝中大权，谋夺刘氏天下。当时的周勃虽为太尉，却没有实际的兵权，更不得进入军营大门；陈平担任丞相，却不能处理政事，刘氏政权岌岌可危。于是周勃与陈平联合，共谋诛吕安刘之计。

这一年的八月，齐王刘襄带兵率先讨伐诸吕，吕产派灌婴抗击，灌婴到了荥阳就按兵不动，准备与齐王联合共付诸吕。周勃和陈平见齐王发兵，就商量做内应。他们知道郦商和吕禄交情很好，就把郦商骗来做人质，然后找来郦商的儿子郦寄诱劝吕禄。郦寄无奈，只好去骗吕禄，说："您既已受封为赵王了，就该归国守藩。可是您还在京中统率军队，别人就会怀疑您。如今齐王起事，各国伺机而动，倘若真都动起来了，那可就大祸临头了。"还说："您不如还将印给太尉，交出兵权，归国守藩。这样齐王自然退兵，您当您的赵王，据地千里，多痛快啊！"

吕禄正心神不定，就和其他吕氏家人讨论这件事情，有的说可以，有的说不行，一直犹豫不决，同时也放松了对周勃等人的戒备。

这个时候郎中令贾寿从齐国回来，向吕产报告说："灌婴已经和齐楚联系好了，要消灭吕家，您不早回国，现在还能回去了吗？"他催吕产赶紧入宫和其他吕氏兄弟商量商量。这个消息被旁边的曹窋，也就是曹参的儿子听到了，他立即把这个消息告诉了陈平和周勃。

周勃、陈平立即和襄平侯纪通伪造了印信，派郦寄去和吕禄说："皇帝让周勃来统率北军，你赶快交出兵权，否则祸端就起来了。"吕禄认为郦寄不会欺骗自己，于是交出了北军。周勃立即掌管北军，他集合起全体将士，振臂高呼："拥护吕氏的右袒，拥护刘氏的左袒。"结果所有的人都支持刘氏。这样，周勃控制了军队。

周勃又派朱虚侯杀了南军首领吕产，命令追捕吕氏，不管男女老幼一律处死，吕禄被捕杀，吕婴被颈杀，把吕氏集团彻底消灭了。

诸吕被铲除，周勃又与诸大臣共立新皇，这就是著名的汉文帝。在匡扶汉室的事业中，周勃功居首位。

文帝即位后，深谋远虑的陈平要了个花招，说："在高祖时，周勃功不及我，平定诸吕，我功不及周勃，我愿把右丞相的位子让给周勃。"文帝便命以周勃为右丞相，赐黄金五千斤，食邑增加到一万户。

不久，有人劝周勃说："您诛灭诸吕，迎立代王为帝，声威震动天下。您受到丰厚的赏赐，处在尊贵的地位，得到皇帝的宠信，这样不久就会大祸临头。"周勃非常害怕，感到处境危险，于是请求辞职，皇帝应允。

丞相陈平大权独揽，可没过多久，陈平也去世了，文帝复召周勃任丞相。十个多月后，文帝对周勃说："我下令所有列侯离开长安到自己的封地去，有些人还没有走，你一直是我敬重的人，希望你先回封国去，给其他人做个榜样。"周勃于是辞相归国。

周勃在自己的封地也不踏实，诛杀吕氏一族，使自己落下了不少仇家，他怕遭到暗算，身上常常披甲，并让家人都要手持兵器。河东廷尉来绛县巡视时，周勃也是身披铠甲，家奴各拿兵器与廷尉相见。这时，正好有人告发周勃意图谋反，文帝对周勃早就不放心了，立即命令廷尉把周勃抓了起来，廷尉又把周勃交给狱宫，进行审问。周勃非常害怕，不知怎么辩解，狱吏也渐渐欺凌和侮辱他。后来，周勃明白了，送给狱吏千两黄金。狱吏受人贿赂，便与人方便，他在"牍背"——公文板的背面书写"以公主为证"几个字示意给周勃。公主指的是文帝的女儿，嫁给了周勃的儿子周胜之，所以狱吏教周勃以她做证人。公主便去向薄太后求情。汉文帝的舅舅薄昭因感念周勃让与封邑之恩，也到姐姐薄太后那里替周勃说情。

薄太后也认为周勃没有谋反之意，便召文帝入见。文帝一进门，太后就把头上的头巾扔向文帝，说："绛侯周勃诛诸吕时，当年身上挂着皇帝的玉玺，在北军统率军队，不在那时谋反，现在在一个小县里，难道要谋反吗？你听了谁的谗言，如此诬陷忠良！"文帝已看到了周勃在狱中的供词，便向太后道歉说："官员们正在查清这件事，准备释放他呀！"于是派使节赦免了周勃，恢复爵邑。

周勃出狱后慨叹万千，说："我经常统率千军万马，却怎么也想不到狱吏是如此尊贵！"

回到自己的领地，周勃老老实实地待着。文帝十一年（前169），周勃在家中安然辞世。

陈平献计

秦末汉初，英才辈出，有资格被司马迁列入"世家"的，只有陈胜、萧何、曹参、张良、陈平、周勃六人。陈平能列其中，可见其功劳是很大的。

陈平是秦末阳武户牖乡人。他年轻的时候，家里非常穷，可是他酷爱读书，尤其喜欢研习黄帝、老子的学说，探求治世之术，好学不辍。他的哥哥陈伯很宠他，自己辛勤耕种着30亩薄田，攒下点钱都给陈平，让他到各地游学，增长见识。他的嫂子心里气，但又不敢违背丈夫。

虽说家里穷，陈平却长得身材高大，风度翩翩，可以说是个美男子。有人就戏弄陈平："你家里那么穷，而你却长得这么肥美，吃的是什么啊？"他的嫂

子听了，本来就不高兴陈平不事生产，就说："他不过也吃些糠麸而已。有这样的小叔子，还不如没有呢。"他哥哥听了，就把他的嫂子赶走了。

到了陈平该成婚的时候，又成了一大难题，高不成，低不就。有钱人家的女儿不肯嫁给他，而贫穷人家的女儿陈平又看不上，就这么耽搁着。当时户牖地方有个富贵人家，主人叫张负。他有个孙女，丰衣足食、姿色美艳，曾经出嫁了五次，不知为什么，刚嫁过去，丈夫就莫名其妙地死了，谁都不敢再娶她了。现在的说法，大概是命中克夫吧，陈平却偏偏想要娶她。

偏偏张负也看上了陈平，跟儿子说："我想把孙女嫁给陈平。"他儿子一听，生气地说："陈平家里那么穷，他又不事生产，满县城的人都笑话他寒酸，亏您还想把我的女儿嫁给他，简直就是败我们张家的名声！"张负说："陈平是个内外兼美的人，他怎么会一直贫贱下去呢？"

张负就做主把孙女嫁给陈平。张氏嫁给陈平之后，以礼待其兄嫂亲友，治家井井有条，竟是一位十分难得的贤内助。而陈平娶了一个有钱人的女儿是决定他未来的一件大事，因为有钱了，乡里人也对他另眼相看了，人们推举他做社宰。陈平对这个工作很认真，分肉时特别均匀，老百姓交口称赞，说："当社宰就应该像陈平这样！"陈平很感慨地说："哎，当个社宰算什么！倘若让我主宰天下，也像这割肉一样公正！"

陈平肯定不甘心就这么当个社宰，他是有大志向的，时势给了他实现自己远大抱负的机会。

秦二世元年，即公元前209年，陈胜在大泽乡揭开了大起义的序幕，诸侯纷纷起兵。陈平一看机会来了，就告别了家乡，先后投奔了魏王魏咎和楚霸王项羽，都没有得到施展自己抱负的机会，于是，他投奔了刘邦。

陈平一见到刘邦就对他说："我是抱着建功立业的心来投奔您的，我今天就想把心中的抱负说给您听。"

刘邦见他口气不小，倒也像个人物，就跟他谈起来。不想，竟然越谈越投机，于是把他留了下来。

陈平不像韩信那样指挥千军万马、独当一面、平国展土，也不如萧何那样留守后方、转运委输、补充兵源。他和张良几乎一直跟随刘邦左右，征战南北，深受刘邦的信任，靠的就是他的计谋，而这计谋中又当首推他的"六出奇计"。

第一计：重贿对方将领，实施反间计。

高祖三年，即公元前204年，楚霸王项羽截断了汉军的粮道，把刘邦围困在荥阳，刘邦既无粮草，又无救兵，处境极为困难。刘邦危在旦夕，向陈平问计。陈平说："项羽为人太过猜忌，手下的正直之人，也就范增、钟离昧几个人。如果大王您肯拿出重金来施行反间计，使楚国君臣不和，自相杀戮，我们再趁乱攻打，楚国必败。"刘邦对陈平的计谋深为赞许，拨出四万金交给陈平，由他支配。

陈平即刻派人到楚营，以重金贿赂将士，散布流言。一时间，楚营内部，流言四起。都说钟离昧、范增等人辅佐项羽，立下汗马功劳，却得不到厚报，他们正拟投奔汉王，加封晋爵。项羽本来就对谁都不信任，听到谣言，信以为真，把钟离昧等人当作贰臣，无形中削弱了自己的力量。

第二计：故意招待不周，离间项羽和范增。

与其说陈平的计策高明，不如说项羽"配合"得好。这个楚霸王实在是太小家子气了，听到一点谣言就沉不住气，赶紧派使者到汉营去打探虚实，这就落进了陈平的圈套。

陈平听说楚国使者来了，命人备下了丰盛的酒宴。楚使者一到，陈平立刻迎接，一看是楚使，假装一惊，说："我以为是亚父的使者，原来是项王的使者！"说完，命人撤去盛宴，换上了粗劣的食物招待楚使。

楚使回到项王营，把一切向项羽禀报，项羽果然怀疑范增，范增极力主张急攻荥阳，项羽就是不肯听。亚父范增愤怒地离开项王，还没走到彭城，一股急火攻心，背部恶疮发作而死。项羽这才发现中计了，悔之晚矣！

第三计：派女子出城，解荥阳之围。

范增被气死了，项羽的攻势不减，韩信的援军不能及时到达，刘邦的处境依旧危险，陈平继续施展他的奇谋。某一个夜晚，陈平组织了两千多个女子，趁着月色从荥阳的东门出城，项羽的大军以为是刘邦突围，赶紧从四面包围过来，陈平趁机保护着刘邦从西门跑了。

在这场著名的楚汉战争中，陈平用反间之计成功地离间了楚国君臣关系，致项羽骨鲠之臣范增遭谗忧愤而死，钟离昧不得重用，去掉了项羽的左膀右臂，为消灭楚国，建立汉朝立下汗马功劳。不久，刘邦就战胜项羽，取得了楚汉战争的胜利。

第四计：脚踢刘邦，封韩信为齐王。

高祖四年，即公元前203年，楚汉战争胜负未定，刘邦处境困难，大将韩信却攻城略地，势如破竹，先占领了临淄，接着击破项羽的援军，攻占了齐全境。韩信自恃功劳大，自立为假王，还派人通知刘邦。刘邦当时正被围困，一见使者，当即破口大骂："我困在这里，日夜等待着你来援救我，你却要挟我！"

陈平对当时的形势非常清楚，韩信倒在哪面，哪面就是最后的赢家。于是，张良、陈平都踩刘邦的脚，陈平俯首对刘邦说："大王您正处逆境之中，哪能挡得住韩信自立为王呢？况且就算他当了王又能怎样呢？不如顺水推舟，让他在那里牵制楚王。否则，后果不堪设想。"刘邦不愧帝王之才，马上骂道："大丈夫平定诸侯，要当就当个真王，当个假王有屁用！"当即命令张良赴齐，封韩信为齐王，让他攻打楚军。于是，刘邦成了最后的赢家。

第五计：假游云梦擒韩信。

楚汉战争终于以刘邦的胜利而告终。刘邦称帝，大封功臣，韩信由齐王转封为楚王。可是楚王韩信自恃功高，做了一些不该做的事，如收留了钟离昧，用很高的规格为母亲迁葬，这都让刘邦很不满，他就想治治韩信，可又找不到好办法。陈平就为刘邦分析形势，他说："现在陛下的兵不如韩信的兵精，将也不如韩信的将强；贸然发兵，我很为陛下担心啊！"陈平乃为刘邦策划"伪游云梦"之计："古时候，天子常常巡行天下，回合诸侯。南方有个叫云梦的地方，陛下可以装作去游云梦，然后通知各诸侯到陈州会合。陈州在楚国境内，韩信不会怀疑，他肯定会出来迎接陛下，您可趁机拘捕他，这只要一个力士就够了。"

刘邦依计而行，出其不意地将韩信生擒。韩信大叫："天下平定，我没用了，就该杀我吗？"刘邦说："你别喊了，你反象已明，喊也没用！"不过，刘邦并没杀韩信，而是把他降为淮阴侯。陈平则被封为户牖侯，后加封曲逆侯。

第六计：解白登之围。

最能体现陈平智慧的当属解"白登之围"。高祖七年（前200）冬十月，韩王信在马邑投降匈奴，将与匈奴兵共击太原。消息传到长安，刘邦率30万大军浩浩荡荡开赴北边迎敌，在白登山遭冒顿单于40万骑兵的围困，7天7夜没有粮食吃，处境十分险恶。陈平献计，竟解了白登之围。

据《史记》记载，此次陈平献计十分神秘，没有几个人听说过。后来史书说：陈平设法派遣密使细作，溜进敌营，偷偷会见冒顿的阏氏，献上一大笔贿赂，另外还有一张美女图，对阏氏说："汉朝有这么个美女，就像这张画一样美，我们皇帝被困，想把她献给单于，以求解围。"冒顿阏氏怕汉帝真的献美女，自己会失宠，便向冒顿单于吹起十二级枕头风，说："两主不相困，今得汉地，而单于也非能长久居住此地。何况汉王也有神保佑，单于察之！"单于宠爱阏氏，就传令解围一角，刘邦趁机脱险了。

刘邦在中国历史上可以说是个杰出的皇帝，他对陈平很器重，陈平智慧有余，却难以单独担当重任。然而就是这个陈平，后来成为拯救刘家天下的主要人物。

曹参去世后，王陵担任了右丞相，陈平担任了左丞相。不过，吕后始终对足智多谋、屡次谋划奇策的陈平放心不下，吕媭几次三番地反映陈平"为丞相不治事，日饮醇酒，戏妇人"，说陈平沉溺酒色之中，吕后这才放心。

当时，吕后当政，诸吕专权，皇族转弱，文武官员及百姓大都不满诸吕的统治。陈平看到吕氏专权所潜伏的巨大危机，虚与委蛇，他既不得罪吕后，也绝不依附于诸吕，称病不理朝政，把心思都用在辅助教导惠帝刘盈上。

惠帝死后，吕后想立诸吕为王，先试探右丞相王陵的意见，王陵坚决反对，重申高祖刘邦白马之盟："非刘氏而王者，天下共击之。"吕后十分恼怒，又转而问陈平、周勃，二人表示："高帝定天下，让自己的子弟称王；今太后称制，让诸吕称王没什么不可以。"吕后高兴，王陵愤怒地叱责陈、周二人阿谀奉承，背叛白马之盟的行径。陈平从容道来："面折廷争，我不如你；全社稷，定刘氏后，你不如我。"这一表态，充分显示了陈平对保全刘氏江山斗争的严峻性、复杂性已有清醒的认识，也表现出陈平政治上的成熟稳定，以及对除吕安刘的信心。

公元前180年，吕后死，陈平与周勃等大臣谋诛诸吕而立文帝，重新巩固西汉刘氏政权，并再度出任丞相。两年后，陈平病死，得善终。

天下共诛吕

吕后分封吕氏为王，违反了刘邦生前的誓言，"不是刘氏之人，不许封王，不是有功之臣，不许封侯"。这些吕氏既非刘姓，而且无功，但是当时吕后独揽大权，一些忠臣又被排挤，朝中无人敢反对。

公元前180年，吕后身体不适，便想去祓祭除病。所谓祓祭就是到长安外斋戒淋浴，据说这种方法可以去病消灾。

祓祭这天，吕产指挥禁卫皇宫的南军一路护送。他知道吕家独揽大权不得人心，怕有人行刺。吕后到了渭水边，很虔诚地跪下，焚香求佛，用渭水洗了洗脸。

当然，祓祭根本治不了病，吕后也知道自己不久就会离开人世。她想：要想让吕氏天下流传万代，就应该给自己的侄儿足够大的权力，以便他们治理天下。于是她下急诏：封吕产为相国，吕平为未央宫卫尉，吕更始为长乐宫卫尉，赵王吕禄为上将军，吕种为中将军。这样，大权又进一步控制在吕家手里。她临死前又再三叮嘱："你们千万要抓住兵权，什么时候都不能放兵权，我死后，你们不必送丧，小心那帮老臣们暗算你们，一定要保住咱们吕氏天下。"

不久，吕后病死，吕产在内护丧，吕禄在外巡防。二人没有去送葬，而是死守皇宫。他们想发丧完吕后之后，劫持少帝，推翻汉朝，建立吕氏王朝。

吕禄的女儿是刘章的妻子，而刘章则是齐哀王刘襄的弟弟，刘氏兄弟早就对吕氏家族不满，但手中无兵，不敢反叛，只好忍气吞声地活着。刘章对吕禄的女儿十分体贴，吕禄的女儿也十分满意，有什么事都不隐瞒丈夫。她听说父亲要建立吕氏王朝，便对刘章说："父亲想建立吕氏王朝，不过你也不用伤心，虽然你们刘氏天下灭亡，但你不会做吕氏的驸马吗?!"刘章一听，心里一惊，但是很快平静了下来。他悄悄地把这一消息告诉了哥哥，让他快做准备，除掉吕氏家族。

刘襄一听，知道事情重大，让弟弟速速回去，不要打草惊蛇，并嘱咐弟弟做内应。刘襄立刻给各诸侯王写信，控诉吕氏家族的篡权罪行。

消息一传出，全国一片哗然，各家诸侯纷纷派兵援助，齐哀王得到援助，即率军进攻皇宫。吕产得知齐王已出兵，立即派大将军灌婴前去阻击。

灌婴是一员不可多得的大将，能征善战，被吕后重用，但他还是忠于刘氏天下的。他心想：我要去攻打齐王，这不是违背了汉高祖杀马宣誓的行为吗？吕家想篡夺王位，我若帮助吕家，岂不是助纣为虐吗？所以，灌婴把军队带到荥阳就屯兵不动了，并派人去通知齐王，说他愿意为推翻吕氏家族而尽力。

城外齐王和各诸侯、灌婴等人合兵一处，声势大振。

而城内，周勃、陈平也在紧锣密鼓地商量推翻吕家的措施。

周勃知道曲周侯郦商的儿子郦寄和吕禄二人关系甚好，情如手足，便把郦商软禁起来，让郦寄去劝说吕禄交出兵权、吕产交出相印。

郦寄见到吕禄后，直截了当地说："老兄，大事不好！现齐王和灌婴联手攻打皇宫，你只有交出兵权，他们才会退出，否则大家都不会太平。请兄长想一想，高皇帝和太皇太后共创大业，而今太皇太后去世，老兄身为诸侯王，不在自己的封国，而是担任上将军，率重兵居住长安，天下人都以为老兄要篡夺皇位呢。老兄不如交出兵权，让吕产交出相权，各自回到封地，以免齐王、灌婴等人进攻老兄啊！"

吕禄一听，认为郦寄的话很有道理，便和吕氏家族的人商量，有的人主张交出兵权、相权，有的人认为：一旦交出兵权、相权，他们就会成为齐王的俘虏。

正在这时，襄平侯纪通交出了进出北军的符节。周勃手拿符节，假传皇上之令闯进北军，让吕禄交出将军印信。郦寄在边上也说："老兄，大势已去，还是赶快交出大印回封地吧！"

吕禄交出了大印，回到了自己的封地。周勃一手拿符节，一手拿大印，马上命令军中将士说："现在吕家想篡夺刘家天下，如果你们愿意跟着吕家的，脱下右臂的袖子；如果愿意效忠刘家的，脱下左臂的袖子"。

将士们本来就对吕氏独揽大权不满，一看周勃率领大军讨伐吕氏家族，心

里非常高兴，听到周勃这么说，都脱掉了左臂的袖子。

从此，周勃掌握了北军的兵权。

而这时，吕产还不知道吕禄已交出北军的兵权回封地去了，还想反抗到底，迟迟不交南军的大权。

周勃命令刘章把守军门，又命令守卫皇宫的武官，不许吕产进入宫门。吕产看形势紧张，想进宫劫持皇帝。他率领人马来到门口，对守城的士兵说："快把城门打开，难道你们瞎了狗眼不认识相国了吗？"

士兵们平时受尽吕产的凌辱，对他都恨之入骨，故意说道："你大胆狗奴才，竟敢冒充相国！"

这下可气坏了吕产，他吼道："你们若不开城，等我到了宫中，一定都把你们斩尽杀绝！"

但无论他说什么，士兵就是不开城门。正当他在城门外徘徊时，刘章突然率领人马包围了吕产。

吕产一见是刘章，更是怒火冲天，说道："好啊，你个吕家女婿也敢背叛吕家。"

刘章说道："你们吕家篡夺王位，是背叛天下，我今天代表刘家来收拾你这个反贼，你给我拿命来吧！"

吕产一看刘章的军队如猛虎下山，忙躲进厕所之中，他以为这里很安全呢。没想到刘章早已看见了他，把他从厕所里绑了出来。

吕产知道自己活不了了，仰天长叹："为什么我吕家就不能建立王朝呢？难道天下只能是刘家的吗？"

刘章早就恨透了吕产，心想：都是你帮助吕后在朝中胡作非为，弄得天下如此不太平，许多忠臣和诸侯都死在了你手里，今天我就要让你去抵偿他们。想着想着，他手起刀落，一刀砍下了吕产的人头。

吕产一死，周勃等人一商量：要一网打尽吕家势力，否则后患无穷。

于是他派军队去追杀吕禄。吕禄刚一到封地，周勃派的军队就到了，又把吕禄杀死在封地。

接着他们又派人到各地搜捕吕氏家族的人，整整杀了几百人，吕氏王终于

又被刘氏王夺回来了。

　　周勃和大臣们一商议，决定迎立刘邦的儿子代王刘恒为帝，刘恒帝就是历史有名的汉文帝。

　　汉文帝很有胆识，很有才能，汉朝开始出现了盛世。

文帝治国有方

　　汉文帝刘恒是汉高祖刘邦的儿子，8岁的时候被封为代王。由于刘恒母子俩远离朝廷，不问政事，而且他的母亲薄姬也不受宠，所以才免遭吕后的毒害，在封地过着很快乐的日子。

　　由于刘恒从小博学，所以长大之后很有志向，而且很有胆识。周勃等人得知刘恒的情况后，就迎立刘恒为帝，而起兵诛吕的齐王刘襄有些不服气，心想：我首先起兵，为诛吕立下了战功，刘恒没出一点力气却坐享其成，太不公平了。但是太尉周勃、丞相陈平等功臣都拥护刘恒，天下百姓也都欢迎刘恒，他也没办法。

　　刘恒正式称帝后，体贴百姓、爱民如子，深受天下人民的爱戴。

　　刘恒见到战争过后的农业停滞不前，老百姓很穷，政府连捐税都收不上来，就当机立断，决定实行休养生息的政策。他首先下令：恢复农业生产，减免捐税。

汉文帝

　　到了春耕时节，文帝亲自率领满朝文武去乡下帮助农民耕种。有的大臣担心，朝中无人，有人会乘机叛乱。文帝说："如果朝中所做之事深得人心，是不会有人反叛的。"文帝带领大臣亲自耕地、下种，在百姓之中引起了极大反响，

农民积极性一下调动了起来。

文帝还叫宫中之人在皇宫的园地里种桑养蚕，皇后、皇妃亲自带头，宫中许多人都学起来，为广大农民做出了榜样。全国的农业出现了一片新景象。

文帝考虑到农民刚刚过上平静的日子，手里还都没有粮食，便下令减免捐税。这一政策大快人心。

文帝还推行"礼"教，号召全国尊老爱幼，对那些无儿无女的老人和无父母的孤儿，政府出钱照顾。这一政策又深得人心，使社会风气迅速好转起来。

文帝还下乡体验民情，他了解到人们都非常痛恨秦朝残酷的刑罚，便下令：废除连坐制，废除割鼻、斫足等肉刑，代之以笞刑。

说起减轻肉刑还有一段小故事。

公元前167年，齐国太仓县县令淳于意精通医术，但是后来失手治死了一个人，按当时的刑法来说犯了肉刑。肉刑有三种，由轻到重是：脸上刺字、割掉鼻子、砍掉一只脚。

淳于意治死了人，心里惊慌失措，只好投案自首，他被带到长安，交司法部门处罚。

淳于意知道自己犯了法，得执行肉刑，想想自己要么在脸上刺字，要么割鼻子，要么掉脚，整日吃不香、睡不着。他的小女儿看到父亲如此难过，便和父亲一起来到长安，准备面见文帝，请文帝减轻刑罚。

淳于意的小女儿缇萦到了长安，想见文帝，可士兵不让她进宫。她只好托人写了一封信，请守城的卫士递进宫中。

文帝一看上书的是个小姑娘，很重视。小姑娘在信里说了肉刑给人们带来的痛苦，而且人们经过肉刑之后，有的变成了残废，根本没有改过自新的机会了，所以请求文帝减轻刑罚。

文帝看完之后，觉得小姑娘说得很有道理，便下令取消肉刑。但是犯了法总要处罚，他便召来制定法律的官员，共同商议，最后决定用打板子代替肉刑。

文帝减轻了刑罚，全国人民非常欢迎。人们并未因此而随便犯法，相反，天下很安全，百姓也很团结。

文帝非常重视别人对自己提出的批评，而且非常愉快地接受并改正。

有一天，文帝出行，浩浩荡荡的队伍刚走到中渭桥，从桥下窜出一个人来，一见是皇帝的车辇，吓得晕头转向，差一点撞到马身上。马受惊，车错了辙。车里的文帝吓了一跳，好不容易制服了那匹受惊之马。

文帝很生气，问道："谁这么大的胆子，敢惊驾？"

廷尉张释之道："送去审理！"

经审查，那个人是由于害怕才惊了驾，张释之按照条例罚了他四两纹银。

张释之把案情一说，文帝大怒："惊了驾，你却只罚他四两纹银！"

张释之连忙磕头，说道："陛下息怒！法律是为天下人制定的，您也不能例外，如果因为触犯了您的利益而改变法律，是不会得人心的。陛下，您说是不是这个理？"

文帝想了一会儿，气也消了，说道："就依你说的去做吧！"

到了宫中，文帝又召见张释之，问张释之如何治国。

张释之答道："陛下，大秦朝奢侈浪费，穷兵黩武，严刑峻法，最后农民忍无可忍，起兵反抗，推翻了暴秦的统治。秦之所以灭亡，是因为他们做皇帝是为了自己纵情享乐，而不是先考虑民众，使百姓安居乐业。陛下治国也要以民为本，先民后己，而且不能堵塞言路，应鼓励臣民发表意见，如果意见提得对，就采纳，不对的不听就行了，也不要追究责任。"

文帝听了非常高兴，说道："我有廷尉张释之，必得天下人心。"

文帝非常注重节俭，而且从自己做起。有一次他打算修一座露台，便找来工匠，问他们需要花费多少钱。工匠如实回答，说需要百金。文帝听了之后，便自言自语道："百金是10户中等人的资产啊！我不能因为自己一时享乐，就如此劳民伤财！"于是他下令取消修露台的计划。

文帝在修建陵墓时，没有动用大量农夫，也没有用许多金银珠宝陪葬。他临死之时说道："天下万物有生就有死，这是自然规律，不必悲伤。丧事要一切从简，陪葬品不要用金银珠宝，用陶器即可！"

文帝在位23年，没有新建宫殿苑囿，而是把节省下来的钱财用来照顾老人和孤儿。

文帝的一系列措施，使国势不断增强，有的人便劝文帝，出兵扩张领土。

文帝对那些主张出兵的大臣说："天下刚刚太平，我们不应出兵打仗，而应继续保持这种安定团结的局面。百姓最恨战争，战争不仅劳民伤财，而且是件很凶险的事。即使能够获胜，对百姓也没有什么好处。"

文帝对北方匈奴采取守势，努力减少军事活动，他认为这样人民就可以安心生产，国家就会太平。

但匈奴再三侵扰，文帝只好决定派兵征服它。

公元前158年，匈奴又南下侵犯了上郡和云中一带，汉文帝亲自率领兵马去攻打匈奴。

文帝派了3员大将保卫长安，刘礼驻扎在灞上，徐厉驻扎在棘门，周亚夫驻扎在细柳。在文帝的指挥下，汉军大败匈奴。

文帝大败匈奴之后，到三地慰劳军队。

到了灞上和棘门，文帝都受到了热烈欢迎，他的车驾可以长驱直入军营。

而到了细柳营，文帝却看到城门紧闭，将士们披盔戴甲，完全是大敌当前的样子。卫队的将领对守门的士兵吆喝道："赶快开门迎接圣驾！"

士兵答道："将军有令，没有他的指令，任何人不许开城门。"

文帝只好派人拿出皇帝的符节，对周亚夫说："皇帝要进城查营。"

周亚夫下令打开城门，到了营前，只见周亚夫披挂整齐，威风凛凛，杀气腾腾。他对文帝拱了拱手，说道："臣有盔甲在身，不能下拜，请陛下见谅！"汉文帝从车上站起，向周亚夫答礼。

文帝临走之时，赐下了美酒牛羊，以示慰问。

回到宫中，汉文帝决定重用周亚夫。大臣们都认为周亚夫对皇上无礼，皇帝不责怪他就算便宜他了，万万没想到会任他为都尉。文帝对大臣们说道："周亚夫严谨治军，敌人怎敢侵犯呢？而灞上和棘门如此放松警惕，如有人偷袭，不做俘虏才怪呢！"

文帝治国有方，是中国历史上一位贤明的皇帝！

陆贾的四大贡献

陆贾是楚人，早在刘邦和项羽争夺天下的时候，就以"客"的身份跟从高祖刘邦定天下，他是天下有名的辩士，也是个辞赋大家，跟随刘邦左右，常出使诸侯。据说，刘邦的父亲和妻子吕后被羁留在项羽军营的时候，这个陆贾竟然到项羽那里，劝说楚霸王归附刘太公，虽说被楚霸王毫不客气地拒绝了，但陆贾的胆量也实在让人佩服。陆贾一生有四大贡献：

西汉初建，南越尉赵佗（尉佗）平定南越，在广州称王，刘邦令陆贾出使南越，劝说赵佗放弃王号归汉。陆贾不辱使命，光荣地完成了任务。

那时候，交通不便，山川阻隔，从陕西长安到瘴雨蛮烟的广州，实在不是一件容易的事。陆贾不畏艰难，冒着炎热酷暑，不远千里，来到广州。

陆贾

那时，赵佗已经称王了，对汉使也不怎么当回事。手下报告汉使求见，赵佗故意想给汉使点颜色看看。陆贾恭恭敬敬、大大方方地走进赵佗的宫室。只见赵佗，把头发在头上打了个结，礼帽也没戴，坐在那里，两条腿伸直了，一副不屑一顾的样子。陆贾知道赵佗是想羞辱他一番，可他并不生气。他先给赵佗问安，然后坐下，和赵佗亲亲热热地拉一阵家常，没有一点大汉王朝使臣的架子。赵佗看陆贾这态度，倒觉得自己失礼了。

下次会见的时候，赵佗整顿衣冠，对陆贾很是周全。陆贾抓住机会，向他谈了汉朝治理天下的方式和当前的各种利害关系，又晓以国家统一的微言大义。陆贾本来就是有名的辩士，又身兼使命，深思熟虑以后，讲出的话更有分量了，直把赵佗说得心服口服。陆贾说："大汉天子对您并不苛求，您归附汉室，还是

要封您为南越王，继续统治南越州郡，只要您不闹独立，不脱离汉室就行了。"

赵佗把陆贾当作自己的良师益友，那些天，他天天请陆贾到自己的宫室谈论天下事，他从陆贾口中听到了从前闻所未闻的新鲜事，最后，他决定归附汉室。陆贾完成使命，回长安复命。

陆贾出使南越，而且不费一兵一卒就收复了南越，刘邦非常高兴，封他为太中大夫。

刘邦是平民出身，特别讨厌儒生，一看到那些老掉牙的儒生摇头晃脑地背诵《尚书》，他就烦；而且还憎恨儒生的衣冠，甚至有"溺儒冠"的恶习。陆贾乃文人出身，精通《诗经》《尚书》，在和刘邦讨论国家大事的时候，常引用《诗经》《尚书》，屡次上书建议刘邦用文的方式治理天下，刘邦根本就不感兴趣。

一次，这个陆贾又不自量力地提出他的意见，刘邦很不高兴，大骂："我是在马上得天下的，你难道想让我服从《诗》《书》吗？"陆贾便提出了那句著名的、发人深省的名言："能在马上得天下，就能在马上治天下吗？"言外之意是靠武力能夺取天下，可不能靠武力维持天下呀？这可是具有远见卓识的理论。刘邦一听就愣了，汉朝已经建立了，应该怎样治理天下，还没有谁这么提醒过他呢！他命令陆贾说下去，陆贾便慷慨激昂地说："商汤、周武都是逆取而顺守之，文武并用，这才是长久之术也。假如秦并天下以后，行仁义，法先圣，陛下能得到天下吗？"

高祖刘邦面有惭色，对陆贾说："请先生为朕写一本书，总结秦所以失天下，吾所以得天下的道理。"陆贾一听，高兴了，立即领命。这可是他的强项，便日夜笔耕，讲述天下兴衰存亡的大道理，写一篇，就上奏给高祖刘邦看一篇，刘邦每看一篇，无不称赞，左右大臣高呼万岁，说："陛下有了这些文章治理天下，天下就能长久了。"陆贾这次一共写了十二篇，合成一书，号《新语》。

《新语》为总结秦朝覆亡及汉朝成功的教训和经验而作，其主旨就在于强调应该"逆取而顺守之，文武并用"，用儒家"六经"来治国。

在《新语》一书中，陆贾主张"行仁义，法先圣"，认为"仁者道之纪，义者圣之学，学之者明，失之者昏，背之者亡"。陆贾的思想对改变刘邦的偏见

起到了相当大的作用，刘邦在去世的前一年，路经鲁地，用"太牢"祭祀孔子。《新语》成为汉代确立儒家思想统治地位的先声。

陆贾不但为刘邦总结了统治者兴衰成败的理论，还实实在在地为保刘氏江山出谋划策。刘邦死后，吕氏作乱。刘邦时期的老臣都被排挤，刘家江山危急，他们都心中闷闷不乐。陆贾看出了其中的玄机，就主动接近此时已是有名无实的丞相陈平。他对陈平说："足下位居上相，食邑 3 万户，位极人臣，富贵已极。但主少国疑，诸吕专政，丞相不会无所顾虑吧？"

陈平本来就和陆贾熟识，一听此话，赶紧询问良策。

陆贾说："常言说得好，天下安，注意相；天下危，注意将。将相和，众情归附，就是天下有变，也不至于分权，权既不分，还愁什么！如今大汉的天下，就掌握在两个人的手里，一个是足下您，一个是绛侯周勃。我本来想向绛侯进言，但恐怕绛侯笑话我迂腐，把我的话当儿戏。足下您是大智之人，何不结交绛侯，相互往来，相互为援呢？"

陆贾这一席话，点拨了陈平。虽然，陈平和周勃一直都有矛盾，但为了大汉江山，他还是放弃了前嫌。在周勃过生日的时候，送上了五百金作为贺礼，然后，又在自己府上备上丰盛的酒宴，请周勃喝酒。周勃也知道陈平是能成大事的人，和陈平尽释前嫌，最后，终于合力铲除了诸吕。

周勃、陈平将相和，安抚了刘氏江山，陆贾做出了大贡献。

陆贾被任命为中散大夫不久，刘邦就病死了。吕后掌握了大权，她对忠于刘氏的老臣实行严厉打击，残酷迫害，陆贾也被罢官。他没有府第，只好到深山里栖身。一天，陆贾把自己的五个儿子叫到身边，说："我平生没有积蓄，刚好以前的时候南越王赵佗赠我一千金，我一直没用。今天我把它各分给你们二百金，你们拿去耕田种树，自食其力吧！"五个儿子听从父亲的教诲，都去自己谋生了，陆贾则专心著述。

后来，吕后死了，陆贾和大臣陈平、周勃等合力诛灭吕氏之乱，拥立文帝。当吕氏当政时，赵佗的日子也不好过，他自称南越武王，不买吕后的账。文帝一即位，马上为陆贾恢复官职，让他再次出使南越。

陆贾急忙上路，他穿山越岭，来到广州。陆贾和赵佗已经是老相识了，又都受过吕后的气，听说陆贾要来了，赵佗非常高兴。他命令打开中门，自己亲自前去迎接。陆贾登上正位，宣读汉文帝《赐南越王赵佗书》：

我诚恳地向南越王赵卿家致以亲切的问候，你辛苦了。我是高皇帝妃嫔所生的儿子，长期居住在山西代州。由于路途遥远，交通不便，一直没有和你通信。高皇帝死后，孝惠皇继位，却为吕后篡权。他们倒行逆施，还找了个外姓人，做孝惠帝的继承人。幸得忠良之力，铲除了吕氏。我受众臣拥戴，不得不继位为帝……

这篇诏书以皇帝的口气，却委曲婉转，不自尊自大，是历代诏书中最感动人的，也是我国古代散文中的名篇。

陆贾伶牙俐齿，把这洋洋洒洒的诏书一口气读完，流利酣畅，赵佗听着，早就感动得热泪盈眶了，他还有什么理由不归附于汉呢？

这次，陆贾奉命带来了很多礼物，又一次把中原文化、文物带到广州来。据说罗浮山还是陆贾命名的呢！

为了表示对陆贾的感激，赵佗命人在广州城西迎接陆贾的地方建了一座"越华楼"，赵佗认为陆大夫有威仪文采，为越之华，所以取名"越华"。清代有人写了一首诗：

越王台榭越华楼，锦绣山河逝水流。

羊石仙城遗艳迹，荔红橘绿话春秋。

陆贾一生对汉朝贡献很大，西汉大儒扬雄评价说："论言辞，谁也比不上娄敬、陆贾。"司马迁也说："我读陆生《新语》十二篇，真乃当世雄辩之才呀。"

谁道君王薄贾生

北宋大政治家王安石有一首很有名的诗，名《贾生》：

一时谋议略施行，谁道君王薄贾生？

爵位自高言尽废，古来何啻万公卿。

诗中的贾生就是西汉大文学家贾谊。在王安石之前，人们对贾谊一直怀有生不逢时的感慨，对他的怀才不遇深表遗憾。在这里，王安石一反前人叹息贾

谊怀才不遇的说法，认为汉文帝尽用贾谊之谋议，又何曾轻视和亏待了他？与那些爵位高而言不得用的公卿相比，贾谊事实上要幸运得多。

贾谊，人称贾生、贾子、贾长沙。他出生于汉高帝七年（前200），这个时代正是西汉政权刚刚建立的年代，它既给贾谊带来了施展才华的机遇，也给他的人生带来了坎坷和痛苦。

贾谊是西汉著名的政治家、文学家，也是个有名望的大儒。他只活了33岁，就获得了如此巨大的成就。所以，当时的人们都叫他"洛阳少年"。

贾谊的童年和少年时期，基本上生活在一个和平稳定的环境之中，他的生活也是以读书习文为主，对儒家经典读得深透，对其他学派的著作也多有涉猎。18岁时，他便以能诵诗书擅写文章而远近闻名。当时的河南郡守、李斯的学生、名士吴公欣赏他的才学，将他列置门下。他们经常一起研究各种问题，吴公对年轻的贾谊非常器重。

公元前180年，汉文帝刘恒即位。文帝听说河南郡守吴公颇有学识，且政绩卓著，便征召吴公为廷尉。吴公刚到中央不久，就找了个机会，向文帝推荐贾谊，说贾谊年纪虽轻，但知识渊博，见解深刻，是个难得的人才，希望文帝重用这个年轻人。汉文帝元年（前179），贾谊在老师吴廷尉的推荐下，被征召入朝，立为博士。

贾谊入朝的时候，刚过20岁。那时候，朝中到处都是白胡子一把的老博士，看到这么个年轻人，乳臭未干，就有点瞧不起他，都在心里说："这么小的后生，做什么博士！"可是，后来的事实却让他们改变了看法。

文帝很重视儒生们的治国意见，每遇到公务，经常让博士们研究商讨，提出参考意见。老博士们满肚子的学问，就是太迂腐了，提出的意见常不能让皇帝满意。贾谊呢，见多识广，提出的看法很高明，皇帝满意，老博士们也服气。于是，文帝就一再提拔他。一年之中，贾谊就被破格晋升为太中大夫。从此，22岁的贾谊便踏上了仕途，成为西汉政治集团中心的一员。他以极大的政治热情，投身到他一直梦想的治国、平天下的伟大事业中。

贾谊生活的时代，充满了各种社会矛盾。高祖刘邦早年在与项羽争夺天下的时候，分封了7个异姓诸侯王。刘邦坐上了江山，这些诸侯王又相继造反，刘

邦就带着军队南征北战，把他们一个个消灭了，只剩下一个远在南方的、势力最弱的长沙王。可是，刘邦没有汲取分封诸王的害处，消灭异姓王的同时，又大肆分封同姓诸侯王，他以为这样就可以巩固刘姓政权，岂不知，这些诸侯国简直就是一个个独立王国，自己拥有经济大权还不说，还常常和中央唱对台戏，中央的政策在那里贯彻不下去，有的诸侯王干脆还想发动叛乱，自己做皇帝。

还有一个更大的威胁，那就是北方的匈奴日益强大了。匈奴贵族不断地侵扰汉朝边境，文帝时期，一度把战火烧到了首都长安。

这是令人忧虑的事情。贾谊以敏锐的政治眼光，洞察这一切。他不停地思考着，对社会制度和社会生活的各个方面提出意见，恨不得把旧制度彻底改造，建设一个自己心中理想的崭新社会。他把自己的主张讲给皇帝听，他说："想要天下安定，就必须分散诸侯的权力，诸侯国的权力小了，就好管理了，就可以消除他们的二心。"皇帝认真地听着，不停地点头。但是，皇帝并没有去执行贾谊的建议。皇帝有皇帝的难处，他刚登基不久，江山还没坐稳，一旦认真做起来了，触犯了那些有权势的大贵族，后果不堪设想。

不过，文帝还是把贾谊的思想部分地付诸实现了。皇帝曾问贾谊："您以为当务之急是什么？"

贾谊立即提出自己的观点，他说："仓库里装满了粮食，人们才能懂得礼节；只有丰衣足食，人们才能知道羞耻。人们连吃穿都顾不上，还想把他们管理好，那可是从来没听说过的事啊！"

贾谊沉痛地指出："汉朝立国已经 30 多年了，可是，不管是公家私家都穷得让人痛心，如果遇到灾荒，政府拿什么赈济灾民？如果遭到外来侵扰，政府拿什么来供养军队？一旦天灾和战争降临，社会秩序就会大乱，那时候再来挽救，还来得及吗？"

贾谊提出，为了改变国困民穷的状况，必须首先发展农业生产，把那些生产消费品的人，奸商以及一切不务正业的人都赶到农村去，这样消费的人少了，生产的人多了，难道不是一件好事吗？

文帝听取了贾谊的意见，先后两次通令全国，提倡发展生产。此后的几十年，西汉政府逐渐富裕起来，人民生活多少也有了一些改变。这其中，贾谊功

不可没，虽然他并没有看到这样的景况。

这时，贾谊还写成了使他名传千古的政论文《过秦论》，从各个方面分析秦王朝兴亡的历史原因，以作为汉王朝建立制度，巩固统治的借鉴。

贾谊分析了秦朝迅速崛起的原因。他说："秦孝公时，任用商鞅变法，秦国很快强大起来，有足够的力量对付各诸侯国。"这里，贾谊以政治家的眼光充分认识到了革新运动对社会产生的巨大作用。

接着，贾谊提出了中心问题。秦始皇统一了全国，地大人多，国力雄厚，威震四海，连北方的匈奴都打败了。秦国如铁打的江山，万世不没。可为什么像陈胜这样的小人物，一旦揭竿而起，就在全国范围掀起了反秦的高潮，致使秦国顷刻间覆亡了呢？他说："秦始皇打下江山以后，就胡作非为，对百姓实行残酷的统治。始皇的儿子二世更是糊涂和残暴到了极点，他把国家搞得像一座人间地狱，老百姓恨之入骨。所以，陈胜一发动起义，全国人民立刻响应，秦朝很快就土崩瓦解了。"秦朝太残暴、太专横，不施行仁义，就是自取灭亡啊！

贾谊这些见解充分展示了一个政治家的远见卓识和政治才能。文帝有限度地实行了他的一些主张，收到了较好的效果。

汉文帝对贾谊很器重，与诸大臣商议，想把他擢升为公卿，但遭到了周勃、灌婴等人的反对。他们攻击贾谊："那个洛阳人，年纪轻轻，不过懂得一点学问，就想争权夺利，扰乱国家大事，太自不量力了！"

文帝知道这是旧势力在阻止改革，他自己也没有革新的决心，便渐渐疏远了贾谊，后来又让贾谊做长沙王吴产的太傅。

从中央政府被贬谪到偏远荒凉的长沙去做官，对贾谊是一个巨大的打击。他伤心、委屈、气愤，在渡湘水的时候，他满怀悲愤地写下了《吊屈原赋》。100多年前，屈原就是在离这里不远的汨罗江，满怀着报国无门的悲愤，投江而死的。如今，自己也遭到了同样的命运。他那悲愤的心情如滔滔江水，翻腾不息。

他说："你遭到世上无穷的谗言，乃至损灭了自己的生命；你真是可哀叹啊，逢上了这个不祥的时代！现在是鸾凤隐伏逃窜啊，而怪鸟却在高空翱翔；无才的不肖之徒靠谗谀得志，享受尊贵，贤明的圣人却无法立足，横遭诬

言……你实在无法施展抱负啊，为此而身亡！"

不过，贾谊并不赞同屈原以身殉国的行动，他认为自己虽然将居住在偏远的长沙，环境恶劣，也应当顽强地活下去，或许因此而不能长寿，仍不愿去自尽。他表示："天下九州都会有施展抱负的地方，又何必仅苟怀这一个都城？凤凰在千仞之上飞翔，选择有道德生辉的地方落下；如见到苛细的小人、险恶的征兆就重击翅膀离去。"

贾谊到长沙，转眼 3 年过去了。远离中央政府，许多重要的信息得不到。他又时刻为国家的命运和自己的命运担心。长沙的气候太潮湿，自己的健康状况越来越差了，他在愁苦和忧伤中打发着日子。唐代诗人刘长卿留下了"三年谪宦此栖迟，万古唯留楚客悲"的诗句，暗示贾谊在长沙的凄苦岁月。

贾谊到长沙第三年的一天，有一只鹏鸟（民间称猫头鹰）飞入他的住宅。长沙民间认为猫头鹰所到的人家，主人不久将会死去。贾谊谪居长沙本已郁郁不得志，又凑巧碰上这事，更是触景生情，倍感哀伤，便写下千古流传的《鹏鸟赋》，假借与鹏鸟的问答，抒发自己的怀才不遇之情，并用老庄"齐生死、等祸福"的思想来自我宽解。

贾谊问鹏鸟："听说你一落到谁家，主人就不得安宁，那么，我究竟要向哪里去呢？前途又会怎样？请你告诉我！"

鹏鸟叹了一口气，扑棱了一下翅膀，扬起头，好像听懂了贾谊的话，想要回答他的样子。贾谊假借鹏鸟的口气说："灾祸是幸福依靠的地方，幸福中也总有灾祸藏伏；忧愁与喜悦经常相依共存，吉祥险凶也往往相处一地。天意凡人是不能推测的，大道我们也无法参与商议。人的生存死亡都由命定，鸟又怎么会知道它的时间呢？人活着好比行舟，死去就好像安然休息；因而有道德的人没有牵挂，知性达命的人不知道忧愁；他们又怎么会为一点小事而产生疑惑呢！"

贾谊依据道家关于一切事物都处于对立状态中反复变化的观点，对祸福、死生做了极其通达的评述，企图以此来求得自己精神上的解脱。通过这些豁达的词语，还是可以感觉到在贾谊旷达的精神世界中，其实还隐忍着深沉的悲哀！

汉文帝七年（前173），文帝思念远在长沙的贾谊，就将他召进皇宫。贾谊终于又回到朝廷。见面的那一天，君臣都很激动。文帝刚刚祭完鬼神，和贾谊

西汉

谈的都是鬼神之事。贾谊尽自己所能回答文帝提出的问题。他们已经 4 年多没有这样倾心相谈了，他们越谈越亲切，文帝不住地把座椅往前挪，向贾谊靠近，他们一直谈到半夜。

谈完之后，文帝十分感慨地说："唉，我很久没见到贾生了，还以为自己的学问已经超过他了，现在看来还是赶不上他啊！"

后来，唐朝大诗人李商隐专门做了一首名《贾生》的诗：

宣室求贤访逐臣，贾生才调更无伦。

可怜夜半虚前席，不问苍生问鬼神。

文帝召回了已被贬谪的贾谊，发现他的才气是不能比的。但是，在那个深夜里，不管他们是多么亲切的谈话，一切都是空的。因为他们谈的不是贾谊日夜关心的国家大事，而是鬼神之类的无聊话题，李商隐埋怨文帝不能真正地让贾谊施展自己的政治才能。

没过多久，汉文帝拜贾谊为梁怀王的太傅。梁王是文帝最喜欢的儿子，他把这个儿子交给贾谊教导，表明文帝开始恢复对他的信任了。文帝经常向他询问一些重大的政治问题，贾谊则不断地向文帝上书，发表自己的见解，写下了如《治安策》《论积贮疏》等名篇，提出重农业、行仁政、削弱诸侯势力、制服匈奴侵扰等重要政见和具体措施。

贾谊毫不隐讳地提醒文帝："人们都说天下已经太平了，我看不是。说那种话的人，不是傻瓜就是骗子，他们说的都不是事实啊！"他深刻透察国家的隐患，用生动的比喻说："现在国家就好像一个人躺在干柴上，底下放着一把火。只是那把火还没有把干柴烧起来，这怎么能说是平安无事了呢！"

贾谊的话为文帝敲响了警钟，文帝越来越感到贾谊是个难得的治国良才。可惜，文帝还没有来得及重用他，一件不幸的事发生了。

汉文帝十一年（前 169），梁怀王到长安去朝拜父亲文帝，不幸坠马而死。贾谊听到这个消息伤心不已，他责备自己没有尽到责任，有负文帝的嘱托。他日日啼哭，绝望至极。1 年以后，贾谊因伤感过度而死，死时年仅 33 岁。那一年是公元前 168 年。

贾谊寿命很短，参加政治活动的时间也不长，但他提出的"众建诸侯"的

主张，对解决西汉诸侯割据问题有一定的作用。他还是汉赋的开创者之一，两千多年来，一直受到文人的尊敬和赞扬。司马迁著《史记》、班固著《汉书》，都专门给他立传。刘向说他："善于分析历史，懂得政治，就是伊尹、管仲也比他高明不了多少。"

布义行刚：景帝刘启

汉景帝刘启是高祖刘邦的孙子，汉文帝刘恒的儿子。母亲是窦氏，生他时父亲还在做代王。原来他不是长子，但父亲的四个儿子相继病死之后，他便成了长子。文帝即位之后将他立为太子。到公元前157年，文帝病死，当时32岁的刘启登基，这就是历史上有名的汉景帝。

汉景帝即位后，首先需要解决的是诸侯王势力尾大不掉的问题。他先提拔力主削藩的晁错做内史，然后又升到御史大夫，为三公之一，是当时的重臣。晁错经过分析，告诉景帝要特别提防最强大的吴王刘濞。刘濞是刘邦的侄子，刘邦封他做吴王之后不久就后悔了，但已经分封又不好立即撤掉。刘濞到达吴后便开始准备以后攫取皇位。他的儿子进京时和当时做太子的景帝抢道，结果被景帝的车误伤，最后因伤重而死，这使刘濞一直记恨在心，等景帝正式即位后，刘濞已经暗中准备了40来年。所以，晁错极力主张景帝削夺各王的封地，即历史上说的"削藩"。

汉景帝

景帝听从了晁错的建议，决定先削夺吴的会稽和豫章两郡。刘濞见朝廷开始动手，不愿束手就擒，联合各地诸侯王打着诛杀晁错、安定国家的旗号反叛作乱。这次叛乱共有七个诸侯王参加，史称为"七国之乱"。

和晁错有恩怨的另一个大臣袁盎趁机劝说景帝杀掉晁错，以保国家安全，平息叛乱。景帝最后忍痛牺牲了晁错，然后派兵平叛。但他招降吴王刘濞的诏书却没有起什么作用，刘濞笑道："我现在已经是东方的皇帝了，谁还有资格对我下诏书？"景帝对错杀晁错悔恨不已，赶忙调派周亚夫等将领领兵平叛。周亚夫采用截断叛军的粮道然后坚守不出的战略，最终击溃了叛军，仅用三个月便将叛乱彻底平定。

七国之乱平定之后，景帝趁机将王国的权力收回中央，又大量裁撤王国的官吏数量。以后，王国的诸侯王就成了只享受当地租税的贵族阶层，不再有行政权和司法特权。大乱而大治，经过七国之乱，诸侯王的割据问题基本得到了解决。

景帝继承了父亲文帝的休养生息政策，赋税很轻，刑法也不重，汉朝的国力继续得到增强。

为了使百姓都能有地可种，以提高农民生活，景帝及时地调配了人口和土地。他改变了当时不准百姓迁移的政策，允许百姓从土地少的地区迁移到土地多的地区，一能开发土地资源，二也能增加国家的赋税收入。为了提高农民的生产积极性，景帝还下令将田租减掉一半，也就是将十五税一降到了三十税一。为了从根本上减轻农民的负担，景帝也很节省，在位时他极少兴建宫殿楼阁。

再一个惠民措施是减轻刑罚。文帝时将肉刑改成了笞刑，但打的次数很多，将劓刑改为笞三百，应当断左脚的改为笞五百。这本来是为了废除肉刑，但次数太多又出现了经常打死人的现象，不符合原来体恤百姓的初衷。所以，景帝又逐渐减少了笞打的次数，同时规定了刑具——竹板的长短、宽窄，竹节也要削平，中途也不准换人。这样使文帝开始的刑制改革终于完善了。对于官员的审案断罪，景帝也经常训导要宽容，不准随意错判人的罪名。

对于思想领域，景帝也不再严厉禁止其他学派的发展。当时朝廷流行的黄老学派，即以黄帝和老子命名的学派，主张无为而治，轻徭薄赋。景帝在提倡黄老的同时也让包括儒家学说在内的其他各派存在、发展，这为后来董仲舒学说的发展以及被汉武帝的重视采用提供了前提条件。

除了内政的成绩以外，外交方面景帝主要是继续推行与匈奴和亲的政策，

对匈奴进行安抚。对于匈奴的小股骚扰，景帝也没有大规模地反攻，而是以大局为重，注重的是积极的防御。同时在匈奴的边界地区设立关市，和匈奴贸易，这也在一定程度上消解了匈奴的骚扰。

景帝的善于用人也是比较出名的，为了治理京城的众多皇亲国戚和官僚贵族，景帝任命执法严厉的宁成做中尉。结果宁成到任不久就震慑住了胡作非为的权贵们。对于敢大胆进谏的程不识，景帝让他做太中大夫，负责评议朝政。

对于外戚的任用，景帝也能辨别是非，恰当使用。窦婴原是外戚，在七国之乱时，景帝经过比较，觉得其他外戚比不过窦婴，就封窦婴为大将军，镇守荥阳配合平叛，窦婴很出色地完成了任务。景帝的母亲窦太后好几次让景帝封窦婴做丞相，景帝不顾母亲的埋怨，觉得窦婴不太稳重，所以一直没有答应。最后还是让更合适的卫绾做了丞相。

景帝为人很宽厚仁慈，不记旧仇。张释之就是个很典型的例子：张释之在景帝做太子时曾经阻止他的车入殿门，因为他在进宫门时没有下车，违反了法令。最后这事还让文帝母亲薄太后知道了，文帝不得不摘下帽子认错，承认自己教子不严。这使当时的景帝很没面子，但景帝并没有像很多昏君那样，一即位便报私仇，还让张释之做廷尉。

景帝的仁慈还体现在对同胞兄弟姐妹和宫中嫔妃们的态度上。该爱护的爱护，该惩罚的惩罚，做得很公正。同母兄弟刘武和他很亲近，每次从自己的封地到京城都被景帝留下多住几日。有一次景帝喝酒后乘着兴致说在自己百年之后将皇位传给弟弟梁王刘武。弟弟和母亲当时也没有太在意，但后来刘武因为平定七国之乱有功，开始居功自傲起来，在自己的王国建造豪华的宫殿，出行时也用皇帝才用的旗子，这时的刘武将景帝曾经说过让他即位的话当真了。但景帝在大臣们的劝说下，觉得还是应该将皇位传儿子稳妥。刘武见没希望了，就很伤感地回到了自己的封地，后来就病死了。景帝也很伤心，他将弟弟的五个儿子分别封了王，这同时也是为了安慰伤心的母亲窦太后。在公元前141年，景帝病死在未央宫，他不算长寿，死时仅48岁，共做了16年皇帝，将一个强盛的国家留给了儿子汉武帝刘彻。按照谥法规定：布义行刚曰景，于是景帝的谥号定为"孝景"，所以史称汉景帝。景帝埋葬在阳陵，地址在现在陕西高陵的西南。

《汉书》卷5《景帝纪·赞》这样评价文帝与景帝的统治：

汉兴，扫除烦苛，与民休息。至于孝文，加之以恭俭，孝景遵业，五六十载之间，至于移风易俗，黎民醇厚。周云成康，汉言文景，美矣。

"替罪羊" 晁错

晁错是颍川（今河南省禹州市）人，少年时学习法家申不害和商鞅学说，他也很有文学才华，文章写得很好，年岁不大就担任太常掌故。那时候，人们都非常推崇《尚书》，认为那是帝王治理天下不可不读的书。可是，由于秦始皇焚书坑儒，随后又是多年战乱，原来许多学说都失传了，汉文帝时竟至天下无人读懂《尚书》。后来，听说齐国有个伏生，是原来秦国的博士，只有他会《尚书》，可他已经90多岁了，无法征召入朝。汉文帝便派晁错去齐向伏生学习。晁错学成归来，上书讲述他所学到的东西，因而得到文帝的赏识，被先后任为太子舍人、门大夫、博士等。

晁错

晁错给太子当老师是尽心尽力，他上书文帝，说现在太子读的书很多，但都跟治理国家没什么关系，应该早些培养太子的权术意识，如果只知背诵书本，那是劳而无功的。他建议文帝选择圣人之术中，那些对目前有实用价值的，赐给太子学习，经常让太子在皇帝面前陈述自己的看法。文帝采纳了晁错的意见，拜他为太子家令。太子家令相当于太子府的总管。晁错善于辩论，智谋出众，又很为太子的未来着想，太子对他特别宠信，称他为"智囊"，两人的关系非常亲密。

晁错在任太子家令期间，看到匈奴侵扰日益严重，多次上书给文帝，提出抗御匈奴的方略；针对商人兼并土地，农民流离失所的状况，他又提出重农抑

商、与民休息的政策，都得到文帝的赏识，他的很多建议都被采纳。

文帝十五年（前165），文帝命令朝廷各部门推举贤良、方正、文学之士，晁错也应一些大臣的推荐立策。文帝亲自出题，就"明于国家大体"等重要问题，提出征询，这叫"策问"。当时大才子贾谊已死，参加对策的100多人中，晁错获得第一名，他的《举贤良方策》成了西汉著名的政论文。

这次策问，晁错给文帝留下了深刻的印象，他认为晁错思想深刻，该委以大任，就把他由太子家令提升为掌管议论政事的中大夫。

公元前157年，汉文帝死，太子刘启继位，称汉景帝。晁错被任命为内史，主管首都长安的行政管理工作。晁错多次单独和景帝商议国家大事，景帝对他言听计从，宠幸超过九卿。晁错仰仗景帝的宠幸，把法令制度该改的都改了一遍，这自然引起许多人的不满，可是晁错这时正受着皇帝的专宠，谁也不敢对他发难。

丞相申屠嘉深感自己的权力受到了侵犯，总想找机会除掉晁错。晁错的内史府坐落在太上庙外面的空地上，从东门出入极不方便，晁错便开门南出，恰好凿通了太上庙外面的围墙。申屠嘉得知这个消息，就要拿它说事，奏请景帝杀了晁错。晁错预先知道申屠嘉要告自己，连夜进宫向景帝说明情况。等到申屠嘉向景帝奏事时，景帝说："那不是庙墙，是外面的围墙，是我让他干的，他没犯法。"申屠嘉气得吐血死了。别人见丞相都因和晁错作对被气死了，更没人敢说话了。

不久，晁错升为御史大夫，就是副丞相。他独揽朝廷大权，国家大事说一不二，他也有机会实现自己的政治主张了。

汉朝实行的是郡县制，但是同时又有22个诸侯国。这些诸侯都是汉高祖的子孙，也就是所谓同姓王。到了汉景帝那时候，诸侯的势力很大，土地又多，像齐国有70多座城，吴国有50多座城，楚国有40多座城。有些诸侯不受朝廷的约束，特别是吴王刘濞，更是骄横。他的封国靠海，还有铜矿，自己煮盐采铜，跟汉皇帝一样富有。他自己从来不到长安朝见皇帝，吴国就像一个独立王国。

晁错眼看这样下去，对中央政权不利。于是，他向景帝上了一道《削藩

《策》，君臣就此事进行了讨论。

晁错对景帝说："吴王一直不来朝见，按理早该把他办罪。先帝（指文帝）在世时对他很宽大，他反倒越来越狂妄自大。他还私自开铜山铸钱，煮海水产盐，招兵买马，准备叛乱，不如趁早削减他们的封地。"

汉景帝还有点犹豫，说："好是好，只怕削地会激起他们造反。"

晁错说："诸侯存心造反的话，削地要反，不削地将来也要造反。现在造反，祸患还小；将来他们势力雄厚了，再反起来，祸患就更大了。"

汉景帝觉得晁错的话很有道理，决心削减诸侯的封地。诸侯大多不是荒淫无度，就是横行不法，要抓住他们的罪行，作为削减封地的理由，还不容易！

景帝下令，让公卿、列侯和宗室共同议论削藩之事。大多数人知道景帝是完全支持晁错的，没有人敢公开表示反对，只有窦太后的亲戚窦婴公开站出来表示反对，同晁错争论起来，从此他们之间就结了怨。

最后，景帝决定：削楚王东海郡，削赵王常山郡，削胶西王六县，削吴王豫章郡、会稽郡。随后，晁错又修改了关于诸侯王的法令三十条。

这件事在全国引起了极大震动，各地诸侯怨声载道，矛头都指向晁错。

晁错的父亲听到这个消息，从家乡颍川特地赶到长安，他对晁错说："你当了御史大夫，地位已经够高的了，怎么不安分守己，还管闲事？你想想，诸侯王都是皇室的骨肉至亲，你算什么？你把他们的封地削了，他们哪一个不怨你、恨你，你这样做究竟为什么？"

晁错说："不这样做，皇上就没法行使权力，国家就会大乱。"

老父亲叹了口气，说："你这样做，刘家的天下安定，我们晁家却危险了。我老了，不愿意看到大祸临头，我还是回家吧。"

这位老人一到家就服毒自杀了。事情的发展，果然像晁错的父亲预料的那样。

削藩十多天后，吴王刘濞就先起兵造反了，他还煽动别的诸侯一同起兵叛乱。

公元前154年，吴王刘濞、楚王刘戊、赵王刘遂、胶东王刘雄渠、胶西王刘卬、淄川王刘贤、济南王刘辟光七个诸侯王发动叛乱，历史上称为"七国之

乱"。

七国都以"诛晁错、清君侧"为旗号，攻击晁错："侵夺诸侯封地，专以劾治污辱诸侯为事，不以诸侯人君之礼待刘氏骨肉，所以要举兵诛之。"

七国兴乱，朝野震惊，舆论哗然。景帝君臣一面调兵遣将，一面招来晁错商议军事。

晁错一介书生，不懂军事，认为诸侯王都是王爷，皇上应该御驾亲征才对。景帝反问道："朕带兵出征，谁来镇守京城呢？"

晁错又说："臣留守京城，陛下出兵，自然会镇服叛兵。"

景帝向来对晁错言听计从，这一次，他没有听从，而是任命周亚夫和窦婴为帅，带兵征伐七国。

有个叫袁盎的大臣和晁错是死对头，两人甚至从未在一间屋子里说过话。袁盎曾经做过吴国的国相，他知道吴王要造反，但不敢向朝廷报告，他回朝后吴国果然反叛，景帝一怒之下把他免为庶人。

这时，袁盎通过窦婴，说自己有计策可以不战而平息七国之乱。窦婴以为他真有安天下的妙计，便马上报告给景帝。景帝正为军事失利犯愁，闻言大喜，马上召见。

景帝问道："你曾经做过吴相，今吴、楚反，你看法怎样？"

袁盎说："这不足为忧，只要答应七国的要求，杀了晁错，免了诸侯起兵的罪，恢复他们原来的封地，他们就会撤兵回去。"

景帝喟然长叹，说："如果能如此，为安天下，我不会爱惜一个人的。"

袁盎很聪明，害怕景帝杀了晁错会后悔，再来怪罪自己，便把自己先从责任中脱离开，说："臣的愚计只有这一条，皇上还是好好想一想吧。"景帝没有说话，只是任命他为太常，让他准备去吴国议和。

又过了十多天，前方的形势更加紧张了，七国猛攻不已，周亚夫和窦婴都处于守势，各地纷纷告急。还有一批大臣上奏章弹劾晁错，说他大逆不道，应该腰斩。

汉景帝为了保住自己的皇位，竟昧着良心，批准了这个奏章。

一天，中尉来到晁错家，传达皇帝的命令，要他上朝议事。晁错还完全蒙在鼓里，立刻穿上朝服，跟着中尉上车走了。

车马经过长安东市，中尉忽然拿出诏书，要晁错下车听诏。中尉宣布了汉景帝的诏令，后面一群武士蜂拥而上，把晁错绑了起来，这个一心想维护汉家天下的晁错，就这样糊里糊涂地被腰斩于市。

晁错被斩后，袁盎奉命出使吴国，他满心以为吴王的目的既已达到，应该见好就收的。谁知道吴王的胃口已经吊起来了，根本不把袁盎和朝廷放在眼里，不但连面都不见，还丢下一句话："要么投降，要么去死。"袁盎没办法了，只好从吴营中逃了出来，从此背上了一个恶名：挑拨离间，公报私仇，谗言误国，冤杀功臣。

这时，有人为晁错鸣冤了。校尉邓公从前线回来，向景帝汇报军情。

景帝问："晁错死了，吴、楚罢兵了吗？"

邓公说："吴王造反蓄谋已久，杀晁错不过是借口，其意不在晁错一人。臣实在担心，陛下杀了晁错，从此以后天下之士没有人敢为陛下言事了。"

景帝问："为什么呢？"

邓公说："晁错担心诸侯强大控制不了，才主张削藩，使中央权尊，这是万世之利。削藩才开始，陛下竟把晁错给杀了，这是内杜忠臣之口，外为诸侯报仇。臣认为陛下真是做了一件令亲者痛、仇者快的错事啊！"

景帝沉默良久，说："你说得对，朕也是追悔莫及啊！"

当时天下太平，吴、楚等七国之乱是不得人心的，周亚夫等名将率军平乱，不到 3 个月便平息，七个叛王不是被杀便是自杀。

晁错一心为汉室尽忠，到头来不仅成了替罪羊，还成为景帝用来平息叛乱的祭品。自古以来忠君须有道有术，强行削藩在当时是行不通的。班固在《汉书》中说："可悲呀，晁错虽不得善终，但世人怀念他的忠心！"

晁错削藩之功在于：自此以后，诸侯王力量大大削弱，到武帝时期，用"推恩令"彻底削弱了诸侯的实力，根绝了后患。

七国之乱

概况

汉初七十年的历史，是社会经济从凋敝走向恢复和发展的历史，也是中央集权逐步战胜地方割据的历史。高祖刘邦统治时期，为巩固刘氏天下，大肆铲除异姓王，又大封同姓王。当时，同姓王国辖地共达 39 郡，而中央直辖的土地只有 15 郡，其中还夹杂了不少列侯的封国和公主的"汤沐邑"。这依旧是干弱枝强的局面。王国"大者跨州兼郡，连城数十"，例如齐国辖地 6 郡 73 县，代、吴各辖地 3 郡 53 县，楚国辖地 3 郡 36 县。又经过几十年的休养生息，王国经济力量有很大发展。

吕后统治时期，大封诸吕为王、侯。吕后死，刘氏诸王与西汉大臣合力消灭了诸吕的势力，迎立代王刘恒为帝，是为文帝，同姓王的势力更加发展。他们拥兵自重，专制一方，成为统一的隐患。贾谊在《治安策》中陈诉当时中央和王国形势说："天下之势，方病大瘇（古文生僻字，现代汉语不常用），一胫之大几如腰，一指之大几如股"；而且"病非徒瘇也，又苦蹠盭"，这就是说"亲者或亡分地以安天下，疏者或制大权以偪天子"。贾谊认为"欲天下之治安，莫若众建诸侯而少其力。力少则易使以义，国小则亡邪心"。贾谊的建议，在当时没有引起文帝的重视。但是贾谊死后四年，即文帝十六年（前 164），文帝分齐国之地为六国，分淮南国之地为三国，实际上就是贾谊"众建诸侯"之议的实现。

继贾谊之后，晁错屡次向文帝建议削夺诸王的封土。景帝时，吴国跋扈，晁错又上"削藩策"。他说诸王"削之亦反，不削亦反。削之，其反亟，祸小；不削之，其反迟，祸大"。景帝三年（前 154），用晁错之策，削楚王东海郡，削赵王常山郡，削胶西王 6 县，以次削夺，将及吴国。这时吴王濞就联合其他六国，向中央政权发难，这就是七国之乱。

刘濞是刘邦哥哥刘喜之子，于高帝十一年（前 196）被封为吴王。吴国占有

3郡53城之地，为王国中的第二大国。刘濞就封后，利用本国丰富的自然资源，冶铜、铸钱、煮盐，积聚了大量的财富。为扩大自己的势力，他招天下亡命之徒，窝藏天下逃犯。同时还用减免赋税等方法笼络人心，使经济实力和政治实力日益壮大。文帝时，刘濞就已显出对皇帝的不敬，并在王国内准备谋反，到景帝接受晁错建议、开始削藩之时，刘濞眼见其所属的会稽镇和豫章镇也保不住了，便带头以"诛晁错、清君侧"为名发动叛乱，参与叛乱的有胶西王刘卬、楚王刘戊、赵王刘遂、济南王刘辟光、菑川王刘贤、胶东王刘雄渠等。

七国叛乱的消息传到朝廷后，景帝一面斩杀晁错，一面任命周亚夫为太尉，率大军迎击叛军。七国叛军虽来势汹汹，但不堪一击。仅三个月，叛乱就被平定，吴王刘濞兵败逃跑途中被人所杀，其余诸王或自杀，或被诛。

七国之乱，是汉中央集权和地方割据势力之间矛盾的一次总爆发。七国之乱的平定也是地方割据势力所遭到的一次毁灭性的打击。七国之乱平定后，景帝把这些诸侯王国，分割成几个小国。同时规定诸侯王不得亲自治国，剥夺了诸侯王的一切军政权力，削减王国的官属。从此诸侯王强大难制的局面大为缓和，中央集权走向巩固，国家统一显著加强了。

七国作乱

刘邦分封子弟造成郡国并立的政策是时代的错误，就从巩固刘家天下来看，它虽然能收到暂时的效益，却种下了长远的祸根。文帝时贾谊就指出，当时齐楚等国已各传子孙二三代，与皇家亲属关系日益疏远，感情淡薄。半独立的王国同集权的皇朝在各方面存在许多矛盾，相互猜忌，各怀疑惧，叛乱仅只是时间问题而已。他认为王国太强大就好比人患了肿病，一条小腿粗如腰，一根指头粗如腿，怎么能够指挥屈伸呢？所以他提出"众建诸侯而少其力"，主张尽封诸王子弟，使大国分为尽可能多的小国，"令海内之势如身之使臂，臂之使指，莫不制从"，中央才容易控制。另方面他又建议文帝把自己的亲儿子安排到要害地区建立大国以便拱卫皇室，说明他还是没有从根本体制上认清问题实质。但是文帝却采纳了贾谊的意见，把太子的同母弟刘武封为梁王，都于战略要地睢阳（今河南商丘），拥有40多县富庶地区。又尽封齐悼惠王子6人为王，分齐国为济北、菑川、胶东、胶西、济南、齐等六国。

当年刘邦在击灭英布后，封其侄刘濞为吴王，都吴（今江苏苏州），拥有江东53县，盛产铜、盐，国富民强。文帝时，吴太子入朝与皇太子发生冲突被误伤致死，刘濞从此怨恨不朝，图谋叛乱。由于文帝优容礼遇，暂时没有发作。景帝即位，晁错用事。晁错认为，诸王国太强大威胁皇室，应当绳之以法，抓住他们的过失以削夺国土作为惩罚，逐步减弱其势力，才能提高皇权，安定国家。尤其是吴国蓄谋叛乱多年，更应当严惩。他也估计到这样做可能激起变故，但是他说："今削之亦反，不削亦反。削之其反亟，祸小；不削之其反迟，祸大。"既然是祸，迟发作不如早发作。景帝采纳他的意见，先后削夺赵国的常山郡，楚国的东海郡以及胶西国的六个县。最后在下令削夺吴国的会稽郡和豫章郡时，景帝三年（前154）正月，吴王刘濞带头发兵叛乱。他纠合楚、赵、胶西、胶东、菑川、济南等六国，以诛晁错"清君侧"为借口，亲率吴楚联军20多万人西征。胶西、胶东、济南、菑川等国合兵围攻仍然忠于汉王朝的齐国，赵国也暗中勾结匈奴，起兵反叛。一时黑云压城，长安城中的高利贷者认为东方战事胜败难知，竟不肯贷款给从军东征的列侯封君，好像汉中央政权已经命在旦夕了。

在吴楚七国气势汹汹的进攻面前，景帝也动摇了。他听信晁错政敌袁盎的谗言，以为牺牲晁错、退还削地可以换来和平，便授意丞相庄青翟等诬告晁错不忠，把他骗到长安东市腰斩，还残暴地杀害其全家老小。当然这种手法不可能解决诸王国同皇室的矛盾，只不过暴露了景帝的张皇失措，"内杜忠臣之口，外为诸侯报仇"，真正是亲痛仇快的一件蠢事。所以当袁盎等以接受条件杀了晁错而去吴国谈判求和时，刘濞却自称"我已为东帝"，拒不接见而把袁盎扣押起来。正如当时人指出的，刘濞处心积虑几十年筹备叛乱，哪里只是为了一个晁错？晁错主张削地不过给他提供一个借口而已。景帝不得已，只好决心讨伐。他派太尉周亚夫率主力反击吴楚联军，并派郦寄领兵攻赵，栾布领兵攻齐，大将军窦婴驻守荥阳接应。

吴楚联军西进，首先碰到坚决拥护汉王朝的梁国。梁王刘武是景帝亲弟，所以他虽然也是由于分封制而产生的诸侯王，却并不支持代表割据势力的吴楚七国，而是站到代表中央集权的汉王朝一边。吴楚联军猛攻梁都睢阳，周亚夫

统领大军坚守昌邑（今山东金乡西），让吴楚军在睢阳坚城下消耗实力，却派出小部队袭扰其后勤供应线。梁王刘武在吴楚军主力围攻下很感吃力，多次向周亚夫求援，周亚夫都按兵不动。梁王转向景帝告状，景帝也命周亚夫援梁，周亚夫仍以根据实际情况可以灵活处置的理由拒绝接受诏命。梁王只好充分发挥自己的力量拼死坚守，吴楚军始终无法取胜。于是回过头来又攻击周亚夫率领的汉军，周亚夫仍然据险固守，不急于应战。吴楚军连战无功，士气低落，供应短缺，不得不退走。周亚夫这才挥兵猛追，吴王濞一败涂地，士兵饥死叛散，溃不成军，他只带上残兵千余人逃奔东越。在汉王朝重赏引诱下，东越人将他杀死向汉王朝请赏。楚王刘戊也兵败自杀。胶西等四国攻齐不克，汉兵到达，诸国各自溃退，国王们都自杀或被杀。赵王在汉军围攻下，最后城破自杀。声势浩大的吴楚七国之乱，前后仅三个月时间就全都失败了。这充分证明人民是拥护统一反对分裂的，所以野心家苦心准备了几十年，到头来几个月就统统垮台了。

平定吴楚七国之乱以后，汉王朝的威望大为提高，景帝趁势加强集权，严格控制王国。他规定诸王不得治理国事，仅能衣食租税。又减少王国官员，降低其品级，并统统由皇帝任命。此后皇朝的力量得以逐渐渗入王国内部，使它的独立地位日益动摇。到武帝时继续加强控制，诸王国名存实亡，由于分封而引起的割据叛乱问题这才终于解决。

昌邑之战

这次战争发生于汉景帝三年（前154）正月，止于同年三月。汉景帝以周亚夫为帅，进行了昌邑战役的全面准备工作，一举平定了七国之乱。

汉文帝于后元七年（前157）病故，由太子刘启继承帝位，称汉景帝。景帝即位后，任用其"智囊"晁错为御史大夫。晁错由于才华出众，识广见博，忠于汉景帝，遂深得景帝宠信，言听而计从，是景帝首屈一指的决策人物。晁错力促景帝继续削弱王国的势力，加强中央集权。当时有人发现吴王刘濞谋反准备已久，晁错便向景帝建议说，吴王以前就想谋反，依照古来的法律，就当斩首，当时文帝仁慈，只让打了他几杖，但他现在仍不思改过自新。他"即山铸钱，煮海水为盐，诱天下亡人，谋作乱。景帝采纳了晁错的削弱王国的建议，开始剥夺他们的一些封地。汉景帝三年削去吴之豫章郡、会稽郡。楚王来朝，以其以往犯罪，削去其东海郡。在此之前，已削去赵王的河间郡，胶西王刘印的 6 个县。吴王刘濞听说要削去吴国两郡的消息，十分气愤，因之想立即起兵。他听说胶西王勇猛、好斗，便派使者中大夫应高前去约胶西王起兵反汉。应高对胶西王许愿说，将来夺取天下之后，"两主分割"。胶西王答应后，吴王刘濞尚不太放心，又亲去胶西，当面与之结盟。随后吴王又派使者联络胶东、菑川、济南、济北、楚、赵等国，各国均答应共同起兵反汉。

晁错削弱诸侯王国的主张，引起了众多割据势力的怨恨，晁错父亲闻知此事，便当面责备晁错不该建议削弱诸侯势力，并质问他为什么要这样做。晁错对他父亲说："不如此，天子不尊，宗庙不安。"错父说："刘氏安矣，而晁氏危矣，吾去公归矣"，"吾不忍见祸及吾身"，遂饮毒药而死。

吴王为了夺取攻汉的胜利，动员了自己国内从十四岁至六十二岁的人统统入伍参战。吴王下令全国说："寡人年六十二，身自将。少子年十四，亦为士卒先。诸年上与寡人比，下与少子等者，皆发。"除国内出动 20 万大军外，并使闽越、东越也发兵相助。吴王召集诸将领商讨进兵计划，大将军田禄伯建议说："兵屯聚而西，无它奇道，难以就功。臣愿得 5 万人，别循江淮而上，收淮南、长沙，入武关，与大王会，此亦一奇也。"但吴王太子却不同意田禄伯单独行动，怕别有变故，因而便对吴王说："王以反为名，此兵难以藉人，藉人亦且反王，奈何？且擅兵而别，多它厉害，未知可也，徒自损耳。"吴王遂不用其计。吴另一少年桓将军也建议说："吴军多步兵，步兵利于在险要的地势条件下作战，汉军多车骑，车骑利于在平坦的地形下行动，吴军不应在所过城邑停留，急速占据洛阳的武库和敖仓之粟，夺占山河险要关隘以令诸侯，即使不入函谷关，天下也会基本稳固。如果行动迟缓，汉军车骑至，驰入梁楚之地，我们就会失败。"但吴王等又以他年少无知，而拒绝他的建议。遂决定以一路大军向西北先攻梁地，然后再节节向前发展。

周亚夫奉命率 30 万大军东征，深知楚军历来剽悍矫捷，战斗力强，很难轻易将其打败。因而向汉景帝建议说：楚国之兵剽悍勇捷，难以很快战胜它，我们应该舍弃梁国，尽量以梁地拖住敌人，并切断敌人运送粮草的道路。这样就可以使敌兵疲粮尽，战而胜之。汉景帝同意周亚夫的策划，以大将军窦婴驻军于荥阳，控制荥阳一带战略要地，阻止吴楚联军西进。周亚夫自率主力向吴楚联军进击，并以另一部兵力向齐、赵等地进攻。

吴王刘濞在作战准备完毕后，即于汉景帝三年（前154）正月，打着"请诛晁错，以清君侧"的旗号，起兵叛乱。先将汉朝所任命的2000石以下的官吏统统杀掉，然后他即亲率大军从广陵北上，西渡淮水，与楚军合兵，继续前进。吴王刘濞为壮大其起兵的声势，制造叛乱的舆论根据，在起兵后即派遣使者，致书胶西王、胶东王、菑川王、济南王、赵王、楚王、淮南王、衡山王、庐江王、故长沙王子，历数汉朝廷任用"奸臣"，削夺诸王侯封地，危及汉宗室安全的"罪状"，然后宣称："吴国虽然不大，但地方3000里；人虽然不算多，但可出精兵50万。而且我一向与南越友好相处三十多年，越君王愿意出兵以帮助吴国，又可得精兵30万。吴国虽然不富，但节衣缩食，积金钱，备兵革，屯聚粮食，夜以继日，三十余年。"刘濞为了鼓舞将士的作战积极性，还宣布：凡抓住汉军大将者，赐赏金5000斤，封万户；抓住列将者，赐金3000斤，封5000户；抓住裨将者，赐金2000斤，封2000户。以下也皆有赏赐。对降城略地者，也给予重赏。

汉景帝听说吴王刘濞等已起兵叛乱，想派人劝说吴王罢兵。这时原吴相袁盎，曾因晁错欲治他的贪污受贿罪，对晁错恨之入骨，即向景帝建议说，诸王起兵，完全是因为晁错，只要杀了晁错，吴楚即可退兵。汉景帝遂杀了晁错，并立即以袁盎为太常，派往吴国，向吴王说明晁错已斩，请吴王退兵。吴王回答说，他已称东帝，拒绝退兵。这时正好谒者仆射邓公为校尉，曾随军征讨吴楚军，返回京师，谒见景帝，景帝问他说："晁错已死，吴楚能不能退兵？"邓公回答说："吴王准备叛乱已经数十年，他是发怒于削地，以让朝廷诛杀晁错为名，其用意远不是杀晁错而已。"邓公接着说："晁错生怕诸侯强大难制，所以建议削地，以加强朝廷的力量，这本来是有利于万世江山的良策，但刚刚实行，晁错便被诛杀，这样，忠臣就无人敢再说话了。"景帝这时才省悟。

吴楚联军首先向西北进攻梁地，攻破梁之棘壁，斩杀梁军数万人，乘胜继续向梁地推进。梁孝王十分惊恐，派遣6位将军率军再与吴军战，梁军溃败。梁

孝王数次派人去向周亚夫求救，周亚夫均不救援。吴楚联军又进而包围梁都城，由于梁都坚固，无法攻下梁都，吴楚联军被阻。这时，吴将周丘通过威胁诈谋，劝降下邳，一夜之间得 3 万兵马，遂向北继续略地，到了城阳，已拥有近 10 万之众。

太尉周亚夫率军东走，当进至灞上时，赵涉对周亚夫说："吴王刘濞一向豪富，长期以来搜罗亡命之徒，现在他知道将军即将东出函谷关的动向，必定会在崤山、渑池之间的险要处设置间谍伏兵。用兵贵在神速秘密，将军何不从这里向右进军，经蓝田、出武关，迂回而至洛阳，这样只不过多用一两天的时间，便可直入洛阳的武库，到后敲击战鼓，诸侯发现汉军到达，一定会以为将军是从天而降。"周亚夫遂按照赵涉的建议，率领部将安全到达了洛阳。周亚夫这时高兴地说："七国叛乱战起，我坐驿车到达这里，没想到会这样安全。现在我控制了荥阳，荥阳以东就没有什么危险了。"周亚夫进至洛阳后，便立即派兵搜索崤山、渑池之间地区，果然抓到了吴王派出的伏兵。于是，便请赵涉当护军。

周亚夫军至淮阳，周亚夫的父亲周勃的故客邓都尉向周亚夫建议说："吴兵锐甚，难与争锋。楚兵轻，不能久。方今为将军计，莫若引兵东北壁昌邑，以梁委吴，吴必尽锐攻之。将军深沟高垒，使轻兵绝淮泗口，塞吴饷道。彼吴梁相敝而粮食竭，乃以全强制其罢极，破吴必矣。"周亚夫很高兴地采纳了邓都尉的建议。周亚夫遂率主力军向东北进军，进占了昌邑，并在昌邑筑垒坚守。这时吴楚军加强围攻梁国，由于周亚夫拒绝派兵支援梁王，梁王便派人上诉于汉景帝。汉景帝诏命周亚夫救援梁王，亚夫仍坚壁不出，只派弓高侯韩颓当等率轻装部队按照预定计划，出淮泗口，切断吴楚联军的后路，绝其粮道。梁王命中大夫韩安国和张羽为将军，以韩安国坚守城池，张羽出战，使吴军受到一些挫折和损失。吴军欲向西进军，但无法突破梁军的防守，吴楚联军胶着于坚城之下，往日的锐气大失，为求速战速决，便转而进攻周亚夫军，两军相遇于下邑，吴楚联军企图寻找汉军主力决战，但是周亚夫仍坚持坚壁不战。吴楚联军由于粮食供应断绝，士卒饥疲不堪，吴王刘濞多次组织部队向周亚夫军挑战，周军拒不应战，吴楚军采取佯攻汉军阵地东南角，实际主攻西北角的战术。周亚夫识破了吴楚军的企图，便加强了西北角的防御，当吴楚军猛攻西北角时，

周亚夫军已严阵以待，吴楚军最后的攻击失败，加上士卒疲劳饥饿，于是开始溃乱，吴王刘濞决定率部队撤走。二日，周亚夫率军追击，大破吴楚联军。吴王刘濞丢弃部队，仅率数千人乘夜逃窜。楚王刘戊见大势已去，被迫自杀。周丘自感吴楚联军无力向西北发展攻势，遂退往下邳，途中病死。吴王率军渡江，退守丹徒，再退走东越，以东越兵万余人，并收聚其残兵，企图重振军威。汉军派人买通了东越，使东越以劳军的名义诱骗吴王刘濞出营，将吴王斩杀。至此，声势浩大的七王之乱的主力军吴楚联军，即告全部失败。

济南、胶东、胶西、菑川等诸王和赵王，按照与吴王刘濞的协议，也同时起兵于齐地和赵地。济南、胶东、胶西、菑川等四王起兵后，首先进攻齐王刘将闾军于临淄。齐王本来也预定要参加七王之乱，可能后来觉得事情不妙，退出七王反叛的行列，畏罪而自杀。临淄被围困三个月未被攻破。这时进击齐地的汉军在将军栾布的统率下，与弓高侯韩颓当的援军合兵一处，向围攻临淄四国之军进攻，将四国之军击破，各败退回本国。

在胶西王阴谋叛乱之前，诸大臣即劝阻胶西王不要起兵叛乱，他们认为在胶西为王已经很不错了，吴王虽然与胶西约定，事成之后，平分天下，但那也是后患无穷。胶西王不听。待兵败退回胶西后，始知后悔已晚。胶西王太子刘德还想再战，打算战败之后，逃入东海。但胶西王刘印觉得已无任何取胜的希望，遂自请向汉军韩颓当军投降，韩颓当向刘印展示景帝的诏书："王其自图"。刘印看后，自叹说："如印等死有余罪。"即自杀身死，太后、太子也皆死。胶东王、济南王兵败后也自杀。郦寄率军进攻赵地，进展也比较顺利，赵王之军节节败退，最后退守都城邯郸，郦寄军包围邯郸城近十个月，后城破兵败，赵王刘遂自杀。这样，七王之乱遂全部被平定，汉军胜利地结束了昌邑战役。

政治斗争的牺牲品卫绾

卫绾的一生很合于孔子讷于言而敏于行的理想人格，司马迁也很赞赏他，说他是"以其教不肃而成，不严而治"。实际上，作为一个政治家，他还是干练不足，所以成了政治斗争的牺牲品。

卫绾是代国大陵人，是文帝、景帝、武帝三朝元老重臣，官至丞相。卫绾一生为官，位居显要，既无拾遗补阙之功，更谈不上兴利除弊之绩，只是默默无言，守道而已。虽然卫绾没有提"罢黜百家"，但依然引起窦太后的不满，后卫绾被借故免去了丞相的职务。死后，谥号哀侯。

卫绾早年因为擅长戏车超乘，被任命为宿卫侍从的郎官，服侍汉文帝。后来因为有功，升迁为中郎将。

卫绾情性忠厚，总是一副谦虚谨慎的样子。景帝在做皇太子的时候，曾经召请皇上的左右近臣宴饮，卫绾却称病不去。对这件事，文帝很重视，他在临死前，嘱咐景帝："卫绾年高有德，你要好好对待他。"文帝死后，景帝即位，有一年多的时间，对卫绾不闻不问，而卫绾做事却更加谨慎，没有丝毫懈怠。

一次，景帝出游，让卫绾和自己共坐一辆车子，随侍护卫。回来后，景帝问卫绾："你知道我为什么让你和我共乘一辆车吗？"卫绾谨慎地答道："微臣不过是个弄车小卒，侥幸升迁为中郎将，实在不知为什么。"景帝就问："昔日我做太子，请你赴宴，你为什么不肯到呢？"卫绾赶紧回答："臣罪该万死，实在是有病，不能前去。"景帝见卫绾很诚实，就想赐给他一把宝剑，卫绾推辞，说："先帝已经赐给臣六把宝剑了，陛下又要赐臣，臣不能再接受了。"景帝说："大家都喜欢宝剑，能换很多有用值钱的东西，难道你那六把剑都还留着吗？"卫绾答："都还在。"事后，景帝派人到他家查看，果然一把不少。

卫绾对手下人也很宽容，谁有了过错，他会替他们遮掩，也不和别人争功劳。景帝认为他很清廉，没什么坏肠子，对他很欣赏，任命他为河间王太傅。后来，吴楚带头发动七国之乱，卫绾带领河间兵士平乱，建立了战功，被升为

汉景帝

中尉，掌管京师治安工作。又过了3年，景帝又把卫绾封为建陵侯。

后来，景帝废掉了栗姬生的儿子、太子刘荣，另立胶东王为太子。景帝认为卫绾敦厚老成，对他很尊崇，让他做太子太傅，不久，升他为御史大夫。公元前143年，卫绾当上了景帝朝的宰相。

卫绾本是儒学之人，可是，文帝好刑名之言，景帝至孝而不任儒者，窦太后又好黄老之术。所以，他只能终日无所言、无所兴废，一切按部就班。每次上朝，只是按例上奏分内之事，从没有什么建议。

此时，正值文景之治，社会安定平和，卫绾也无所事事。这么当了3年的宰相后，景帝驾崩，武帝继位。

武帝雅好文学，喜读书，卫绾认为可以发挥一下自己的才能了，于是，在建元元年冬十月的朝堂上，卫绾上奏汉武帝："韩非、苏秦、张仪之言，乱国政，请陛下罢黜。"从此，打响了罢黜百家战役的第一炮。

卫绾身居相位，对国家的政治局势非常清醒，但作为武帝的老师，他也是汉武帝向往儒学思想的注入者之一。罢黜刑名、法家是汉武帝"罢黜百家，独尊儒术"的第一步，因为汉初统治思想首推黄老、次崇刑名，所以此举的政治意义远大于学术意义。

不久，卫绾因一条随意罗织的罪名被免除丞相之职。虽然《史记》《汉书》对于此事均语焉不详，其实不难猜想到，这是黄老派的政治报复，卫绾也是汉武帝即位后上层政治斗争的第一个牺牲品。

唐代大诗人刘禹锡曾赋诗：

> 贾生明王道，卫绾工车戏。
>
> 同遇汉文时，何人居贵位？

卫绾被罢相不久，就死去了。

汉武帝独尊儒术

"独尊儒术"是董仲舒建议汉武帝实行的统治政策。"七国之乱"仅用了几个月便被周亚夫率军平定下来。汉景帝削弱了诸侯的势力，加强了中央集权统治。天下恢复了太平，汉景帝依旧推行减轻赋税徭役的政策，大力发展农业，国家呈现出一派欣欣向荣的景象。历史上把这一段盛世称为文景之治。

公元前141年，汉景帝病逝，年仅16岁的皇太子刘彻继承王位，他就是在我国历史上与秦始皇并称的一代帝王——汉武帝。

汉武帝在位54年，在他统治时期，汉朝出现了最繁荣和昌盛的景象。史书上记载：汉武帝时期，政府里存钱和储粮的仓库都装得满满的。钱库里的钱多得数不过来，穿钱的绳子都烂了，粮库里的粮食一年一年往上堆，都露到外面来了，有的都已经霉烂了。足见当时的昌盛。

汉武帝

汉武帝继承文景之治的盛况，对内加强皇权，巩固统一；对外开疆拓土，宣扬国威。汉朝出现了民富国强、安定团结的大好局面。

武帝年纪虽小，但是很有抱负，他一心想治理好天下，但是苦于无人辅佐。于是他下诏各郡县，征求"贤良方正"和"直言进谏"的人才，并亲自主持考试。这些被选拔的人才中董仲舒最著名，深得武帝赏识。

西汉初年，汉高祖仍然奉行秦代的"挟书集"，禁止私人收藏《诗》《书》《百家语》等，汉高祖想从思想上控制百姓，但是这种方法并没有起到什么良好的作用。汉惠帝继位后，发现"挟书集"有百害而无一利，便宣布废除它，诸子百家学说开始复苏。民间比较流行的有阴阳、儒、墨、法、名、道等各家学说，而以儒、道最为盛行。

道家宣扬一种无为的思想。当时汉朝的统治者为了缓和与农民的阶级矛盾，主张"无为而治"，提倡统治者少有作为，借以来治理好国家，从而恢复生产，稳定社会。

到了汉武帝时，文景盛世之后，汉朝得到了很大的发展，经济繁荣，地主阶级积累了巨大财富，与农民阶级的矛盾开始上升。地方诸侯也等待时机，以求夺权。边境上，匈奴经常侵扰汉朝。这一切都要求加强中央集权，不仅要从政治和经济上，还要从思想上加强中央集权的统治。

董仲舒就是在这时候被汉武帝提拔重用的。

董仲舒是广川（今河北省景县）人，精通儒学。他分析汉朝建立以来，几次王国谋反之事，认为应当宣扬大一统的思想。他认为汉武帝时期，社会安定，百姓安居乐业，不能再宣扬一种无为的思想了。他看到了社会祥和的背后有许多不安定因素，需要从思想上加强统治。

董仲舒非常聪明，他不单单宣传孔孟所创的儒家思想，而是把许多家思想综合在一起，以儒学为主体，再补充适合封建统治的思想。他提出了"天人三策"，意思是：天是有意志的，皇帝是代表上天统治人们的，人服从皇帝，就是服从天道。君臣、父子、夫妻、兄弟之间，也必须严格地遵守上下尊卑的礼节。这一思想明显有封建迷信色彩，但是它也容易为统治者接受，因为它有利于封建统治。

汉武帝也非常赞同推行儒家思想，他认为清静无为的黄老道家思想已不能更好地治理国家了，而这种大一统、神化皇权的儒家思想非常适应社会的发展。但是，当时汉武帝的祖母窦太后崇信"黄老学说"，所以汉武帝不敢得罪祖母，没敢重用董仲舒。但他又觉得董仲舒是一个难得的人才，便派他去做江都相，等待时机，再重用他。

汉武帝虽然不敢明目张胆地起用董仲舒，但他却大胆地任用了3个儒家支持者：窦婴、田蚡、赵绾，分别任命他们为丞相、太尉、御史大夫。由于3个人都支持儒家学说，所以董仲舒大一统的儒家思想开始在朝中抬头。

但这种思想与祖母窦太后的思想大相径庭，深为窦太后反感，她便找借口杀了赵绾和王臧，又罢免了丞相窦婴和太尉田蚡，还斥责了汉武帝一通。

汉武帝没有办法，只好眼看着自己提拔的爱将纷纷遭殃。汉武帝默默地忍受着这一切，等待时机。他想：儒家思想虽然暂时不能推广，但一旦时机成熟，这种思想将如滔滔江水，一发不可收。

公元前135年，窦太后死了，汉武帝没有了绊脚石，自己独立处理政事。他首先罢免了窦太后设置的丞相、御史大夫，再次任田蚡为丞相。

　　汉武帝下令在政府设置专门传授儒家学说的五经博士。在五经博士下面设置了50个弟子，将官府里不治儒学五经的太常博士一律罢免，黄老、刑名等诸子百家之言都被排斥在官学之外。

　　那些学儒学的弟子，每年考试一次，五经是指《诗》《书》《礼》《易》《春秋》，每次考试中只要能通过一经的就可以做官，成绩优良者可做大官。

　　渐渐地，官吏主要出于儒生，这样一来，其他诸子百家的学说逐渐被排斥了，儒家得到了发展。这就是"罢黜百家，独尊儒术"。

　　这种儒家思想成为两千年来地主阶级统治人民的封建正统思想。这种思想之所以能如此长久地占据统治地位，与汉武帝的"独尊儒术"是分不开的。

汉朝才子司马相如

　　汉武帝刚刚继位之时，想干一番事业，起用了一批儒学的支持者，但是遭到了祖母的反对。祖母窦太后将这些人杀的杀，贬的贬，又任命了一些主张无为思想的人。武帝不愿意与他们交谈，更不用说商议国家大事，无事便打猎、赋诗、拓造景苑。著名的文人东方朔、吾丘寿王都和汉武帝是好朋友，汉武帝也愿意和他们在一起，吟诗作赋，心情十分愉快。

　　有一天，汉武帝身边的狗监（管理猎狗的人）杨德意拿着一首《子虚赋》让汉武帝去读。汉武帝心想：你一个狗监能奉献什么好赋呢？杨德意似乎看出了汉武帝的意思，便说道："这首赋是别人写的。"汉武帝这才注意到，这是一个叫司马相如的人作的赋。

　　汉武帝便读开了《子虚赋》，不读不要紧，一读便被赋中华美的文辞和磅礴的气势所深深吸引，连连称赞道："好赋，好赋！"

　　汉武帝以为这个叫司马相如的人是前朝人呢，便觉得有些惋惜，叹道："只可惜我与他不是同一时期的人啊！"

　　杨德意早就想巴结汉武帝了，一看汉武帝读完赋很高兴，又大夸特夸这篇

赋，心里美滋滋的。一听汉武帝发出慨叹，他赶紧说道："陛下，写这篇赋的人是当代人，是小臣的同乡，否则我怎么会有他写的《子虚赋》呢！"

汉武帝一听，非常高兴，心想：我汉朝还有如此有才华之人，我一定要见一见。便问道："你所说的话当真？他现在哪里，是干什么的？"

杨德意说道："陛下，小人岂敢欺骗您？我说的句句属实，司马相如现在成都，无事可做，整日吟诗作赋。"

汉武帝非常想见见这位才子，便立即派人召司马相如见驾。

司马相如，字长卿，是蜀郡成都人，从小热爱艺术，擅长弹琴，琴声优雅婉转，而又风流洒脱。他文笔特别好，尤其擅长写赋。

年轻有才的司马相如因文采好而出名。但是那个时代，只讲地位和财富，所以司马相如这样的才子因家里穷，一直没有娶上老婆。但司马相如也落得自在，四处游学，生活倒也快乐。

一日，他来到临邛，见到了昔日老友王吉。王吉和司马相如是同乡，又是好朋友，从小一起读书。王吉很佩服司马相如，认为他聪明好学，而且文章好。

一晃20年过去了，两个人相见，颇有几分感慨。王吉和司马相如各自谈了分手之后的生活状况。王吉得知司马相如尚未成家，便热心地说："仁兄，我给你介绍一位，你肯定满意。"

司马相如本不想娶妻，但见到王吉一家人其乐融融，很是羡慕，心里也很不是滋味，心想：我二人本是同乡，又是一起读书长大，而如今王吉儿女满堂，我还是孤身一人。他问王吉："贤弟，不知此人是谁家千金？"

王吉并不答言，好像要故意吊司马相如的胃口似的，不回答是谁家的小姐，而是说道："仁兄，这位小姐生性聪明无比，貌若天仙，而且性格十分文雅，只可惜她夫君早逝，现在娘家守寡。"

司马相如一听如此难得的才女，更加来了兴趣，急忙问道："贤弟，快说，到底是谁家的女儿？"

王吉说道："说起她家更是有名望，她父亲乃是临邛首富卓王孙，她的名字叫卓文君。"

司马相如听了之后，像泄了气的皮球，连连摇头，说道："我怎么敢高攀呢，再说人家也不会同意。"

王吉不以为然，说道："卓王孙虽然富甲一方，但是仁兄才华盖世，和卓文君乃天生一对，你我共同努力，我认为这事会成功的。"

第二天，王吉去见卓王孙，说他有位仁兄名叫司马相如，来到临邛游学，此人才华出众，尤其擅长写赋，不知卓王孙是否有意相见。

卓王孙早就知道司马相如是有名的文人，又是王吉的好朋友，立即答应宴请司马相如。

王吉是想借此机会让司马相如与卓家人相见，从而给卓王孙留下好印象之后再提亲。

司马相如和王吉来到卓王孙家做客，卓王孙不敢小瞧司马相如，邀请了县中很多官员和有名望的人一起作陪。过去有钱的人和官府中的人混得特别熟，一看卓王孙请帖，都如约而至。

酒宴之前，卓王孙给大家介绍："这位就是当今的大才子司马相如。"

司马相如赶忙起身，说道："不敢当，不敢当，还请各位仁兄多多指教。"

宴会开始，卓王孙带头向司马相如敬酒，说了许多奉承话，其他人也都如此。司马相如酒量非常大，都应付了下来。

王吉心中有事，他想借此机会展示一下司马相如的才华，以便卓王孙以后能答应这门婚事。

王吉站起来，对大家说道："司马相如兄不仅文章写得好，而且琴也弹得非常好，可以说是多才多艺，不如今天趁着酒兴，让相如兄弹奏一曲！"

大家都纷纷要求听一曲。

司马相如拿过琴，定好音，便弹奏起来。琴声优美，在座的人虽然不懂音乐，但从司马相如娴熟的手法上看，也知道弹得不错。

而卓王孙的女儿卓文君听说要请司马相如来家做客，心里很是高兴。她也爱吟诗作赋，也非常爱好音乐，她早想见见这位才子了。所以她悄悄地躲在竹帘后面，偷看司马相如，偷听他的曲声。

司马相如后来也发现了竹帘后面有人，心想：一定是卓文君。一曲弹罢，司马相如没有停下来，继续施展自己高超的琴技，又弹了一曲《凤求凰》。其他

宾客不知什么曲，也不知什么意思，但竹帘后的卓文君却听出来了，她明白司马相如是通过琴声向自己表达爱意，她心里又惊又喜。

曲罢，众人拍手叫好。

司马相如和王吉回去之后，又过了一天，王吉向卓王孙来提亲，被卓王孙一口回绝。他说："司马相如是有才华，不过那不能当饭吃。"

王吉没办法，只好告辞，回来之后，他也没有和司马相如说这事。

司马相如则用钱买通了卓文君的仆人，让她把一封求爱信送给卓文君。卓文君一看，脸红心跳，但她知道父亲没有答应此事，心想：我不如和司马相如私奔。

一天晚上，她偷偷地跑了出来，找到司马相如，两个人一商量，连夜乘车回司马相如的家乡成都。临行之前，王吉送给了他们一些礼物，望着他们远走，心中有一种说不出的滋味，既喜悦又苦涩。

来到成都后，二人过起了清贫的日子，可卓文君毕竟是大家之女，过了一段时间就觉得这样的日子太艰苦了，便和司马相如商量回到临邛。

回到了临邛，卓王孙不肯见他们，更不用说帮助他们了。卓王孙还为二人私奔而恼火呢。

王吉带领着许多亲戚朋友和县令一起去劝说卓王孙，他这才答应给了二人一笔不小的财富。

二人有了钱，又回了成都，过起了清闲快乐的生活。

这一日，司马相如正在家中作赋，忽听有人说召他到朝廷，司马相如不知何事，但是皇帝有旨，只好来到了朝中。

汉武帝一见司马相如，便问："《子虚赋》是你写的吗？"

司马相如心里明白了怎么回事，便答道："陛下，正是小臣所写。"

汉武帝非常高兴，让他留在宫中。后来司马相如又写了《上林赋》，汉武帝读完之后，更加欣赏司马相如了，就封了他一个郎官。

司马相如在武帝面前受宠，自然有人不满。这些人联起手来，暗害司马相如，说司马相如曾接受许多贿赂，而且拿出了伪造的证据。

汉武帝信以为真，罢免了司马相如的官职，但他仍很欣赏司马相如的才华。

司马相如临行前，武帝给了他许多宝物。他回到家后，和卓文整日做赋弹琴，君过起了悠闲快乐的日子。

马邑诱敌

匈奴是中国古代北方游牧民族，兴起于今内蒙古阴山山麓，他们披发左衽。据《史记·匈奴列传》中记载，匈奴，其先祖夏后氏之苗裔也，曰淳维。唐虞以上有山戎、猃狁、荤粥，居于北蛮，随畜牧而转移。中国古籍中的匈奴是秦末汉初称雄中原以北的强大游牧民族。秦朝时，他们不断入侵中原，秦始皇派大将蒙恬大败匈奴，从此匈奴退到漠北。

可是到了楚汉相争时，匈奴又乘机南下侵扰中原，而且占领了许多土地。

汉高祖建立汉朝以后，决定对匈奴派兵。结果汉高祖被匈奴人马在白登山包围了七天七夜，这就是历史上的"白登之围"。刘邦一看匈奴如此强大，便采用了和亲政策，来缓解边境的侵扰。但是匈奴首领单于贪得无厌，不仅娶了汉朝皇室的女儿，还要索取许多财物。尽管如此，他仍不罢休，还经常背信弃义，来骚扰中原人们的生活。

文帝和景帝采取休养生息的政策，恢复生产，减少战争，尽可能与匈奴保持着和好的政策，还采取"和亲"这种方法来缓解边境的压力。

文景盛世使社会经济得到了恢复和发展，汉朝逐渐强盛起来。到了汉武帝时，他治国有方，年轻有为，国家昌盛达到了汉朝的最高点，而且汉武帝不主张"无为"思想，他认为身为一代帝王就应干出一番事业来。

武帝看到强大的汉朝常常受到匈奴的威胁，虽然采取"和亲"政策，但匈奴贵族还是经常侵犯中原，骚扰人们的生活，使北方地区的人们不得安宁。他非常气愤，一方面仍旧采取"和亲"政策，另一方面却暗中积蓄力量，计划等到时机成熟，出兵消灭匈奴。

那时候，朝中分为两大派。一派主张出兵攻打匈奴，他们认为：汉朝如此强盛，岂能受匈奴的气呢？而且匈奴贪得无厌，总是不守盟约，经常侵犯中原，杀害百姓，掠夺粮食和牛羊，严重影响了北方地区人们的生活。如果匈奴再强

大了，他们很可能举兵攻打都城。主战派的代表是王恢。

而以御史大夫韩国安为代表的和亲派则认为：匈奴能征善战，汉朝建立以来，从没有打败过匈奴，一直采取"和亲"政策。匈奴虽然经常侵扰北方人民，但还不会威胁都城，而且攻打匈奴十分困难，匈奴没有固定的居住地，过着游牧生活，随意迁徙。即使我们取胜了，也得不到他们的领土和人力，但如果我们失利，单于必会反扑，到时候恐怕会危及朝廷的统治！

汉武帝是主战派，但作为一国之主，他觉得应该沉得住气，等待时机。

公元前133年，马邑有个大商人聂壹来找王恢。聂壹是边境上的商人，他恨透匈奴人。本来边境上做买卖很赚钱，可那帮可恶的匈奴人，见到东西就抢，不用说是赚钱了，有时候连本都得搭上。他这次找王恢，就是想为王恢献一计。

聂壹知道王恢是主战派，所以他才来求见王恢。聂壹对王恢说道："将军，匈奴在边境肆意骚扰我大汉朝人民，而且还经常入侵中原，不铲除它，总是一个祸根。如今我们国家兵强马壮，还怕它一个小小的匈奴吗？如果我们想铲除它，我倒有个好主意。"

王恢一听很高兴，忙问道："什么好主意？"

聂壹说："我经常在边境上做买卖，他们有时买我的东西，但更多的是抢我的东西，所以他们很多人都认识我。我仍以做买卖为幌子，对他们说把马邑献给单于。单于非常贪财，而且他知道马邑这个地方又很富有，所以他一定会带兵而来。一旦他带领军队入关，我们就把他包围起来，打他个落花流水。"

王恢听后大喜，忙说道："果然是妙计！"

王恢立刻面见汉武帝，把聂壹的计策说了一遍。汉武帝一听也认为是一条妙计，便决定依聂壹的计策行事。

于是，汉武帝任命韩国安为护军将军、王恢为将屯将军、公孙驾为轻车将军、李广为骁骑将军，李息为材官将军，率领30万人马去做好埋伏。

这些人依计行事：韩国安埋伏在马邑周围，王恢从后路包抄，而公孙驾和李广则安排在马邑左右，李息安排在中间。他们准备匈奴兵一到，李息率兵马先和匈奴拼杀，之后装成败兵，把匈奴引到韩国安、公孙驾、李广的三面包围中，一旦匈奴逃跑，后路而上的王恢再截杀。

聂壹扮作商人，潜入匈奴，很多人都认识他，他对匈奴兵说："我有要事报告单于将军，请通禀一声。"

不一会儿，匈奴兵就让聂壹进去回话。见到单于，聂壹就说道："将军，我可以杀死马邑的官吏，把县城献给您。不过我有个条件，您得答应我。"

单于一听，很高兴，便问道："什么条件，快快讲来。"

聂壹说："将军，如果我献城有功，你必须答应我不允许你手下的人骚扰我做买卖，而且不允许别人在边境做买卖。"

单于心想：够狠毒的。只允许你一人做买卖，钱都让你挣了，但是马邑县城更重要，我不如先答应他，得到了县城，然后再慢慢收拾他。想到此，单于便笑着说道："好吧，我答应你！"

但是单于还是怕上当，便派了几个心腹跟聂壹一起到马邑去，看聂壹是否真的杀死官吏。

这几个人来到马邑后，聂壹先进城，让那几个人在外边等着。过了一会儿，聂壹便将几个人头挂在了城头上，对底下的人喊："快告诉你家将军，我已经杀了官吏，让他速来！"实际上，聂壹杀的是几个犯了死罪的犯人。

单于的几个心腹信以为真，迅速掉转马头去报告单于。

单于诡计多端而且狡猾多疑，他亲自率领 10 万骑兵进入汉朝边境，直奔马邑。

走到半路上，他发现空旷的大草原上只有马匹、牛羊，却没有放牧之人，便起了疑心。他越走越觉得不对，每次到汉朝时，都有很多人，而这次一个人也没有看见，难道他们事先知道我们要来？

他边走边想，一抬头，看见前边有座亭堡（瞭望敌人，传递军情用），立即派人把守在那里的亭尉抓来，对他说道："你给我说老实话，如有半句假话，我立即砍掉你的头；如果你说了实话，我会放了你，还会给你奖赏！"

那个亭尉胆小，把汉军如何布置的埋伏全讲了一遍。单于一听，也吓了一跳，立即停止进军，一刀把那个亭尉杀死，然后下令：火速撤回！

汉军正在马邑等待匈奴上当，得知匈奴到了半路又撤回去了。

而这时，王恢的人马已经从小路包抄过来，但他生性胆小，怕自己保不住

性命，白白地放过了单于。汉武帝大怒，将王恢斩了。

马邑诱敌，结果功败垂成。从此，汉朝和匈奴表面上的和亲关系破裂了，双方发生了几次大的战争。强盛的汉朝终于在战争中征服了匈奴，但是也为此耗费了大量兵力。

能征惯战的卫青

卫青，字仲卿，其父郑季，河东平阳人，曾以县吏的身份在平阳侯曹寿家当差。郑季与主人家的女仆卫媪私通，生下了卫青。卫青年少时，在其父郑季家牧羊，受尽别人的凌辱与白眼，成年后，到平阳侯家当了一名骑奴。建元二年春，卫青的姐姐卫子夫被召入宫中，得幸于汉武帝。卫青也跟着姐姐一起来到了长安，在建章宫做事。由于他善于骑射，经常跟随汉武帝外出游猎，得以接近武帝，并受到武帝的宠幸。

元光五年，匈奴大举进攻上谷郡。汉武帝拜卫青为车骑将军，与骑将军公孙敖、轻车将军公孙贺、骁骑将军李广

卫青雕像

各率一万骑兵，从上谷、代、云中、雁门分四路出击匈奴。公孙敖、公孙贺、李广三路大军都被匈奴打败，唯有初次出征的卫青旗开得胜，马到成功，一路直捣匈奴祭祀祖先的圣地——龙城，击杀匈奴将士七百余人。由于他立了战功，于是汉武帝赐给卫青关内侯的爵位。

元朔元年，汉武帝又命令卫青率领三万骑兵出雁门关击匈奴。在元朔二年。卫青与匈奴大军遭遇，经过激烈交战，斩虏首数千，得胜而归。这两次出击匈奴的胜利，表现出卫青杰出的军事才能。

元朔二年春，匈奴又集结大量骑兵，侵犯骚扰汉朝的上谷、渔阳等地方，而在河南老巢只留下很少兵力。汉武帝采取"避实就虚"的打法，令卫青、李息等率领四万精骑，攻取匈奴河南之地。卫青采用"迂回侧击"的军事策略，首先率领几万骑兵，从云中出发，绕到敌后，夺取了石门水和高阙两个要隘，切断了匈奴的退路。接着率军南下，经过几天连续的行军作战，最后到达陇西，包围了河南地区的匈奴楼烦王和白羊王。二王见势不妙，急忙率军两渡黄河，从鸡鹿塞附近的山路仓皇逃命。卫青率军紧紧追击匈奴，杀死匈奴骑兵两千三百多人，俘获匈奴骑兵几千人，夺得牛羊数十万头，收复了河南旧地。随后，汉朝在那里设置了朔方郡。汉武帝以功封卫青为长平侯，食邑三千八百户。

元朔五年春，汉武帝向匈奴右贤王发起反击，出动兵力十余万人。令卫青率领三万骑兵出高阙，令卫尉苏建为游击将军，左内史李沮为强弩将军，太仆公孙贺为骑将军，代相李蔡为轻车将军，这几路大军都归卫青统率，俱出朔方。另派大将李息、岸头侯张次公为将军，俱出右北平，牵制匈奴右贤王的兵力并切断他和单于的联系，以策应卫青的正面进攻。匈奴右贤王得知汉军出塞的消息，麻痹轻敌，以为大漠荒凉，路途遥远，汉军不敢深入，因而毫无准备，放松警惕，照常饮酒作乐。卫青乘机对右贤王发动了"出其不意，攻其不备"的突然袭击，包围了右贤王的王庭。右贤王从醉梦中惊起，与一个爱妾以及八百名骑兵向北落荒而逃。卫青命令轻骑校尉郭成追赶数百里，没有追上。这次战役共俘获匈奴裨王五十多人，众男女一万五千余人，牧畜数百万头。右贤王几乎全军覆没，这对单于是一个极大的打击。卫青引军凯旋，汉武帝派使者持大将军印，就在军中拜卫青为大将军，让他统率各将。

元朔六年，卫青又率大军从定襄出发攻击匈奴。合骑侯敖为中将军，太仆贺为左将军，翕侯赵信为前将军，卫尉苏建为右将军，郎中令李广为后将军，左内史李沮为强弩将军，统属大将军卫青，斩首匈奴士兵数千人而还。月余，又从定襄出发，斩首虏万余人。

元狩四年，汉武帝调集了十万骑兵，浩浩荡荡向漠北进军，准备彻底消灭匈奴的主力。为了保障作战物资的供应，组织了运输用的军马十四万匹、步兵数十万人，转运粮草辎重。汉武帝派霍去病从代郡、右北平出塞，进攻狼居胥山的匈奴单于部主力，卫青从定襄出塞，进攻匈奴左贤王。霍去病、卫青各领五万骑兵，以霍去病一路为主力，卫青一路从侧翼牵制匈奴的兵力。

霍去病率领轻骑兵向漠北追逐两千多里，寻找匈奴的主力，但是匈奴单于

的主力向西转移了。霍去病就率军向狼居胥山的匈奴发起猛烈进攻，取得了重大胜利。

卫青率军从定襄出发，向真颜山进军。经过一千多里的长途跋涉，到达赵信城附近，遇到了匈奴单于的主力。卫青率军与匈奴骑兵进行了英勇顽强的肉搏战，激战持续到黄昏时分，忽然狂风骤起，飞沙走石，两军对面不相见。卫青指挥军队从两翼包抄匈奴单于。单于自料不能取胜，急忙趁乱率领几百名精骑突围逃走。汉军与匈奴骑兵一直激战到深夜，直到战斗结束，从一个匈奴俘虏口中得知，匈奴单于早已弃军向西北方向逃窜。卫青赶忙派几百名轻骑兵连夜追赶，一直追击了二百多里，没有追上单于。但是，这次战役击溃了匈奴的主力军，斩杀匈奴兵一万九千多人。卫青率领大军进入赵信城，缴获了匈奴的大批粮草，然后班师回朝。

经过汉军的这次沉重打击，匈奴从此一蹶不振，只得退回漠北，出现了"匈奴远遁，而漠南无王庭"的局面。

奴隶出身的卫青是汉朝杰出的军事家，从公元前130年至公元前119年的十年间，他先后七次出征匈奴，斩捕虏首五万余人，在抗击匈奴的战争中立下了不朽的功勋，对于安定北方的社会经济和人民的生活、巩固国家的统一、推动祖国历史的发展做出了很大的贡献。

大将军霍去病

霍去病是河东郡平阳县人，是西汉著名抗匈将领，是一位青年将军。他父亲是平阳县的一个衙役，被派在平阳公主府里当差，他母亲是平阳公主的一个使唤丫头，他的舅父是当时的将军卫青。霍去病出生在平阳公主府里，从小生活在奴婢群中，生活很苦。父母经常教育他，要想出人头地，只有参加军队，建立战功，才能达到目的。霍去病果然不辜负父母的期望，志向远大，从很小的时候起，就练习骑马射箭，各种武艺，希望有朝一日到战场上去杀敌立功。霍去病十六岁的时候，武艺已经十分出众，善于骑射，勇敢顽强。他被汉武帝看中了，于是汉武帝派他做了保卫皇帝安全的侍中官。

公元前 123 年，大将军卫青奉命出征匈奴，汉武帝封霍去病为校尉，带领八百名最精锐的骑兵去协同卫青作战。

匈奴听到汉军大批人马来进攻，惊恐万分，便连夜往后撤退。卫青派出了四路人马分头去追击匈奴部队，自己守住大营等候消息。到了晚上，四路兵马都回来了，却没有找到匈奴的主力，只有一路人马杀了几百个匈奴士兵。

霍去病带领八百名骑兵，向北快马加鞭追了一阵，一路上没瞧见匈奴士兵。但是霍去病没有泄气，带领骑兵一直追了几百里路，才远远看见匈奴的军营。他带领骑兵偷偷的绕道抄过去，瞅准一个最大的帐篷，迅速地冲了进去。敌人错误地认为汉军根本追不到这里，竟然一点防备也没有，霍去病冲进帐内，眼明手快，一刀砍死了一个匈奴的将领，他手下的骑兵又活捉了两个将领。匈奴兵一见没了头儿，便仓皇乱跑，骑兵们一阵追杀，一口气杀了两千多名匈奴士兵，才收兵回营。

卫青在大营帐中正等得着急，他担心霍去病第一次带兵打仗，不知胜负如何。又过了好久，只见霍去病提了一个血淋淋的人头回来了，后面的士兵还押了两个俘虏。卫青提着的心终于放下了，见他安然无恙，感到很高兴。后来一审问才知道抓获的这两个俘虏，一个是单于的叔叔，一个是单于的相国，被霍去病杀了的那个，还是单于爷爷一辈的王。年仅十八岁的霍去病，第一次参加对敌作战，就立了这么大的功劳，战斗结束后，就被汉武帝封为冠军侯。

公元前 121 年春天，汉武帝任命霍去病为骠骑将军，率领精锐骑兵一万多人，从陇西出发，去进攻匈奴并夺取河西走廊。他指挥的部队机动灵活，英勇善战，势不可当，打得匈奴兵叫苦连天，狼狈不堪。他们在燕山一带转战了六天，与匈奴兵周旋激战，后来匈奴兵抵挡不住，连连向后败退，霍去病带领骑兵追击了一千多里，摧毁了匈奴建立的浑邪、休屠等属国，又杀死了匈奴的折

霍去病雕像

兰王和卢胡王及其兵将共八千多人，生擒了浑邪王的王子和许多官吏。匈奴最强悍能干的浑邪王和休屠王所带领的部队，遭到了严重的打击，只好连连后退。这样，霍去病就收复了好多失地。

汉武帝为了慰劳霍去病，要为他盖一栋住宅，可是他却说："匈奴还没有消灭掉，我怎能贪图享受呢?"他毫不迟疑地推辞了。这样，他就更得汉武帝的赏识了。

这一年夏天，为了彻底根除匈奴的侵犯，汉武帝又令霍去病率领的部队和公孙敖率领的部队配合作战。半路上，公孙敖的部队由于地形复杂迷失了方向，困在沙漠中，没能按时和霍去病的部队会师。霍去病不愿失去战机，随机应变，带兵横越沙漠，顶风冒雪，决心与敌人奋战到底。他派人探明了匈奴兵的活动规律，大胆地孤军深入，猛烈进攻，奋勇作战，直捣敌人的心脏，结果消灭匈奴兵三万多人，俘虏匈奴酋涂王及其官吏兵将几千人，还受降了匈奴兵将几千人。

匈奴屡屡失败，内部便发生了激烈的分化。匈奴单于严厉责备浑邪王，还扬言要处死他，并命令他带兵向汉军反攻。浑邪王心中不满，和休屠王商量，决定投降汉朝，并派人和汉朝联系，要求汉武帝派兵去接应。汉武帝派霍去病带兵接应。霍去病带兵渡过了黄河，摆开了受降的阵势，浑邪王也把人马摆开阵势，准备让霍去病来受降。不料，匈奴兵中有些不愿投降的人，突然反悔要临阵脱逃，匈奴军营一下子发生了动乱，霍去病不顾个人安危，冲进了敌营，亲自同浑邪王谈判，并下令汉军斩杀了想要逃跑的八千多人。这次霍去病共收编了匈奴兵十万多人，从此，匈奴的力量大大削弱了，这是霍去病的又一件大功劳。

经过霍去病的两次攻击，匈奴失去了好多土地，退出了河西走廊。匈奴的游牧经济遭受了重大损失，但他们仍贼心不死，在退回漠北以后，仍不断骚扰侵犯汉朝北部边境。

汉武帝元狩四年，经过精心备战，卫青、霍去病各领兵五万，又一次奉命深入漠北，出征匈奴。霍去病担任这次战役的主攻任务，目标是攻击居住在狼居胥山的匈奴主力。卫青率兵则从侧翼牵制匈奴兵力，配合作战。霍去病大胆

利用投降过来的匈奴人，让他们组成先头部队在前面开路。他们从代郡向北推进两千多里，越过了涉离侯山，渡过弓闾河，以迅雷不及掩耳之势，向狼居胥山的匈奴发起猛烈进攻。汉军各个奋勇杀敌，最后终于打败匈奴的左贤王，夺得了敌人的粮草，补充了自己的给养。经过激烈的战斗与抗争，俘虏匈奴屯头王、韩王，以及将军、相国、都尉等八十三人，歼灭匈奴兵七万多人。最后由霍去病亲自主持，在狼居胥山举行了封山仪式，祭告了天地，悼念了为国捐躯的战士，犒劳了立功的英雄，还立了石碑留做纪念，然后班师回朝。此次战役汉军大获全胜，匈奴几乎全军覆没。匈奴由于主力被击溃，便再也无力南渡沙漠。

这是汉朝规模最大、进军最远的一次追击。从那以后，匈奴撤退到大沙漠西北，沙漠南面就没有匈奴的王庭了。自此，西汉王朝抗击匈奴的战争基本上告一段落。

公元前117年，年仅二十四岁的霍去病不幸病逝。为了表示对他的哀悼和对他生前功勋的纪念，汉武帝为他举行了隆重的葬礼。霍去病从十八岁首次出征到二十四岁病故的短短六年中，曾六次出击匈奴，取得了很大战功。他不贪图享受，公而无私，永远值得后人称道。

霍去病的这种为国忘家的精神，为后人树立了良好的榜样，千百年来一直鼓舞着人们。

窦婴之死

窦婴是汉文帝窦皇后的侄子，字王孙，观津（今河北衡水东）人。景帝时封魏其侯，武帝初年任丞相。后与同为外戚的田蚡争斗，被斩首示众。

西汉是个英雄辈出的时代，正是这些一代又一代的英雄和人才，辅佐高、惠、文、景数代皇帝，开天辟地，建功立业，成就了武帝的辉煌盛世。他们是大汉王朝的功臣。但是，这些功臣并非都有一个好的归宿和结局，其中窦婴就是一个令人扼腕的悲剧人物。

窦婴是文帝、景帝、武帝三朝的重臣。文帝时，他在吴国为相，因病免官。

景帝时，被起用，任詹事。

窦婴是个敢于仗义执言的人。

景帝有个弟弟受封梁孝王，窦太后对这个儿子极其宠爱。有一次，景帝和诸兄弟一起喝酒，酒酣耳热之际，景帝说："我死以后，把帝位传给梁孝王。"窦太后听了非常高兴。窦婴马上站起来，对景帝说："天下是高祖的天下，帝位父子相传，这本是汉朝的法度，陛下怎么敢擅自决定传给梁王呢？"窦婴本来是坚持原则，维护汉朝利益的，但这事得罪了窦太后，窦太后便越来越讨厌窦婴了。窦婴也嫌詹事这个官太小，干脆称病辞职，窦太后竟然不准窦婴进宫门了。

公元前154年，吴楚七国之乱爆发。皇帝遍查刘姓和窦姓中人，没有一个比窦婴有能耐的。于是，景帝召见窦婴，欲委以重任。不料，窦婴称病，坚决拒绝。景帝说："天下有急难，臣子自当用命，王孙怎么能推三阻四呢！"于是拜窦婴为大将军，文帝赐给他千金，他就把赐金放在廊下穿堂内，有军吏来找他，他就让他们酌量取用，没有一金用在自己家里。他亲率大军守荥阳，抵御齐赵两路叛队。七国之乱平定后，朝廷论功封赏，窦婴受封为魏其侯。

第二年，窦婴又被任命为太子刘荣的老师。

窦婴的声望达到了鼎盛，游士宾客纷纷投到他的门下，临朝议事时，更没有哪个敢和条侯周亚夫、魏其侯窦婴争辩的。

又过了3年，景帝把太子刘荣废为临江王，窦婴作为太子的老师，屡次为刘荣争辩，景帝就是不改初衷。窦婴没办法，一气之下，跑到蓝田南山下闲居了好几个月。后来经人劝说，才肯下山，恢复朝见皇帝。

公元前143年，刘舍免相后，窦太后几次向景帝推荐窦婴为相。景帝说："您以为我是不肯用他吗？我看窦婴这个人，沾沾自喜，做事草率，难当大任啊。"两年后，景帝驾崩，太子刘彻继位，就是中国历史上著名的汉武帝。

武帝年幼继位，母亲王太后宠爱自己的异母弟田蚡、田胜，给他们封侯，田蚡被封为武安侯，田家势力开始扶摇直上了。

公元前140年，也就是景帝去世的第二年，丞相卫绾因病被免职，窦婴和田蚡都盯上了这个位置。籍福就对武安侯田蚡说："魏其侯窦婴已经显贵多时，天下人才都依附他。您刚刚贵盛，不能太张扬了。为今之计，不如把丞相的位子

主动让与魏其侯，这样一来，皇上一定让您做太尉。和丞相同样尊贵，您又得了让贤的美名，何乐而不为呢？"武安侯一听，对呀。果然皇上让窦婴做了丞相，让田蚡做了太尉。

双目失明的窦太后崇尚黄老之学，而窦婴、田蚡都推崇儒学。他们共同推举赵绾为御史大夫，王臧为郎中令。魏其侯窦婴还让各诸侯都回到自己的封地去；还考核窦氏及宗室子孙，凡有品行不端的，一律开除族籍。这时候，各位外戚王侯们大都娶了公主为妻，逗留在首都，无事生非，都不愿回封地去。就到窦太后面前告状，说丞相窦婴等人的坏话，窦太后对窦婴等也越来越不满。第二年，赵绾奏请皇上，朝中大事不必向窦太后奏报，实际是要削夺窦太后的权力。窦太后大怒，干脆罢免了窦婴等人的职务。从此，窦婴、田蚡都赋闲在家。

窦婴被窦太后赶回家了，昔日的权势也就没了。人一走，茶就凉，当年投在他门下的宾客都离他而去，窦婴不免心灰意冷。窦婴是窦太后的侄子，就算他被窦太后赶走了，有那个老面子，别人也不敢怎么着他，可是窦太后不可能万寿无疆。随着窦太后一死，王太后集团，也就是田家的势力开始扶摇直上了。窦婴的门客有不少又投奔到了田蚡家。田蚡一天比一天骄横，到了建元六年，田蚡当上了丞相。一朝得势，气焰冲天。

魏其侯窦婴就更失落了，只有他的好朋友灌夫一如既往地结交于他。

灌夫也曾做过将军，出生入死，在平叛吴楚之乱的时候，身先士卒，身负重伤，九死一生，但至少是他的家人、他的门客为非作歹。灌夫的财产非常之多，富甲一方，每天家里开流水席，白吃白喝的少则数十，多则数百。他们在灌夫的家乡颍川横行霸道，鱼肉百姓，霸占田亩，垄断水利，当时民众对他们是恨之入骨，汉武帝就把他给免官了，灌夫就待在长安的家里。

魏其侯窦婴本来就喜欢结交江湖上的人，失势以后，门庭冷落车马稀，跟灌夫成了好朋友。两个下了台的官员同病相怜，惺惺相惜，结为生死之交。

窦婴的死起因就是灌夫闹酒。

公元前131年夏天，丞相田蚡娶燕王的女儿为妻，王太后下诏命所有列侯和宗室都前去祝贺。魏其侯窦婴当然得去，可他又觉得自己太孤单，就邀灌夫一

起去。灌夫对田蚡也没什么好感，不想去。窦婴力劝，灌夫只好跟着去了。

席间，新郎官田蚡起身敬酒。这田蚡已贵为丞相，势力正盛，所有宾客都极力巴结。一看田蚡敬酒，都避席了。而魏其侯窦婴来给大家敬酒的时候，大多数人都没有避席，说"不敢当"，只有少数旧交避席示敬。

灌夫脾气暴烈，一看大家对窦婴这么不尊重，心里不痛快。心想：当年窦婴炙手可热、红极一时的时候，你田蚡是什么？不过是个郎官，想拍窦婴马屁都拍不上哪；现在田蚡当了丞相，窦婴下台了，你们就这样？太势利眼了吧？所以，灌夫就发脾气了。

灌夫拿起酒杯给田蚡敬酒，田蚡漠然地说："我喝多了，不能再喝了。"灌夫嬉笑着说："您是贵人，还是饮满此杯吧！"武安侯田蚡还是不给面子。灌夫离开了。给临汝侯敬酒的时候，临汝侯正和程不识将军说悄悄话，也没有离席示敬。灌夫憋了一肚子火，立刻爆发出来："老夫给你敬酒，你却像个女人一样说悄悄话！你平时说程不识将军一钱不值，现在怎么跟他这么近乎？"

田蚡看到这情景就不高兴了，说："程不识将军和李广将军都是卫尉，你这样说程不识将军，就不给你敬爱的李广将军留点面子？"

灌夫说："老子今天豁出去了，管他什么姓程的姓李的！"然后就闹起来了，来宾一看这架势，纷纷找个托词散去了，婚礼不欢而散。魏其侯窦婴也起身，想拉着灌夫一起走。

但田蚡也动了怒，命人扣押了灌夫，要给他治罪，还趁机派人到灌夫的老家颍川调查灌夫的不法行为。

灌夫被抓了起来，他那些狐朋狗友都逃散了。窦婴想："灌夫大闹酒宴是为了给我争面子，我不能不救他啊！"窦婴的夫人看得清楚，说："灌夫得罪了丞相，就是得罪太后，这可是大不敬，恐怕你救不了他。"窦婴说："我不能让灌夫为我去死。"就背着家人出面救灌夫。

窦婴进宫，向武帝讲述了当时的情形，说灌夫闹事，是因为酒后失言，不该用重刑。武帝早就知道这事了，就对他说："你到东朝当庭申辩吧！"

窦婴来到东朝，极力为灌夫辩护，田蚡则极力诋毁灌夫，说他骄横放肆，大逆不道，连皇太后赐的酒宴都敢闹，应该治他的重罪。窦婴无奈，就揭发田

蚡贪污腐化，买官卖官这些事情，田蚡也不示弱，说："我就是一个贪官，怎么了？我就是贪得无厌，腐化堕落，我喜欢女人，喜欢狗，喜欢田宅，喜欢金银财宝，喜欢一切好东西。那不就是因为现在天下太平吗？我是朝廷重臣，皇亲国戚，我享受一点怎么了？可是你窦婴在干什么呢？你和灌夫两个人勾结一些地方豪强，江湖好汉，整天策划，日议朝政，夜观星象，窥探两宫的动静，你们想干什么啊？"

一来一往，都争红眼了。武帝看着两个人，心里在想着别的事。想着高祖去世以后，吕后以及诸吕之乱，想着自己刚登基的时候，窦太后独断大事；窦太后死了以后就是母亲王太后，她也想学窦太后，继续管这个儿子。

可是，武帝不是像汉景帝那样好控制的人，他要把大权抓在自己手里，这个时候，他已经起了心思，必须把母族的外戚剪除掉，不让他们再在自己的头上指手画脚。窦太后已经去世，窦家这个外戚集团就失势了。王家田家，就是王太后这个家族势力正在上升，田蚡太腐败、太跋扈、太霸道、太嚣张，他也更讨厌田蚡，但此时，他还没有足够的能力铲除他们。

田蚡的话很厉害，实际上打动了汉武帝，他不能容忍窦婴和灌夫，不能容忍地方豪强，他要加强皇帝自己的权力，就不能容忍外戚集团的权力过大、势力过大，而窦婴和田蚡就是两个外戚集团的代表，武帝是谁也不能容忍的。

廷辩结束，没有结果。

王太后听到这个消息就绝食。武帝去看她，她就说："我还活着，别人就敢这样作践我的兄弟。我要死了，我们田家人、王家人还不成了人家案板上的鱼肉了？你也是，你是皇上，一个狱吏就可以解决的小事，你还进行什么廷辩！"汉武帝刚好就势把窦婴下狱了。

魏其侯窦婴见自己也被抓起来了，急了，马上托人跟皇帝说，我有先帝遗诏，先帝遗诏上说："如果遇到了什么麻烦，可以相机条陈上奏。"

汉武帝派人去查这份遗诏，可是却没见到存档。诏书是藏在窦家的，由家丞盖印封存，报上。于是，有人弹劾窦婴伪造先帝诏书，罪当杀头弃市。这年十二月，灌夫被满门抄斩。

十二月的最后一天，已经半身不遂的魏其侯窦婴也给拉到渭城大街上斩首

示众了。

田蚡就因为灌夫闹酒这么一件小事，就杀了灌夫一家和窦婴，他自己也得到了报应。就在这年春天，田蚡患了一种怪病，吃不下，睡不着，不断地大喊大叫，说自己有罪，对着门窗谢罪不止。许多名医都治不好他的病，不得不求巫师前来消灾。巫师经过一番观察、了解，说："丞相已经不能救了，有两个厉鬼守在他的床头，而且这两个鬼十分凶恶，不取走他的性命，他们是不甘心的。"人们向巫师询问两个鬼的面貌，巫师所形容宛然与灌夫、窦婴一模一样，而这个巫师从未见过灌夫和窦婴。

听巫师这么一说，王太后遍体冰凉，无话可说。田蚡知道了，更是胆战心惊，很快就在胡言乱语中死掉了。田蚡只比被他害死的灌夫、窦婴多活了几个月而已。

不久，淮南王刘安谋反事败露。武帝诏令追究同党，田蚡收受刘安重金贿赂的事败露。武帝感慨万千，当众对人说："假若田蚡活到现在，他要受到灭族的惩处呢！"

田蚡之死，标志着在武帝朝，两个强悍的外戚集团同时归于寂灭。

敢于顶撞皇帝的人

汲黯是濮阳（今河南濮阳西南）人，字长孺。汉景帝时为太子洗马，武帝即位后为谒者，先后任荥阳令、东海太守、主爵都尉，位列九卿。他倨傲严正，忠直敢谏，从不屈从权贵，逢迎主上，为人和做官都不拘小节，讲求实效，做事井井有条。司马迁极其钦敬汲黯的品格，为他树碑立传。当时，势焰煊赫的田蚡，阿谀固宠、怀诈饰智的公孙弘、张汤等，司马迁深疾痛恶，对于灌夫骂坐，汲黯面诋公孙弘、张汤之事，皆津津道之。汲黯可以作为司马迁批评现实政治的代言人。

汲黯的祖先曾受古卫国国君的恩宠，到他已是第七代，代代都在朝中荣任卿、大夫之职。靠父亲保举，汉景帝时，汲黯当了太子洗马，他为人严厉又正直，受到人们的敬畏。汉景帝死后，汉武帝继位，任命他为谒者。

东越人内部发生争斗，武帝派汲黯前往视察。他走到吴县就返回来了，禀报说："东越人相攻，是当地民俗本来就如此好斗，不值得烦劳天子的使臣去过问。"

河内郡发生了火灾，绵延烧及一千余户人家，武帝又派汲黯去视察。他回来报告说："那里普通人家不慎失火，由于住房密集，火势便蔓延开去，不必多忧。我路过河南郡时，眼见当地贫民饱受水旱灾害之苦，灾民多达万余家，有的竟至于父子相食，饿死沟壑者不计其数，我就趁便凭所持的符节，下令发放了河南郡官仓的储粮，赈济当地灾民。我犯下了矫制之罪，现在请求缴还符节，皇上治我的罪吧。"皇上认为汲黯贤良，免他无罪，调任为荥阳市令。汲黯认为当县令耻辱，便称病辞官还乡。汉武帝听说了，就让汲黯任中大夫。

可是汲黯性格耿介，批评别人的过失，从来是耳提面命不留情面，即使对至尊的君主及其宠幸的权要人物也敢当面谏诤指责，无所顾忌。据说，他四次犯颜武帝，三次斥骂丞相公孙弘和御史大夫张汤，言辞都极为尖锐无情。难怪群臣为之震恐、责怨；公孙弘、张汤对他恨之入骨。

他还屡次向皇上直言谏诤，不分场合，弄得皇上很没面子，就把他外放去做东海郡太守了。

汲黯好黄老之术，治理官府和处理民事，喜好清静少事，把事情都交托自己挑选出的得力的郡丞和书吏去办。他也不过多干预，大多是督察下属按大原则行事，并不苛求小节。

匈奴鹰形金冠饰

汲黯体弱多病，经常躺在卧室内休息不出门。可是，只用了1年的时间，他就把东海郡治理得井井有条，老百姓安居乐业，人们都很称赞他。武帝知道后，召汲黯回京任主爵都尉，比照九卿的待遇。

汲黯在朝中任职的时候，正是王太后的弟弟武安侯田蚡为丞相，仗势恃骄，

目空一切，朝臣来拜，多不为礼，年俸中二千石的高官来谒见时都行跪拜之礼，田蚡竟然不予还礼。汲黯对他这种傲慢的态度看不惯，求见田蚡时从不下拜，经常向他拱手作揖完事。大将军卫青的妹妹卫子夫当上了皇后，卫青本人也战功卓著，人人敬畏，汲黯见他只稍稍鞠一躬，绝对不拜。有人对他说："自天子以下，谁能比大将军更尊贵，你为何见而不拜？"汲黯说："以大将军之尊，而门有常揖者，表明他能降贵礼贤，这将使他的名声更加提高。"卫青听说了，对他更加尊重。

汲黯不畏权贵，敢于面争。他指责丞相公孙弘是刀笔吏，"专深文巧诋，陷人于罪，以自为功"；痛斥御史大夫张汤是"智足以拒谏，诈足以饰非"；当面斥责他们"怀诈饰智，惑君乱国"的罪行。

汲黯还敢于犯颜直谏。一次，武帝召集群儒议事，说："我欲振兴政治，效法尧舜实行仁政，众卿家以为如何？"汲黯说："陛下内心里那么贪婪多欲，表面上却要装着实行仁政，怎么能效唐虞呢？"一句话把皇帝噎了回去。汉武帝登时脸色大变，宣布罢朝，满朝文武都为汲黯捏着一把汗，担心他会因此招来大祸，纷纷劝他自爱保身，他慨然说："天子设公卿大臣，不是为了匡正错误，难道是专做阿谀奉承的吗？我既在其位，总不能只顾个人安危，见错不说，使皇帝陷于不义之地。"

武帝回到宫里，对身边的人说，汲黯这个人也未免太粗太直了。

从此以后，汲黯的官职再也没有提升。他当主爵都尉的时候，公孙弘、张汤都还是不起眼的小官，后来，他们一个劲儿往上升，公孙弘当上了丞相，张汤做上了御史大夫，可他汲黯还蹲在原地没动窝。汲黯心窄性躁，不可能没有一点儿怨言。有一天，朝见皇上时，他走上前对武帝说："陛下用群臣，如积薪耳，后来者居上。"意思是：陛下使用群臣，跟码劈柴一样，是"后来者居上啊"！汉武帝当然听得出这是发牢骚。于是，转脸对臣下们说："人真是不能没有学识啊！你们听汲黯说话，真是越来越愚直了！"

这就是"后来者居上"的来历。

时隔不久，匈奴浑邪王率部众降汉，朝廷征发两万车辆前去接运。官府无钱，便向百姓借马。有的人把马藏起来，马无法凑齐。皇上大怒，要杀长安县

令。汲黯说："匈奴将领青叛他们的君主来投降汉朝，朝廷可以慢慢地让沿途各县准备车马把他们顺序接运过来，何至于搞得全国都不得安宁，不情愿地去侍奉那些匈奴的降兵降将呢！"

武帝沉默无言，浑邪王率部到来后，有人因与匈奴人做买卖，被判处死罪的有五百多人。汲黯好不容易在未央宫见到了武帝，对他说："我国发兵征讨匈奴，无数人战死疆场，耗费了巨资，本来就是劳民伤财的事。今浑邪王率部众前来归降，却把他们当宠儿对待。陛下既不能以缴获匈奴的物资来慰劳天下人，又要用严苛的法令杀戮五百多无知的老百姓，这就是所谓'保护树叶而损害树枝'的做法，我私下认为陛下此举是不可取的。"武帝当然不赞同，想了半天，说："我很久没听到汲黯的话了，今日他又一次胡言乱语了。"

事后数月，汲黯因犯小错被判罪，适逢汉武帝大赦，他仅获免官，于是归隐于田园。

过了几年，武帝征召汲黯任淮阳太守。汲黯拜伏于地，辞谢圣旨，不肯接印，武帝屡下诏令强迫给他，他才领命。临行前，汲黯哭着对武帝说："我只希望当个郎中，出入宫禁之门，为陛下纠正过失，补救缺漏呀。"武帝说："过些时候我会招你回来的，现在淮阳形势不好，我只好借助你的威望，请你躺在家中去治理吧。"

汲黯终被贬谪，出为淮阳太守，10年后，死于任上。

大器晚成的公孙弘

公孙弘（前200—前121），字季，一字次卿，淄川（今山东寿光南）人。武帝时以贤良征为博士，后累官至丞相。此人善察上意，巧用心计，为人忌刻，外宽内深，睚眦必报。他提出并拟定了为"五经博士"设弟子员的措施，为在职官员制定了以儒家经学、礼义为标准的升官办法和补官条件，对后世文官制度的确立起了巨大作用。

公孙弘小的时候，家里很穷，曾在海边为富人牧豚维持生活。年轻时，他曾任过薛县的狱吏，也没什么学识，常发生过失，后来犯了罪，被免职。40岁的时候，他立志读书，学习《春秋公羊传》。

建元元年（前140），汉武帝即位，下诏访求贤良文学之人。公孙弘被淄川国推举，以贤良征为博士，这时，公孙弘年已六十，可谓大器晚成。

建元三年（前138），武帝派公孙弘出使匈奴。归来后，公孙弘向皇帝陈述情况，武帝听了不满意，认为他无能，被免职。公孙弘便称病辞官，在家赋闲。

元光五年（前130），武帝又下诏书征求文学儒士，淄川国再次推举年已七十的公孙弘应诏，他一再推辞，不肯前去应诏。他说："我出使匈奴，因没有才干被罢归，请大家另举贤者。"但最后，他还是应选。

公孙弘到了太常，所征百名儒士各写对策。后来，上奏皇上，武帝认为公孙弘的对策好，就拔升为第一名。待入见皇上时，武帝看到公孙弘长得恢宏奇伟，姿容俊美，竟深为喜爱，又拜他为博士。

当时，朝廷很注重与西南夷的沟通，还在巴蜀设立了郡县，由于赋役酷虐，百姓为之叫苦不迭，武帝便派公孙弘去视察。公孙弘归来奏对，又不合皇帝之意，公孙弘真害怕了。可是，皇帝并未深究这件事。

公孙弘自从下决心读书，就力学不辍，所以广见博识。平时，善于辩论，通晓文书、法律，又能以儒家的学说，对法律进行解释阐述，汉武帝非常赏识他。但他能步步高升，主要还是他太善于体察皇帝的意思。

公孙弘出身贫寒，提倡节俭，常说："人主的毛病，一般在于器量不够宏大；而人臣的毛病，一般在于生活不够节俭。"他自己身体力行，躬行节俭。他睡觉盖布被，吃饭没有肉味，以他那职位，真是很廉洁。汉武帝那个年代崇尚奢靡，公、卿、大夫以下，争相奢侈，像公孙弘这样廉洁的大官在那时是凤毛麟角。以刚直著称的大臣汲黯在皇帝面前告状，说："公孙弘位在三公，俸禄那么多，却惺惺作态，盖一床布被，吃饭没肉，跟个小吏没什么区别，这不明摆着是在使诈吗？"皇帝听了，面露不悦，公孙弘马上说："九卿之中，汲黯跟我最好，他这回真说中了我的毛病。但我不是狡诈，每个人都有自己做事的原则，臣以三公之位却盖布被，确实是想沽名钓誉，我听说管仲做齐相，很奢侈豪华，甚至都超过了一般国君。晏婴为相，一顿饭从不吃两种以上的肉，妻妾都不穿丝绸，齐国不是也治理得很好吗？而我盖布被，和个小吏差不多，真是有损汉

宫的威仪。汲黯批评得对，他真是个大忠臣。要是没有汲黯这样的忠臣，陛下您上哪儿能听到这样的真话呢？"

公孙弘对自己的廉洁一通检讨，退朝回家，不无遗憾地对妻妾说："节俭本是美德，却反遭人暗算，罢了！"从此以后，他也和其他同僚一样，"争于奢侈"，生活起居豪阔起来。于是，皇上没有愠色了。

公孙弘的后母去世，他视为亲生，服丧三年。

在朝廷议事，公孙弘常提出要点，陈明情况，引出话题，让皇帝去决断，从不固执己见，违逆圣意。对这种驯良守礼之臣，武帝当然很满意，认为他品行敦厚，善于言辞，有文采，熟悉法令与各种公务，便升任他为左内史，也就是京畿地方长官，掌治京师。

公孙弘在任，所奏朝事，都一一符合上意，完全是出于他巧用"心计"。有一次，他和主爵都尉汲黯商议，二人就一件事分别上奏。面见皇上时，他等汲黯上奏完后，窥伺上意，揣上意再取决自己的立场态度，然后才上奏章。因此，他奏对之事，皇上都满意，也都采纳。

公孙弘这种表里不一、前后矛盾的做法，遭到朝廷大臣的非议。有一次，汲黯当庭诘责公孙弘："齐国人不守信用，习惯骗人，没有真情实感，公孙先生违背约定，出尔反尔，是对皇帝不忠。"汉武帝随即问公孙弘，公孙弘回答说："夫知臣者以臣为忠，不知臣者以臣为不忠。"皇帝听后，认为公孙弘说得有理，对他更宠信了。元朔三年（前126），张汤被免官，公孙弘被任命为御史大夫。

当时，朝廷方通西南夷，又东置沧海郡（在今朝鲜），北筑朔方城（在今内蒙古）。公孙弘认为，这样做是劳民伤财，得不偿失，屡次请求停办，武帝不采纳，让朱买臣等人去责备公孙弘。朱买臣当面陈说设朔方郡的十条好处。公孙弘无力反驳，赶紧改言谢罪说："我是山东的乡鄙之人，见识短浅，实在不知道设朔方郡的好处，经众位陈明利害关系，我已明白了。敬望朝廷停止经营西南夷与沧海郡，专力经营朔方郡。"武帝恩准了他的请示。其实，以公孙弘的才能，不可能一条也说不出来，只不过是顺应皇帝的意思罢了。

可见，这个人真的是很会做下属的。

元朔五年（前124），薛泽免相，皇帝任命公孙弘为丞相，封他为平寿侯。

历史上丞相封侯者公孙弘是第一人。而公孙弘以布衣列相，结束了汉初以功臣列侯或其后嗣充任丞相的历史。

从公孙弘任相开始，做了一些事情，使他可以名列政治家队伍。比如，在汉武帝"罢黜百家，独尊儒术"的过程中，他的作用巨大。如果说董仲舒在这一转折过程中为汉武帝提供了理论依据，那么，公孙弘则主要为这一转折过程制定出了具体实施的方案。其中最为重要的是，公孙弘在他当上丞相的那一年，提出并拟定了为"五经博士"设弟子员的措施，以及为在职官员制定了以儒家经学、礼义为标准的升官办法和补官条件。这两个方案，都获得武帝的批准。

从此以后，"国学"地位开始确立；中国封建时代文官制度确立；中国封建时代中央学校（太学）制度开始；教育也被儒家学者所垄断。

公孙弘很会做人，表面上很谦和、宽容。他位高禄重，节俭律己，不尚奢华，不爱抢风头，被时人所称道。他的故旧、宾客、亲朋挚友生活困难了，他都全力以赴地帮助，所以，他家无余财，人们都认为他很贤明。

可是，公孙弘内心并非如此，他为人忌刻，外宽内深，睚眦必报。"杀主父偃，徙董仲舒于胶西"，就是他这种伪善心理的写照。

武帝要建朔方郡，主父偃支持，公孙弘不同意。汉武帝采纳了主父偃的意见。主父偃爱抢风头，常常当着皇帝的面和公孙弘争论，有的时候让他很下不了台。公孙弘都记在心里，表面上与主父偃往来，暗地里寻机报复。

元朔二年（前127），主父偃因诈得齐相位，有人上书告发他收诸侯重金，使诸侯子弟多以得封。后来，齐王刘次昌自杀，汉武帝认为是主父偃胁迫所致，下令对主父偃严加审治。主父偃承认受过诸侯贿赂，但不承认齐王自杀和自己有关。武帝本不想杀他了，公孙弘乘机进言，说："齐王自杀的首恶是主父偃，如不处死，将无以服天下。"汉武帝便下令灭了主父偃的全族。公孙弘终于为自己出了一口恶气。就因为一点面子问题，就让政敌丧了全家性命，可谓歹毒至深。

与公孙弘同朝为官的董仲舒，为人廉直，是当时有名的大学问家。他曾建议汉武帝"罢黜百家，独尊儒术"，把儒家学说作为封建统治的正统思想，其他各家的思想均予排斥。汉武帝对董仲舒的思想极为推崇，便大力推行儒教，在

长安兴办太学。同时，下令各郡国设立学校，初步建立了教育系统。在董仲舒的辅佐下，汉武帝的封建中央集权统治大大加强。公孙弘在理论方面，比董仲舒差得很远，就非常嫉恨董仲舒。

公孙弘总是媚上邀宠，见风使舵，董仲舒对他也十分反感。公孙弘知道董仲舒对自己的态度，就想把他排斥出朝廷。正巧，胶西王刘端是武帝的异母弟，他横行不法，为害一方，武帝很恼火。公孙弘趁机向皇帝谏言："只有董仲舒去做胶西王的国相，胶西王才能变好。"汉武帝就把董仲舒派到胶西，实际是剥夺了董仲舒参与朝政的权力。

后来，淮南王、衡山三造反，武帝命令严查其党徒。公孙弘认识到自己在相位，只知一味讨好皇帝，未能辅佐皇帝治理好国家，现在诸侯王造反，自己难脱不称职之责。加上当时正染病在身，公孙弘害怕自己一旦病死，更难搪塞罪责，便上书皇帝，请求辞掉丞相，归还侯印，以避位让贤。可是，汉武帝对他就是信任，没有答应他。

元狩二年（前121）三月，公孙弘以80岁高龄死于丞相任上，一共当了4年丞相。

酷吏张汤

张汤在历史上一直以酷吏著称。他是西汉杜陵（今陕西西安东南）人。武帝时历任御史、太中、大夫、廷尉、御史大夫等职。与赵禹共定律令，治狱严峻。他建议盐铁由国家专卖，以限制富商大贾，后为朱买臣等所谗，自杀。此人刚强暴烈，残酷狠辣，以罗织罪名冤狱诬陷人而著称。他是汉武帝扫除守旧势力、铲除异己的刽子手，曾发明"腹诽"（内心不满）之罪名以杀人。

张汤出生于官宦之家，他的父亲是有名的长安丞相。他小的时候就很聪明，但贪玩成性，就为这，没少挨父亲的训斥。可是，他就是改不了。一天，他的父亲外出办事，嘱咐他看家。张汤忍不住孤单，带领一群小孩子，跑到郊外玩去了，把让他看家的事忘得一干二净。等父亲带着朋友回到家中一看，厨房里的肉差不多都被老鼠吃光了。父亲大怒，把张汤找来大声责备，幸亏朋友劝说，

否则，他非挨一顿揍不可。

张汤因为老鼠盗食受到父亲的责骂，当然不甘心。他找到老鼠洞，使劲扒，老鼠从洞中跳了出来，张汤一把抓住，鼠洞中还有一点残肉，他一并取出。然后，他设一公堂，喊来小朋友，写了一篇讨鼠檄文，以肉做证，要审判老鼠。他自任判官，展开檄文，义正词严地责鼠偷食，判处死刑，立毙堂下。张汤审鼠，有板有眼，手段残忍，似乎注定他将成为一个酷吏。

但是，张汤的父亲看到这一幕，却是心中大悦。心想这小子讨鼠毙鼠，竟与一个老狱吏相似，是块好材料，何不让他也练练刑名，抄写案牍，精读法律？于是父亲日夜勉励，教以律令。

张汤果然不负父望，成了一名判官，先为长安吏，后为茂陵尉。汉武帝听说他对律令非常有研究，就召他到朝廷任职。在审理陈皇后巫蛊狱和淮南王、衡山王、江都王谋反事件中，张汤穷治根本，受到武帝赏识，累迁太中大夫、廷尉、御史大夫。

汉武帝刘彻一辈子致力于强化专制主义中央集权，为此，在政治、经济上推行了一系列改革。张汤是制定和实施这些改革的重要人物之一。

张汤曾和赵禹共同编定法律，制定《越宫律》《朝律》等法。他还协助武帝改革币制，实施盐铁官营，算缗告缗，打击富商大贾，诛锄豪强兼并之家。当时，"天下事皆决汤"。

但张汤作为武帝时期首席执法大臣，因为为人太过奸诈，所以执法往往因人而异。他本来性情残暴，用法苛刻严峻，又善于揣摩武帝意愿，审理案件完全以皇帝意旨为准绳。凡是武帝所欲加罪的，他就交给执法严苛的属吏去办；武帝想开释的，则交给执法宽缓的属吏去审理；又把武帝对于疑难案件的批示制定为律令程式，作为以后办案的依据。他还发明了一种前所未闻的"腹诽"罪。

元狩六年（前117）秋天，汉武帝决定制造白鹿皮币。汉武帝很迷信，古人认为白鹿代表祥瑞，称它常常与仙人为伴。汉武帝想既然鹿是瑞物，以白鹿皮为币岂不更好？就征询各位大臣的意见。

有个叫颜异的人很能干又很廉洁，渐次被提拔到九卿的位置，官拜大农令。

汉武帝问他对造白鹿皮币的意见，他明确表示反对，说："现在各王、侯朝贺用的礼物都是白色的玉璧，价值只几千钱，主次很不相称。"武帝接受不了反对意见，颜异这么说，他就很不高兴。

皇帝的反应是下边人揣摩的重点，有人就根据皇帝不高兴这一政治动向，给颜异找碴儿了，有人告发了他。武帝派张汤去查。告的是什么呢？很怪，只是一个表情。

有人说：颜异和别人谈到缗钱

石狮

等法令时，他的表情不对。别人说这些法令很不恰当，扰民，颜异没回答，只是微微地噘了噘嘴唇。张汤抓住这一微妙的动作，大做文章，上奏说：

"颜异见法令有不恰当的地方，不到朝廷陈述，反而在心里非议，应判死刑。"这个罪名叫"腹诽"。

张汤给人定罪的艺术已经炉火纯青，他定下的这个"腹诽罪"，是中国历史上的一个新的刑名，也就是你不说话，只是心里不满也不行。周厉王时期实行暴政，老百姓还可以"道路以目"，用眼神表示不满，到武帝时期，因为张汤创立了这么个罪名，心理活动都会被治罪了。

这就是张汤给人定罪的艺术，来自他在司法实践中的大量总结。他太精明了。皇帝想给哪个犯罪嫌疑人（一般是大臣）加罪，张汤就吩咐手下人多多搜罗证言、证物，甚至不惜造假，给那个人套上重罪；相反，皇上要想从轻处分的，张汤就采取另一种办法，让手下少用证据，甚至毁灭证据。

这确是张汤的绝学，使他从一个候补御史，一跃成为御史大夫，相当于监察部长兼最高法院院长。

张汤这种卑劣手段，受到丞相汲黯的激烈抨击。他们之间关系非常紧张。张汤是恨透了汲黯。汲黯时常和张汤争辩，张汤辩论起来，总爱故意深究条文，

苛求细节。汲黯则出言刚直严肃，志气昂扬，不肯屈服，他怒不可遏地骂张汤，说："天下人都说绝不能让刀笔之吏身居公卿之位，果真如此。如果非依张汤之法行事不可，必令天下人恐惧得双足并拢站立而不敢迈步，眼睛也不敢正视了！"

后来，汲黯被贬，出为淮阳太守，出长安前，汲黯对李息说："御史大夫张汤，他的智巧足以阻挠他人的批评，奸诈足以文饰自己的过失，他专用机巧谄媚之语，强辩挑剔之词，不肯堂堂正正地替天下人说话，而一心去迎合主上的心思。皇上不想要的，他就顺其心意诋毁；皇上想要的，他就跟着夸赞。他喜欢无事生非，搬弄法令条文，在朝中他深怀奸诈以逢迎皇上的旨意，在朝外挟制为害社会的官吏来加强自己的威势。您位居九卿，若不及早向皇上进言，您和他都会被诛杀的。"李息害怕张汤，始终不敢向皇上进谏。后来的结果如汲黯所料，张汤被迫自杀。

起因是张汤卷入了一场政治丑闻。为了与替代造假证据害人的手下小官鲁谒居达成攻守同盟，他采取非常手段笼络鲁谒居："谒居病卧……汤自往视病，为谒居摩足。"这一行动在现在看来是爱护下级的表现，而在那时却成了丑闻；连皇室的人都告发他，指称他与谒居有不可告人的隐情。

元鼎二年（前115）由于御史中丞李文、丞相长史朱买臣以及赵王等人告发和诬陷张汤与属吏鲁谒居关系暧昧，疑有大奸，又与富商大贾互相勾结牟利等。

汉武帝派使臣带着簿籍以八项罪名指控张汤，张汤一一予以否认，不服。武帝又派赵禹责备张汤。赵禹见到张汤后，责劝张汤说："阁下怎么不懂分寸，您审讯处死了多少人，如今人们指控你的事情都有根据，圣上很重视你的案子，想让你自己妥善处置，为什么要多次对证呢？"张汤于是上疏谢罪说："张汤没有尺寸的功劳，从刀笔吏起家，因得到陛下的宠幸而官至三公，没有任何可开脱罪责之处。然而阴谋陷害张汤的，是丞相府的三位长史。"于是，张汤自杀身死。

张汤死后，家里的财产不超过五百金，都是得自皇上的赏赐，没有其他产业。他兄弟的儿子要厚葬张汤，张汤的母亲说："张汤作为天子的大臣，被恶言污蔑致死，有什么可厚葬的！"于是，用牛车装载他的尸体下葬，只有棺木而没

有外椁。这对位在三公的张汤来说，身后未免太薄了。

汉武帝知道后，将朱买臣等三位长史处以死罪，丞相庄青翟引咎自杀。武帝很为张汤之死惋惜，晋升了他的儿子张安世的官职。张安世及几个孙子都位居显要，直至封侯。

飞将军李广

李广（？—前119年），华夏族，陇西成纪（今甘肃秦安县）人，中国西汉时期的名将，先祖为秦朝名将李信，曾率军战败燕太子丹。李广接受世传弓法，射得一手好箭。早在汉文帝十四年（前166），匈奴大举入侵边关，李广以良家子弟从军抗击匈奴，杀死和俘虏了众多敌人，升为郎中，以骑士侍卫皇帝。他多次跟随文帝射猎，格杀猛兽，文帝曾慨叹："可惜，李广生不逢时，不然万户侯都不够他当啊！"

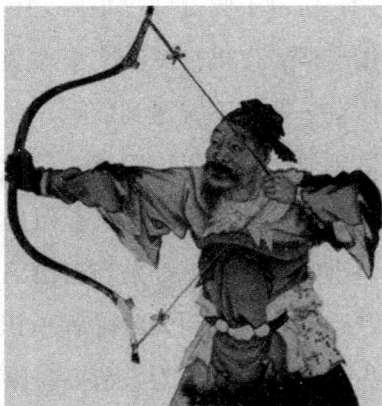

李广

汉景帝时期，李广跟随太尉周亚夫抗击吴、楚叛军，同样立下了战功。

汉武帝时期，任命李广为上郡太守。那时，景帝派一个宠信的宦官同李广一起统率和训练军队抗击匈奴。一次，宦官带几十个骑兵出猎，路遇三名匈奴骑士，与其交战，结果，匈奴人射杀了所有随从卫士，还射伤宦官，宦官慌忙逃回报告李广。李广认定三人是匈奴的射雕手，于是亲率百名骑兵追赶三名匈奴射雕手。

追上匈奴射雕手后，李广命令骑兵张开左右两翼，自己亲自射杀两名匈奴射雕手，生擒一名。刚把俘虏缚上马往回走，匈奴数千骑兵赶来，双方摆开阵势要决一死战。李广只有一百名骑兵，都十分害怕，想快马返回。李广说："我们离大军数十里，如果就靠这一百名骑兵是逃不脱的，匈奴人一定会追上我们，那我们就完了。现在我们就留在这里，匈奴人以为我们是大军的诱饵，一定不敢攻击我们。"李广命令他的骑兵前进，走到离匈奴阵地不到二里路的地方才停

了下来，命令下马解鞍休息。他手下的骑兵说："匈奴人就在我们附近，怎么敢停下来呢?"李广说："匈奴人一看我们这样做，就更相信我们是大军的前锋了。"匈奴骑兵果真不敢贸攻，趁夜，李广带着他的一百名骑兵，引兵而去。第二天一早，李广回到了部队。

过了几年，景帝去世，武帝即位。左右近臣都认为李广是名将，于是李广由上郡太守调任未央宫的禁卫军长官，程不识也来任长乐宫的禁卫军长官。程不识和李广从前都任边郡太守并兼管军队驻防。到出兵攻打匈奴的时候，李广行军没有严格的队列和阵势，靠近水丰草茂的地方驻扎军队，停宿的地方人人都感到便利，晚上也不打更自卫，幕府简化各种文书簿册，但他远远地布置了哨兵，所以不曾遭到过危险。程不识对队伍的编制、行军队列、驻营阵势等要求很严格，夜里打更，文书军吏处理考绩等公文簿册要到天明，士卒不能很好地休息，但也不曾遇到危险。程不识说："李广治兵简便易行，然而敌人如果突然进犯他，他就无法阻挡了。而他的士卒倒也安逸快乐，都愿意为他拼死。我的军队虽然军务纷繁忙乱，但是敌人也不敢侵犯我。"

李广、程不识都是当时的名将，但是匈奴人害怕李广的谋略，士兵也大多愿意跟随李广，因为跟随程不识是很苦的。程不识在景帝时因屡次直言进谏被封为太中大夫，他为人清廉，谨守朝廷文书法令。

后来，汉朝用马邑城引诱匈奴单于，派大军在马邑两旁的山谷中埋伏，李广任骁骑将军，受护军将军韩安国统领节制。当时单于已发觉汉军的计谋，逃跑了，汉军没有战功。

四年后，李广由卫尉被任为将军，出雁门关进攻匈奴。匈奴兵多，李广的军队被打败，李广被生擒。单于平时就听说李广很有才能，下令说："俘获李广一定要活着送来。"匈奴骑兵俘虏了李广，当时李广受伤生病，就把李广放在两匹马中间，装在绳编的网兜里躺着。

走了10多里，李广假装死去，斜眼看到他旁边的一个匈奴少年骑着一匹好马，李广突然一纵身跳上匈奴少年的马，趁势把少年推下去，夺了他的弓，打马向南飞驰数十里，追上他的残部，带领他们进入关塞。匈奴出动几百名骑兵追赶他，李广一边逃一边拿起匈奴少年的弓射杀追来的骑兵，才得以逃脱。

李广回到汉朝京城，朝廷把李广交给执法官吏。执法官判决李广损失伤亡太多，他自己又被敌人活捉，应该斩首，李广用钱物赎了死罪，削职为民。

转眼间，李广在家已闲居数年，李广家和已故颍阴侯灌婴的孙子灌强一起隐居在蓝田，常到南山中打猎。一天夜里，他带着一名骑马的随从外出，和别人一起在田野间饮酒。回来时走到霸陵亭，霸陵尉喝醉了，大声呵斥，禁止李广通行。李广的随从说："这是前任李将军。"亭尉说："现任将军尚且不许通行，何况是前任呢！"便扣留了李广，让他停宿在霸陵亭下。没过多久，匈奴入侵杀死了辽西太守，打败了韩安国军队，韩安国迁调右北平。武帝任命李广为右北平太守。李广随即请求派霸陵尉一起赴任，到军中就把他杀了。

李广驻守右北平，匈奴听说后，称他为"汉朝的飞将军"，总躲避他，好几年不敢入侵右北平。

李广外出打猎，看见草里的一块石头，以为是老虎就向它射去，射中了石头，箭头都射进去了，过去一看，原来是石头。接着重新再射，始终不能再射进石头了。李广驻守过各郡，听说有老虎，常常亲自去射杀。到驻守右北平时，一次射虎，老虎跳起来伤了李广，李广还是射死了老虎。

李广为人清廉，常把自己的赏赐分给部下，与士兵同吃同饮。他做了四十多年俸禄二千石的官，家里却没有多少多余的财物，他始终不谈购置家产的事，深得官兵爱戴。他的手臂像猿臂又长又灵活，擅长射箭，估计射不中目标，便不发箭。他带领将士在困境中找到水，士卒没有都喝过，李广不沾水；士卒没有都吃过，李广进食，士卒因此乐意跟随他。李广身材高大，两臂如猿，他善于射箭也是天赋，即便是他的子孙或外人向他学习，也没人能赶上他。遇到敌人，只要他一发射，敌人立即应声倒地。因此他领兵有几次被困受辱，射猛兽也曾被猛兽所伤。

没过多久，李广接替石建任郎中令。元朔六年（前123）李广又被任为后将军，跟随大将军卫青的军队从定襄出塞，征伐匈奴。许多将领因斩杀敌人首级符合规定数额，以战功被封侯，而李广的军队却没有战功。

过了两年，李广以郎中令率领四千骑兵从右北平出塞，博望侯张骞率领一万骑兵与李广一同出征，分行两条路。行军约几百里，匈奴左贤王率领四万骑兵包围了李广，李广的士兵都很害怕，李广就派他的儿子李敢骑马往匈奴军中奔驰。李敢独自和几十名骑兵飞奔，直穿匈奴骑兵阵，又从其左右两翼突出，回来向李广报告说："匈奴敌兵很容易对付啊！"士兵们这才安心。李广布成圆形兵阵，面向外，匈奴猛攻，箭如雨下。汉兵死了一半多，箭也快用光了。李广就命令士兵拉满弓，不要放箭，而李广亲自用大黄弩弓射匈奴的副将，杀死了好几个人，匈奴军才渐渐散开。

第二天，李广又率军奋力作战，博望侯张骞的军队也赶到了，匈奴军才解围退去。汉军非常疲惫，无法追击。当时李广军几乎全军覆没，只好收兵回朝。按汉朝法律，博望侯行军迟缓，延误限期，应处死刑，用钱赎罪，降为平民。李广功过相抵，没有封赏。

汉武帝元狩四年（前119），汉武帝征选优良战马十万匹，命大将军卫青、骠骑将军霍去病各率骑兵五万，跟随官兵私人驮运行装的马匹也有四万匹，步兵和运送辎重的人夫跟在大军之后有数十万人，正面攻击匈奴单于。后从俘虏口中得知单于在东边，于是改命霍去病自代郡出塞，卫青自定襄出塞。郎中令李广屡次主动请求出征，汉武帝认为他年事已高，没有准许他，过了很长时间才答应他，任命为前将军。太仆公孙贺被任命为左将军，主爵都尉赵食其为右将军，平阳侯曹襄为后将军，都隶属于大将军卫青。赵信为匈奴单于谋划说："汉军横穿大沙漠后，人马必然疲惫，我军可以坐等擒获敌军。"于是将己方的辎重运到北方很远的地方，命精锐部队在沙漠以北等候汉军。

卫青出塞后，自俘虏口中得知单于驻地，便亲自率精兵挺进，命前将军李广与右将军赵食其合兵一处，由东路进军。李广因东路绕远，水草也少，主动请求说："我的部队是前将军的部队，而今大将军却改命我部为东路军，我自少年时就开始与匈奴作战，今天才有机会正面对付单于，所以愿意做前锋，先去与单于决一死战。"汉武帝曾经暗中告诫卫青，说："李广年事已高，运气又不好，不要让他与单于正面作战，恐怕他不能完成擒获单于的任务。"卫青的朋友公孙敖不久前失去侯爵，卫青也想让他与自己一同正面与单于作战立功，争回爵位，所以就把前将军李广调到东路。李广知道后，很不高兴，坚决地向卫青推辞，遭到卫青拒绝。李广一气之下，没向卫青告辞就动身出发，内心极其恼怒。

卫青率大军出塞一千多里，横穿大沙漠，与匈奴单于的军队大战，一直把匈奴军队追到寘颜山赵信城，夺得匈奴的存粮供应军队。在该地停留一日之后，将该城和所余的粮食全部烧光，然后班师而还。

与此同时，前将军李广与右将军赵食其率领的东路军因无向导，迷失了道路，落在大将军卫青后面，耽误了约定的军期。直到卫青率部班师，经过沙漠南部时才遇到李、赵二位将军。

卫青派长史责问二人迷路的情况，并命李广马上到大将军处听候传讯。李广说道："校尉们没有罪，是我自己迷了路，我现在自己到大将军幕府去受审。"又对他的部下说："我从少年时开始作战，而大将军却将我部调到东路，路途本就绕远，又迷失了道路，难道这不是天意吗？况且我六十多岁了，不可能去面对那些刀笔小吏！"于是拔刀自刎。

李广自刎而死，全军上下无不痛哭。老百姓听到他的死讯，不管是认识他的还是不认识他的，无论年老还是年轻，都为他流泪。

李广在历代的边疆士兵中都有着崇高的威望，是一位"才气天下无双"的将军。唐朝时期，有不少诗句是用以歌颂李广的。卢纶的《塞下曲》这样描绘李广的神勇：

> 林暗草惊风，将军夜引弓。
> 平明寻白羽，没在石棱中。

不问人命问牛喘

邴吉字光卿，西汉鲁国（今山东曲阜）人，自幼学习律令。武帝时，到朝中任廷尉、长安狱吏，对宣帝有救命之恩。宣帝即位后任御史大夫、丞相等职。他辅佐宣帝，是"昭宣中兴"的名臣。

汉武帝末年（前92），发生了一起骇人听闻的巫蛊事件，祸及卫太子刘据。汉武帝在盛怒之下命令深究卫太子全家及其党羽。卫太子被迫自杀，全家被抄斩，只有一个几个月大的婴儿免遭杀身之祸，被扔到监狱。

巫蛊狱案非常复杂，涉及的人又多，要增加办案人员，精通律令的邴吉被调到长安监狱来专管犯有巫蛊罪的犯人。

邴吉奉诏令检查监狱时发现一个婴儿，就是卫太子的孙子、汉武帝的曾孙，很是心痛。他知道卫太子本来就是蒙冤，如今把这么小的孩子也弄来坐狱，于心不忍，就暗中让两个比较宽厚谨慎，又有奶的女犯人轮流喂养这个皇曾孙。他命令好好照顾这个孩子，不准疏忽，不准虐待。狱中条件差，几个月的孩子在狱中多次得重病，邴吉想方设法找狱医看视，在一次大病痊愈后，邴吉给皇曾孙起名叫"病已"，意即病已全好了，再也不会得病了。他用自己的钱供养孩子的衣食，孩子在狱中能吃饱穿暖并一天天长大了。

巫蛊之祸案因证据不足，审了几年也没结果。后元二年（前87），汉武帝病重，他疑心有人在害他，一些心术不正的方士们又来捣鬼生事。他们乘机对汉武帝说："我们看到长安监狱的上空有天子贵人的象征。"汉武帝怕刘家的天下被别人夺去，立即派人到长安各个监狱去搜查，若查不到要找的人，就把关在监狱中的男女老少统统杀光，以绝后患。使臣晚上到了长安监狱要进去搜查，邴吉大义凛然。立即关闭监狱门，不准使者进去搜查，还对使者说："皇曾孙在此，无辜的普通人都不可滥杀，何况这个孩子是皇帝的亲曾孙啊！"说完，邴吉就坐在监狱门口一直守到天亮，使者无法进去。

天亮了，使者只好回去禀报。汉武帝听了禀报后，有所醒悟，并说："这大概是老天使然吧！"武帝下令把监狱里关的死囚一律免去死罪。邴吉不畏皇帝威严，甘冒风险，保全皇曾孙的美名享誉天下。

皇曾孙长期放在长安监狱中，终非长计。后来，邴吉了解到刘病已外婆家还有人，就派人把孩子送到外婆家，嘱咐他们好好养育这个病已，病已这才有了家，慢慢长大成人了。

汉武帝死后，汉昭帝即位，大将军霍光辅政，邴吉任大将军长史。霍光看到邴吉很有才能，对他很器重，提拔为光禄大夫给事中，在皇帝身边工作。

汉昭帝21岁就死了，无子，昌邑王刘贺继位，因淫乱，仅27天就被废黜。皇位虚悬，天下无主。邴吉向霍光推荐立刘病已为太子，继承皇位。他对霍光说："皇曾孙刘病已寄养在民间，现年已十八九岁了。他通晓经学儒术及治国之道，平日行为谨慎，举止谦和。"霍光同意他的意见，上书皇太后，立刘病已为皇帝。霍光派邴吉亲自去接回刘病已即皇帝位。他就是历史上有名的中兴之主汉宣帝。

邴吉保住了皇曾孙，也就是保住了现在的皇帝，他是有大功的。

刘病已当了皇帝，可他对自己当年苦难的经历茫然不知，根本就不知道邴吉对自己有如此大的恩德，所以，他即位后，只给邴吉封了一个关内侯的爵位。邴吉从来不提过去的事，毫无怨言地为国事尽心尽力。

宣帝知道邴吉是个尽忠尽职的大臣，就派他去担任太子的老师，他忠心耿耿地教育太子，得到宣帝的赏识，不久提升他为御史大夫。

霍光死后，霍氏家族阴谋夺权被粉碎，汉宣帝亲掌朝政，邴吉任尚书，直接辅佐宣帝处理朝政。天天相伴皇帝身边，邴吉对当年狱中之事还是只字不提。刚巧，一个名叫则的老宫女上书，自陈曾经有保护养育皇帝的功劳。宣帝就下令由掖庭令去询问宫女则。于是，宫女则就说："此事的详情邴吉都知道。"掖庭令就让宫女则和邴吉当面对证。

邴吉还认识这个宫女，他指着则说："我是曾经让你照顾这个皇曾孙，但是你不尽心喂养，有时还打他，你有什么功劳好讲的！只有渭城的胡组、淮阳的郭征卿才是对皇帝有恩的人。"

邴吉这才把这两个乳母在狱中，共同抚养皇曾孙的辛苦，一五一十地说了出来。汉宣帝才恍然大悟，知道邴吉是自己在大难之际的救命恩人。为了报答救命之恩，汉宣帝封邴吉为博阳侯，升任丞相。

正在这时，邴吉病了，病得很重。皇帝让人把封印纽佩戴在邴吉身上，表示封爵。邴吉很谦恭，一再辞谢。宣帝怕邴吉死了，很担心，太子的老师夏侯胜说："邴吉不会死的，他是有德行的人，会有好报的。"

果然，邴吉的病不久就好了。他感谢皇上的赏赐，谦虚地说："我不能因一个空名，就受这么大的赏赐。"汉宣帝说："我对你封赏，是因为你对朝廷确实立有大功，而不是虚名。可是你却上书辞谢，我要是同意了你的辞谢，就显得我是一个知恩不报的人了。现在天下太平，没有太多的事，你尽管安心养病，少操劳，只要你把身体保养好了，其他一切事你就放心好了。"

邴吉好诗书礼经，深通治国之道。在他担任丞相的 5 年中，一直崇尚宽大，喜好礼让，关怀爱护下属官员，使丞相府官员上下同心为朝廷尽职。

邴吉对部下的态度是扬其善而掩其过，这样做，有好处也有弊端。

对犯有错误的官员，他不是一棍子打死，总是尽量掩过扬善，给他们改正错误的机会。在他的丞相府中，有一个掾史，犯有错误，不能再任职，邴吉就让他请长假，实际是自动离职，后来也没有再追究案情，使他比较体面地下台了。

有人对邴吉的做法不理解，就对邴吉说："你身为汉朝丞相，手下官员徇私舞弊，你为什么不加惩治呢？"邴吉回答："我是丞相，位在三公，还要追查府中下吏的行为，目光岂不是太狭小了！"从此以后，对三公府中犯罪的官员都不立案审查，竟成了惯例。

邴吉的一个马车夫，嗜酒如命，经常喝得醉醺醺的，还要酒疯。邴吉从不责怪他。有一次，这位马车夫喝醉了，把丞相的马车吐得一塌糊涂。有人提出要惩治和开除这个马车夫，邴吉却说："他是因为喝醉了酒才犯了错，现在要是把他开除了，以后谁还能用他？这次也只不过是吐脏了我车上的垫子而已，宽大一点就算了吧！"

这个马车夫没有被开除，非常感激丞相的宽宏大度，总想着要报答丞相。

有一次，马车夫听说匈奴入侵云中、代郡，立即向邴吉报告，因为他来自边境，对边境的事比较了解，就向邴吉建议说："据我了解，敌寇入侵的边境地区，主要官员都是年老体弱的，他们无法胜任带兵打仗的重任。丞相应该事先物色好合适的边境长官，以免措手不及。"邴吉采纳了他的建议，赶紧查询这些地方官的情况。当皇帝召见丞相、御史大夫，向他们通报边境情况，询问他们敌所入侵边境的官吏情况时，邴吉回答得准确而清楚。御史大夫没有准备，被汉宣帝问得张口结舌。皇帝批评了御史大夫，表扬了邴吉。

事后，邴吉感叹地说："是人才，就应该容留，他们都各有所长。假如不是马车夫先向我报告情况，使我有所准备，怎么会得到皇帝的嘉勉呢？"

通过这件事，丞相府中的官员都认识到，邴吉的宽宏大度不光是个人品德好，而且是为了朝廷。他的大度容人，使各种人都能发挥所长，在关键时刻为丞相建功立业做出了贡献。

不过，邴吉有时做事，也有点迂腐。

一天，他坐着马车出巡，走到大街上时，很多人围在一起大肆喧闹，随从跑过去一看，原来是两个人在打架斗殴，随从向邴吉报告后，他不闻不问，命人继续赶路。

出了城门来到郊外，这时，一头牛吐着舌头向马车狂奔过来，后面的农民追得气喘吁吁，邴吉立刻下车察看这头牛的情况，随从很不理解，他问道："丞相，自古以来，人的性命都比牛的性命重要，为什么刚才大街上有人斗殴您不管，这头牛不过喘气比平时厉害些，您却如此关心呢？"

邴吉一本正经地说："打架斗殴是当地官衙的职责，他们自会处理，我只要根据他们的处理报告进行赏罚就可以了。但如今的天气还不是太热，这头牛却吐着舌头乱跑，恐怕是天气不调的征兆，如果影响了今年的收成，而我作为丞相，没有及时防范，就是失职，所以才会重牛而轻人。"

邴吉任丞相期间，各级官员职责分明，上下有序。汉宣帝在这些良臣的辅佐下，国家一天比一天繁荣富庶，老百姓安居乐业，社会风气良好，连刑狱案件都很少发生了，这就是历史上著名的"昭宣中兴"。

张骞出使西域

汉初以来，北方匈奴的势力很强大，不仅奴役着西域几十个小国，而且还经常骚扰西汉的北部、西北部边境，使边地的社会生产遭到很大的破坏，人民的生活不得安宁。汉初，西汉政府对匈奴采取"和亲"政策，汉武帝即位以后，由于汉朝经济的发展，国力空前雄厚，于是决定进行一次反击匈奴的战争。

汉武帝刘彻为了征讨匈奴更有把握，详细询问了一些投降过来的匈奴人，从他们那里了解到汉文帝五年的时候，匈奴的单于名叫冒顿，他趁居住在祁连山北麓的月氏人没有防备，命令他的右贤王向月氏发动了突然袭击，打败了月氏王，并杀害了很多月氏人，后来又征服了西方二十多个国家，月氏人只好逃到远远的西方，在那里重新安家立国。第二年冒顿单于死了，他的儿子老上单于又向月氏人发动进攻，又把他们打败了，还杀了月氏王，还按当时游牧民族的习惯，把月氏王的头骨做成了一只大酒杯。所以月氏人恨透了匈奴单于，一心想报仇雪恨，却苦于己弱敌强，没有个帮手来共同抗敌。

汉武帝心想：月氏国在匈奴的西面，又与匈奴有这样深的仇恨，正好去联络他们，共同出兵攻打匈奴，这

张骞出使西域

样做就等于砍掉了匈奴的右臂，胜利就大有把握了。于是汉武帝下了一道诏书，在全国招募精明强干的人，出使西域去联络月氏。

月氏既然在匈奴的西面，要到月氏去必须经过匈奴。胆小的人听到这个使命，吓得吐吐舌头，哪里敢来应征？

张骞是汉中成固人，在朝廷里做郎中的官，他守信义，多勇略。他认为汉武帝主张攻打匈奴是为了国家安全，出使西域对打败匈奴具有重大意义，即使冒点险，也是值得的，他于是报名应征了。一些勇士也纷纷报名应征，有个叫堂邑父的匈奴人也报了名。

汉武帝建元三年，汉武帝正式任命张骞为使者，堂邑父跟随着当翻译，还有其他应征的人，组成了一百多人的队伍。在众多长安人民和朝廷文武官员声声"珍重"的送别中，张骞和他的随员们，跨上战马，驱赶着满载行李礼物的驼群，开始了艰苦而伟大的西域之行。

张骞他们一出陇西，就碰上了匈奴兵，双方交手打了起来。因为寡不敌众，大部分随员牺牲了，他和堂邑父等人被匈奴人俘虏了。匈奴单于知道了张骞一行人是到月氏国去的，非常生气，他说："月氏国在我们匈奴西边，我不准许你们通过我的地方到月氏国去！"便下令把张骞他们软禁起来，不过他对张骞还很优待，嫁给他一个匈奴女人，让他在匈奴享乐。可是张骞心里一直怀念着汉朝，时刻不忘自己的使命。他始终把汉武帝交给他的出使证明偷偷地保存着，等待机会逃走。

过了几年，张骞和堂邑父终于找到了机会，弄到两匹好马，在一个漆黑的夜晚偷偷逃出匈奴，继续往西走去。一路上净是沙漠和草原，他们只能靠打来的飞鸟和野兽充饥，历尽千辛万苦，好不容易才到了大宛国。

大宛国王早就听说过东方有个又大又富庶的汉朝，老早就想同汉朝拉关系，可是一直都找不到门路，这次见到张骞的到来非常高兴，他不仅用好酒好菜招待他们，还派骑兵和翻译，送张骞和堂邑父到了康居，再请康居人送他们到月氏国去。

当时，月氏国王被杀害以后，国王的夫人被拥立为王，率领民众西迁到了大夏国境内，又征服了大夏国，并改名为大月氏国，定居在妫水一带。这里土地肥沃，物产丰富，四周小国又不敢来侵扰，他们的生活十分安乐。生活一安乐，他们就把报仇的事忘了。张骞来到这里后，几次向大月氏国王陈述汉朝想和他们联合共同抗击匈奴的意思，但是都没有得到正面答复。张骞在那里住了一年多，由于达不到目的，只好往回走。

张骞和堂邑父二人这次改走南道，沿着昆仑山北麓东归。可是没想到在回来的路上，他们二人又被匈奴人捉住了，又被软禁了一年多。由于匈奴发生内乱，他们才趁机逃出来，回到了汉朝首都长安。他们这次出使西域，一共花了十三年时间。去的时候，张骞率领着一百多人，但现在只剩下他和堂邑父两个人了。当时张骞还是个年轻小伙子，回来的时候，下巴颏上已经长满胡须了。

张骞这次出使月氏，虽然没有达到预期的目的，但是他到了大宛、康居、大月氏、大夏等许多地方，了解到那里的风土人情。这些国家物产丰富、景色秀丽。他在大夏国的时候，还看到了那里有汉朝四川出产的筇竹杖和细布，还打听到这些东西是从身毒国书来的。

张骞把这些情况都逐一详细地报告了汉武帝，并且分析说："大夏国在长安西南，身毒国又在大夏东南，离四川不远。如果再出使西域，从四川这条路走，又近又安全。"汉武帝同意了张骞的建议，于是又派张骞从四川出发，再次出使西域，可惜这次出使没能到达目的地。

过了两年，汉武帝派张骞做正使，带领副使和将士三百多人，带着许多金银、绸缎和牛羊，再次出使西域。由于这时汉朝已击败了匈奴，河西走廊已被汉朝控制，张骞一行人非常顺利地到达了西域。张骞到了乌孙后，把副使分别派往大宛、康居。

公元前 119 年，汉王朝为了进一步联络乌孙，断"匈奴右臂"，便派张骞再次出使西域。这次，张骞带了三百多人，顺利地到达了乌孙，并派副使访问了康居、大宛、大月氏、大夏、安息（今伊朗）、身毒（今印度）等国家。但由于乌孙内乱，也未能实现结盟的目的。尽管张骞这次出使也没能立即与乌孙结成军事联盟，但双方在政治上和经济上的联系变得频繁而密切。乌孙回访使者与张骞一起到达长安，并把他们看到的中原王朝的繁荣在乌孙广为传讲。汉朝与乌孙之间农牧产品的交流蓬勃开展起来，最终确立了和亲关系。汉武帝派名将霍去病带重兵攻击匈奴，消灭了盘踞河西走廊和漠北的匈奴，建立了河西四郡和两关，开通了丝绸之路，并获取了匈奴的"祭天金人"，带回长安。张骞回国后升为大行，列于九卿。一年以后，这位功勋卓越的旅行探险家和外交家便去世了。不久，他派遣的副使也陪同各国使者来到长安，从此，中国通西域的道路完全打通，来往使者络绎不绝。为了纪念张骞通西域的功绩，"其后使往者皆称博望侯"。

张骞不畏艰险，两次出使西域，沟通了亚洲内陆交通要道，与西欧诸国正式开始了友好往来，促进了东西经济文化的广泛交流，开拓了从我国甘肃、新疆到今阿富汗、伊朗等地的陆路交通，即著名的"丝绸之路"，完全可称之为中国走向世界的第一人。汉通西域，虽然起初是出于军事目的，但西域开通以后，它的影响，远远超出了军事范围。从西汉的敦煌，出玉门关，进入新疆，再从新疆连接中亚细亚的一条横贯东西的通道，再次畅通无阻。这条通道，就是后世闻名的"丝绸之路"。"丝绸之路"把西汉同中亚许多国家联系起来，促进了它们之间的经济和文化的交流。由于我国历代封建中央政府都称边疆少数民族为"夷"，所以张骞出使西域成为汉夷之间的第一次文化交融。西域的核桃、葡萄、石榴、蚕豆、苜蓿等十几种植物，逐渐在中原栽培。龟兹的乐曲和胡琴等乐器，丰富了汉族人民的文化生活。汉军在鄯善、车师等地屯田时使用地下相通的穿井术，习称"坎儿井"，在当地逐渐推广。此外，大宛的汗血马在汉代非常著名，名曰"天马"，"使者相望于道以求之"。那时大宛以西到安息国都不产丝，也不懂得铸铁器，后来汉的使臣和散兵把这些技术传了过去。中国蚕丝和冶铁术的西进，对促进人类文明的发展贡献甚大。

苏武牧羊

匈奴自从给卫青、霍去病打败以后，双方有好几年没打仗。他们口头上表示要跟汉朝和好，实际上还是随时想进犯中原。

匈奴的单于一次次派使者来求和，可是汉朝的使者到匈奴去回访，有的却被他们扣留了，汉朝也扣留了一些匈奴使者。

公元前100年，汉武帝正想出兵打匈奴，匈奴派使者来求和了，还把汉朝的使者都放回来了。汉武帝为了答复匈奴的善意表示，派中郎将苏武拿着旌节，带着副手张胜和随员常惠，出使匈奴。

苏武牧羊

苏武到了匈奴，送回扣留的使者，送上礼物。苏武正等单于写个回信让他回去，没想到就在这个时候，出了一件倒霉的事儿。

苏武没到匈奴之前，有个汉人叫卫律，在出使匈奴后投降了匈奴。单于特别重用他，封他为王。

卫律有一个部下叫作虞常，对卫律很不满意。他跟苏武的副手张胜原来是朋友，就暗地跟张胜商量，想杀了卫律，劫持单于的母亲，逃回中原去。

张胜表示同情，没想到虞常的计划没成功，反而被匈奴人逮住了。单于大怒，叫卫律审问虞常，还要查问出同谋的人来。

苏武本来不知道这件事，到了这时候，张胜怕受到牵连，才告诉了苏武。

苏武说："事情已经到这个地步，一定会牵连到我。如果让人家审问以后再死，不是更给朝廷丢脸吗？"说罢，就拔出刀来要自杀。张胜和随员常惠眼快，夺去他手里的刀，把他劝住了。

虞常受尽种种刑罚，只承认跟张胜是朋友，说过话，拼死也不承认跟他同谋。

卫律向单于报告。单于大怒，想杀死苏武，被大臣劝阻了，单于又叫卫律

去逼迫苏武投降。

苏武一听卫律叫他投降，就说："我是汉朝的使者，如果违背了使命，丧失了气节，活下去还有什么脸见人。"又拔出刀来向脖子抹去。

卫律慌忙把他抱住，苏武的脖子已受了重伤，昏了过去。

卫律赶快叫人抢救，苏武才慢慢苏醒过来。

单于觉得苏武是个有气节的好汉，十分钦佩他。等苏武伤痊愈了，单于又想逼苏武投降。

单于派卫律审问虞常，让苏武在旁边听着。卫律先把虞常定了死罪，杀了；接着，又举剑威胁张胜，张胜贪生怕死，投降了。

卫律对苏武说："你的副手有罪，你也得连坐。"

苏武说："我既没有跟他同谋，又不是他的亲属，为什么要连坐？"

卫律又举起剑威胁苏武，苏武不动声色。卫律没法，只好把举起的剑放下来，劝苏武说："我也是不得已才投降匈奴的，单于待我好，封我为王，给我几万名的部下和满山的牛羊，享尽富贵荣华。先生如果能够投降匈奴，明天也跟我一样，何必白白送掉性命呢？"

苏武怒气冲冲地站起来，说："卫律，你是汉人的儿子，做了汉朝的臣下。你忘恩负义，背叛了父母，背叛了朝廷，厚颜无耻地做了汉奸，还有什么脸来和我说话。我绝不会投降，怎么逼我也没有用。"

卫律碰了一鼻子灰回去，向单于报告。单于把苏武关在地窖里，不给他吃的喝的，想用长期折磨的办法，逼他屈服。

这时候正是入冬天气，外面下着鹅毛大雪。苏武忍饥挨饿，渴了，就捧一把雪止渴；饿了，扯一些皮带、羊皮片啃着充饥。过了几天，居然没有饿死。

单于见折磨他没用，把他送到北海边去放羊，跟他的部下常惠分隔开来，不许他们通消息，还对苏武说："等公羊生了小羊，才放你回去。"公羊怎么会生小羊呢，这不过是说要长期监禁他罢了。

苏武到了北海，旁边什么人都没有，唯一和他做伴的是那根代表朝廷的旌节。匈奴不给口粮，他就掘野鼠洞里的草根充饥。日子一久，旌节上的穗子全掉了。

一直到了公元前85年，匈奴的单于死了，匈奴发生内乱，分成了三个国家。新单于没有力量再跟汉朝打仗，又打发使者来求和。那时候，汉武帝已死去，他的儿子汉昭帝即位。汉昭帝派使者到匈奴去，要单于放回苏武，匈奴谎说苏武已经死了。使者信以为真，就没有再提。

第二次，汉使者又到匈奴去，苏武的随从常惠还在匈奴。他买通匈奴人，私下和汉使者见面，把苏武在北海牧羊的情况告诉了使者。使者见了单于，严厉责备他说："匈奴既然存心同汉朝和好，不应该欺骗汉朝。我们皇上在御花园射下一只大雁，雁脚上拴着一条绸子，上面写着苏武还活着，你怎么说他死了呢？"

单于听了，吓了一大跳，他还以为真的是苏武的忠义感动了飞鸟，连大雁也替他送消息呢。他向使者道歉说："苏武确实是活着，我们把他放回去就是了。"

苏武出使的时候，才四十岁，在匈奴受了十九年的折磨，胡须、头发全白了。回到长安的那天，长安的人民都出来迎接他。他们瞧见白胡须、白头发的苏武手里拿着光杆子的旌节，没有一个不受感动的，说他真是个有气节的大丈夫。

汉武帝立子

汉武帝是一代明君，刚继位就有治国平天下的理想抱负，而且很想干出一番事业。

汉武帝采取了一系列措施，汉朝无论在经济、政治、文化、外交等各方面都有了稳步发展。

但是美中不足的是，他结婚后一直没有儿子，大臣们和他都很着急。在封建社会，国君如果无子，是关系到江山社稷的大事。

汉武帝心里也很焦急，但是妻妾就是没有生儿子的，汉武帝以为是上天的捉弄，非常虔诚地祭拜神鬼。

直到汉武帝25岁那年，皇后卫子夫才有孕，十月怀胎，终于生了个儿子。

这一下可把汉武帝乐坏了，他给儿子取名叫刘据。

刘据长得大眼睛，水灵灵的，白白胖胖，非常惹人喜爱，汉武帝封他为皇太子。

说来也奇怪，皇后生了一个儿子后，其他的许多爱妾都为汉武帝生下了儿子。王夫人生了儿子刘闳，李姬生了儿子刘旦、刘胥，李夫人生了儿子刘髆。

儿子一多，刘据就不大吃香了。刘据一天天长大，汉武帝发现刘据为人忠厚，但是没有理想抱负，做事优柔寡断，没有魄力，便认为这孩子的才能没法和自己相比。

武帝看着刘据，有时竟自言自语道："这孩子仁慈有余，刚烈不足，不知能不能担当天下的大任？我汉朝江山能否壮丽依旧呢？"

有一次汉武帝自言自语时，正好被江充听见了，他也不吱声，悄悄地退了下去。

江充原来是赵王的门客，得罪了赵太子，赵太子想杀他，他便逃到了长安。

汉武帝认为他身为门客，竟能不畏权贵，敢告发王子，实在是难得的人才，便下令：不许赵太子再追究此事，而且还把江充留了下来，封他为直指使者，专门负责监督贵戚近臣。

江充这个人，确实有一套本领。他能够揣摩人的心思，投其所好。这次偶然机会听到汉武帝的自言自语，便知道皇上有另立太子的意思，于是他便想方设法地找皇太子的不是。

有一次江充出去做事，途中遇见太子的家人坐着马车在御道上行驶，他立即拦住了马车，对驾车之人说道："难道你不知这中间的道路是专门为皇上车马行驶的吗？你竟敢目中无君！"太子刘据知道此事后，赶紧派人去求情，对江充说："不要上奏皇上，车夫也是无意的。"

但是江充为了讨好皇上，对太子的求情置之不理，立即上奏汉武帝，还把太子求情之事说了一遍。汉武帝听后非常赞赏江充，对他说："当臣子的就应该这样不畏权贵，我没有看错人啊。"

江充因此事，更加受到汉武帝的信任。

汉武帝有个宠姬名叫赵婕妤，一日生下一子，说是怀了 14 个月才得出生。

汉武帝认为这个孩子非同寻常，和尧一样都是怀胎 14 个月才出生，将来一定会有一番大作为。再加上汉武帝宠爱其生母，就想立这个孩子刘弗陵为皇太子。

汉武帝的心思当然也被势利小人江充看了出来。他买通了一个叫胡巫的人，当着汉武帝的面给刘弗陵掐算前程。那个胡巫按着江充的授意说道："陛下，此子不寻常，与尧乃同命，将来定有一番大作为，必能使汉室江山更加强大！"

汉武帝听了，更加觉得刘弗陵这孩子将来能治理天下，也更加坚定了要废刘据另立刘弗陵为皇太子的决心。但是他没有理由，怕大臣们反对，所以也一直为此事苦恼。

江充又施了一计，想再次取悦汉武帝，但他没有想到自己为此丢了脑袋。

汉武帝已经年老体弱了，再加上连日劳累，更显得消瘦。江充心里非常明白，自己为了取悦汉武帝，得罪了许多人，特别是皇太子刘据，如果汉武帝死了，刘据继位，恐怕没有自己的好果子吃，所以便想帮助汉武帝废掉太子刘据。这样对自己有两大好处：一是废掉太子刘据，可以免去后顾之忧；二是可以取悦汉武帝，趁着汉武帝还没有死，再升几级，使自己的地位再巩固一些。

于是，江充又派人找来胡巫，自从那个胡巫给刘弗陵看了面相之后，汉武帝就非常信任他了。江充带着胡巫面见汉武帝，对汉武帝说："陛下，宫中蛊气冲天，一定有人在暗中诅咒陛下，如果不清除，陛下的病就很难痊愈。"汉武帝非常信任胡巫，便下令江充为专史，带领胡巫去办理此事。

江充有了皇帝的圣旨，变得非常蛮横。他带领 1000 多人，到处乱抓人，严刑拷打。他把平时那些和自己不和的人都抓了起来，有些人禁不住拷打，便屈打成招，有些人被活活打死，还有的不甘心受此屈辱，便自杀了之。一时间，数万人被活活冤死。

但是江充还不罢休，他早已把目标瞄准了皇太子刘据。一天，他让胡巫头前带路，直闯后宫，在后宫挨房挖掘，一直挖到皇后、太子宫中。虽然什么也没有挖到，但他却对外边和汉武帝说："在太子宫中挖到木人，还挖出了一卷太子所写的帛书，上面全是大逆不道的话。"地下的木人是女巫装神弄鬼、骗取钱财所用的物品。这些女巫用木头刻成人形，象征你所忌恨的人，埋入地下，从而诅咒你所忌恨之人。

汉武帝得知皇太子诅咒自己，大怒。而皇太子则知道是江充陷害自己，立即征集士兵杀了可恶的江充和胡巫。

汉武帝本来对皇太子就不满，早想废了他，一看他竟敢不经自己允许就杀了自己的宠臣，便命丞相刘屈牦带兵追捕太子。

皇太子无路可走，最后自缢而死，卫皇后也因悲愤而自杀。

汉武帝一看皇太子刘据已死，并没有立即立刘弗陵为皇太子。公元前88年，他的宠姬赵婕妤好因一点小事，竟被汉武帝下令斩首。公元前87年，汉武帝临死前才立刘弗陵为太子。

身边大臣问汉武帝："为什么因一点小事而杀刘弗陵的生母？"

汉武帝道："国家内乱，往往因皇帝年幼，而母亲很年轻，她不懂治国之道，却要胡作非为，我怕汉朝也如此，才杀了赵婕妤啊！"

众人皆悟！

霍光辅佐幼主

公元前87年，汉武帝才立刘弗陵为皇太子就病逝了。8岁的刘弗陵继位，由于亲生母亲赵婕妤被杀，所以辅佐幼主之事只能由朝中大臣担当。

大将军霍光是前骠骑将军霍去病同父异母的弟弟。由于霍去病攻打匈奴屡立战功，汉武帝便决定加封他们一家人，他的弟弟霍光因此来到了长安。

霍光为人沉着精细、公正无私、赏罚分明、不畏权贵，深得汉武帝的信任。

汉武帝知道自己病得很重，便单独召见霍光。他对霍光说："将军，我汉室江山能否昌盛，全在于将军了。刘弗陵年龄尚小，治国之道一无所知，大将军重任在肩。我虽然把辅佐幼主之事交给了你和金日磾、上官桀、桑弘羊四人，但是我还是最信任将军啊！"

霍光非常感动。霍光想自己刚到长安时，汉武帝对自己一家就非常热情，封自己做了个郎官，后来又升为奉本都尉、光禄大夫。

霍光诚恳地对汉武帝说："陛下，请放心，只要有霍光一口气在，就一定要辅佐幼主长大成人，治理好汉室江山社稷。"

汉武帝死后，霍光开始辅佐幼主刘弗陵，刘弗陵就是历史上的汉昭帝。

一个8岁的孩子，只知道玩耍，霍光也没有办法，只能哄着小皇上读书。后来刘弗陵还真的很用功，什么书都爱读。但他毕竟是孩子，朝中的政事还是什么都不懂，只有霍光帮助处理朝政。

霍光以汉昭帝的名义下令：减轻农民赋税和徭役。这项措施深受农民欢迎，农民的负担减少了，生产的积极性就高了，整个国家的农业又有了一个新的发展。农民自己手里有了粮食，安心生产，社会逐步稳定下来。

霍光还下令：厉行节约，从皇宫开始，一直到大臣们的府上，整个国家的风气也逐渐好转。

百姓安居乐业，国家也富强了，霍光的威望也越来越高。一提霍光的名字，百姓没有一个不知道的，没有一个不敬佩的，就连小孩子都知道大将军霍光是个大好人。当时流传着一首民谣：

霍光，霍光，

辅佐皇上天天忙，

社会安定国富强，

百姓生活也安康。

百姓拥护爱戴霍光，朝中大臣们大多数也都十分佩服霍光。他们看到霍光兢兢业业，而且没有半点私心，都十分敬佩。但是有几个大臣不满意，他们想皇上年幼无知，正好可以借皇上旨意为所欲为。可是有了霍光，他们就无法达到这一目的，于是十分忌恨霍光，认为霍光是他们的绊脚石，想方设法去害这位大将军。

左将军上官桀是汉武帝临终时任命辅佐幼主的一位大臣，他本想乘汉昭帝年幼无知，凭着自己的功绩在宫中胡作非为，可是霍光处处阻拦不让他得逞。

上官桀一直怀恨在心，他想把自己的孙女送进宫中，嫁给汉昭帝做皇后。而上官桀的孙女只有6岁，汉昭帝年龄也非常小，霍光没有同意。

但是上官桀不死心，他找到盖长公主，对盖长公主说："现在朝中霍光一人独揽大权。我也奉命辅佐幼主，可是霍光处处阻拦我，就连我想把我的孙女送进宫中，霍光都不让。我看他是很有野心啊，公主也不得不防。不知他还听不盖长公主一听，十分生气，心想：你不让上官桀的孙女入宫做皇后，我偏让，看你怎么办！她立即下令接上官桀的孙女入宫。

霍光想阻拦，但又怕别人说他目中无公主，连皇上姐姐的话都不听，只好忍了下来。

上官桀的孙女成了皇后，上官桀因此被封为安阳侯，他的儿子上官安也被封为桑乐侯。

上官桀如愿以偿，当然不会忘了盖长公主，他挖空心思讨好盖长公主。后来，他听说盖长公主有个情人叫丁外人，是盖长公主手下的一个仆人。上官桀找到霍光，对霍光说：“将军，给盖长公主一个面子，不瞒你说，盖长公主有个情人叫丁外人，至今没有官职，不如封他个侯，盖长公主也有个台阶下啊!”

霍光一听，大怒道：“盖长公主与丁外人有私情我不管，但是丁外人无功，我不能封他。高祖在世时，曾经杀马誓言‘无功不封侯’。我既然辅佐皇上，我就不能破了规矩。”

上官桀自讨了个没趣，当然不甘心，便把霍光的话告诉了盖长公主，并添枝加叶了许多，盖长公主也因此而忌恨霍光了。

桑弘羊也是辅佐汉昭帝的一位大臣，他也想借此机会扩大一些自己的权力，让自己的子弟在朝中谋个职位。可是霍光不给面子，一口回绝了他的要求。桑弘羊十分气愤，心想：你我同朝为臣，共同辅佐幼主，你为什么权力无边，而我则连给自己子弟谋个职位的权力都没有，我岂能如此受制于你?

桑弘羊知道自己身单势孤，无法和霍光抗衡，便与盖长公主和上官桀勾结在一起。盖长公主和上官桀也想多拉拢一些大臣，所以很快就达成了一致。三人相互勾结，伺机陷害霍光。

有一次霍光去检阅御林军，他怕上官桀等人乘机到自己府上作乱，便把一名校尉调到他的将军府里护院。

上官桀本想到霍光府中作乱，可一看有人把守，也不敢硬攻，便又生一计，想置霍光于死地。

他派人冒充燕王的使者，怀里揣着假造燕王的信。

这个冒牌使者，见过了年仅 14 岁的汉昭帝，便把信呈上。

汉昭帝看过信后，大怒。原来信的内容是这样的：大将军霍光检阅御林军，坐的车马和皇上的一样，而且擅自调用校尉，看来想谋权篡位。我愿到皇上身边，保卫您的安全！

那个使者出来之后，把汉昭帝大怒之事向上官桀说了一遍。上官桀哈哈大笑，心想：霍光你必死无疑。

霍光也得知了此事，知道有人暗害自己，但又怕幼主无知，错杀了自己，让奸人得逞。

第二天，霍光见到汉昭帝，便跪倒，说道："臣有罪。"

汉昭帝用手相扶，说道："大将军何罪之有？那封信分明是别人想暗害于你。燕王远离北方，他怎么能知道你调用校尉之事呢？那一天我之所以大怒，是因此恨这些暗害你的人。"

霍光和其他大臣听了，都十分佩服这个年仅 14 岁的小皇帝。

上官桀等人一计未成又施一计，想暗杀霍光，但被别人走漏了消息。昭帝得知后，立即派人把上官桀一伙统统追捕归案。

年轻有为的汉昭帝不幸早逝，年仅 21 岁。霍光和皇太后商量，既然昭帝无子，就迎立汉武帝的孙子刘贺做皇帝。可是刘贺昏庸无道，即位仅 27 天，就做了 1000 余件不该做的事。

霍光心想：如果这样的人继续做皇上，汉室江山非毁了不可。他便和朝中几位大臣联名上书，请皇太后批准，废了刘贺这个昏君。

刘贺被废后，霍光等大臣又迎立汉武帝的曾孙刘询为皇帝，这就是汉宣帝。

霍光又辅佐汉宣帝，后来由于劳累而染病。公元前 68 年，这位辅佐幼主有功的大将军逝世，举国上下十分悲痛。皇上、皇太后亲自为他主持葬礼，而且把他安葬在汉武帝的陵墓旁边。霍光在黄泉之下又陪伴着汉武帝去了！

司马迁著《史记》

司马迁，字子长，公元前 145 年生于左冯翊夏阳县（今陕西韩城市南）。他的父亲司马谈是西汉朝廷的太史令。在父亲的严格教育下，司马迁 10 岁左右就能流利地诵读《左传》《国语》等先秦史书，十八九岁的时候又师从当时的大儒董仲舒和孔安国学习。

俗话说"读万卷书不如行千里路"，司马迁并不满足于书本中得来的知识，从 20 岁起，他开始踏遍大江南北，探访前人所留下的遗迹。司马迁从长安出发，出武关（今陕西商县东），经南阳（今河南南阳市）至南郡（今湖北江陵县）渡江，到了长沙的汨罗市，参观当年楚国诗人屈原自沉的地方。而后从长沙溯湘江而上，考察了古代传说中帝舜南巡死葬的九嶷山（今湖南宁远县境），又顺沅江而下，东浮大江，南登庐山，考察大禹治水的遗迹。

司马迁

游历了江南之后，司马迁渡江北上，首先到达淮阴（今江苏淮阴区东南），向当地父老请教汉初大将淮阴侯人韩信的故事；然后渡过淮水，到鲁（今山东曲阜）去感受孔门遗风。之后他先后游览了秦始皇东巡郡县曾到过的峄山，西楚霸王项羽建都的彭城（今江苏徐州市），刘邦起兵的沛县（今江苏沛县东）。

司马迁这一次长途跋涉，考察了历史遗迹，了解了许多历史人物的遗闻逸事和民情风俗，开阔了眼界，扩大了胸襟。

二十五六岁的时候，司马迁因为才华出众受到武帝赏识，入仕为郎官，并于公元前 111 年秋后，奉武帝之命出使巴蜀以南，视察安抚西南少数民族地区。当他第二年正月从西南回来时，才发现父亲司马谈已经病危。司马谈在病榻上握着司马迁的手流泪说："自从孔子传道以来四百余年，诸侯自相兼并，史书废绝。现在海内一统，贤者众多，我做太史令却也没能著书记载，以致天下史文缺失，深愧于心，你一定要记挂着这事啊。"司马迁流泪答应了父亲的要求。

公元前 108 年，司马谈逝世后的第三年，司马迁果然做了太史令，并在此后两年里参与了太初历的制定。太初历完成之后，他把大部分的精力都投入史书

的著述中去。

　　就在司马迁呕心沥血地为自己的理想奋斗的时候，一场大祸却向他靠近了。公元前99年，汉武帝的小舅子、贰师将军李广利率领3万骑兵在祁连山进攻匈奴右贤王。武帝知道自己的小舅子没什么大本事，又派了将军李陵（李广的孙子）率领5000步兵进袭居延海以北大约一千里的地方，想分散匈奴人的兵力，让李广利打个漂亮的胜仗。结果李陵率领的汉军被匈奴单于的8万骑兵所包围，血战8天，军队弹尽粮绝，救兵无望，李陵仰天长叹说："我没脸面去回报皇帝了！"于是就投降了匈奴。

　　单于因为平素就听说过李陵家的名声，就把自己的女儿嫁给李陵。这个消息传回汉朝后，恼羞成怒的汉武帝下令杀了李陵全家。司马迁看不惯满朝大臣落井下石的丑态，也为老将军李广的后人遭此待遇而不平，就上书为李陵辩白，称李陵投敌是罪无可恕，但情有可原，李陵一定是想忍辱偷生，找机会再报答国家。可这时的武帝已经听不得不同意见，他把司马迁的直言当成了对自己偏袒李广利的影射，就将司马迁下狱，定为死罪。

　　武帝时代犯死罪的人，除了俯首受诛外，根据两条旧例可以免死：一条是拿钱赎罪；一条是受宫刑。司马迁官小家穷，只能在死与受宫刑之间做出选择。这时是公元前99年，司马迁的史书还未写就。最终他决定，为了完成著史的工作，宁可忍受宫刑的屈辱。

　　司马迁出狱后，做了中书令，以宦官身份在内廷侍候武帝。这时他官位比太史令尊显，但司马迁除了坚持他的著述工作以外，对朝廷内外的一切事务，已经毫无兴趣了。

　　司马迁的著述，大致于公元前93年完成。这本书下笔质直，不虚美，不隐恶，因此触怒了武帝，被汉武帝将其中指斥朝政最多的《景帝本纪》和《今上本纪》（汉武帝自己的本纪）削去，又寻事将司马迁下狱处死。武帝死后，朝野对武帝在位时的政策进行了全面的反思，这时司马迁的《史记》才由他的外孙杨恽传播出去，很快享誉远近。

　　《史记》文笔优美，叙事生动，是历代学习散文的典范教材。《史记》的史笔也很严谨，不为权贵隐讳，开创了纪传体的体例，成为后代"二十四史"中的经典著作。现代文学家鲁迅说它是"史家之绝唱，无韵之离骚"，就是指它无论史学性还是文学性，都是无与伦比的。

昭君出塞

王昭君，名嫱，南郡秭归（今湖北兴山）人。她是汉元帝（前48—前33在位）时期的宫女，被封为昭君，晋代因为避司马昭名讳，改称为明君或明妃。元帝即位后不久，广选民间女子充入后宫，王昭君以"良家子"（清白人家的子女）被选入宫中。尽管此时的王昭君已经是相貌出众的绝代佳人，可深宫之中历来就是美女云集的地方，缺乏政治背景和财力支持的王昭君始终没有获得元帝的荣宠，甚至"入宫数岁，不得见御，积悲怨"。如果不是处在汉匈紧密联系的西汉时代，也许王昭君就只能作为一个哀怨的宫女在深宫高墙中度过孤寂的一生，而不会成为历史上那个见证汉匈融合的一代奇女子，可以说是历史给了王昭君一个机会。

昭君出塞

汉宣帝（前73—前49）时期，曾经纵横漠北的匈奴在汉朝的连续打击下已经四分五裂，匈奴大小诸王并立，先后出现了五位单于，他们互相攻击，掠夺牛马和人口，整个匈奴陷入了内战的旋涡。当时五位之中势力最强大的是郅支单于和呼韩邪单于，经过连番激战，呼韩邪单于战败，只得向西南方向退却。

此时的呼韩邪手下部众不过数万，不仅受到郅支单于的威胁，周围的鲜卑等民族也对他虎视眈眈。呼韩邪接受了部下左伊秩訾王的建议，向汉朝称臣，

打算引汉朝为外援对抗郅支单于。公元前52年，呼韩邪单于亲自到汉朝朝贺。因为呼韩邪是第一个到长安来朝见的匈奴单于，宣帝调拨了数万骑兵作为礼仪卫队迎接呼韩邪，并为呼韩邪在长安甘泉宫举行了盛大的宴会。呼韩邪向宣帝请求兵力和物资上的援助，宣帝一一答应，派长乐卫尉、高昌侯董忠率领一万六千骑兵帮助呼韩邪征讨，又将三万四千斛粮食赠予之。至此，呼韩邪单于对汉朝政府感恩戴德，一心和汉朝交好。

宣帝去世后，其子刘奭即位，就是汉元帝。匈奴的郅支单于趁机侵犯西域各国，还杀掉了汉朝的使者。汉朝的西域都护甘延寿、校尉陈汤迅速发兵平乱，斩杀了心怀不轨的郅支单于，呼韩邪单于的地位更加稳固。

公元前33年，呼韩邪单于再次入朝。这次呼韩邪期盼着和汉朝进一步密切关系，就向元帝提出了和亲的请求，元帝也愉快地答应了呼韩邪的请求。元帝要从自己后宫中挑选五位佳丽给呼韩邪。宫女们进了皇宫，如同鸟儿进了牢笼，没有人不想出去，可一听要嫁到异国他乡，可能终身不能还乡，宫女们都失去了应选的勇气，只有王昭君自告奋勇地报了名。就在呼韩邪告辞的宴会上，元帝让王昭君出来与呼韩邪单于见面。按照《汉书·南匈奴列传》的记载，此时的昭君"丰容靓饰，光明汉宫，顾景徘徊，竦动左右"。呼韩邪自然是喜出望外，汉元帝则是后悔得要命，心里打算反悔，又觉得为了女色而失信于人实在有损名声，只好眼睁睁地看着王昭君跟随呼韩邪单于去了遥远的大漠。

王昭君在汉朝和匈奴官员的护送下，离开了长安，冒着无尽的风沙来到了南匈奴的腹地。呼韩邪单于对于年轻美貌的妻子宠爱有加，将昭君封为"宁胡阏氏"，希望昭君能带来匈奴人渴望已久的和平生活。王昭君不但为呼韩邪单于生育了一个叫伊屠智牙师的王子，还帮助呼韩邪单于发展生产。从那时起，匈奴人学会了使用从汉朝输入的生产工具，逐渐发展了农业生产，不再到汉朝边境来抢劫粮食了。呼韩邪单于去世后，按照匈奴人的礼俗，昭君要嫁给呼韩邪单于大阏氏的长子。尽管这并不符合中原汉族的伦理观念，但昭君还是遵从了元帝"从胡俗"的敕令，嫁给了呼韩邪的长子，后来又先后生下了两个女儿。自从昭君出塞后，汉匈和睦共处，有六十多年没发生战争，长城内外出现了"剑戟归田尽，牛羊绕塞多"的平和景象。

王莽改制

公元前33年，王昭君出塞，不久汉元帝去世，他的儿子刘骜继承了王位，就是汉成帝。

汉成帝一继位，他母后家族便开始掌握朝中各个要职。汉成帝尊母后王政君为皇太后，又在母后的提议下，拜大舅王凤为大司马、大将军，封王家10人为侯、5人为大司马。

汉朝一些老忠臣看不惯，便向汉成帝上疏，阐述不能让外戚专权，应从吕后夺权之事吸取教训。

这事让皇太后知道了，她十分气愤，命人将几个老忠臣斩首。

王莽

这种历史上空前的外戚专权的政治局面，使得王莽有机会夺权，为西汉的灭亡埋下了祸根。

王莽的父亲是王曼，是皇太后同父异母的兄弟。但是王曼在成帝登基之前就死了，因此在王政君被封为皇太后、王氏5人被封侯时没能得封。

王家的这些人得到了朝廷的封赏，又担任了许多要职，再加上有靠山，因此在朝中颐指气使，专横跋扈。他们的子弟也一样，不学无术，整日游手好闲，在长安城玩鸡斗狗，花天酒地。

但是王曼之子王莽却与他们大相径庭。由于他父亲早逝，没有得到封赏，所以家境贫寒。王莽生活十分简朴，而且非常勤劳。在家里，他非常孝顺自己的母亲，对早逝的哥哥留下的寡嫂和侄儿也很关心，但是这些情况并没有阻止王莽刻苦读书的劲头。他知道叔伯等人都在朝中当大官，一旦他读书有成，定会得到他们的引荐。所以王莽虽然年纪轻轻，却也博学诗书，把四书五经读得滚瓜烂熟。

机会终于来了，做了皇太后的王政君想到了王曼留下的妻儿，派人把王莽一家人接到宫中生活。王莽有机会结交上层社会的人了。由于王莽很有知识，所以在社会上经常与文人学士交往，而且非常谦恭有礼，得到了社会文人的普遍称赞。

他对自己的伯伯叔叔更是拼命地巴结，事事小心，恭顺备至，希望有一天得到他们的栽培。

有一年，担任大司马、大将军的王凤得了重病，王莽日夜服侍，跟孝敬自己父亲一样孝敬他。王莽为王凤煎汤尝药，擦洗梳理，端屎端尿。为了照顾好大伯父，他顾不得自己洗脸理发，夜里和衣而卧。一个多月后，王凤好多了，而王莽却瘦了几圈。王凤非常感动，认为这孩子非常孝顺，比自己的亲儿子还好，因此特别喜欢王莽。再加上王莽肯读书，也很有学识，更得到了王凤的赞赏。王凤临死前，向皇太后和汉成帝推荐王莽，王莽被任命为黄门郎，不久又升迁为射声校尉。年仅24岁的王莽开始了仕途生涯。

王凤死后，王莽的叔父王商也非常喜欢这个侄子，经常拿王莽教育自己的儿子。公元前16年，成都侯王商上书成帝，推荐王莽，朝廷中的儒学名士也纷纷举荐，汉成帝封王莽为新都侯，晋升为骑都尉、光禄大夫、侍中。又过了几年，大司马骠骑将军王根年老而退，他不想让大权旁落，又举荐自己的侄儿王莽，汉成帝同意了。王莽终于做上了大司马，他那时只有38岁，就掌握了朝政大权。

王莽当了大司马后，更加礼贤下士，俭朴自律，深受朝中大臣们的尊敬。

公元前7年，汉成帝死了，他的侄子刘欣继位，就是汉哀帝。汉哀帝继位，虽然尊王政君为太皇太后，但是外戚傅、丁两家的势力压过了王家。王莽适时而退，回到了自己的封地，闭门不出，被大臣们称赞有古人风范。

汉哀帝酒色过度，只做了6年皇帝就死了。他没有儿子，太皇太后就把汉哀帝的堂弟刘衎立为皇帝，就是汉平帝。那时汉平帝仅9岁。太皇太后又把王莽召入朝中，重新担任大司马。这样，朝中的大权便落到了王莽手中。

王莽当上大司马后，吸取了教训，找借口消灭了傅、丁两家的势力，为自己的夺权扫清了道路。

公元 2 年，郡国大旱，王莽拿出自己的钱财来救济贫民，深得百姓的爱戴。

公元 3 年，太皇太后为平帝挑选皇后，大臣们认为王莽的小女儿，又聪明又漂亮，应该做皇后。但王莽不同意，说自己的女儿无才无德，不合适。大臣们纷纷上书，太皇太后这才立王莽的小女儿为皇后，王莽也因此得到了大臣们的普遍称颂。

平帝渐渐长大，看到自己的母亲只被封为中山王后，而两个舅舅为关内侯，都留在中山封地上，不许来京城，不免有些怨恨，不时会吐出几句怨言。

王莽知道，一旦平帝长大，就会要了自己的脑袋，所以他先下手为强。公元 5 年，他乘给平帝上封的机会，用毒酒毒死了汉平帝。

平帝死后，王莽从刘家宗室中选了个两岁的婴儿立为皇帝，叫作孺子婴，王莽自然当上了假皇帝（假，代理的意思）。

朝廷里的大臣们，有好多想做开国功勋，便用迷信的东西鼓吹王莽应做皇帝。

这一次王莽没有推辞，公元 9 年，王莽正式做起了皇帝，改国号为"新"。西汉终于随着王莽的登基而灭亡。

王莽做了皇帝后，进行了改制。

他宣布：全国土地改称"王田"，不准买卖；奴婢改称为"私属"，禁止买卖；平抑物价，改革币制。

王莽改制具有明显的复古主义色彩，不符合历史发展的潮流，因此矛盾不但没有解决，反而加深了。

王莽还出兵攻打匈奴和高丽，激起了他们的反抗。

王莽改制给人民带来了无边的痛苦，人民忍无可忍，终于起来反抗，农民大起义在全国各地兴起。王莽在农民起义的怒吼中，带着他的倒行逆施，被历史埋没了。

绿林赤眉起义

王莽篡位后对人民进行残酷压榨，加上一连串的天灾，逼得农民家破人亡，走投无路，纷纷聚集起来起义，东方和南方都有大批的农民起来反抗官兵。

公元17年，南方荆州大旱闹饥荒，老百姓不得不到沼泽地区挖野荸荠充饥。由于人多野荸荠少，引起了老百姓的互相争夺。当时，新市有两个非常有名望的人，一个叫王匡，一个叫王凤，他们二人看到这种情形，就出来给农民调解，因此，他们受到农民的拥护，大家就公推他们当首领。

王匡、王凤就把这批饥民组织起来起义，一下子就聚集了好几百人，还有一些逃亡的犯人听说后也来投奔他们。

王匡他们迅速占领了绿林山作为根据地，不断攻占附近的乡村。这支起义军队伍一天天壮大起来，后来发展到七八千人，由于他们隐在绿林山中，因此被人们称为"绿林军"。

绿林军的发展壮大，引起了朝廷的恐慌，王莽派了两万官兵去围剿绿林军，结果被绿林军打得大败而逃。绿林军趁势攻下了几座县城，打开监狱，放出囚犯，还把官家粮仓里的粮食，一部分分给当地穷人，大部分搬到绿林山。这样一来，投奔绿林山的穷人越来越多，起义军的人数一下子增加到五万多。

第二年，绿林山上不幸发生了疫病，好多士兵都得了这种病，五万人差不多死了一半，还有一半人马被迫离开绿林山，后来分作三路人马——新市兵、平林（在今湖北随县东北）兵和下江兵。这三路人马各自又扯起造反大旗，占领一块地盘，同官兵不断作战，队伍又渐渐强大起来了。

当南方的绿林军在荆州一带打击官兵频频告捷的时候，东方的起义军也一天天发展壮大起来。琅琊海曲有个姓吕的老大娘，她的儿子是县里的一个公差，因为不肯依县官的命令毒打没钱付税的穷人，竟然被县官杀害了。县官如此残暴，这一来激起了公愤，有上百个穷苦农民组织起来替吕母的儿子报仇雪恨，杀了县官，还用火烧了衙门。然后这些人就跟着吕母逃到黄海里，去躲避官兵的追捕，但是他们一有机会就常常上岸打官兵个措手不及。

这时候，另一个起义领袖琅琊人樊崇在山东莒县起义，带领几百个人占领了泰山。吕母死后，她手下的人投奔樊崇起义军。不到一年工夫，起义军就发展到一万多人，士兵作战勇猛，特别善战，在青州和徐州之间来往打击官府、地主。

樊崇的起义军很讲纪律，规定谁杀死老百姓就要被处死，谁伤害老百姓就要受惩罚，所以，百姓能衷心拥护他们。

公元22年，王莽派太师王匡和将军廉丹率领十万大军去镇压樊崇起义军。樊崇做好准备，跟官兵大战。为了避免起义兵士跟王莽的兵士混杂，难以区分，樊崇叫他的部下都在自己的眉毛上涂上红颜色，作为识别的记号。这样，樊崇的起义军得了一个别名，叫"赤眉军"。

王莽的军队和赤眉军打了一仗，结果，赤眉军大胜，官兵打了败仗，逃散了一大半。太师王匡的大腿被樊崇扎了一枪，狼狈地逃了回去；将军廉丹在乱军之中被杀了。赤眉军越打越强，越战越勇，队伍一下子发展到了十多万人。

绿林、赤眉两支起义大军分别在南方和东方打败王莽军的消息一传开，各地方的农民都活跃起来。黄河两岸的大平原上大大小小起义军有几十路，有一批没落的贵族和地主、豪强也趁机起兵，反对王莽。

南阳郡春陵乡的豪强刘縯、刘秀兄弟两人，因为王莽废除汉朝宗室的封号，不许刘姓人做官，心里怨恨，发动族人和宾客七八千人在春陵乡起兵。他们和绿林军、赤眉军三路人马联合起来，接连打败了几名王莽的大将，声势就强大起来了。

绿林军的几支队伍没有统一的指挥，将士们认为人马多了，必须有个首领，才能统一号令。一些贵族地主出身的将军，利用当时有些人的正统观念，认为一定要找一个姓刘的人当首领，才能符合人心。

绿林军里姓刘的人很多，该推谁做首领呢？春陵兵想推刘縯，可是新市兵和平林兵的将领怕刘縯势力太大，一定要立一个破落的贵族刘玄做皇帝。刘縯又提出等消灭了王莽、收服赤眉军以后，再立皇帝，也遭到反对。刘縯觉得自己力量不够，也只好同意了。

公元23年，绿林军各路将士就正式立刘玄做皇帝，恢复汉朝国号，年号"更始"，所以刘玄又称更始帝。更始帝拜王匡、王凤为上公，刘縯为大司徒，刘秀为太常、偏将军，其他将领也各有各的封号。

绿林军经过艰苦奋战，直捣都城长安，杀死王莽。

刘秀率军到达黄河以北封地后，在郡县中考察官吏，废除王莽苛政，恢复汉朝官名，吏民都十分喜爱他。一次，南阳的邓禹骑着快马追赶刘秀，一直追到邺城，刘秀问："我是专门负责任命官员的，你远道而来，难道是想当官吗？"邓禹答："我不是想当官，只是希望您的盛德远播海内，我能够贡献微薄的力量，借机名垂青史罢了。"刘秀大笑，便留他住宿。邓禹劝他："如今山东还没有平定，赤眉、青犊之类的义军大都有上万人。更始帝乃是平庸之人，将领也都平平常常，只为钱财子女着想，没有远大志向。您当务之急，是应该广邀各路人才，争取民心，重建高祖的大业，拯救百姓，这样，天下不愁安定不了。"刘秀觉得他有谋略，所以每遇大事都与他商量。这时，更始帝派使者立刘秀为萧王。

更始帝迁都长安后，淫欲无度，将宫中大权交给赵萌，赤眉军趁机率兵攻打长安。他们为了名正言顺，也商议立一位汉朝宗室后代为首领，以诛伐更始皇帝。在此之前，赤眉军抢先抓到故式侯刘萌的儿子刘盆子，于是便让他在军中放羊，他年仅十五岁，整日披头散发，赤足破衫。此时赤眉军想到他，便立他为上将军，当刘盆子见到众人拜见时，吓得直哭。后来，赤眉军到达弘农，更始皇帝派兵迎击，却被打得大败。赤眉军打入长安，更始逃到高陵，其余将相百官全部投降。更始派刘恭向赤眉军请求投降，赤眉军封他为长沙王。三辅人苦于赤眉军的暴虐，都可怜更始，打算偷偷救他出来，但张邛派谢禄去吊死了更始，刘恭夜间把他的尸体收起来。更始在位二年而死。

公元25年，刘秀称帝，就是光武皇帝，定都洛阳。

后来，刘秀令邓禹率兵进驻长安，攻打赤眉军，赤眉军打算向西撤退到上陇，但被汉兵打败，又遇大雪，士兵多被冻死，于是返回长安，掘坟取宝，侮辱吕后尸体。邓禹率军再攻赤眉，没取胜，便出长安去云阳。赤眉军又进入长安。光武帝见邓禹屡败且威信下降，便派冯异代替他。邓禹感到十分惭愧，便要求与冯异共同带兵攻打赤眉军。冯异认为："赤眉军现在仍很强大，只可用恩惠来收买，难以用武力取胜。"邓禹不听劝告，急着与赤眉交战，结果又遭惨败。冯异再次整顿军队，并想出一计，与赤眉军约定时间交战。他命令战士穿戴与赤眉军相同，埋伏在路旁。天明时，赤眉军攻打冯异的军队，双方大战一天，到傍晚时，赤眉军精疲力竭，冯异的伏兵突然出现，两军衣服相混，不分

敌我，赤眉军惊慌溃败，自相残杀，乱作一团，相互践踏。冯异领兵追击，大败赤眉军。赤眉军逃到宜阳后，光武帝亲率六军，严阵以待。宜阳三面环山，地势险要，赤眉军面临绝境，大为惊慌，派刘恭向刘秀请求投降，并请赦免刘盆子死罪。

投降时，赤眉军武器盔甲堆在宜阳城西，像山一样高，降兵十余万人，光武帝分发给他们饭吃。后来樊崇、逢安因谋反而被处死，轰轰烈烈的赤眉军起义就这样彻底失败了。

绿林军和赤眉军的起义，推翻了王莽的新朝，从此，历史又翻开了新的一页。

东汉

东汉帝系表
25—220

光武帝（刘秀）	建武（32）	25	顺帝（刘保）	建康（1）	144
	建武中元（2）	56	冲帝（刘炳）	永憙（1）	145
明帝（刘庄）	永平（18）	58	质帝（刘缵）	本初（1）	146
章帝（刘炟）	建初（9）	76	桓帝（刘志）	建和（3）	147
	元和（4）	84		和平（1）	150
	章和（2）	87		元嘉（3）	151
和帝（刘肇）	永元（17）	89		永兴（2）	153
	元兴（1）	105		永寿（4）	155
殇帝（刘隆）	延平（1）	106		延熹（10）	153
安帝（刘祜）	永初（7）	107		永康（1）	167
	元初（7）	114	灵帝（刘宏）	建宁（5）	168
	永宁（2）	120		熹平（7）	172
	建光（2）	121		光和（7）	178
	延光（4）	122		中平（6）	184
顺帝（刘保）	永建（7）	126	献帝（刘协）	初平（4）	190
	阳嘉（4）	132		兴平（2）	194
	永和（6）	136		建安（25）	196
	汉安（3）	142		延康（1）	220

昆阳大战

更始帝刘玄即位后，派王凤、王常、刘秀进攻昆阳。他们很快地打下昆阳，接着又打下了临近的郾城和定陵。

王莽听到起义军立刘玄为皇帝，已经坐立不安，如今连失了几座城池，更是着急，立即派大将王寻、王邑率领兵马四十三万人，从洛阳出发，直奔昆阳。

为了虚张声势，王莽军不知从哪儿去物色了一个巨人，名叫巨无霸。巨无霸长得个子特别高，身子又像牛那样粗大。他还有一个本领，就是能够驯养一批老虎、豹、犀牛、大象。王莽派他为校尉，让他带了一批猛兽上阵助威。

昆阳大战

驻守在昆阳的汉军只有八九千人。有的将领在昆阳城上望见王莽的军队人马众多，怕对付不了，主张放弃昆阳，回到原来的据点去。

刘秀对大家说："现有我们兵马和粮草都缺少，全靠大家同心协力打击敌人；如果大家散伙，昆阳一失守，汉军各部也马上被消灭，那就什么都完了。"

大家觉得刘秀说得有道理，但是又觉得王莽军兵力强大，死守在昆阳也不是个办法。商量的结果，就决定由王凤、王常留守昆阳，派刘秀带一支人马突围出去，到定陵和郾城去调救兵。

当天晚上，刘秀带着十二个勇士，骑着快马，趁黑夜冲杀出昆阳城南门。王莽军没有防备，就给他们冲出了重围。

昆阳城虽然不大，但是挺坚固。王莽军凭着人多武器精，认为攻下昆阳不在话下。他们制造一座座十多丈的楼车，在楼车上不断地向城里射箭，箭像雨点一样向城里射来。城里的人到井边打水，也不得不背着门板挡箭。王莽军又用橦车撞城，还挖掘地道想打进城里去。但是昆阳城里的汉军，防守得也很严

密，城始终没被王莽军攻破。

刘秀到了定陵，想把定陵和郾城的人马全部调到昆阳去，但是有些汉军将领贪图财产，不愿意离开这两座城。刘秀劝他们说："现在咱们到昆阳去，把所有的人马集中起来，打败了敌人，可以成大事，立大功。要是死守在这里，敌人打来了，咱们打了败仗，连性命都保不住，还谈得上财物吗？"

将领们被刘秀说服了，才带着所有人马跟着刘秀上昆阳来。

刘秀亲自带着步兵、骑兵一千多人组织一支先锋部队，赶到昆阳。他们在离王莽军四五里的地方摆开了阵势。王寻、王邑一瞧汉军人少，只派了几千兵士对付。刘秀趁敌军还没有站稳阵脚，先发制人，亲自指挥先锋部队冲杀过去，一连杀了几十个敌人。

汉军前来救援的大队人马赶到，见刘秀的先锋部队打得勇猛，也鼓起了勇气，几路人马一齐赶杀过去，王寻、王邑被迫后退。汉兵乘胜猛击，越战越勇，一个人抵得上敌人一百个。

刘秀带着三千名敢死队，向王莽军的中坚部队冲杀过去。王寻一看汉军人少，不放在眼里。他亲自带着一万人马跟刘秀交战。但是一万人还真打不过刘秀的敢死队。打了一阵，王寻的军队开始乱了起来。汉兵越打越有劲儿，大家看准王寻，围上去乱砍乱杀，结果了王寻的性命。

昆阳城里的汉军王凤、王常，一见外面的援军打了胜仗，就打开城门冲了出去，两下夹攻，喊杀的声音震天动地。王莽军一听主将被杀，全都慌了神，乱奔乱逃，自相践踏，沿路一百多里，丢下大批王莽军的尸首。

这时候，天空突然暗了下来，响起了一声大霹雳，接着狂风呼啸，大雨像倾盆一样地直倒下来。巨无霸带来助威的猛兽，也吓得直打哆嗦，不但不往前冲，反而往后面乱窜。汉军一股劲儿往前追杀，王莽军好像决了口子的大水一样直往滍水（在今河南鲁山，现名沙河）那边逃奔，兵士掉在水里淹死的成千上万，把滍水也堵塞了。

当王莽军大将王邑逃回洛阳的时候，四十三万大军只剩下几千人。

汉军打扫战场，战场上到处都是王莽军丢下的兵器、军车、粮草。汉军搬了一个多月，都没有搬完，最后放了把火，把剩下的烧了。

昆阳大战消灭了王莽主力的消息，鼓舞了各地人民，他们纷纷起来响应汉军。有不少人杀了当地的官员，自称将军，等待汉军的命令。

更始帝派大将申屠建、李松率领汉军乘胜进攻长安。王莽惊慌失措，把关在监狱里的囚犯都放出来，拼凑了一支军队，抵抗汉军。但是这样的军队怎么肯替王莽打仗，还没有接触，就陆续逃散了。

不久，汉军攻进长安城，城里的居民纷纷响应，放火烧掉未央宫的大门。大伙儿高声吆喝，要王莽出来投降。王莽走投无路，带了少数将士逃进了宫里的一座渐台。那座渐台，四面是水，火烧不到那里。

汉军把渐台一层层围起来，一直围上几百层，等渐台上的兵士把箭都射完了，汉兵冲上台去，结果了王莽的性命。

王莽新朝维持了十五年，结果土崩瓦解。

声东击西计取济南郡

公元 25 年，东汉光武帝刘秀占领洛阳后，便开始了消灭割据势力的战争。

占据山东半岛一带的张步设立百官，自立皇帝，建都于剧（今山东寿光），与刘秀分庭对抗。

公元 29 年，刘秀派大将耿弇领兵前往讨伐。张步得知汉兵前来进攻，即令大将费邑领兵力屯驻历下（今山东济南）及其以南的泰山、钟城等地，建立连营数十座，严阵以待。

耿弇率领大军渡过黄河，以迅雷不及掩耳之势直取祝阿。守军措手不及，弃城而逃。耿弇网开一面，让溃军退往钟城。钟城守军见此惊恐万状，弃城逃走。耿弇乘势而入，相机占领祝阿、钟城。

耿弇得知巨里城的守将是费邑的弟弟费敢，便决定围攻巨里，引蛇出洞，在野战中歼灭费邑主力。于是，耿弇领兵直逼巨里城下，令部队砍伐树木，堆积柴草，扬言要填平城壕，夷平巨里。城中守军见此情景，惶惶不可终日。

耿弇从归降者口中得知费邑正在准备增援，知道敌人已经中计。为使费邑深信不疑，他又下令所属各部 3 日内将攻城器械准备完毕，并且还有意地放走

了一些俘虏。费邑从归俘中得知耿弇即将攻打巨里，匆忙率领3万人马，日夜兼程地赶往救援。耿弇探明费邑已经出动，便留下3000人马监视巨里城，其余全部人马由他带领前往迎敌。费邑确信汉军正在围攻巨里，生怕行动迟缓巨里有失，就急急忙忙地长驱直入。正走之间，突然伏兵四起，人马霎时被汉军截为数段，首尾不能相顾。在一片混乱中，费邑战死，3万人马全部被汉军歼灭。

耿弇令部属将费邑首级拿到巨里城下示众。城里守军看见后，个个丧魂落魄。费敢自料不能支持，带领全部人马仓皇突围。耿弇挥军进击，连克敌营40余处，占领了济南郡。

张步为了阻止耿弇继续进攻，以1万兵力据守临淄，另派其胞弟张兰领精兵2万扼守临淄西北40里的西安城。耿弇挥军进至两城之间的画中镇，切断两城与剧城间的交通联络，声称先取西安城，并令部队务必在5日内做好一切攻城准备。张兰得知耿弇将要攻城，日夜不停地修筑营寨，积草屯粮，赶制弓箭，决定长期坚守。临淄守将仗着城高池深，本来就存有轻敌之心，又见汉军忙着攻打西安，便放松了戒备。

第五日，耿弇却令全力攻打临淄。将领听到命令，不解其意，耿弇解释道："西安城小，兵众，近来又加强了守备，很难一举攻克。如今临淄守军兵力单薄，戒备不严，我趁其不备发起猛攻，必能一举奏效。临淄被我攻取，西安守军自感孤立，张兰与张步已被我隔绝，互不知情，必然弃城逃跑。如果先攻西安，伤亡必多，即使攻取下来，张兰退兵到临淄与张步会合据守，我军必然又要付出更大伤亡方能取胜。再说，我军深入敌境，运输困难，旷日持久，不战自困。我之所以要声言先攻西安，只不过是一个声东击西之计罢了。"众将听罢，频频点头，随即转兵攻打临淄，仅半天就歼灭临淄守军。张步见汉军攻下临淄，自料难以坚守，便连夜领兵逃往剧城。

耿弇进入临淄后，认为张步虽然连遭挫败，但兵力依然雄厚，遂决定设计歼敌。为激怒张步前来反攻临淄，耿弇放言："我军连战皆捷，征战疲劳，无须急忙进攻剧城，可从容休整，谅张步小子绝不敢轻易前来送死。"张步闻讯暗自欢喜，随即让其3个弟弟张兰、张弘、张寿分别带领所属人马先行，自己亲率中军在后，20万大军进到临淄城下，直逼汉营挑战，结果又被耿弇打得一败涂地。

张步走投无路，最后只得在平寿向汉军投降。至此，齐地 12 郡疆土全归汉邦。

刘秀建东汉

新朝末年，新汉两军在中原地区进行的一场战略决战，这场大战的主战场在昆阳一线（今河南省叶县），故称为昆阳之战。昆阳大战中，刘缤和刘秀以少胜多，消灭了王莽的主力，这哥俩的名声便越来越大。一些将军见刘氏兄弟的威望超过他们，便在暗地里向更始皇帝说刘缤的坏话。刘秀早就看出苗头，便对刘缤说："我看事情不太妙，哥哥您还是多加小心吧。"刘缤只是笑了笑，不放在心上。果然，更始皇帝听信谗言，借口刘缤违抗命令，把他杀了。

刘秀这时正在前线带兵作战，听说自己的哥哥被杀了，他知道自己的力量太弱，敌不过刘玄，就马上赶到宛城（今河南南阳市），向更始帝刘玄赔不是。他绝口不提自己在昆阳大战中的功劳，也不敢给自己的哥哥戴孝。吃饭喝酒，有说有笑，完全和平时一样，好像根本就没有什么忧伤。

这样一来，更始帝反倒有点过意不去，他封刘秀为破虏大将军，把他留在宛城，但不予重用。公元 23 年九月，汉军攻入长安，杀死了王莽，新朝覆灭了。更始帝迁都洛阳，修理宫殿。刘秀到了洛阳专门办理修理宫殿的事，整天有说有笑，没事儿似的。可他的秘密却被他的心腹冯异发现，冯异曾经跟刘秀在他的卧房里谈过一次话。当时冯异发现刘秀的枕头湿了一大片，明白刘秀忍辱负重，是在寻找创建大业的机会。

这时候，新朝王莽政权已经四分五裂，各地的豪强、大族都纷纷起兵，有的自称为王，有的自称为帝，有的自封为将军，各踞一方。

为了安抚河北，更始帝派刘秀带着少数兵马，离开洛阳，刘秀终于得到一个摆脱困境的机会。

刘秀到了河北以后，就废除了王莽的严刑苛法，释放囚犯，平反冤狱，很得民心。据说当地的官吏对他很满意，都抢着拿酒食去迎接慰劳他。

刘秀还招兵买马，扩充实力，当时河北一带有不少割据势力，有一个卖卜人王郎，冒充汉成帝的儿子，被拥立为皇帝。刘秀杀了王郎，搜到了各个郡县的官吏和豪强私通王郎、毁谤刘秀的信件几千封。刘秀看也不看，就当着大家的面都烧了，说："让那些睡不着觉的人安心吧！"

刘玄得到王郎已被击灭的消息，派使者封刘秀为萧王，要他解散军队，带领有功将帅到长安领受封赏，同时任命苗曾、韦顺、蔡充等到河北任地方长官，实际上是剥夺刘秀兵权，调虎离山，自己独占胜利果实。但此时的刘秀已不同于昆阳之战时势单力薄，只能俯首听命委曲求全。他接受了"萧王"的封号，但借口河北尚未平定，拒绝回到长安，同时极力扩展自己的力量。他不但不解散军队，反而派吴汉、耿弇等大量征发沿边

光武帝刘秀

十郡的精锐边兵，并杀掉拒绝听命的苗曾、韦顺、蔡充等更始政权新派来的地方长官，开始了独立自主的活动。

公元25年，刘秀在部下的推举下称帝，这就是汉光武帝。

这时，更始帝刘玄已经定都长安，他整天吃喝玩乐，大臣们找他商议事情，他都因为酒醉而无法商谈。他大封宗室，还纵容手下的士兵抢劫，引起百姓的不满。

樊崇率领20万赤眉军夹攻打长安，更始帝的军队连打了好几个败仗，急得更始帝不知怎么办才好。有的将领劝他暂时离开长安，更始帝反而杀了他们。王匡等将领索性率部下投奔了赤眉军。

赤眉军顺利地攻下长安，推翻了更始皇帝刘玄。他们要立一个新皇帝，但摆脱不掉正统观念，所以就立一个15岁的放牛娃刘盆子为皇帝，因为据说他的血统跟西汉皇族最为接近。

赤眉军进了长安以后，富商和地主囤积粮食，长安发生了饥荒，天天有人饿死。

樊崇没有办法，只好率军西进，但是，西边的粮食也很难找到，而且还受到地主豪强势力的拦击。赤眉军又掉转头来，向东走。

这时，刘秀已经占领了洛阳，他最强劲的对手就算赤眉军了。他一听说赤眉军向东转移，就调兵遣将，设下埋伏。

光武帝刘秀派大将军冯异带领军队，把赤眉军引向东边。冯异用计策把大队赤眉军引到崤山下包围起来，同时派人到赤眉军那里下战书，约定时间和地点会战。忠厚老实的农民军不知道这是陷阱，就按约定发起了进攻。冯异只派出少数兵应战，赤眉军不知是计，看到汉军人少，就全军出击，就在这时，埋伏在道路两旁的汉军冲了上来，他们的打扮和赤眉军一模一样，双方混战在一起分不清哪个是汉兵，哪个是赤眉兵。

正当赤眉军不知所措的时候，冒充赤眉军的汉兵突然大叫："投降！投降！"赤眉军军心大乱，汉军乘机解除了他们的武装。这一战有 8 万多人投降。

樊崇突出重围，带着剩下的赤眉军十几万人，继续向宜阳（今河南宜阳县）方向转移。

冯异迅速报告了光武帝，光武帝亲自带领大军亲征。

赤眉军到达宜阳后又饿又累，根本就没有力量作战。可是等待他们的是光武帝亲自带领的大批精兵，光武帝指挥预先布置好的两路人马出击，把赤眉军包围起来。

樊崇无奈，只得派人去谈判。刘秀答应不杀刘盆子和投降的赤眉军之后，樊崇就率领全军投降了。

刘秀下令赐给粮食，让十几万饥饿的赤眉军饱餐了一顿，安定了军心。刘秀又把刘盆子等人带回洛阳，分给他们土地房屋。但是没过几个月，就杀害了赤眉军的首领樊崇，除掉了心腹大患。

赤眉军失败后，刘秀统一了黄河中下游的广大地区，还削平了各地的割据势力。他派部将去攻打陇右的隗嚣和蜀地的公孙述，对他们说："你们打败隗嚣后，马上带兵南下进攻公孙述。唉！人就是不知足啊！已经平定了陇右，又想着要得到蜀地。"以后，这段话就演变成了"得陇望蜀"这个成语。

经过长期的战争，到公元 40 年，刘秀终于统一了全国。

刘秀即光武帝，都城洛阳，为了和刘邦建立的汉朝相区别，历史上就把刘秀建立的汉朝称为"东汉"或"后汉"，刘邦建立的汉朝称为"西汉"。

刘秀教子

刘秀做了皇帝，可天下并不太平，许多起义军都拥立自己的皇帝，不愿臣服刘秀。

刘秀登基以后，率军南征北战，先后用了十几年的时间，才打败了其他势力。重新统一了中国，中国的版图也基本恢复到西汉时的样子。

别看刘秀戎马半生，可他十分厌恶战争。他觉得是战争使百姓颠沛流离，无家可归；也是因为战争，国家才四分五裂，江山才动摇不定。

有一天，皇太子问他："父皇，您给儿臣讲讲您是如何平息战乱的事吧！将来儿臣也可以像您一样，驰骋沙场，平息叛乱！"

光武帝听了很不高兴，大皱眉头，训斥自己的儿子说："一个好皇帝应该做的是如何安邦定国，使百姓安居乐业，你怎么小小年纪就喜欢战争呢？"

太子也就是后来的明帝，他继位后，东汉更加兴盛了。他谨记刘秀的教诲，不轻言开战。

刘秀在位时，不但爱惜百姓，还注重勤俭，减少后宫的开销。他本人也把精力花在处理朝政上，经常会熬到深夜。

皇太子担心他的身体，就劝阻他说："您整天这样不知疲倦地处理天下事务，身体怎么能行呢？请父皇一定要多加休息！"

刘秀从书桌上抬起头，语重心长地对儿子说："皇帝就是应该以国家为重，以百姓为重。如果贪图安逸的话，怎么能做一个好皇帝呢？"

太子刘庄频频点头称是，应声说道："儿臣谨记父皇的教诲，绝不会让您失望的！"

刘庄做了皇帝后，像他父亲一样，致力于治理国家。东汉也因此逐渐强大。

靠符谶升官的王梁

王梁（？—38 年），字君严，渔阳要阳（今北京密云）人。东汉云台二十

东

汉

八将之一。原为渔阳郡狐奴令，后投奔刘秀，被拜为偏将军。刘秀占领邯郸后，封王梁为关内侯。刘秀称帝之后，王梁历任野王令、大司空、河南尹、济南太守，先后被封为武强侯、阜成侯。

当年帮助刘秀做皇帝的赤伏符上还有一句话，叫作"王梁作主卫作玄武"。这句话谁也不知道是什么意思，一直拖到刘秀安定国家之后。

尽管符谶是假意编造的，但刘秀为了使人们相信他这个皇帝做得是理所应当，便郑重其事地对这条谶语做了解释："这意思是说一个叫王梁的人应该担任大司空（官名），去修水利。"

巧的是，当时官员中确有一个叫王梁的。虽然他没有出众的才学和能力，但却被刘秀提拔为大司空。这可让王梁高兴坏了——真是天上掉下个大馅饼啊！

王梁马上走马上任，自以为了不起，上天都照顾他，竟然对刘秀的命令也不完全听从了。

刘秀一看，"好啊，你真是放肆！"一怒之下，降了王梁的职。

王梁这下可急了，福还没享够呢，怎么就下来了呢？他琢磨来，琢磨去，论军功吧，太小，不能做大官；论家世吧，自己也不是什么名门之后……

想来想去，王梁觉得自己原来是大司空，那为什么不去修水渠呢？成功了，可就是大功一件啊！

征得刘秀同意之后，王梁马上四处征民挖河，搞得热火朝天。

可当时有人劝阻王梁，因为他的修渠计划不合常理，修不好渠不说，还会劳民伤财，做的是一番无用功。

然而，王梁对此置若罔闻，仍然一意孤行。这样一直挖了三年。

通渠这天，王梁满怀信心，亲自前去观礼。谁知，渠里的水根本就无法注入洛阳的护城河里去。这一下，王梁可傻眼了——大司空肯定做不成了。

不久，有人告到刘秀那里，要求责罚王梁。

王梁急中生智，马上上书要求辞官，想保住性命。

刘秀一看，王梁确实是无能之辈，留他在京城，反而会招人议论，牵扯到自己。于是他便下令让王梁去济南做了太守（官名）。

就因为符谶上的一句话，王梁做官，征集百姓，耗费人力物力修了一条废渠。由此可见符谶的危害是多么大呀！

大将军邓禹

邓禹，字仲华，南阳新野（今河南新野）人。初从刘秀镇压河北的铜马等部农民起义军，后为前将军，率军入河东，镇压绿林军。刘秀即位后，任大司徒，封酂侯。刘秀统一全国后，封高密侯。为东汉开国功臣，首任宰相，云台二十八将之首。他淡泊名利，待人敦厚，孝敬父母。天下已定，常思远离名誉和权势。教子有方，不置产业。后来，他的子孙皆称名天下。

邓禹出生于官僚家庭，他小的时候非常聪明，13岁便能诵诗，后游学长安。这时，刘秀也游学于长安，邓禹比刘秀小5岁，但他一见刘秀，就知刘秀绝非等闲之辈，刘秀天资也好，对邓禹也很欣赏，两人惺惺相惜成为好友，经常在一起形影不离。过了几年，邓禹回归家乡，静待出仕机会。

那是个瞬息万变的时代。邓禹刚回家，各地便烽烟四起，王莽政权得不到支持，反抗愈演愈烈。稍有头脑的人都面临着选择，站在王莽的新朝一边，还是站到复兴汉朝的起义者一边呢？刚刚20岁的邓禹也在观望。

公元23年，更始帝刘玄在南阳称帝，众豪杰都推荐邓禹到南阳，可是邓禹就是不肯追随。他听说好朋友刘秀被更始帝派到河北募兵时，便骑马星夜追赶，终于在邺城追上了刘秀。

刘秀见了邓禹很高兴，就说："更始帝授我拜封的专权，你远道而来，莫不是为仕进吗？"邓禹答："不是。"刘秀说："既然如此，你为何而来呢？"邓禹说："我只希望你的威德加于四海，而我将追随你，做你的臣子，尽我的微薄之力，也能在青史上留名。"刘秀笑了，留他同榻而眠，彻夜长谈。

在这个夜晚，邓禹向刘秀详细分析了形势，他说："更始帝虽在关西建都了，可是今山东地区尚未安定，赤眉军，数以万计，三辅地区，不少人自立名号，可那也不过是一群乌合之众，没有统一号召，更始帝对他们也无力控制。他们的心思都用在了争抢财物上，只图一时之快而已，并没有忠良明智，深虑远图，想辅佐皇帝安定天下的人。天下已经分崩离析，形势很明了。您对更始

帝有辅助的功劳，但现在还不能自立。依我之见，不如延揽英雄，取悦民心，这样成就高祖那样的功业，平定天下也没有什么难的。"

刘秀一听，真是英雄所见略同，非常高兴，就留邓禹在军中，把他当作军师，命令身边的人叫他邓将军。从此，邓禹成为刘秀身边重要的辅臣。

刘秀几经苦战，夺取了广阿，在河北找到了一个立脚点。那一天，刘秀站在广阿城楼上查看地图，他对身边的邓禹感叹道："天下郡国这样多，我现在好不容易才得到这么一座城，你以前说让我来谋划天下，还说平定天下不难，现在看来不容易呀！"邓禹说："当今天下纷乱，百姓渴望明君就像儿子思慕慈母一样，古来成就大事的人，主要在于对百姓能施多少恩德，而不在地盘的大小。"刘秀听了，又增加了信心，当然对邓禹也更加器重了。邓禹则尽心尽力地辅佐刘秀，为他举荐各种各样的贤能人才。

刘秀平定了河北之后，正值赤眉军进攻长安，刘秀想利用这个机会收取关中。但是河北方定，他自己走不开，就把这个重任委托给邓禹，让他率领精兵二万西定关中，还给他自由选择副手的权力。这有点像汉高祖刘邦之于萧何，而邓禹也就像萧何一样为了刘秀的事业鞠躬尽瘁，任劳任怨。

公元 25 年，即光武帝建武元年正月，邓禹率西征军进军安邑，一连几个月都没能攻下来。更始帝的大将军樊参率数万人来解救安邑。邓禹派兵迎击，结果大破敌军，把首将樊参给杀了。更始小朝廷大为震动，派出重臣王匡、成丹、刘均等人，分兵数路，共 10 余万大军合击邓禹。邓禹首战失利，将领们都看到自己的弱势，主张趁夜撤退，邓禹判断王匡等虽然兵多，但是其势不强，双方还有得一打。过了一天，王匡再次来战，邓禹严令部下只需坚守，不得出战，等王匡军嚣张地前进到营垒下面时，邓禹命令猛烈击鼓，全军突然从营内出击，将敌人打得大败，王匡弃军逃走，邓禹大获全胜，随后顺利地平定了河东。

就在这个月，刘秀在鄗城即位称帝，他派人持节来拜邓禹为大司徒，封万户侯，当时邓禹只有 24 岁。

这时离全国的统一还有一大段路要走。邓禹继续进军，完成刘秀交给他的任务。

邓禹首先渡过黄河，又击败了更始十万大军，前往关中的道路已是一片坦途。邓禹治军严明，沿途秋毫无犯，百姓成群结队地来投奔，邓禹一一加以安抚。当时赤眉军已经进占了长安，赶跑了更始帝刘玄，但赤眉军军纪很坏，百姓们都很气愤，汉军不扰民的名声传开以后，一路上守军主动投降的很多，因此进展非常顺利。

长安近在咫尺，部将们都劝他早日打进长安，但邓禹却很持重，他说："我们的兵力是越来越多了，但是真正有能力作战的并不多，而粮草军需的供应却越来越紧张。赤眉军刚刚占据了富庶的关中，我们现在进逼，等于是虎口夺食，他们肯定要拼命抵挡，我们恐怕很难取胜。不过，他们一群流寇，没什么长远打算，他们掳掠了关中的资财，也不会久居，而是会向其他地方流窜。北地三郡地广人稀，粮食、牲畜很多，正好可以休整兵马，等待时机进击长安。"

北地三郡真的陆续归附。

邓禹迟迟未进关中，刘秀急了，亲自写信去催促，但邓禹仍然坚持自己的策略。过了两个月，在长安的赤眉军发生内乱，邓禹趁长安空虚之际，率军倍道兼行，占领了长安。

不久，赤眉军再次向长安发起反攻。刘秀派大将邓弘、冯异来支援邓禹，冯异认为现在粮草短缺，士卒无战心，只宜坚守。但邓禹和邓弘认为正因为粮草短缺才需要速战速决，冯异只好少数服从多数。汉军在潼关以东阻截赤眉军，赤眉军佯败丢弃辎重车辆退走。汉军的饥卒见车上装着豆子，争相取食，就在这时，赤眉军返身杀回，汉军大败，死者数千，邓禹仅率二十四骑逃归宜阳。

邓禹不听冯异的劝阻，一意与赤眉军连续作战，结果被打得大败，不得不引咎辞去大司徒和侯爵位，降封为右将军。光武帝改派冯异全权指挥平定赤眉的作战，最终取得了胜利。

到公元35年，光武帝统一了天下，邓禹当初在邺城抵足夜谈的目标终于实现了。战事结束了，战将也就没了用武之地。邓禹的右将军之职被取消了。刘秀感念邓禹为自己做出的贡献，让他以特进的身份行朝拜之礼。

为了汉室江山，邓禹是有功的。尽管有过失利的时候，但不能减低他的功绩。他是应该享受名利给他带来的好处的，多少功臣大将都是这样过的。但邓禹毕竟是读书人，人品高尚，淡泊名利，待人敦厚，孝敬父母，不求名势，唯以谨修自守为要。

邓禹还教子有方，他有 13 个儿子，他不引导他们高官厚禄、追名逐利，而是让他们各掌握一种安身立命、养家糊口的技艺。他修整家庭伦理，教养子孙，食封邑，不置产业。后来，他的子孙皆称名天下。邓禹曾说："我曾率兵百万，未尝妄杀一人，我的后世必兴旺发达。"后来的历史证明他的预言是那么准确。

光武帝很赞赏他的处世态度，又复任他为司徒，封高密侯。邓禹实际上行宰相之职，这在东汉功臣中是罕见的破例之举。因为刘秀在东汉建立以后，是奉行"退功臣，进文吏"政策的。可见，刘秀对邓禹的尊崇。

汉明帝刘庄即位以后，邓禹以元老重臣，晋封为太傅。

公元 57 年，邓禹卧病，明帝多次上门看视，还让他的两个儿子做侍从官。公元 58 年，邓禹病逝，死时 57 岁，谥号元侯。

后来，汉明帝感慨于为恢复汉室做出巨大贡献的功臣们，让画师把这些功臣们的真容留迹于云台，所以史传此名。云台二十八将中排名第一的，就是邓禹。

当然，对邓禹是否应列二十八将之首，历来是有争议的。宋代有个叫林同的人写了一首诗：

功臣三十二，剑佩蔼云台。

第一人知否，曾闻孝母来。

清正廉明的杜诗

建武元年，刘秀刚刚进入洛阳。一切还未都安顿下来。就有人冲上大殿向刘秀报告说："侍御史（官名）杜诗把萧广将军杀了！请陛下明断！"

刘秀当时一惊，谁这么大的胆子，一个小小侍御史竟敢擅自格杀将军？于是下令把杜诗抓来，带到大殿之上。

只见杜诗从容不迫地走上大殿，毫无惧色地跪倒，听候刘秀的发落，自始至终都未见他慌张。

刘秀问杜诗："杜诗，你可知罪？"

杜诗沉声但不失坚决地答道："臣何罪之有？请陛下明示。"

刘秀一听，呀，你这么理直气壮？心里不大畅快，脸上微显怒色："你为什么杀了朕的大将？还敢说无罪？"

杜诗不但不求饶，反倒抬起头，盯着刘秀一字一顿地说："臣奉陛下命令安定洛阳。然而，萧广将军放纵士兵抢劫百姓，横征暴敛，已经违背了陛下的命令，这是第一。臣为百姓着想，已经警告过萧将军数次，而萧广非但不听，还越发放肆。这是第二。萧广的所作所为不但为害百姓，而且有损皇室的威严。此为第三。因此，臣以为，杀萧广其实并没有什么罪。请陛下明鉴。"

刘秀仔细听完杜诗的话，觉得确有道理，自己刚来洛阳，怎能随便听由部下侵凌百姓？于是，当即嘉奖了杜诗，并当众表扬了杜诗。号召群臣向杜诗学习，并还赏赐给他一件棨戟（漆好的木戟，是皇室仪仗队的用品）。

杜诗怒斩萧广之后没多久，便被派到黄河以东地区去讨伐以杨异为首的地方武装。

杜诗率军来到大阳（今山西省平陆县附近）时，四处探听民情，得知杨异打算北渡黄河，于是，当机立断，立刻派人烧毁了他们准备渡河的船。然后，杜诗又在敌军毫无防备的情况下，以骑兵突袭杨异叛军军营，斩了杨异，消灭了这支敌军，取得了平叛的胜利。杜诗也因此被任命为成皋（今河南省荥阳市）县令。

杜诗在成皋作县令期间，关心百姓，执法严明，政绩显著。3 年后又升为沛郡（今山东省南部丰县到安徽省北部五河县间的地区）都尉，再转为汝南都尉。

建武七年（公元 31 年）任南阳太守。

杜诗在做南阳太守时，经常巡视各地，体察民间疾苦，发现问题，便及时解决，深受当地民众爱戴。

一日，杜诗又到乡间访问，信步一直走到冶铁场，看到铁匠们大约十几个人很辛苦地鼓皮囊，然后用生出来的风冶铁，但是效果非常不明显，而且冶出的铁质量差，产量低。杜诗又注意到冶场临近河水，便随口而出："为什么不用水力鼓皮囊呢？"

杜诗回去以后，便召集工匠，日夜不眠地商议如何用水力来冶铁。大家群

策群力，最终想出了水排法。

水排作用非常明显，不但节省了劳力，还提高了效率，冶出的铁不但多而且还比人力冶出的铁好。后来，又不断发现缺点，随时改进。

十几年后，杜诗离任时，全郡已经有四个地方有水排，冶铁场所生产的犁铧铁釜等南阳本郡都用不完，还远销其他地方。就连乌桓、南蛮的商人也来购买，使得南阳百姓愈加富庶。

杜诗在南阳担任太守时，还亲自主持监造陂池，利于农田的灌溉；开垦荒地，建成了许多农田。经过几年的治理，全郡上下都可以说是丰衣足食，人民也安居乐业。

杜诗为人勤俭节约，政治清明，不畏强权，敢于诛杀仗势欺人的暴徒。而且，他还很聪明，经常解决一些技术性的问题。

凡是杜诗曾经任官的地方，政绩都很显著，百姓对他赞不绝口。南阳老百姓就曾经歌谣中唱道："前有召父，后有杜母。"

"召父"是指杜诗的前任官吏召信臣，而"杜母"就是指杜诗。

杜诗为政清明，为官政绩突出，但却觉得自己并无功劳。不久便给刘秀上疏，要求隐退，同时提出一套治国方策，推荐了几位贤臣。可刘秀觉得失去这样的大臣是国家的损失，考虑再三，最终没有批准他的要求。

建武十四年（公元37年），有人奏请刘秀说，杜诗病死了，可是家里穷得没有田地也没有宅院，甚至没有安葬的地方。刘秀看了奏折，为杜诗的廉洁深深地感动了，于是便下令赐绢千匹给杜家后人，杜诗的后事则由南阳太守代为操办。

杜诗一生为官，成绩有目共睹，为官清廉到死后无处安葬的地步，也是很少见的。他主持建造的水排，是我国历史上第一次将水力用于生产的成功尝试，为我国农业生产、手工业生产的发展做出了贡献。而杜诗也因此而被载入史册，为后人所敬仰。

温和的卓茂

光武帝刘秀建立东汉以后，没有仔细考虑如何建立本国的制度，再加上他还以西汉皇室的后代自居。因此，他便完全仿照西汉末年时样子，建立起东汉的官制——大司徒、大司空、大司马（皆为官名），这也就是前汉末宰相的含义了。

宰相是对这三个官僚共同的称呼，他们的权力，往往大得惊人，他们负责辅佐皇帝，总揽政务，是满朝上下的最高长官。因此，他们的权力往往与皇权相矛盾。

刘秀刚刚立国，而且不熟知国家制度，因此四处打听熟知宫中事务的人，好帮助自己完善东汉的政治制度。有人向刘秀推荐了卓茂。

卓茂年轻时，曾经在前汉宰相孔光府内任官，协助丞相处理事务，时间一长，耳濡目染，对前朝政治制度了解颇多。卓茂熟读了《诗经》《礼记》，精通历法算术，学问非常渊博，被人们称为"通儒"。意思就是，样样都通，事事都懂。

卓茂性情温和，从不与人争，因此无论什么样的人都能和他相处得很好。

当他还在丞相府任职的时候，有一次驾车出门办事。走着走着，忽然跑过来一个面庞黝黑农夫打扮的壮汉。他一把抓住马笼头，马脖子一仰，差点将卓茂摔在地上。

大汉却没有理会，反而怒气冲冲地指着卓茂鼻子说："这是我的马！"

卓茂问这人说："你的马？你的马什么时候丢的？"

大汉怒气不减，气哼哼地回答说："一个多月以前，不知被哪个偷马贼偷去了，如今可算找到了。"

卓茂听了不但不生气，反而不急不忙地对大汉说："我的这匹马，已经养了好几年了，绝不可能是你的马。所以，你一定是认错了。"

那汉子更生气了，啊，你偷了我的马，还说我认错了，岂有此理！

"你不用再狡辩了！我自己的马我能不认得吗？你看，这鬃毛，这四蹄，分

明就和我的马一模一样。你还睁着眼睛说瞎话。"一边说，一边动手开始卸马。

卓茂闭口不言语，心想再争也没什么意思。那大汉更觉得自己有理，气势汹汹地牵着马就走。

卓茂这才喊道："如果发现这确实不是你丢的马，就麻烦你把马送回丞相府吧。"卓茂只好走着回到丞相府。

过了几天，那人果然找到了自己的马。面红耳赤地牵着卓茂的马去了丞相府，很难为情地向卓茂道歉："对不起呀，对不起，你看我……哎，我……"

卓茂不但没奚落他，反而热情地拍拍他的肩膀，安慰他说："没事儿，人都有犯错的时候。"

卓茂就是这么一个人，什么事都不会发脾气，性格温和，极容易与人相处。

刘秀到处派人求访卓茂时，他正在刘玄帐下做事。他为刘玄做事的这几年中，发现刘玄根本不懂如何治国，充其量也只能为官，但要做皇帝，就是天下百姓的不幸了。当他听刘秀访求他，便逃出来去投奔刘秀。

卓茂历经千辛万苦，长途跋涉，一路上还得小心翼翼，提心吊胆，才到了河阳（今河南省孟州市），见到了刘秀。当时刘秀正在统兵进攻王郎。

刘秀看到卓茂果然来了，非常高兴，觉得自己治国有望了。于是，连忙下诏书说："卓茂品德高尚，意志坚定，性格淳朴，能力非凡，天下人都知道他的名望，理应受到重赏。朕决定任命卓茂为太傅，封为褒德侯，食邑3000户。"卓茂的两个儿子也同时被封了官。

太傅就相当于皇帝的参谋，被称为上公，位置高于其他三公。由此可见，刘秀是多么地爱惜人才，对卓茂有多重视了。

刘秀经常与卓茂商谈国事，听取卓茂的意见，有合理的就可以执行，不断完善东汉的政府机构。

有一回，刘秀又与卓茂讨论前汉时的历史，突然发问："依你看，王莽是怎么能夺取前汉的政权的呢？"

卓茂想了一会儿，说："王莽善于玩弄权术，而且总以小恩小惠笼络人心。这样一来，朝中的大臣便大半被他收买了去。"

顿了顿，卓茂又说："当时王莽是三公之一，权力极大。他在朝中培植起许

多亲信，还利用自己宰相的地位，不断地排斥和打击反对自己的大臣。"

"所以，"卓茂叹了口气，继续说道，"凡是王莽的亲信都是朝中举足轻重的大臣，而那些反对他的人都先后被他诛杀了。"

"比如说，他想让自己的女儿为皇后，王莽那些党羽得知后，每天就有上千人上书给皇帝，要求立王莽的女儿为皇后。权势之大，可不一般啊。后来，王莽毒死了平帝，自称'假皇帝'，也没有人声讨他的罪行，最后终于当上了皇帝。"卓茂用很简练的话把王莽夺权的经过告诉了刘秀。

"假皇帝"就是代理皇帝，是王莽怕人反对他做皇帝，想出来的缓兵之计。

刘秀听了，陷入沉思之中。即使在卓茂死了以后，他还经常在考虑这个问题——宰相的权力问题。

他开始想从三公手中夺权了，为的是避免将来自己权力被架空。可是当时，东汉政府还经常打仗，武将作用很大，而刘秀当初任命的三公又都是武将，所以一时之间，刘秀不能采取太大的措施革除宰相的权力。

然而，刘秀却试着与尚书谈国事，把重要的一些国家政务交给尚书台去办，尽管这些事都应该交由三公处理。虽然如此，可三公都为武将，常年统兵作战在外，刘秀没有与他们商议国事，制定决策，他们也不介意。殊不知，这正是刘秀剥夺宰相权力的第一步。

可是有一个人却注意到了刘秀的变化。他就是刘秀的妹夫李通。

李通辞官

李通也是南阳人，曾经是王莽新朝中的五威将军。虽然地位显赫，但是李通想得很长远，他觉得，像王莽这么折腾下去，迟早会亡国的。于是他就辞官不做，还认识了刘秀。

当时，天下并不太平，各地的反莽队伍风起云涌。刘秀以汉高祖刘邦的九世玄孙自居，很想光复汉室，但却苦无借口。

李通结识刘秀后，两人品味相通，逐渐成为很要好的朋友。他看出了刘秀的心思，便编造了一条图谶，作为刘秀起兵的借口，说："刘氏复起，李氏为辅"。李通把谶交给刘秀，尽管刘秀也知道是假的，可是当时的人们就对它深信不疑，刘秀就是靠编造谶语登上皇位的。

李通还解释给刘秀说："你是刘姓皇族的后代，我又正好姓李，也许这条谶语就是在指你和我吧。老天爷指示你我共同起兵，你还犹豫什么呢？"

刘秀心里甚是欣喜，终于有了起兵之借口了。刘秀接受了李通的建议，购买兵器，招兵买马，等一切准备的差不多的时候，便打着"刘"姓的旗号，在宛县（今河南省境内）起义。

刘秀从 9 岁就被叔父刘良收养了，以后就一直住在刘良家里。

当刘秀身穿绛色战袍，带领着他那支小小的队伍回去的时候，叔父看到他打着起义军的旗号，十分生气，大声吵嚷着说："我要去告发你们！"

刘秀把手指放在嘴唇上，示意叔父小声一些，低声对刘良说："叔父，这种事是不能大声嚷嚷的。否则，会招来祸事的。"

第二天，刘秀不免担心地问刘良："叔父，你什么时候去告发我们呀？"

刘良摇摇头，无可奈何地说："我自小把你养大，如亲生儿子一般，怎么能去揭发你呢？"

刘良盯着刘秀，仔细端详了半天，接着往下说道："而且，我们都是前汉皇室的后代，本身就有义务匡扶汉室，打倒王莽。昨天，我只不过是要试探一下你们的决心而已！"

这样，刘秀、李通不断地扩展队伍，攻击王莽的军队。在刘秀建立东汉的过程中，李通一直常伴左右，南征北战，立下了汗马功劳。李通一家先后有 64 人为东汉的建立而失去了生命，足以看出李通对刘秀的忠心。李通是刘秀建国过程中又一位功绩卓著的大将，后来，刘秀把自己的妹妹宁平公主嫁给了他，两个人之间关系更近了一步。

刘秀建国称帝以后，便任命李通为大司农（官员名）位置低于三公，但在九卿之列，也是高官，又是皇亲国戚。

刘秀非常信任李通，毕竟两个人一起出生入死那么多年，还成了亲戚。有时候自己外出作战，政治事务就交给李通全权处理，情谊非同一般。

天下平定下来以后，李通注意到了刘秀的变化：重要的国家政治事务，宁

愿交给地位很低的尚书去办，也不愿交给宰相；商议政务，也避开应该参加的宰相，而与尚书一起讨论。

李通心里很清楚——刘秀这是要削弱宰相的权力啊。俗话说："伴君如伴虎"，皇帝一个不高兴，做臣子的就会性命不保。尽管自己是皇帝的妹夫，官职还没到三公之列，可是，这也并不意味着可以高枕无忧了。

所以，当国内基本安定下来的时候，李通就觉得自己应该辞官，所谓："可以共患难，却不可以共富贵。"意思就是说，像刘秀这样靠自己打下江山的开国的皇帝，只能与他共同征战、创业，却不能与他一起享受荣华富贵。这是因为，统兵打战，立下汗马功劳的大臣会"功高震主"。就是说，这些大臣会让皇帝觉得不安，因为，他们的功劳太大了。

李通上书给刘秀说："近几年来，臣的身体很不好，总有疾病。所以，无法胜任大司农一职，请陛下另外挑选贤良的人来接替臣。也请陛下能恩准臣告老还乡。"

刘秀看了李通的奏折，正中他下怀，原本打算马上就批，可是转念一想："李通跟随我南征北战，战功显赫，担任大司农时，又没犯什么错，而且还是妹妹的丈夫。如果马上准奏岂不是说不过去？"

于是，刘秀便不动声色地将奏章交给大司徒侯霸等人讨论商议。

结果，让刘秀大失所望。

朝中群臣上下都认为李通英武有才，有功于国家。虽然他自己谦让，但是为了国家，也不能让他还乡。应该让李通带着官职治病。

刘秀听了群臣的议论，本来指望有人能领会自己的意思，好让自己顺着台阶恩准李通的要求，谁知事与愿违。

所以，刘秀不但没有准李通回乡，反而升他为大司空，成为宰相之一。

诏书上是这么写的："李通虽然是平民百姓出身，但尽其全力辅助朕统一天下。现在命令李通全心治病，如果时间允许，可以处理政务。"

李通一听诏书，心想，这不是一样吗？表面上看起来，好像是升官了。实际上，就是说你想参与政务，就来上朝；不想就不要来。可见，皇帝并不需要我上朝参政议政的。

李通参透其中的真实意思。虽然他官任宰相，却总是称病待在家里，很少上朝参与政务。

刘秀也很高兴，他的目的最终还是达到了。所以，李通越不来上朝，刘秀就越发宠爱他，今天，赏他粮食；明天，赐他金银。

然而，李通却从来没有安心过，无功受禄，总容易招致别人的非议。无官才能一身轻啊！

到建武十二年（公元36年）时，李通年老多病，老态龙钟，身体是确实不好了。在李通的一再请求一下，刘秀才批准他退休。

6年后，李通病逝，刘秀和皇后亲自去吊唁，这是无比的荣誉。

以后，刘秀每次巡幸南阳，都要替李通祭扫祖坟。而且，还封李通的小儿子为侯。

刘秀对李通之所以这么优待，就是因为李通不肯参与政务。这也正好符合了刘秀的心思，他不愿意宰相过多地处理朝廷事务。

李通精明就精明在善于揣测皇帝的意图，在高官重权的面前，不为所动，反而还装糊涂。所以，李通才能得善终。

在刘秀和他以后的时期，像李通这样的宰相少之又少，能有好归宿的更是屈指可数。

糊涂宰相韩歆

武建十三年（公元37年），原来的大司徒侯霸去世了。

侯霸生前"守正奉公"，做了9年的大司徒，可是竟然没有什么值得后人敬仰的政绩。然而，他却是光武帝时期当宰相时间最长的一个。可想而知，刘秀选择宰相的标准是什么。

接替侯霸担任大司徒的，是原沛郡的太守韩歆。韩歆一直在外任官，升为京官，还做了宰相。他经常在刘秀面前卖弄自己的能力、见解和才华，弄得刘秀心里总不畅快。韩歆心直口快，自以为会奉承赞美刘秀，可结果往往相反。

有一次早朝，韩歆来得很早，朝中其他的大臣还没有到。

刘秀自己坐在软榻上，全神贯注地翻读木简，竟然没有注意韩歆的到来。他手中捧的是隗嚣、公孙述给刘秀的信。这些人都曾经称帝反对王莽，也就是说曾经是刘秀的"敌人"。

公孙述与隗嚣两人的信写得很精彩。刘秀聚精会神地读着，似乎已经陶醉其中，一边看，一边赞不绝口："妙语呀！""实在是好！"他读得太过于专注，还自言自语地说道："隗嚣和公孙述竟然还这么有才！真是难得！"

韩歆一听，急忙接话道："亡国之君都很有才。桀纣也是非常有才气的！"韩歆觉得，自己说他们两人为"亡国之君"应该是很讨刘秀欢心的，毕竟，刘秀才是正统嘛！

刘秀心里可不这么想。他觉得韩歆这是在拐着弯地说他没才。噢，你韩歆说亡国之君才有才，我这中兴皇帝岂不就是说无才？所以，刘秀心里很不是味，可也懒得理他，只是瞟了一眼，没有说话。

韩歆却没有注意到刘秀的这个小动作，甚至都没有看到刘秀的脸已经拉长了。他还自以为刘秀听了心里会很高兴，可谁知"马屁拍到了马腿上"。

君臣无话可说的这一会儿，吹进来一阵凉风，刘秀皇冠上的珠帘也跟着风摇晃起来。多嘴的韩歆，想起什么东西，也不经过大脑，信口就说："陛下，你的皇冠摇摇欲坠。

原因是因为有风，风不调雨不顺，看来可能会发生饥荒啊！"

听到这儿，刘秀忍无可忍，把手中的木简用力甩到了地上，连编木简的苇条也摔断了，木简溅得到处都是。

刘秀气得脸发绿，颤着手指指着韩歆，厉声大骂："你先说朕无才，还不如亡国之君。接着又说朕的皇冠摇摇欲坠，咒朕的天下发生饥荒，你是不是有心取朕而代之啊？"

韩歆这时早已跪在地上，磕头如捣蒜。这才明白，原来自己的话不但不合刘秀的心意，还触怒了刘秀，实在是得不偿失。

韩歆也确实糊涂，哪个皇帝不是习惯听别人赞扬与奉承，对一切批评之词都恨之入骨。听了他的话，刘秀不火冒三丈，可就真是奇怪了！

只听韩歆颤着声音在低声谢罪："禀陛下，微臣绝无此意，请陛下明鉴。陛

下英武圣明，天下人有目共睹，都纷纷称颂陛下的功德。微臣一时间说错了话，还请陛下宽恕。"

可刘秀不听他说完，就甩甩袖子回去了。留下韩歆一个人在那儿干着急——把皇上都给气走了，这下子祸可闯大了！

等到满朝文武大臣都到齐了，刘秀也没有露面，看来真是气得够呛。一会儿，刘秀派小黄门（意思就是小太监）前来宣读圣旨。

"韩歆出言不逊，犯了欺君之罪。朕决定罢免韩歆大司徒的职位，命令他回家乡。"

韩歆听完圣旨，一下子瘫倒在地上，懊丧、无奈、愤恨，统统涌了上来，说不清，道不明。韩歆只觉得脑子轰地炸开了花，好像是天崩地裂一样。

就这样，韩歆就因为一次进言的差错，被刘秀赶回了老家。大司徒的位子还没有坐热，就卷起铺盖回家了。

韩歆千辛万苦从洛阳赶回家，他前脚刚进门，刘秀的信使后脚就紧跟了进来。刘秀在信中，用极其愤怒尖刻的词语责备韩歆，说他欺君枉上，言语放肆，实在让人无法容忍，还让韩歆深刻检讨一下自己出言无状的无礼行为。

韩歆一看，心里就凉了半截，明白刘秀的真实意图是让他以死谢罪。

韩歆无言地流着泪向家里人交代完身后事，就自杀了。

他的儿子一看父亲死了，心想，总有一天，刘秀就会怪罪自己头上，到时候，可能还会诛连到家里的其他人。与其这样，还不如自己追随父亲而去。这样，他的儿子韩婴也自杀了。

可怜韩歆只当了二年的宰相，就死于非命，而且还连累了家人无辜受辱。韩歆死了以后，刘秀才渐渐消气，又回想到韩歆作大司徒时的种种好处。于是，又派人送去钱物和谷物，而且以礼安葬。

刘秀通过韩歆的事，再一次向天下表明了自己的政治意图，以及加以贯彻实施的坚决态度。

然而，遗憾的是，还有人不明白刘秀的意图。韩歆后两任的大司徒欧阳歙和戴涉都步了韩歆的后尘，都想大权独揽，却忽视了刘秀的心思，无意中却与刘秀的皇权相冲突，引起了刘秀的反感，最后被刘秀随便找了一个借口，把他们处死了。

从此，三公虽然仍旧存在，但是形同虚设，没有什么实权，已经不再是以前权倾天下的高官了。有时候还是替罪羊，天下只要一有灾祸，比如说涝灾、地震、日食、月食等天灾人祸，都可以把罪责归到三公身上，从而罢免三公。

总之，从刘秀开始，大臣们一旦做上三公就提心吊胆，稍微一个不小心，可能只是一个极小的差错，就可能会下狱而死。此时，三公已经不再是功臣名将的代名词了。

光武帝休养生息

刘秀称帝之后，便想统一全国。他先派兵攻占长安，后又用了 20 多年的时间，逐步消灭了各地的义军。

从王莽建立新朝政权到刘秀统一全国，这几十年的时间，战争不断，最受苦的就是百姓。他们种的主稼有时被战争破坏得颗粒无收，再加上苛捐杂税，农民生活十分困难，怨声载道。

光武帝看到这种情景，决定仿效文帝、景帝，推行休养生息的政策。他知道只有这样，才能得人心、匡复汉室，确保天下太平。

光武帝看到当时的奴婢生活在底层，没有一点自由，和过去的奴隶没有什么区别。于是，他决心解放奴婢，下了 9 道禁止残害奴婢的命令。

光武帝对那些杀害奴婢的官吏严加治罪。有一次，一个地方官吏杀了一个奴婢，光武帝得知后，亲自下令：杀了那个不称职的地方官，一命抵一命！从此再也没有人敢违背光武帝的命令了。被解放的奴婢非常热情地投入到农业生产的大军之中。

光武帝看到战争时期的苛捐杂税非常重，便下令废除王莽时期的各种奇捐杂税，百姓们非常高兴。

这时东汉的经济已经缓慢地恢复了。公元 30 年，光武帝把田租从十税一恢复到西汉时期的三十税一。百姓们手中的余粮逐渐增多，人们都安心发展农业生产，社会也稳定了下来。看到百姓过上了好日子，光武帝心中也有一种成就

感和幸福感。他知道百姓是根本，只有得人心者，才能得天下。

　　光武帝废除苛捐杂税，又减轻田租，并很好地控制了财政开支。他提倡节俭，而且他还从自己做起。历史上各代帝王，嫔妃、宫女成百上千，有的甚至上万，但是光武帝对女色看得很淡，后宫只有一名皇后、几名嫔妃。而且他还严格控制她们的开支，规定每天或每月吃穿花销的数量。仅此一项，就节省了大量钱财。

　　光武帝知道官逼民反的道理，所以他特别注意整顿官吏，特别是地方官。有一次他对一个贪官说道："你代表的不是你自己，而是我汉朝满朝文武的形象，甚至可以说是代表我的形象，你这样肆意搜刮民财，百姓不仅仅对你有怨言，对我们汉朝江山都有怨言，百姓一旦爆发，我们的江山就难保，你懂吗？"这个贪官被光武帝治了罪。由于光武帝经常派人微服私访，有时候自己也亲自去察看地方官吏的活动，所以官吏很少有贪赃枉法的。这样一来，社会秩序明显好转，有好多地方出现了"官爱民，民拥官"的新气象。

　　光武帝知道百姓最痛恨战争。因此，他为了推行休养生息政策，他对用兵十分谨慎。那时候，匈奴的势力又有所扩大，但是匈奴不敢直接来犯，而是鼓动别人来侵扰中原。有一个叫卢芳的人，就是匈奴培养出来的"代理者"。他依靠匈奴的力量，出兵占领了晋北、陕北和内蒙古一带。最可气的是，卢芳在那里又宣布称帝。

　　光武帝实在是忍无可忍，派兵去攻打。卢芳根本敌不过汉军，向光武帝投降。光武帝出于仁慈之心，把他放了，还让他留下来，管理那些地方。可他贼心不死，又叛变了。光武帝再次出兵，又大败卢芳，卢芳只能逃到匈奴去避难。

　　有的大臣建议光武帝乘机消灭匈奴，否则匈奴迟早会威胁东汉政权。光武帝答道："以我们现在的实力，大败匈奴没有问题，但是攻打匈奴必然浪费大量人力、财力，我汉朝百姓刚刚过上安定的日子，农业生产也刚刚得到恢复，我们不能为了出这口气，而不顾百姓的死活啊！如果匈奴来攻打我们，我们一定能够齐心协力打败他们！"

　　由于光武帝不主张对外用兵，所以在他统治时期，战事很少，这也为他的统治打下了良好的基础。

光武帝的许多措施，都受到了百姓的拥护和支持。这些措施不是凭空想出来的，而是光武帝和满朝文武亲自调查了解，之后又再三讨论而得出的结论。

光武帝把主要精力都放在了如何处理朝政的问题上。从早到晚，他几乎没有空闲时间，后宫也很少去。大臣们也都非常敬佩光武帝，并在光武帝的影响和带动下兢兢业业，振兴汉室江山。

光武帝立儿子刘庄为皇太子。刘庄很年轻，看到光武帝夜以继日地处理朝政，很是不理解。

刘庄想看看父王晚上到底工作到几点。深夜，他进宫，一看父亲还在伏案批阅，两眼通红。刘庄也没有吱声，躲在一边看着父王。光武帝全神贯注地批阅，根本没注意到有人进来。

到了后半夜，光武帝批完了奏章，伏案而睡。刘庄呆呆地发愣，心想：父王是不是不回去了？他便悄悄地把大衣盖在了光武帝的身上，自己也找了个地方睡下。

第二天，天还未亮，光武帝醒来，一看自己身上多了一件大衣，向四处一看，发现儿子刘庄也在一角蜷缩而睡。光武帝赶紧叫醒了刘庄，说道："儿啊，你怎么跑到这里来了？"刘庄说道："父王，我想看看你办公到什么时候。"光武帝一听，笑了笑说道："我得把奏章批完啊，什么时候批完，什么时候休息。"刘庄道："父王，汉室兴复，大业显赫，你怎么还这样啊？"

光武帝有些严肃地说道："儿啊，你还小，虽然天下稍有成效，何足夸哉？如若因此而不理朝政，千秋大业必然会毁于一旦啊！"刘庄非常感动，心想：将来我做了皇帝，也要像父王一样，胸有大志。

由于光武帝建立东汉以后处处为百姓着想，全国出现了新的景象，社会安定，经济上升，百姓安居乐业。所以，历史上把这段时期称为"光武中兴"。

光武帝可以说是一代名君，他常对儿子们说：少说空话，多为百姓办实事。但是光武帝也有不足之处，就是把土地随意封赏给功臣王侯，这为后来各王侯之间抢占土地、互相打斗埋下了祸根。

巧败赤眉军

公元 23 年更始帝定都长安，整天吃喝玩乐，不理朝政。他大封宗室，纵容手下的士兵抢劫，因此大臣和百姓都对更始帝不满。

正在这时，樊崇率领 20 万赤眉军来攻打长安，推翻了更始帝刘玄。但他们却立了一个 15 岁的放牛娃刘盆子为皇帝，据说他的血统跟西汉皇族最为接近。

赤眉军占领长安后，地主武装却不支持赤眉军，对他们实行经济封锁，掐断了赤眉军的粮食供应线。赤眉军无法，只好带兵北上。

这时，光武帝手下有一员战将叫邓禹，年轻气盛，根本没有把赤眉军放在眼里，想乘赤眉军北上时消灭赤眉军，于是他率军在长安城内做好了埋伏。

向北方挺进的赤眉军，由于受到狂风暴雪的袭击冻死冻伤无数。樊崇没有办法，只好又掉头返回。

邓禹一看赤眉军又返回来，心想：你们又饿又冷又疲劳，我让你们死无葬身之地。所以他亲自率军阻截。哪里想到，赤眉军时穷节乃现，十分英勇，打得邓禹的军队连连后撤。赤眉军又进驻了长安城。

刘玄的遗部李宝也想乘赤眉军危难之际，彻底打败他们，所以率领大军突袭长安城。邓禹被赤眉军打败，心有不甘，一看李宝率领大军攻打长安，也立即率兵攻打长安。他想，两路大军一定能大败赤眉军，然后他再找机会消灭李宝的军队。

但是他们都想错了，赤眉军同心协力，一路打李宝，一路打邓禹，奋勇杀敌。赤眉军又取得了很大的胜利。

赤眉军进驻长安后，地主和富商囤积粮食，长安又发生了饥荒，天天有人饿死。樊崇没有办法，只好率军西进，但西边也发生了饥荒，也找不到粮食，而且豪强地主处处拦击他们。没有别的路可走了，赤眉军只好向东挺进。

光武帝以为这是消灭赤眉军的一个良机，便派孟津将军、阳夏侯冯异领兵出战。

冯异惧怕赤眉军的实力，不敢直接交锋，始终处于僵持状态。光武帝又派

邓禹前去支持。但邓禹和冯异关系紧张，无法合力作战。

光武帝有些焦急，三次下令邓禹火速出击。邓禹没办法，下决心和赤眉军决一死战。

有一天，邓禹听说赤眉军正在湖阳运粮，立即带领大军去抢粮。因为军粮供应迟缓，邓禹的军队总吃不饱饭。邓禹率领大军追上赤眉军，一看有粮食，眼都红了，奋勇杀敌。赤眉军也不恋战，边打边撤，过了一会儿，赤眉军都跑光了。邓禹的军队哈哈大笑，但是一搬粮袋，觉得太重了，用剑一挑开，里边原来是泥土。邓禹知道上当了，可就在这时，赤眉军漫山遍野，如猛虎下山一样，和邓禹的军队展开了激战，邓禹大军被打得四处逃窜。邓禹见势不好，只好带领残兵败将撤下来，冯异及时增援，邓禹的性命才算保住了。

二人看着残兵败将，反而和好了，开始共同思考如何打败赤眉军。冯异对邓禹说："将军，赤眉军果然很厉害，如果我们硬拼，肯定不是他们的对手，何况我们刚刚打了败仗，他们士气正旺，我们不如想一想别的办法，智取赤眉军。"

二人在帐中整整憋了好几天，终于想出了一条妙计。

邓禹派人给赤眉军下战书，约定时间和地点会战，冯异带领军队和赤眉军展开正面战斗。冯异带的人马不多，边打边撤，老实忠厚的农民军不知是计，一看冯异撤了下去，立即派兵追杀。到了崤山下，冯异不再撤了，和赤眉军展开了激战。而正在这时，埋伏在周围的汉军一起冲了上来。这些汉军打扮得和赤眉军一样，但他们在头上做了暗记，能分辨出敌我来，而赤眉军并不知道，一时间乱了方寸，根本分不清哪些是汉兵，哪些是赤眉兵，只好等着挨杀。有的赤眉兵气坏了，抢起大刀就砍，有时砍死的就是自己的弟兄。

赤眉军被打得晕头转向，正在这时，冒充赤眉军的汉兵大喊："投降！投降！"其他的赤眉军也纷纷跟着投降，因为他们也知道，不投降，也分不清敌我来，只有死路一条。这一战，打死打伤赤眉军有几万人，收编投降的赤眉军也有八九万人。

樊崇一看大势不好，带领着剩下的 10 来万赤眉军，向宜阳（今河南宜阳县）方向逃去，而这里边仍然有冒充赤眉军的汉军。

　　光武帝得知赤眉军逃跑的方向后，早已做好了埋伏。樊崇刚一到，还没来得及喘气，光武帝就率领人马杀了过来，而冒充赤眉军的汉军也在队伍中杀开了。赤眉军又乱了，再加上一路劳累，根本没有战斗力。

　　樊崇知道再战下去，非得全军覆灭不可，他为了保住这些弟兄的性命，便和光武帝谈判。

　　光武帝答应了樊崇的要求：不杀刘盆子和投降的赤眉军。

　　光武帝为了稳住军心，立即派人给这些投降的赤眉军准备了一顿丰盛的饭菜。赤眉军觉得光武帝体贴民心，都归顺了光武帝。

　　轰轰烈烈的农民起义就这样彻底失败了。

　　光武帝把刘盆子、樊崇等诸多将领带回洛阳，赐给他们房屋和良田，让他们在洛阳附近安家落户。

　　樊崇虽然在洛阳有了住处，但他知道光武帝是不会放过他的。果然不出所料，没过多久，光武帝便找借口，说樊崇等人密谋造反，下令逮捕。

　　樊崇临死前，对光武帝说："陛下，我知道我早晚必有一死，但是你不能背信弃义，绝不能杀了我的弟兄们！"

　　光武帝心里默默佩服樊崇，但他知道留着樊崇后患无穷，还是杀了他。光武帝没有杀赤眉军战士，而是将其他的将领找借口杀了。赤眉军的势力彻底被消灭了。

　　光武帝奖赏了邓禹、冯异及全体将士，赐给冯异、邓禹无数金银珠宝，命他们继续镇压农民起义。

　　汉军施计巧败赤眉军，确保了汉室江山的安全。

明哲保身

　　刘秀称帝时，他的宰相叫李通。李通是刘秀的妹夫，也是和他一起出生入死的弟兄。

　　李通是河南宛县人，由于他精通武艺，又熟读兵书，所以得到了王莽的器重，拜他为王威将军。

李通非常有远见，他看出王莽改制的实质，知道王莽的江山必然会灭亡，便称病告退。

王莽还真舍不得这员大将，一再挽留，但李通决心已定，毅然返回了家乡。

由于李通为人忠诚，又不干贪赃枉法之事，所以没有多少钱财。为了维持生活，他在家乡以贩卖谷子为生。

一次刘秀去买谷子，和李通结下了交情，二人越谈越投机。刘秀认为李通文通武备，而且为官清廉，将来一定是大将之才。而李通也非常佩服刘秀，他认为刘秀能屈能伸，度量大，而且有雄心壮志，将来一定有一番大作为。因此二人经常往来，有时彻夜长谈，论天下英雄豪杰，辩天下治国之道。

后来，刘秀起兵反王莽，便去请李通出山相助。开始之时，李通不同意，他想王莽毕竟对自己不薄。但后来，刘秀再三请求，李通终于答应了。

从此，刘秀在李通的帮助下，军队日益壮大。李通也跟着刘秀南征北战，东挡西杀，经历了无数困难险阻始终不动摇。从刘秀起义，到刘秀统一全国，李通的家族整整死了64人，李通可谓开国功臣。

刘秀认为李通为人忠诚，而且有勇有谋，便把自己的妹妹嫁给他，建立东汉后，又封他为宰相。

刘玄手下有个谋士叫卓茂，此人足智多谋。他看到刘秀在河北招兵买马、积草屯粮，便劝刘玄杀了刘秀。刘玄没有听，卓茂一气之下离开了刘玄，临行前说道："刘秀得天下的日子不远了！"

刘秀得知有一个叫卓茂的人劝刘玄杀自己，认为此人很有远见，便四处寻访，终于遇见卓茂。他对卓茂不但没有恨意，反而十分敬佩，卓茂也被深深打动，后来做了刘秀手下的谋士。

刘秀对卓茂的话非常信任。

有一天，卓茂对刘秀说："王莽当上宰相后，收买人心，网罗亲信，一步步深入朝廷。后来，他又诛杀异己，把自己的爪牙布满朝廷。最后，王莽重权在握，自己篡权夺位。因此宰相一职十分重要，不可不防啊！"

后来刘秀建立东汉后，对卓茂的话也一直没有忘记，他也觉得宰相一职事关重要，不能轻易任命宰相，否则对自己的皇位有威胁。

李通做了宰相后，刘秀虽然十分信任他，但重要之事从不和李通商量。李通开始还认为刘秀忘恩负义呢，但后来一想，便明白了，原来皇帝是怕被宰相架空，有其名，没有其权，怕出现王莽夺权之事。

李通非常聪明，自从他知道了刘秀的心思后，便处处回避，尽量少参与朝政。他心想：多少把握要职的大臣，因为皇帝不信任而被害死了，我应该急流勇退，明哲保身！

于是，李通便和夫人商量，想告老还乡。李通的夫人一听，十分生气，以为是哥哥刘秀难为李通了，也没有说什么，便悄悄地离开了后宫。

原来李通的夫人是找哥哥算账去了，见到哥哥，她气呼呼地说："皇兄，你也太不讲情面了，李通一家人为你出生入死，没有功劳，还有苦劳呢，你为什么逼着他辞官呢？"

刘秀丈二和尚摸不着头脑，不知怎么回事。他从小就非常宠着小妹，所以今天也没有生气，笑着问道："小妹，为何说此话啊，我根本没有逼宰相辞职啊！"

李通夫人又和哥哥说了几句，便回到了后宫。

刘秀知道李通要辞职，便立即召见李通，对他说道："你随朕出生入死，劳苦功高，朕怎么舍得你离开呢？"

李通道："陛下圣明，臣也想继续辅佐您。可是多年征战，臣身体欠佳，恐怕有其心而无其力啊！"

光武帝又道："今虽有病，但病愈之后，仍可扶助朕，还是留下，安心休养吧！"

李通从此便称病而不上朝了，宰相的位置仍是李通的，可权力却没有了。李通也乐得清闲，每日陪夫人散心游玩，再有空闲，便找友人下棋聊天。刘秀也十分高兴，他正希望宰相少参与政事。

后来李通退回了宰相的印绶，便告老还乡了。光武帝认为李通一生功绩显赫，便封他的儿子做了侯爷。李通去世时，他还亲自去吊唁。

李通辞去宰相一职后，接替他的是韩歆。

韩歆不善于察言观色，更不懂得明哲保身。他当上宰相之后，认为自己在

一人之下、万人之上，总想干出点成绩来，给朝中的其他大臣做个榜样，但他不知道这正是光武帝所忌讳的。

光武帝渐渐对韩歆产生了反感，认为再让此人做宰相，定会威胁自己的皇位。因此他便等待时机，瓜住韩歆的错误，辞了他。

有一次，韩歆失言说：“天将有灾。”那时人们非常迷信，如果天有灾，便认为是皇帝无道。因此光武帝大怒，罢免了韩歆，令他回归故里。

韩歆没有想到自己因为一句话就被罢了官。他回到了故里，开始了宁静的生活。但是光武帝怕他心有不满，便派人给他送去一坛酒。韩歆实在是想不通，为什么光武帝非要置自己于死地。他仰天长叹：“老天，为什么对我如此不公，我为汉室江山日夜操劳，做了宰相，我仍是兢兢业业，为皇上分忧解难，可为什么皇上对我如此狠心啊？”说着，他一仰脖，毒酒下肚，倒地而亡。

韩歆到死也不明白明哲保身的含义。

韩歆以后的宰相，也不懂得明哲保身，结果都被光武帝找借口罢免了官职，打入牢狱。

李通之所以得到光武帝的尊敬，善始善终，是因为他看透了光武帝的心思，便在国事面前，装糊涂，少参与。而后来的几任宰相都不懂，因此都落得个革职诛杀。

但是光武帝也并不是不允许大臣们参与朝政，他非常愿意和那些手无大权的大臣们商议国事。光武帝认为那样既可以保证自己的皇位没有人争夺，也可以保证把国家大事处理好。

光武帝在位期间，非常注重官位低下的尚书，对于高官位，尤其是宰相，则置之不理。

后来朝中的重臣也纷纷效仿李通，凡事装糊涂，明哲保身，反正也没有什么坏处。

宋弘不忘糟糠之妻

宋弘（？—40年），字仲子，京兆长安（今陕西西安）人，西汉少府宋尚之子，东汉初年大臣。宋弘为人正直，做官清廉，对皇帝直言敢谏。赤眉军攻入长安时以装死得免。光武帝刘秀即位后，历任太中大夫、大司空，封宣平侯，以品行清雅获得称誉。

湖阳长公主是光武帝的姐姐，公主的丈夫是光武帝手下的大臣，二人生活很愉快。可是好景不长，光武帝刚做了几年皇帝，湖阳长公主的丈夫就病逝了。

公主悲痛不已，非常怀念自己死去的丈夫。从此以后，湖阳长公主对什么事都不感兴趣了，而且从此也没有了笑容，整日郁郁寡欢。

光武帝对自己的兄弟姐妹感情特别深。他对兄长、姐姐非常尊敬，对弟弟、妹妹也非常关心。他一看湖阳长公主如此伤心，便想再给姐姐找一个丈夫。但他不知道姐姐喜欢谁，身为一国之君，也没法和姐姐商议此事，只好一拖再拖。

后来，有位大臣看出了光武帝的心事，便对光武帝说："陛下，不知湖阳长公主认为朝中大臣哪一个出众？"

一句话提醒了梦中人。那位大臣的话非常含蓄，我可以用此话去问姐姐啊！于是，光武帝去看望姐姐，看到姐姐如此消瘦，心想：只要姐姐有意中人，我就一定答应姐姐。

光武帝问湖阳长公主："姐姐，不知道您认为朝中文武百官哪一个最出众？"

湖阳长公主立即明白了弟弟的意思，脸一下就红了，但她也想再找个丈夫，只是不好意思和弟弟开口，所以一直守寡。今日一听光武帝给自己再找一个丈夫，公主心里自然很高兴，但也没法直接回答喜欢某某，只能含蓄地回答。其实湖阳长公主心中早有喜爱之人了，她偷偷地爱上了大司空宋弘，她认为宋弘不仅相貌端庄，而且品德也很好。特别是宋弘对他的妻子很关心，简直让湖阳长公主有些嫉妒。湖阳长公主沉默了一会儿，对光武帝说："我觉得大司空宋弘很出众，不仅人品好，而且文通武备，是个贤才。"

光武帝一听，大吃一惊，心想：姐姐啊，姐姐，你真是哪壶不开提哪壶。宋弘有家室不说，此人刚正，做事果断，从不畏惧权贵。我怎么好意思向他开口呢。他如果不答应，我的姐姐和我多没有面子啊！但姐姐偏偏喜欢他，光武帝只好硬着头皮对姐姐说："此人太正直了。"

光武帝对宋弘很有意见，一是光武帝不想让朝中重臣把握大权，但大司空宋弘却把握大权不放手，而且敢于直谏，经常让光武帝下不来台，可是又没有借口罢免他，只好等待机会，而姐姐偏偏看上了他。

光武帝还想起一件事。有一次，一位大臣为了讨好光武帝，悄悄地送给光武帝一把精致的扇子，扇面上画着几个十分娇艳的美女。光武帝虽然不爱女色，但对这把扇子却情有独钟，爱不释手，经常拿出来，展开看一看。有一天，光武帝刚打开扇子，就被宋弘看见了。宋弘这个人非常正直，一看皇帝正在玩弄扇子，而且扇面上还有几个娇艳的美女，便神情严肃地说："陛下，身为万民之主，不可贪色啊！"

光武帝听了很刺耳，但也没有别的办法，因为宋弘说得也对。光武帝表面上连声称是，可心里却十分讨厌宋弘，心想：你管得也太宽了吧，再说我根本不贪恋女色，我后宫中有几个妃嫔，你又不是不知道，你怎么敢如此大胆，直言不讳呢？太不讲情面了吧！

但是，姐姐却只喜欢宋弘，光武帝思前想后，最后决定与宋弘谈谈此事。

湖阳长公主没有说什么，只是和光武帝一起出了后宫，来到了殿上。湖阳长公主藏到了屏风后面。

光武帝召宋弘上殿，宋弘不知何事。过了一会儿，宋弘便来到了殿上，倒身下拜，光武帝让他免礼平身。

宋弘问道："陛下，召至进殿，想必是有什么事吧？"

光武帝略微迟疑了一会儿，没有正面回答他，而是问道："你现在官拜大司空，身份高贵，听说你的夫人以前是平民出身，你有没有想过娶一个身份高贵的女人做妻子呢？"

宋弘一听，心想：皇帝知道自己有妻室，为什么这样说呢，莫非是想将湖阳长公主嫁于我？聪明的宋弘一下就猜对了，但他刚正不阿，有什么说什么，一点不遮掩。他答道："陛下，请想一想，想当初兴复汉室，有多少贫贱之交舍身相助，如今汉室大业显赫，但陛下没有忘记他们的功劳。臣之妻虽平民出身，但陪臣走过风风雨雨，不敢说相敬如宾，倒也恩恩爱爱，我怎能在富贵之时忘了那糟糠之妻呢？"

光武帝也无言以对，心想还能再说什么呢？总不能逼着人家和自己的姐姐

成婚吧，那样做也太丢我刘家的面子了。

宋弘走了，湖阳长公主从屏风后面走出来，脸上已挂满了泪花。

光武帝又心疼，又生宋弘的气。他一见姐姐哭得如此伤心，赶忙安慰道："姐姐，不要伤心，我一定会给你……给你找一个……好丈夫。"光武帝吞吞吐吐地说完此话，便把姐姐送回后宫。

光武帝出不来这口气，没过多久，便罢免了宋弘的官职。但是宋弘不忘糟糠之妻的故事却一代代传了下来。

董宣不磕头

光武帝的姐姐湖阳长公主，本来有一个称心如意的丈夫，可是没多久他就病逝了。公主从此郁郁寡欢，后来光武帝想给姐姐再找一个丈夫，可没想到姐姐看上了正直的宋弘。结果宋弘不忘糟糠之妻，没有答应这门亲事，湖阳长公主更是心情郁闷。看着姐姐整天没有笑容，光武帝想再给姐姐找一个丈夫，但被公主谢绝了。刘秀一看姐姐死了心，也只好作罢。

一次刘秀出宫，遇见一个年轻人，一群百姓正围着这个年轻人津津有味地听他讲笑话，不时地爆发出笑声。光武帝一时好奇，也走上前去，听了一个笑话，也不禁捧腹大笑。

光武帝派人把那个青年叫了过来，边上的人让他跪下，并告诉他这个人是当今天子。那个青年吓坏了，赶紧磕头。光武帝说道："不要害怕，告诉朕，你叫什么名字？"

"回皇上，小民叫黄凤阳。"

"家中还有什么人吗？"光武帝问道。

"家中只有小民一人，我一个人吃饱了，全家不饿。"

光武帝又被这个叫黄凤阳的青年逗笑了，说道："那好吧，随我一起进宫，给湖阳长公主讲笑话去，愿意吗？"

黄凤阳赶忙谢恩道："小民非常愿意！"

光武帝把黄凤阳安排到后宫，服侍姐姐。他没有别的任务，只要陪伴公主，给公主讲故事，让公主开心就行。

刚开始，公主还不习惯，可到了后来，也被逗笑了。光武帝得知此事后，又赏给黄凤阳许多财物。

黄凤阳不仅故事笑话讲得好，而且精明能干，很会办事，因此湖阳长公主很赏识他。而他依靠湖阳长公主的势力，在外边也是蛮横不讲理。

有一次，他奉湖阳长公主之命，到珠宝店去买珠宝。他看见柜台上放着的珍珠晶莹硕大，十分喜欢。一看价钱，他便大声说道："掌柜的，你这珍珠怎么这么贵，我看最多值300钱。"

掌柜的一看，是湖阳长公主的仆人，也不敢说别的，知道他有靠山，蛮横无理，便说道："大爷，多给点钱吧，这珍珠乃上等品，最低也值500钱。"

可黄凤阳把眼一瞪，说道："500钱，不行，就300，给我装在盒里，包好！"

掌柜的没办法，只好把珍珠放在盒子里，递给了黄凤阳。他转身就想走，边走边说："钱，下次再说！"

正在这时，从里屋冲出一个小伙子，一把夺过那盒珍珠，气呼呼地说道："没钱，别想拿走！"这个小伙子不是别人，正是少掌柜的。

老掌柜的刚要过去相劝，黄凤阳却一下抽出宝剑，刺向了少掌柜，少掌柜躲闪不及，一剑被刺死。老掌柜就这么一个儿子，看见儿子死了，当时就晕了过去。

黄凤阳本来也只是想吓唬一下，可没想到一失手出了人命，他也不要那盒珍珠了，撒腿就往后宫跑。

老掌柜被伙计救活之后，就去县衙报案。洛阳县令叫董宣，此人公私分明，不畏权贵。他一听老人的叙述，又看见老人哭得死去活来，不禁大怒，下令："来人啊，速去捉拿杀人犯黄凤阳。"

县衙差人眼看着黄凤阳跑进了湖阳长公主府宅，只好回来通报董宣。董宣也知道不能到府上抓人，那样就是以下犯上。所以他率人在暗中观察，等黄凤阳出宅。

再说黄凤阳杀了人，慌慌张张地跑进府中，见到湖阳长公主，跪倒磕头，

说道："公主，救我，我杀人啦！"

湖阳长公主一听，大骂道："大胆奴才，竟敢到外边胡作非为。到底怎么回事，从头讲一遍。"

黄凤阳便歪曲事实地讲了一遍，经他嘴一说，好像少掌柜的该杀似的。

湖阳长公主骂了几句，消了气，便说道："老实待在府里，躲躲风声！"从此黄凤阳就躲在府中，不出府门。

一晃十几天过去了，黄凤阳派人到街上探风声。探风的人说："董宣派的人还在守卫。"黄凤阳只好还待在府中。

一日，湖阳长公主出府去踏青，她让黄凤阳驾车。黄凤阳赶紧跪倒，说道："公主，董宣还在外边等着抓我，那个老头铁面无私，脾气倔强，我怕他不给公主面子。"

湖阳长公主道："他一个小小的县令，不给我面子，还反了不成？我倒要看看他如何当着我的面抓你！"

黄凤阳没有办法，只好硬着头皮为公主驾车。

他们刚一出公主府宅，县令董宣就得知黄凤阳出来了。他骑上快马，追上车队，并拦了下来。黄凤阳一看吓得直出冷汗，话也说不出来了。

湖阳长公主挑起车帘，问道："何人拦住车队？还要不要他的脑袋？"

董宣道："老臣董宣来抓捕杀人犯黄凤阳，请公主见谅！"

湖阳长公主哪里肯交人，厉声斥责董宣道："你们眼中还有没有我这个公主？"

董宣道："公主，您管教不严，才使下人黄凤阳为非作歹，今老臣按法令办事，公主却违背法令！"

这时边上围了许多百姓，纷纷来看热闹。董宣又说道："公主，普通百姓莫不遵守汉室法令，唯黄凤阳公然蔑视律法，行凶杀人，如果不惩治，有损我主英明啊！"

湖阳长公主一看周围的人越聚越多，心想：我先把人交给你，然后再上殿请求皇上让你放人。于是湖阳公主道："我先把人交给你。"

哪知道董宣抽出宝剑，当时就斩了黄凤阳。公主大怒道："放肆，你竟敢欺骗本公主，违背本公主的命令！"湖阳长公主气得说不出话来。

湖阳长公主哪里受过这股屈辱，哭着跑到光武帝那里告状。光武帝大怒，立即召董宣进宫，要将他斩首。

董宣见到光武帝，毫无惧色地说道："陛下圣明，我朝律法，严明天下，不容私情，而公主却纵容家奴枉杀平民，如果不斩，那就是放纵恶徒，臣不知陛下何以理国？臣请自杀了之。"说着，他一头向楹柱撞去，顿时，鲜血直流。

光武帝见此情景，只好让左右扶起董宣。可他一看姐姐还在哭泣，便说道："董宣，你忠心赤胆，按律执法，朕很欣赏，但你顶撞公主，理应受罚。朕看在你有功，就这样吧，给公主磕几个头，赔个礼吧！"

董宣自认无罪，坚决不磕头。左右的人用手压着他的头，可董宣双手撑地，就是不磕，口里说道："臣宁可一死，也不磕头，因为臣无罪。"

光武帝也没有办法，只好说道："你真是个'强项令'，起来吧！"说完，光武帝转身走了。

董宣执法如山，被人称之为"卧虎"。这位号称"强项令"和"卧虎"的老臣深受百姓爱戴，他的故事也流传至今。

批评皇帝的桓谭

桓谭是西汉末年出生的。他自幼喜欢读书多才多艺，尤其擅长弹琴。

桓谭的名气很大，大司空宋弘听说了以后，马上推荐给刘秀。这样，桓谭就入朝为官了。

当桓谭还是个平民时，就喜欢和一些自我吹嘘的儒学者进行辩论，批判他们荒唐的观点。

当时西汉哀帝傅皇后的父亲傅晏听说他的学识过人以后，便请他到自己的家里来，与他谈论时政。

哀帝宠幸奸臣董贤的妹妹，傅晏非常担心，整天惶惶不可终日。

桓谭看到他焦虑难受，就对他说："如果董贤要在您身上找到什么过失的话，一定会把皇后牵扯进来。所以您一定要小心行事，不要有什么过错。"

傅晏问："那该怎么做呢?"

桓谭接着说:"您的门徒众多,一定会招人非议,而且树大招风,很容易让人发现问题。依我看,不如遣散他们,以防万一。"

傅晏听桓谭说得很有道理,就照他的话去做,处处小心,步步谨慎;还特意叮嘱自己的女儿在宫里要宽容待人,不要和人因为小事争吵。

后来,董贤为了让自己的妹妹做皇后,便派人到处去搜罗傅家父女的错误和过失。然而,却没有抓到什么把柄,傅家也因此安然无恙。

桓谭

这件事之后,桓谭更加声名远播,越来越受人尊重。

桓谭入朝为官之后,却因为性情耿直,深谋远虑受到责难。

朝中官僚互相吹捧,而且只说好话,从来不向皇帝禀告不好的事情。桓谭却从不与他们同流合污,实话实说。

一天。一位太守捧着黑色的草籽入朝来见刘秀。

"皇上,这些草籽是黑色的,十分地罕见,这一定是上天用来嘉奖陛下治国有方的圣物。"

满朝文武一听马上下跪,不管三七二十一,异口同声地称颂刘秀的英明。一时间,刘秀也甚是得意。

马上,刘秀就注意到站着的桓谭。他不但没有跪下,脸上还表现出嘲讽的神情。

刘秀有些不高兴,却仍然问桓谭说:"桓爱卿,众臣都向朕道贺,为何你不这么做呢?"

桓谭正声说道:"陛下治国有方,政绩显然。苍天无知,嘉许陛下的应该是天下百姓才对呀!臣不敢道贺,否则就是欺君!"

桓谭话音刚落，群臣中马上就有人反驳他的话，指责他。

桓谭不理会他们的责难，自顾自地不慌不忙地说下去："黑色草籽并不是中原之物，夷狄（中原的汉人对少数民族的称呼）的草丛长在野外，风一吹就随风而起。三天前，太守所在的郡县刮狂风，草籽也被风带到了中原。可见，这并不是上天所赐！"

刘秀听了之后，虽然觉得桓谭说得合乎情理，但心里很不痛快。

"虽然你言之有据，但也不能对朕无礼。今天就算了，下不为例！"

说罢，刘秀还瞪了桓谭一眼，让小太监宣布退朝。

桓谭没把刘秀的话放在心上，以后做事依然我行我素，不在乎别人的指责。

没过多久，刘秀决定建立一个灵台，用来观测天象。

古人认为天上星辰的变化与人间的兴衰成败、生老病死有很大的关系。因此，灵台所在的地方也就变得举足轻重了。

刘秀特意召齐群臣，希望可以找到最好的地方来建造灵台。

大臣们七嘴八舌地各抒己见，说哪儿的都有，有的指北，有的指南……各自都认为自己选的地方最好。

刘秀听来听去，也定夺不下。他忽然注意到桓谭在人群中沉默寡言，对这场争执显然很不感兴趣。

刘秀制止了群臣的争论，问桓谭说："依爱卿看，用符谶裁决可好？"

桓谭想也不想，马上回答说："臣从不读符谶！"

刘秀见他答得如此干脆，心里有些不快，问道："为什么呢？"

桓谭认真地回答道："谶本来就是人们自己写的，反而还假托上天之名，实在是无稽之谈！

即使有与事实相符的，也只不过是碰巧罢了！"

刘秀听了桓谭的话，马上怒火中烧——你言下之意就是说我这个皇帝当得名不正、言不顺了！

想到这儿，刘秀恼羞成怒，拍案而起，指着桓谭大骂："好你个桓谭，你，你真是……拉下去！"

桓谭一愣神，马上明白了刘秀发火的原因，急忙叩头认错，直喊："陛下

息怒！"

桓谭一直磕到头破血流，刘秀才怒气渐平。

"你年事已高，既然上天可怜你，朕也不杀你了！"

桓谭连忙谢恩。

"不过，你言语放肆，不治罪的话，无法维持朝纲。现在免你的官职，去宁安郡（今安徽省境内）做个郡丞（郡守的副手）吧！"刘秀说完，便拂袖退朝。

桓谭此时已经 70 多岁了，根本受不了路上的颠簸，再加上心里闷闷不乐，不久就病死在上任的路上。

桓谭生前写了许多书，最有名的就是《新论》一书。

他在这本书中，批判了西汉以来的符谶之说，否定了一些迷信的说法，很有历史价值。

但可惜的是，桓谭的这部著作中的大部分内容都没有留传下来，人们只能从别的文章中读到它的部分内容。

尽管如此，桓谭仍然被后人所称颂。

盖延斩双龙

刘秀手下有一员大将，名叫盖延。此人能征善战，足智多谋，而且忠心耿耿，为刘秀统一全国、打败同室弟兄立下了汗马功劳。

后汉刘氏家族的人为了争夺皇位，同宗动刀，相互残杀。先是刘玄杀了刘縯，刘盆子又杀了刘玄，刘秀又将刘盆子降服。刘秀打败赤眉军后，只剩下刘永的势力可以与刘秀抗衡了。

刘永也是皇族成员，他也想匡复汉室，因此也打着汉朝的旗号招兵买马，占据了今河南省东部、安徽省北部、山东省南部，在那里积蓄力量，准备和刘秀争夺天下。

刘秀知道刘永也在积蓄力量，扩充队伍，心里总有一种不安，便和大臣们商量。大将盖延说："陛下，刘永虽然兵力雄厚，但是我们还应该立即出兵，趁他羽翼尚未丰满，一举消灭他。否则，一旦他的军队强大起来，我们就很难再

消灭他了。"

刘秀一听盖延的话非常有道理，朝中的其他大臣也纷纷要求出兵消灭刘永。所以刘秀下定决心，派虎牙大将军盖延率领3万精兵直奔睢阳，也就是刘永称帝的地方。

盖延大军非常勇猛，而且军纪严明。盖延对手下将领和士兵说道："不许骚扰百姓生活，违令者斩！"因此大军所到之处，都受到了百姓的热烈欢迎。大军势如破竹，一路占领了襄邑、麻乡，最后将睢阳团团围住。

盖延大军在睢阳城下安营扎寨，刘永可吓坏了。这些年，他虽然不断积蓄力量，加强军队训练，但毕竟兵力不足，无法与刘秀抗衡。但他又不甘心束手就擒，便召来群臣商议如何破敌。

一位大臣对刘永说："陛下，据探马来报，盖延所率的将领中，有一个叫苏茂的人，原本是刘玄的部将，后来刘玄被杀，他才投靠了刘秀。但他对刘秀很有意见，刘秀也一直没有重用他。我们不如利用这一点，劝降苏茂。"

刘永也觉得大敌当前，这倒是一条妙计，于是派人去劝降苏茂。

刘永的一员大将掩护着几个说客去见苏茂，向苏茂陈述利弊，并许诺说如果他投降，刘永不仅重赏，而且封他做王。苏茂本来对刘秀就有不满，这次派他出征，心里也是十分不痛快，但没法违抗。所以刘永的大臣们一说，苏茂便立刻答应了，并且商议好，三更天带领军队前去投降，可以里应外合，共同攻打盖延大军。

三更天，苏茂带领自己手下的士兵，在汉军中开了杀戒，而刘永也派人从城中出击。盖延大军一时大乱，还没攻打睢阳城，就损伤无数。

大将盖延气得肺都要炸了，他破口大骂苏茂，可苏茂早已逃到了睢阳城中。盖延不愧为一员大将，有着丰富的作战经验，他认真分析了一下当前形势，冷静下来，便决定死困睢阳。

小小的睢阳，被盖延大军整整困了3个月，城中的粮草已经所剩无几，外边没有救兵，更不会运进粮草。

城中的将士一片怨声，百姓更是叫苦不迭，足智多谋的盖延以为出击的时刻到了。

　　三更天，他让士兵们饱餐战饭。四更天，天还很黑，盖延便派人悄悄地来到睢阳城下，又命人运来一批梯子，挑选了一批精兵良将，命他们悄悄爬上城墙。

　　刘永的守城士兵正在大睡，因为自从盖延大军来到睢阳边境，一直未曾开战。开始之时，守城的士兵还日夜巡逻，到了后来，渐渐地放松了警惕。再后来，士兵吃不饱饭，有的就有怨气，所以一到半夜，守城的士兵都躲在小屋里睡去了。

　　盖延派的人没费吹灰之力就顺利地爬上了城墙，拉掉铁栓，打开城门。盖延一看城门大开，立即带领着大军直入睢阳城。而这时，刘永的部队都还在睡梦之中。

　　结果刘永的人马死伤无数。刘永一看大势不好，慌忙从城中带着家属和护卫逃了出来，借着天黑才躲过了盖延的追杀。盖延很快就占领了睢阳城。

　　但是盖延并没有停下来，而是乘胜攻击。由于军队士气正旺，所以很快又占领了薛县、萧县、彭城、浦郡等地。盖延下令：不许伤及百姓！刘永的许多士兵一看盖延如此爱民，便纷纷投降。盖延非常善待俘虏，不但不歧视他们，反而派人给他们准备了一顿饱饭。

　　盖延虽然大获全胜，但没有捉到反贼苏茂，心里仍不痛快。后来，盖延听说苏茂正率领刘永的残兵败将赶往谯县，心想：苏茂，你这个老贼，我让你有今日，没有明日。于是他亲自率兵追杀苏茂。

　　二人相见，也不搭话，便打到了一起，士兵也不甘示弱，真是兵对兵、将对将，展开了一场血战。由于盖延的军队英勇善战，而苏茂率领的军队早已丧失了战斗力，没过多久，苏茂率领的将士就逃的逃、亡的亡。苏茂在部下的掩护下，突出了重围，逃跑了。

　　刘秀重新委任新太守做睢阳城的地方官。但过了一年，这个地方官又投靠了刘永，刘永又重新入城，重整兵马，想东山再起。

　　刘秀大怒，又派大将盖延前去攻打睢阳城，盖延率大军仍是只围不攻。三个月后，城中士兵饿死无数，刘永只好冒险突围，但被大将盖延一刀砍下了首级，刘永的军队一见主将战死就四处奔逃。盖延再次占领了睢阳城。

刘永的儿子刘纡死里逃生，一口气逃到了垂惠，在那里自立梁王。苏茂也带领残兵赶到了那里，辅佐梁王。刘秀非常信任的平狄将军也起兵叛乱，投靠了梁王。

刘秀火冒三丈，派大将盖延去攻打梁王。而此时，梁王正派庞萌围攻桃乡，盖延又奉命改道攻打庞萌的军队。

盖延在桃乡远处安营扎寨，而不攻打庞萌的军队。庞萌围攻桃乡20余日，伤亡惨重，而且粮草也不充足了。他刚想带兵撤走，却被盖延从外包围，双方展开了激战。而桃乡城里的将士，也迅速出来攻击。庞萌大军里外受敌，被打得丢盔弃甲，人仰马翻。和庞萌一起围攻桃乡的苏茂一看败势已定，便带着庞萌，扔下士兵逃了出来。

苏茂、庞萌逃出来之后，直接跑到了昌虑，刘纡还有几万人马在那里驻扎。

盖延挥师前进，攻打昌虑。盖延一看地势，发现通往昌虑只有一条出口，就是建阳市。此地地势险要，盖延便把军队驻扎在那里，以逸待劳，等着刘纡的人马在此经过。由于昌虑缺少粮草，刘纡决定带领着那几万人马从建阳撤出去。

而这时，盖延的大军早已做好了准备。当刘纡的人马刚一走到建阳市，盖延立即指挥人马袭击刘纡的军队。刘纡的军队没有防备，被打得晕头转向，纷纷逃亡。

刘纡见主力已被消灭，便打算拼命杀出一条血路，可是盖延的人马越聚越多。盖延的军队将刘纡团团围住，最后刘纡死在乱剑之下。

盖延痛斩刘永、刘纡双龙，为刘秀统一全国打下了坚实的基础，深受刘秀的赏识，得到了刘秀的重用。

老将马援

马援是东汉时期的大将，为什么说他是老将马援呢？一是因为他大器晚成，二是因为他年过花甲还主动请缨为国出征，最后含恨沙场。

马援的祖先是历史上有名的赵奢和赵括。赵奢用兵如神，被赵王赐号"马服君"，后代便以马为姓。可赵括只会纸上谈兵，留下了千古笑柄。但是马援可不像赵括那样，他从小熟读兵书，懂得如何实际用兵。

马援

马援从小苦读兵书，再加上赵氏家族天生的用兵打仗的细胞，所以马援年轻时才华就很出众，但由于一直得不到重用，不免有时会发几句牢骚。哥哥听后，便鼓励他"大器当晚成，无须急"。"大器晚成"这个成语便因此而流传下来。

年过50岁，马援才得到光武帝的赏识。从此，他开始走上了戎马生涯，北出塞漠，南渡江海，往来冲杀，叱咤风云，所向无敌。

光武帝采用休养生息的政策，尽量避免战争，但是为了保证东汉政权不受到威胁，对各地的农民起义和地主武装叛乱仍采取镇压的态度，而且下手毫不留情。

建武十七年，李广在今河南省原阳县西边的卷县起兵谋反。光武帝很是害怕，他知道李广武艺高强，很难对付，就想派一员大将前去镇压。

有人向光武帝推荐了马援，并对光武帝说："马援年过50，经验丰富，从小熟读兵书，而且武艺高强，但是一直没有人重用他，如果陛下给他这个机会，他一定会忠心报国，英勇杀敌的。他的祖先乃是赵国有名的大将赵奢。"

但是有的人则持反对意见，对光武帝说："陛下，用人要慎重，不要忘记，马援年纪不小，而他的祖先赵括不也只会纸上谈兵吗？"

但是光武帝对马援非常感兴趣，便召见了老将马援，一看马援做事沉稳，而且懂得实战，便决定派马援前去镇压。

光武帝给了马援一万精兵，命他带领大军直杀卷县。而李广则早已做好了准备，和汉军展开了一场激战。马援知道"擒贼先擒王"的道理，便与李广打斗在一起。马援武艺高强，李广根本不是对手。马援一刀将李广砍落马下，马援心想：不能再打下去了，这些兵卒也都是农民兄弟呀！他举刀大喊："你们主

将已被杀，放下武器，免你们一死。"这些人一听自己的主师都被杀了，便纷纷投降。马援大获全胜，光武帝非常高兴。

建武十八年，交趾郡（今越南北部）洛将之女征侧、征贰两姐妹率领该郡的军队，起兵叛乱。她们声势浩大，气势逼人，而且刚一出兵，就连连挫败汉军。光武帝一看要威胁到洛阳的安危，马上派大将马援前去镇压。

马援这次出战前被光武帝封为伏波大将军，心中非常感激。他率领三万精兵，死死围住交趾郡，只等敌兵没有粮草时，再出击。经过一年的相持，征侧、征贰两姐妹一看城中粮草缺少，便想突围出去。马援岂能放过她们，带领汉军，英勇杀敌，活捉了两姐妹，消灭了叛军。

马援又获胜利，班师回朝，受到了光武帝的嘉奖。

马援想起自己的过去，不禁仍有些伤感。

建武八年，刘秀率兵西征，马援奋勇杀敌，直接消灭了隗器的部队，但却没有引起刘秀的重视，仍是一个无名小卒，直到他平定李广，才得以出头。

但马援这个人，非常忠诚，根本不怨恨光武帝，仍是赤胆忠心。他回师之后，虽受到了嘉奖，但他并不高兴，因为那时匈奴和乌桓连续不断地骚扰汉朝人民。马援对自己的朋友说："我想和匈奴、乌桓决一死战，宁可马革裹尸，战死边塞。"

这话传到了光武帝耳里，光武帝对马援的精神深感佩服，但考虑到让百姓过上安定的生活，他没有派马援去征讨匈奴、乌桓。但"马革裹尸"这个成语从此也流传开了。

马援不战则已，一战则胜，被称为常胜将军，为保住汉室江山立下了汗马功劳。

建武 24 年，62 岁的老将马援得知五溪叛乱，武威将军刘尚前去镇压，几乎全军覆灭。他再也坐不住了，便主动请战。这就是"花甲请战"的故事，但故事的结尾却是一个悲剧。

光武帝又被老将的精神所打动，但觉得马援年岁已高，难以领兵。可马援人老心不老，只见他披挂整齐，骑上战马，绕场奔驰，仍是雄姿飒爽。光武帝便答应了他的要求。

光武帝多少有些不放心，派中郎将耿舒辅佐马援。可二人在走旱路还是走水路的问题上产生了分歧。耿舒认为，走旱路，可以加快行军速度，而马援则认为，走水路，方便运输粮草。光武帝觉得马援身经百战，有经验，便批准了马援的意见。

但是船队刚一到五溪的壶头山，就被那里的少数民族拦住，根本过不去。由于水土不服，士兵在那里染上了疾病。老将马援又急又恼，最后也病倒了。

中郎将耿舒一看正是暗害马援的良机，便立即写信给梁松。他知道梁松和马援的关系不好，便在信中对梁松说：马援指挥有误，许多士兵染病而亡，如果征讨失败，马援则应负全部责任。

马援和梁松的父亲是好朋友，所以马援总以长辈身份自居，而梁松是光武帝的女婿，地位很高贵，自然对马援那种轻慢的态度不满。

接到耿舒的信，梁松马上报告给了光武帝。光武帝听到战况后，十分生气，立即派梁松去调查。梁松到了那里，这位年过花甲的老将已经病逝，他真是含恨疆场。但这并不是最大的悲剧。梁松一看马援死了，而耿舒和自己关系又很好，便把此次行军失利的所有责任都推到了马援身上。

光武帝大怒，早已忘记了马援所立的战功，命人收回马援的将军大印。

马家的人还不知道是怎么回事呢，只知道马援在征战途中死去。他们十分悲痛，光武帝的做法又让他们愤怒。但是没有办法，他们只好在洛阳城外买了块地，把马援埋葬了。可怜这位声名显赫的大将军，竟落得如此下场。自己孤零零地躺在荒郊野外，一颗赤胆之心竟被淹没。

马家人后来得知了实情，要求光武帝重葬，一些老忠臣也纷纷为马援说话，光武帝才勉强答应了。

但是历史是公正的，马援老将的悲剧最终有了喜剧性的转化。

公元 78 年，光武帝的孙子章帝即位后，从一些老臣那里得到了真实情况，这才下定决心为老将马援昭雪，追谥马援为忠成侯。至此，马援事件才算有了个了结。

刘庄学父治国

光武帝的一乓政绩卓著。经过长达十二年之久的统一战争，光武帝先后平灭了关东、陇右、西蜀等地的割据政权，结束了自新莽末年以来长达近二十年的军阀混战与割据局面，光武帝在位三十三年，大兴儒学、推崇气节，东汉一朝也被后世史家推崇为中国历史上"风化最美、儒学最盛"的时代。建国初期，他看到战争给百姓带来的灾难，受到很大震动。他尽力避免战争，推行休养生息的政策。由于他节约财政开支，发展农业，所以到了建武30年，光武帝中兴汉室的理想基本实现了。

但是光武帝也有一个缺点，就是很迷信。有一次，几位大臣说封禅可以使有功绩的人转化成神，黄帝就是因此而成神的。光武帝本来不想封禅，因为那样会浪费很多钱财。可后来，他还是禁不住诱惑，决定登山封禅。

其实封禅就是祭拜天地，有功德和业绩的人无非是想借此炫耀一番。

光武帝回来之后，仍为经济的发展而努力，他派人修建了礼堂、观象台、天文台，这些建筑特别是天文台为后来的农业发展发挥了很大的作用。

人的一生终究要死的，光武帝自然也成不了神。他封禅回来之后，为了图个吉利，改国号为中元。他封禅回来第二年，也就是中元二年，光武帝逝世。一代英豪在历史上叱咤风云63载，最后只埋在了一个小陵墓里。

光武帝临死前早已为自己选了一块墓地，在洛阳郊区的原陵，边长仅300余步，中间坟丘仅6丈。他临终前一再叮嘱，丧事从简，节约费用。

光武帝去世后，太子刘庄继承皇位，年30岁，正是精壮之年，体力充沛，思想开明，有胆有识。他建年号为"永平"，以此祈望国家永远太平康盛。

刘庄从小就受到了良好的教育，有治国安邦的志向。当上太子后，他深感责任重大，经常观察光武帝的所作所为。一次深夜，他见光武帝仍在秉烛批复奏折，深受感动。在那时，他就觉得日后做皇帝是一件苦差事，并为当一个好皇帝做好了充分的准备。

刘庄治国，基本上是仿效光武帝，以中兴为主，实行安邦之道。光武帝对

东
汉

他的教诲，令他终生难忘。

有一次父子俩谈心，刘庄问光武帝，何以治国？光武帝很高兴，心想：儿子虽小，志向却如此远大，难得啊！于是光武帝教导他道："国事权纲须慎重适度，不到之处尚多，岂能无视？封赏朝中功臣，使其少要参与政治，以保太平，多与谋士三思而后行，收敛兵刃，放还战马，停止战争，方称圣贤。凡事厉行节俭，不要奢侈。天下大业已成，不足夸矣，可明否？"刘庄点了点头，心想：父王，您放心，我一定会治理好我们汉室江山的。

刘庄首先大力发展农业，他颁布的政策更具体、更有效。他要求地方官亲自到百姓之中去，带头参加耕地、播种。尤其是农忙时节，绝对不允许扰乱农业生产，违反者，严惩不贷！对那些逃亡的或者因触犯法律畏罪潜逃的，从轻发落。规定朝中负责天文历法的大臣，一定要坚守职位，为农业生产提供服务。刘庄的一系列措施，保证了光武帝时期农业迅速发展的好势头得以延续。东汉的经济不断地发展，国势也在逐渐增强。

刘庄刚刚继位，西北的羌族就想借此机会发动叛乱。这些叛军很快就占领了陇西。刘庄大怒，立即派兵前去镇压，但汉军根本不是叛军的对手，汉军大败。

刘庄审时度势，知道再继续打下去，汉军也难以取胜，而且刚刚恢复的经济会因此受到影响，最关键的是，陇西的百姓很难过上安宁的日子。他又想到光武帝的教导：少战争，多生产。于是他决心停战，很快下诏：赦免陇西囚徒，每人减罪一等，免收当年租税。这项政策一颁布，陇西的百姓拍手称快。刘庄一看，陇西民心稳定，立即派张鸿出兵去剿灭叛军。刘庄认识到，如果不消灭叛军，自己毫无威信可言，陇西的百姓也过不好日子。可是张鸿轻敌，被羌族叛军打败了。

刘庄虽然按着光武帝的嘱咐去做事，极力避免战争，但现在是非常时期，不打不行，而且不打胜还不行。于是他又下令：派中郎将窦固和捕虏将军马成前再次出兵攻打羌族。中郎将窦固是一员虎将，不仅作战英勇，而且足智多谋，有丰富的作战经验，再加上有捕虏将军马成前，真是如虎添翼。羌族叛军怎能敌得过这两员大将的神兵呢，经过了三个月的激战，羌族叛军终于被剿灭。陇西的百姓从此过上了安定的日子，都称赞刘庄是位好皇帝。

刘庄得知羌族叛军被打败，这才松了一口气。他知道这支叛军战斗力很强，先帝在位时，就曾三番五次发动叛乱。先帝虽然派兵打败过他们，但是没有将其彻底剿灭。这次窦固、马成前总算彻底击垮了他们。

窦固、马成前胜利而归，刘庄亲自带领满朝文武列队迎接，又加封二人，又为二人大摆酒宴，可见刘庄把这次战争看得很重要。

刘庄也和父亲一样，勤于政事，每日必须批完奏章才休息。这一日，他正在批阅奏章，馆陶公主，也就是刘庄的三妹，忽然来拜见。兄妹俩谈了一会儿，馆陶公主说道："皇兄，今日小妹有一事相求，不知能不能答应？"

刘庄道："有什么事，尽管说来！"

馆陶公主道："小妹膝下有一子，年已16，至今无事可做，不知可否受封？"

刘庄一听，愣住了。光武帝在位时，就告诉过刘庄："如果有一天，我不在了，你千万不要随意封自己的亲戚，要尽量让他们少参与政事，更不能把那些权力重大的职位给他们。王莽为什么可以篡权，就是因为他是皇亲国戚，又是朝中重臣，手握大权，笼络亲信，安排爪牙，结党营私，最后毒死皇帝，篡夺皇位。"今日刘庄一听妹妹之言，便知道她要为儿子讨官做。刘庄左右为难，不封吧，觉得情理上说不过去；封吧，又不能封个小官；封个大官，先帝的话又不能忘。思前想后，刘庄还是下定决心拒绝他的妹妹。

刘庄道："不知他是精文还是通武呢？"

馆陶公主一听，有些不高兴，心想：如果文通武备，还用和你讨官做吗？但她又不能表现出来，仍旧笑着说道："他年纪尚小，学艺不精，还请皇兄多多栽培！"

刘庄一听，道："既然年纪尚小，就先让他再苦学几年，一旦学业有成，我一定会重用他。"

馆陶公主知道再说下去也没有戏，快快地离开了。

刘庄在位时，许多措施都仿效父亲，许多治国之道都是光武帝政策的一种延续。经过十几年的发展，东汉经济得到了良好的发展，国家太平，战事很少，人口逐渐增多，百姓也安居乐业。

刘庄死后，追谥为明帝，这也是他的庙号。他临终前，也立下遗嘱：丧事从简，陵墓不要过大。

明帝治国学父，使东汉经济沿着光武帝所创下的业绩，继续向前发展。

王景治水

王景（约公元 30 年—85 年），字仲通，乐浪郡诌邯（今朝鲜平壤西北）人，为东汉时期著名的水利工程专家。他从小好学，精通《周易》，对天文、数学也都有研究，这都得益于他良好的家庭环境。

王景的父亲叫王闳，此人很有远见，也熟读各种书籍，很有才华。王景从小在这种环境中成长起来，学了很多知识。

后来刘秀为了统一全国，不断地派兵去征讨。那时东浪郡还没有统一到汉室江山中。王闳得知光武帝是一位明君，爱民如子，而且胸怀治国之志，就杀死了东浪郡的官员，拥护光武帝。光武帝没有费一兵一卒就占领了东浪郡，非常高兴，立即封王闳为列侯。可是王闳没有心思做官，因此没有接受。

后来，光武帝得知王闳上知天文，下知地理，就召他进京。王闳带着一家人准备到京城，可是走到半路就病逝了。

光武帝对王闳的家人非常好，把他们安置在京城中生活。

当时任司空一职的伏恭十分佩服王闳，虽然听说他已死，但还是去看望他的家人，他一眼就喜欢上了王景。王景年纪不大，但是知书达礼，而且天文地理无所不知，无所不晓。伏恭便将王景收于门下。王景非常爱读书，伏恭的书房让他随便进，可以随便读书。王景的知识面又广了，在这期间，他读了许多治水的书。

后来浚仪渠决口，司空伏恭带着王景一起去治理。王景利用水枯之时加固岸堤，又分出一些支流准备水涨时泄洪。这种方法很有效，浚仪渠几年没有险情。王景的治水才能深受伏恭和刘庄的赏识。

黄河养育了华夏子孙，是中华民族的发源地，但黄河水泛滥也给附近的百姓带来了不少灾难。从大禹时期开始，黄河就不断决口，冲毁村庄、良田，百

姓苦不堪言。大禹采用疏导治水成功。可到了后来，黄河水势增大，不断地决口。

到了东汉光武帝时期，黄河水灾仍未减轻，光武帝为了发展农业，决心治理黄河水，便派大臣到黄河两岸去考察。大臣回来报："陛下，黄河决口乃因多人在坝顶种地，欲堵尚须20年。"

光武帝一听需要20年，就拿不定主意了。这时浚仪县的县令听说光武帝要治理黄河，便急忙上疏："闻陛下欲治黄河，臣以为万万不可，现中原人烟稀少，黄河之水虽时有泛滥，但百姓仍可勉强度日，若治理黄河，必然会使用大量人力、物力，中原百姓将不堪重负，国家也会因此而财政困难。如今战乱初平，应休养生息为宜啊！"

光武帝觉得也很有道理，所以就没有治理黄河。到了后来，东汉的经济逐渐恢复和发展了，光武帝便派人去治理黄河水灾最严重的地方。

黄河有一个支流，从荥阳附近分出，人们把它叫作汴渠。这里水势很大，夏季雨水一多，便被冲成一片汪洋。百姓所种的庄稼，全部被冲走，有时还会淹没村庄。光武帝派人先治理这里，可是治理了几年，都不见成效，只要雨水一大，这里就遭殃。

光武帝死了，刘庄继位。刘庄也很有志向，他继续推行父亲的那一套政策：休养生息。但当时的经济已经有了初步的发展。刘庄得知黄河水连年泛滥，便下决心治理黄河，可是谁能担当此任呢？

后来，有人向刘庄推荐了王景。刘庄一听大悦，心想：我怎么把王景忘了呢，他修整浚仪渠就很有办法，治理黄河，他也可能成功。想罢，他立即召见了王景。

刘庄说道："黄河之水泛滥了几千年，到了我汉朝，仍是如此，先帝听了浚仪县令的意见，没有修复汴渠，后来虽有几次治理，但成效都不大，不知你能否担当此任？"

王景道："陛下，黄河水泛滥，殃及百姓，如不治理，必不得人心，虽然治水耗时耗物较多，但为了我汉室江山长在，我认为这是一件非常必要的事。而且汴渠流域接近洛阳，一旦决口，会威胁到京城啊！臣自幼好读书，水利之类

的书籍也读过几年，所学知识不多，但为了天下百姓，臣愿意去治理黄河水。"

刘庄下定决心，让王景去负责治理黄河，并赏赐给他《禹贡图》《山海经》《史记·河渠书》《河源利器》等许多有关水利方面、地理方面的书籍。

王景奉命去治理黄河，他先是在黄河两岸考察了一番，后来他发现黄河水最容易泛滥的地方就是今山东省境内这一段汴渠。王景决定先从难处下手。

整治汴渠可不是一件容易的事。王景发现原来的出口不合理，汴渠决口后，流经山东省、江苏省几个县才注入淮河。他经过认真测量计算，决定把河道改为从今山东梁山县、平阳县、长青县、济南市、济阳县、高青县、博兴县，最后注入大海。这样，即使有再大的水势，也可以很顺利地泄洪。因为从山东梁山县一直到博兴县地势由高到低，很符合水的流向。今日黄河走向基本上是王景治水时期的走向，可见王景的功绩千秋万代啊！

河流的走向确定了，王景便命人挖河道，加固石坝。但是荥阳渠口是分流点，需要用它控制汴渠的水量。王景命人将此处用石块和黄河河岸连接，但是中间留下一丈多宽的豁口。这个豁口用厚木板卡住，木板上有眼，用粗绳子拴住，平时水少时，松开绳子，木板便把水蓄在汴渠里，水多时，拉紧绳子，木板提起，大水便从此处泄走。

经过无数个日日夜夜的奋斗，黄河水终于可以顺畅地流入大海中了。这项工程总费用达百亿，朝廷为此负担相当沉重。王景知道朝廷财政开支困难，处处精打细算，能节省，决不浪费。治水之中，王景与民工吃在一起，住在一起，很受民工爱戴和尊敬。但是有时候治水也非常危险，突来的大水有时会吞掉许多生命。尽管如此，几十万人同心协力，终于完成了治理黄河的大业。

刘庄在都城听说王景治水很有成效，立即带领着几位大臣，带着好酒和美食到荥阳慰问治水大军。刘庄见到王景又黑又瘦，非常感动，又看到王景设计的水闸水门，也非常佩服王景，认为王景确实是治水奇才。

刘庄从黄河回来后深有感触，心想：王景等大臣不为功名利禄，在外边经历了无数风风雨雨，我一定要治理好天下，不能让天下人灰心啊！于是刘庄下诏："黄河两岸土地给贫者耕种，治理黄河有功的贫民优先，官吏和豪门不得干涉，违令者，严惩！"

从此，黄河下游往年被淹过的几十个县的土地变成了良田，而且都日贫民耕种，百姓自然很感激王景。由于黄河两岸良田有水灌溉，所以连年丰收，朝廷的收入增加了，国库也得到了充实。

刘庄为了奖赏王景治水的功绩，拜他为侍御史。百姓对他也十分尊敬，称他是"治水奇人"。

王景治理黄河，不仅给东汉的人民带来了好处，而且对黄河流域以后的发展也是功不可没！

唯物论者——王充

王充是我国历史上有名的唯物主义者，他的巨著《论衡》共30卷、85篇、20万字，是他一生智慧和血汗的结晶。

在这部巨著中，他运用朴素的唯物主义观点抨击迷信。书中写道："人死血脉竭，竭而精气灭，灭而形体朽，朽而成灰土，何为鬼？"意思是：人死后，血肉化为土，精神也随之消亡了，根本不会变成鬼。他还写道："世谓死为鬼，有知，能害人，试以物类验之，死人不为鬼，无知，不能害人。"意思是：世人说，人死后会变成鬼，而且有灵魂存在，能够害人，但事实证明，人死后根本不会变成鬼，也没有灵魂存在，更不能害人。这一论点比较科学地说明了人死后不会变成鬼，鬼是不存在的，怕不存在的东西实在是很可笑。

王充

王充在书中不仅论述了鬼神不存在，而且他还指出：天是一种自然存在的物质，根本不会有喜怒哀乐，当然也就不会利用灾祸来给人们以某种预示了。至于日食、月食、刮风、下雨、电闪雷鸣都是自然现象，而不是天降灾祸。这

种观点，我们现代人很容易知道和认识，但是在两千年前，王充的这种观点的提出是一个伟大的创举。他深刻地批判了封建迷信思想，批判了鬼神怪诞的欺骗性，让人们觉醒。

王充为什么会有如此惊人的著作问世呢？这与他从小博学天文地理有很大的关系。

王充是会稽山虞人，祖父和父亲都是普通百姓，仅能勉强维持生活。到了王充时，家境仍是很贫穷，但王充小时候特别喜欢读书，家里东借西借凑了一点钱，让王充读了两年书。王充学习刻苦，两年里不仅学了好多字，而且读了许多书，学到了许多知识。

但王充是一个不幸的孩子，十几岁时父母都死了，只剩下王充一个人。不要说是读书，就连吃饭都成问题。可王充仍是不断地读书，没有钱买书，就到书铺去读，回来之后再刻写在竹简上。他记忆力非常好，过目不忘。

开始时，王充到书铺只读不买，有些书铺的主人难免有些不满。时间长了，王充和那几个书铺都混熟了，虽然他们对王充不大满意，但是也让他读书。有一天，一个书铺需要一个伙计帮忙，问王充愿不愿意来。王充一听，心里乐开了花。书铺主人想给王充几个钱，王充说道："钱不钱无所谓，一天只要管我三顿饭，晚上随便让我看书就行了。"书铺主人立时答应了下来，从此王充就在书铺里帮助主人照顾摊位。

王充来到书铺后，书铺里的书他随便读，每天晚上都读到深夜。读完每一本书后，他就写自己的感想。由于几家书铺离得比较近，平时有往来，所以王充也可以借别的书铺的好书来读。

王充由于白天照顾书铺经常和许多文人墨客打交道，从他们那里又学到了好多知识。天文、地理、占卜、水利、医药、史书，王充是有多少读多少，而且读得很精，真可谓上知天文、下晓地理，无所不知、无所不晓。

古时候，人们都怕鬼，而统治者为了便于统治，故意把鬼丑化，说鬼如何厉害，人死后如何变成鬼。所以当时的人们虽然都没见过鬼，但却没有几个不怕鬼的。

王充不怕鬼，他说：世上本无鬼，何必害怕没有的东西呢？他的观点遭到

了大多数人的攻击。人们辩解道："没有鬼，刮风下雨、闪电雷鸣是怎么回事？"王充道："这本来都是自然现象，根本不是神鬼所为，只是人们把它们神化、鬼化了。"

由于王充的口才特别好，别人很难辩过他，所以这些人就在背后诅咒王充道："你不是不怕鬼吗？鬼一定会诅咒你的，让你活不过40岁！"

王充听到这些话，不予理睬。他说道："我的寿命根本不是神鬼所能左右的，而在于先天和后天的锻炼。"后来王充活了70岁，以事实给予那些信鬼的人以有力的反击。

王充在书铺读了很多书，也很有才能，但由于他不敬神鬼，所以一直没有人重用他。王充自然也对社会产生了不满情绪，特别是他看完了荀子的著作，非常喜欢，对自己的无神论更加坚定了。

后来，家乡郡守需要一个做功劳记录的小官员，有人向郡守推荐了王充，说他读书识字，应该可以胜任。王充离开了书铺，给郡守做了功曹。由于这一职位很清闲，所以王充没事可做的时候就读书。而且他已有了一点小钱，可以经常买一些自己喜欢的书看。特别是荀子的著作，他反复看了五六遍，越看越喜欢，看到兴趣处，便提笔写自己的感想。当时地方遭灾，而郡守无动于衷。王充就劝郡守帮助百姓度过灾难。郡守说："天灾由神注定，我怎么帮得了呢？"王充道："天灾乃是自然现象，我们可以想办法去度过天灾啊。"二人争执不下，不欢而散。

王充回到家里，越想越生气。第二天，他到发生旱灾的地方去察看，发现当地的百姓都在求雨，而没有人挖井打水。他很奇怪，问为什么只求雨而不挖井打水。一位老农道："年轻人，你不知道，这大旱一定是鬼神发怒来惩罚我们的，所以我们只有求他保护，让他原谅我们，天才会降雨的。"

王充想：为什么这么多人都相信鬼神呢？我怎么才能使他们认识到鬼神的欺骗性呢？他左思右想，最后下定决心，写一本批判鬼神的书籍，让人们警醒。

于是，王充辞去了小官，闭门静思，潜心研究，把所有心血都花在自己的著作中。那时候没有纸，只能用毛笔把字写在竹简上。所以王充花费了好长时间，才完成了这部名著《论衡》。

《论衡》表面上是讨论天下大事，实际上是批判迷信鬼神思想，抨击当时统治者利用鬼神欺骗人们的丑陋本质。在这部书中，王充把自己无神论的观点表达得淋漓尽致。

由于王充宣扬无神论，统治者有些害怕，便派人去和王充辩论，结果都被王充针锋相对地驳倒了。统治者一看，只好派人四处造谣，说王充妖言惑众，扰乱鬼神，扰乱民心。王充毫不畏惧，丝毫不退步，又经过一番激烈的斗争，统治者只好服输。

由于王充宣扬的是无神论的观点，所以当时的统治者便有意禁止流传。到了汉朝末年，大文学家蔡邕偶得此书，翻开认真阅读，觉得此事很有研究价值，这才引起了人们的重视。

王充的愿望实现了，两千年的历史悄悄流逝，但王充和他的名著《论衡》在我国历史上留下了辉煌的一页。

王霸举杯退敌

彭宠在为刘秀打天下时，立下不少战功，自觉功高。而光武帝只给了他一个太守的职位，心中甚是失望。于是自称燕王。一年后被光武帝所灭。

北方刚刚平定，东南秦丰、董宪、刘纡又聚众造反。光武帝派征南大将军岑彭与朱祐等前往征剿秦丰。

建武五年夏，光武帝另遣捕虏将军马武，骑都尉王霸前往重要攻击刘纡。

刘纡向董宪求救，董宪正准备率军去救. 没料到兰陵守将贲休，献城降汉。董宪大怒，决定去围攻兰陵。

虎牙将军盖延，刚刚屯扎在楚郡，听说兰陵被围，联合平狄将军庞萌，共同去救兰陵，并上书朝廷。

光武帝下诏："董宪的老窝在郯城，如果你们直捣郯城，则兰陵自可解围。"

盖延奉诏，领兵出发，途中多次接到兰陵危急的警报，危在旦夕，不得已领军前往兰陵。

盖延到了兰陵后，向董宪挑战，董宪只派一名偏将迎战，被盖延杀败，于

是，盖延长驱直入，进到城中。

一夜过后，等到天明，兰陵城守军起来一看，外围黑压压一片，原来董宪夜间纠合大队将兰陵围了个水泄不通。

盖延才知道中计，带领本部人马突围出城，去攻打郯城。

光武帝听到报告后，赶忙传谕责怪盖延："朕命你先攻郯城，无非是乘他不备，这样才能使他回军救援，兰陵之围自解，而今你先救兰陵，又不能击败他，反而去攻打郯城。但敌人已经做好了准备，你这样既攻不下郯城，兰陵又更加危险，岂不是一举两失吗？"

盖延已至郯城，无法返回，只好奋力攻打，果如光武帝所料，城池守备甚固，久攻不下。

而兰陵城这时已被董宪攻破，贲休战死。

刘纡久等董宪不到，便派部将苏茂招集残部，约有4000人，截击汉军粮道。

都尉马武听说赶忙去救。马武看见苏茂兵士不多，就有些轻敌，不料刘纡又派军出城，两下夹击。马武腹背受敌，大败而逃，等逃到王霸营，便大声呼救。

王霸装聋作哑，按兵不动。部下都劝王霸出兵救助，王霸摇摇头说："苏茂招集亡命之徒，来势凶猛。马都尉已经大败，只希望我军支援，士兵毫无斗志。如果我出军救援，军心不一，必然又败。现在我闭营固守，表示不出兵救援，敌人一定乘势冒进、冲击马军，而马军无援可恃，不得不拼一死战。等到敌人疲惫，我再出兵击之，何愁不胜呢？"

马武见王霸不肯出兵援救，愤然下令，与苏茂决一死战，四下里喊声连天，震动山谷。

大约过了2、3个时辰，王霸下令出兵救援，但不开前门，自己率领精锐骑兵悄悄地从后门出发，绕到苏茂背后，一阵冲杀，苏军大乱。

苏茂正在大斗马武，不料后军已乱，回头一看，见一金盔铁甲将军，摆动一杆方天画戟，左挑右拨，真是碰到死，挨上亡，直接杀入中军。马武一看是王霸，便把恨他的心思，变作感激，索性再奋余勇，驱杀一阵。两军会合，杀得敌军大败。

过了两天，苏茂率军来到王霸营前挑战，王霸却安坐营中，与将官饮酒作乐，谈笑自如。

突然，苏茂军中射出一箭，快到王霸面前，只见王霸用手中的酒杯，轻轻一挡，酒杯是铜做的，只听见叮当一声，箭落在桌前。将官都吓得脸都变了颜色，而王霸镇定自若，慢慢对他们讲道："苏茂带兵远路而来，我想他军中粮草不足，所以他一再挑战，希望一战而胜。而我紧闭营门，叫兵士休息，以逸待劳。这样过不了几天，苏茂自己会走的。"

将官似信非信，都回自己房间休息去了。

几天后的傍晚，没有听见营外苏茂的挑战声了，众将军出营一看，苏茂已领兵退去，便请率军追击，王霸又笑道："穷寇勿追，何况现在是夜里呢？我想他也不会有什么作为了。"

果然，没过几天，苏茂军一部将投降汉军，王霸遂引军杀得苏茂大败，苏茂只好投奔董宪去了。

明帝婉拒长公主

汉明帝刘庄（28年—75年），本名刘阳，南阳郡蔡阳县（今湖北省枣阳市）人。东汉王朝第二位皇帝（57—75年在位），光武帝刘秀第四子，母为光烈皇后阴丽华。刘庄即位后，把年号改为永平，中元三年就是永平三年。

刘庄即位不久，就发布诏书昭告天下："朕自觉能力有限，继承先帝这样伟大的事业，实在很惭愧，每天都担心国家社稷，不敢贪图安逸，荒废时光。先帝受上天的命令，实现了国家的中兴，他的品德可以和古代贤王相提并论。先帝统一了中原四方，国家上下齐心，是社稷的幸事。朕从先帝手中继承了这样伟大的国家，可是却不懂得稼穑的艰难，只怕会有辱先帝的教诲。"

由此可见，刘庄是极其敬仰自己的父皇，事事都想效法他，国家的政策和处理事务的传统也基本上没有大的变动。

刘秀在世时，尽量不提升亲属做高官，因为他们本来就是皇亲国戚，权力已经比其他的高官大了，如果再让他们做高官，参与国家政务，那么他们很容易玩弄权术，最后难以控制，威胁刘家的皇位。

刘庄刚刚当上皇帝，他的三姐馆陶公主就经常上殿和刘庄闲话家常。

有一天，馆陶公主又像往常一样来见刘庄。寒暄了几句之后，公主欲言又止，犹豫了半天开口对刘庄说："陛下继承了皇位，可千万别忘了兄弟姊妹啊！"

刘庄有些惊讶，点着头忙不迭地回答说："皇姐这是哪儿的话，朕怎么敢忘记情深意真的兄弟姊妹呀！"

馆陶公主点点头，表示很满意刘庄的回答。于是又接着说："我有一个请求，希望皇上能够成全。"

刘庄不大以为然地说："有什么要求，皇姐尽管提吧。只要朕能做到的，朕一定会为皇姐办到的。"

馆陶公主听了刘庄的许诺，更加高兴了，放心地开口要求道："姐姐的儿子今年已经16岁了，而且聪明过人，伶俐可爱。就请陛下给他一个机会为国效力吧！"说白了，就是赐我儿子一个官位吧！

刘庄一听，心里想，弄了半天，不是要财宝呀！可是这官可不能说当就当，更何况先帝在世的时候，就不任命亲属为高官，我怎么能违背祖训呢？可是……

刘庄笑眯眯地对馆陶公主说："皇姐有所不知，先帝就不曾允许近亲做高官，朕也不好违反祖上的规矩。再说，皇甥年纪还小，这么早就委以重任，怕别人会说长道短。所以，皇姐，你看……"

馆陶心里马上就不乐意了，刚才还答应得很爽快，现在立马就不行了。公主冷下脸，不发一言，毕竟很没面子嘛。

刘庄一看，自己也不好意思了，便下令赏赐馆陶公主钱千万。馆陶公主的脸色这才有所缓和，儿子的官虽未谋到，可有了这么丰厚的赏赐，也算没有白来。馆陶公主跪下谢恩，领了厚赏，喜滋滋地回去了。

刘庄就是这样对待皇亲国戚的求官要求的：给他们丰厚的赏赐，却不让他们做重臣。刘庄用这种方法保证皇家地位的牢固。

楚王大案

刘英是光武帝刘秀的儿子，刘庄同父异母的兄弟，赐封楚王。

光武帝不喜欢刘英的生母许氏，所以刘英的地位也很低。兄弟们都瞧不起他，但皇太子刘庄很同情刘英，二人关系也很好。

后来，光武帝去世之后，刘庄继承了王位，他自然很照顾自己的好兄弟刘英。虽然刘英远离京城，但刘庄经常派人去看望刘英，还给他送去一些礼物。刘英心里很感激刘庄，所以一直在封地愉快地生活着。

刘英性格有些软弱，但是特别喜欢交朋友。刘英在封地广交天下豪杰，四处访问方士圣贤，其做法无意，但是旁人有心。

光武帝宠妃阴氏的几个儿子很瞧不起刘英，日久天长，就和刘英结下了仇。特别是刘庄继位后，他们看皇帝对待刘英很好，心里又恨又气，便想方设法除掉刘英。

机会终于来了，他们看到刘英与渔阳王平、颜忠等人关系甚好，而且刘英广交宾客，拜官封侯。他们认为这是陷害刘英的好机会，便联合刘英封地的地方官一起上疏，说刘英广交宾客，实质是想谋反作乱。

刘庄不知此事是真是假，便派大臣去调查，阴氏的几个儿子赶紧贿赂、拉拢这位大臣。那位大臣回京后，报告刘庄："陛下，楚王谋反一事，确属事实。"

刘庄一听，十分生气，心想：刘英，你可不对呀，我刘庄待你不薄，你怎么能够背叛我呢？于是刘庄下令：废掉楚王封号，剥夺封地，押至泾县。

楚王刘英还不知怎么回事呢，就被废掉封号，剥夺封地，又被发配到泾县。泾县那时候非常荒凉，人烟稀少。刘英心情极其郁闷，他怎么也想不明白，为什么皇帝对自己的态度会突然转变。到了那里，县令把他软禁起来，但还是有吃有喝。而刘英则吃不惯这地方的东西，再加上思念母亲和妻儿，不甘忍受此番羞辱，便拔剑自杀了。

楚王刘英一死，阴氏的几个儿子可乐坏了，但他们还不罢休，又上疏说刘英虽死，但他的手下部将还在，应该一网打尽。

刘庄也害怕刘英一死，他手下的人乘机反叛朝廷，便派人去追查楚王案件。

其实楚王刘英根本没有谋反之心，他是含冤而死。但是刘英死后，一些和刘英有关交往的人甚至有些毫不相干的人都受到了牵连。所以这次楚王案件，史书上又称"楚王大案"，本是一件莫须有的事件，却涉及成千上万的人。

那些负责追查的大臣们滥用职权，严刑拷打，强行逼供，越来越多的无辜者卷入其中。他们对那些与刘英有交往的人说："如果你们不承认与刘英谋反，立即斩首；如果承认了，还可以根据情况治罪；如果你们再揭发别人，还可以减轻你们的罪行。"这些人都禁不住威逼利诱，再加上酷刑，都乱招供，涉及的官员越来越多。

洛阳令虞延，为官清正，得罪了许多人。有人找虞延假装商议起兵造反，虞延怒斥道："身为臣子，怎能反君，我宁死不与尔等同谋！"但是想陷害虞延的人却到外边散布谣言，说："虞延想起兵谋反。"刘庄得到了这个消息，非常气愤，立即召虞延上殿，并斥责他："你身为洛阳令，先帝对你不薄，我待你也不错，你为什么还要起兵谋反呢？"

虞延一听，知道有人暗害自己，便说道："陛下，您没有调查，老臣绝无造反之心，我忠心一片，为国尽职，虽无功劳，但也有苦劳，我绝没有造反之心，还请陛下明察。"

刘庄也觉得自己过于鲁莽，但他仍不放心虞延，心想：虽然他尽职尽责，但洛阳令手握重兵，又在都城，一旦造反，将无法控制。无风不起浪，刘庄认为还是小心为宜，于是下令撤了虞延的官职。

虞延非常气愤，心想：皇帝为了此事已经杀了许多人，我只有以死相抗了。老臣虞延自杀而亡。

王平、颜忠和楚王刘英关系甚好，他们二人自然跑不了。捉来之后，严刑拷打，二人被打得晕过了许多次，遍体鳞伤，真是求生不得，求死不能！

刘英的亲友也为此事受到了牵连，不仅地方上的亲友被抓，就连京城的亲友也被抓。一时间，全国各地只要与楚王刘英有关的人，都被吓得神经错乱，不知所措。

楚王之案持续了两年多，被打死、杀死的官员有几千人，有上万人被流放，关押在狱中的也有几千人，因此事而受牵连的达几万人。

两年之后，案子没有了结，反而复杂化了，原因是从刘英那里抄到了一本花名册，里边记录着刘英所结交的天下朋友。

全国又大肆抓捕官员，有许多文人、门客也卷进此案之中。

由于杭州吴郡太守严兴与刘英有过交往，也在花名册中，所以负责办案的人员自然不会放过严兴。

一天深夜，一伙官兵手持火把，将吴郡太守府团团围住。有一个头目用力叩门，大声叫道："速速开门，奉命捉拿严兴！"

把门的从梦中惊醒，慌忙报告严兴，说道："太守大人，外边来了一群官兵，嚷嚷着要捉拿您，您还是先躲一躲吧！"

严兴穿好了衣服，说道："我一未杀人，二未放火，我无罪，为何怕他们呢？如果我跑了，倒说明我有罪了，出去开门吧！"

这个家人还没到门口，大门就被踹开，一伙官兵一下围住了庭院，严兴正好来到了院中。这伙人一看见严兴，不由分说，立即拿下。严兴怒道："我没有犯国法，我无罪，你们凭什么绑我啊？"

这群人根本不理严兴，又四处搜捕，把严兴的家人一起抓走，押到了吴郡大牢，后又送到廷尉府。

严兴及家人到了廷尉府，先被打了一顿。接着，审讯官问严兴："严兴，你要老实交代，你是不是和刘英密谋造反？"

严兴糊涂了，便答道："我虽与楚王刘英有过一段交往，但绝没有密谋造反之事！"

审讯官大声斥责道："大胆严兴，竟敢欺骗本官，还不从实招来，大刑侍候！"

严兴被打得死去活来，打晕了，便用冷水浇头，醒过来，再打。严兴怎耐得住这般拷打，最后只好说道："别打了，你们问什么，我招什么。"

审讯官这才让人住手，说道："早应如此，我问你，有没有隧乡侯耿建？"

"有，有。"

"茌泽侯邓鲤呢？"

"有，有，也是同党。"

严兴有问必答，有的连名字都没有听过，但是没办法，只好被逼招供。

那些办案人员抓住一个，审问一个，不承认，便动大刑。那些人只好胡乱招供，招出几个，再抓几个。这样抓的人越来越多，案件越来越复杂，两年多了，还没有个头绪。

有几位老臣实在看不下去了，到狱中去提审，知道这些人都是屈打成招的，便冒死上谏刘庄。

刘庄对此案也产生了怀疑，他也不相信有这么多人谋反。那几位老臣上疏后，他又亲自到狱中审问，得知这些人全是冤枉的，就连楚王也是含冤而死。刘庄知道自己办了一件大错事，他赶紧下令大赦天下。

到了永平十五年，楚王大案才算了结，但是留下的遗憾却已是史实，无法弥补。

窦氏家族

在400余年历史的两汉政治舞台上，活跃着许多窦氏家族成员的身影。厚厚的《两汉史》，清晰地记载着窦氏家族的兴衰荣辱。窦氏家族是衡水大地上崛起最早、身居要津者最多、政治影响最长的显赫家族。

在东汉时期，窦氏家族地位非常显赫。

先说老将窦融，经历了无数次战争，流过血，受过伤，为光武帝建立东汉立下了汗马功劳，可以说是一位开国功臣。由于窦融战绩显著，为人谦虚谨慎，办事认真负责，光武帝在建武二十年，拜他为大司空。

官拜大司空的窦融不骄纵，为人仍是谦逊，深受大臣们和光武帝的信任。窦融非常有远见，他也看出光武帝对宰相一职非常敏感，唯恐宰相会拉拢亲信，伺机造反，所以他处处小心，尽量少参与政治。后来他干脆学李通，明哲保身，光武帝果然很高兴。

窦融上了一点年纪，便告老还乡。光武帝很信任他，也很欣赏他，因为窦融虽官拜大司空，但处理政事时常装糊涂，这正是光武帝希望看到的。所以光

武帝一再挽留，但窦融决心已定。光武帝最终应允，给了窦融许多金银珠宝，但他还觉得有欠于窦融这位老功臣，便把女儿黄公主嫁给窦融的儿子窦穆，把另一个女儿涅阳公主嫁给窦固。窦固是窦融的侄子，是东汉时期的一员大将。

窦穆和窦固自从娶了两位公主之后，便十分骄纵，后来窦融的孙子窦勋又娶了光武帝的孙女阳公主。自此，窦家豪门的权势越来越大，在朝中把握要职，但是做事却不知道收敛。老人窦融一看自己的儿子和侄子如此傲慢，便告诉他们："为皇帝做事，要小心谨慎，要为人谦虚，不可傲慢无礼，有些事要少参与，不要让皇上起疑心，要学李通，该装糊涂时就装糊涂，否则会惹来杀身之祸的！"但是窦穆和窦固哪里听得进去呢？他们以为有靠山，权力又大，事事都少不了他们。尤其是窦固带领军队，屡屡获胜，更是目中无人。

明帝刘庄本来就对窦家权力过大有所防备，后来发现窦固越来越傲慢，心中便有一种不安。他想：窦家身居朝中要职，窦固又把握军事大权，我要趁他们没有外心之际，先除掉他们。刘庄所想的外心，就是大臣谋权篡位，光武帝临终前还叮嘱过刘庄："对那些身居要职的官员尤其是宰相，要尽量让他们少参与政事。一旦他们参政过多，就要想方除掉他们，以免他们造反。"刘庄对先帝的话一直记忆犹新，时时提醒自己。

刘庄派心腹去秘密监视窦穆和窦固的行动。有一天，有人贿赂窦穆和窦固，被刘庄派去的人发现，立即报告了刘庄。刘庄大怒，立即派人将他们二人捉拿，又亲自审讯，用尽酷刑。二人难以承受，最后胡乱招供，刘庄派人将他们斩首。

二人被斩，窦勋虽然娶的是光武帝的孙女，但势力明显减弱，窦家开始败落。

真是无巧不成书，正当窦家败落之际，明帝刘庄去世，章帝继位。

有一天，章帝去看望自己的姐姐阳公主，也就是窦勋之妻，见到他们的女儿端庄美丽，便纳她为贵人。

窦贵人非常受宠，在章帝面前说一不二，后来被立为皇后。窦家刚刚败落，又戏剧性地再次飞黄腾达。

窦皇后可不是一个简单的女人，她心狠手辣。

与窦皇后同时入宫的还有宋氏两姐妹、梁氏两姐妹，都被封为贵人。一年之后，宋氏两姐妹中的姐姐便生下一个男孩，取名叫刘庆。章帝非常喜欢，经常到后宫去看望她们。这可气坏了皇后，但是她不会生育。后来梁氏贵人的妹妹也生下了一个儿子，取名叫刘肇。窦皇后想把刘肇过继为自己的儿子，梁氏姐妹也没敢反对，便答应了。

由于章帝非常喜欢刘庆，所以刘庆很小的时候就被立为太子，窦皇后当然十分不满，她就想如何废掉太子，另立刘肇。

机会终于来了。当时有一种巫术，就是用小动物的血喷在竹板上，然后在竹板上写上所要诅咒的人，将竹板埋入地下，这样被诅咒的人就身患重病，有的还可能丧命。

有一次，宋氏贵人的姐姐身体不舒服，很想吃兔肉，便叫两个太监去找两只活兔来。那两个太监到了街上，看见两只小黑兔活蹦乱跳的，便买了下来，很高兴地回到后宫。可刚一进门口，他们就被窦皇后的两个太监拦住了，喝道："站住！"

宋家的太监也不示弱，问道："你们到底想干什么？"

"检查一下，篮中装的是什么？"

"不行，不让检查，你们没有这个权力。"

就在这时，窦皇后从门里走出来，边走边说："我倒要看看，我有没有这个权力？"

二人赶紧下跪，窦皇后怒道："打开，让我看！"

宋家太监没办法，只好将篮子一边打开了，露出了两只小兔子。

窦皇后怒道："你们好大的胆子啊，你们居然敢用妖兽之血去害人，给我逮起来。"她又让自己的两个太监提着小兔子去见章帝。

窦皇后虽然不会生育，但十分受宠，在章帝面前，她说什么，章帝就信什么。

见到章帝，她立时下跪，哭道："陛下，大事不好了！"

章帝正在处理政事，一看皇后和两个太监走了进来，而且皇后好像受了委屈，赶忙离座去搀皇后，说道："有话慢慢讲来，不要伤心，朕会为你做主的。"

窦皇后又哭道："陛下，臣妾在宫中散心，正见宋氏姐妹的仆人提着竹篮，

悄悄地说什么，我悄悄地走近他们，一听原来是想用妖兽之血暗害我，而且还想暗害陛下，她们想让刘庆早日继位。陛下，我死没什么，可她们却敢背后加害于您，幸亏我将他们拦下，打入狱中。"

章帝一听，大怒，但心里将信将疑，又问了问那皇后的两个太监。太监早已被叮嘱好了，和窦皇后所说的一字不差。

章帝相信了皇后，从此疏远了宋氏姐妹，也找借口废了刘庆，另立刘肇为太子。宋氏姐妹不甘受辱，双双自杀。

宋氏姐妹一死，窦皇后又把目标瞄准了梁氏姐妹。她想：刘肇虽过继给我，但梁贵人的妹妹毕竟是他的生母啊，有朝一日，刘肇做了皇帝，我还能有大权吗？我要趁刘肇翅膀还没有硬，先废了梁氏姐妹。

窦皇后在章帝面前，经常说梁氏姐妹的坏话，说她们也盼着皇帝早死，好让她的亲生儿子继位。章帝自然有些不满。窦皇后又去造谣：梁氏贵人的父亲梁辣起兵谋反。这下章帝可气坏了，立即派人将梁辣抓起来。最后窦皇后亲自审问，梁辣禁不住酷刑，只好招供。窦皇后抓到把柄后，立即向章帝报告。章帝马上派人将梁氏姐妹抓捕，打入死牢。没多久，梁氏姐妹也双双自杀。

窦皇后把这些人都除掉后，又把自己的兄弟窦宪、窦笃安排在自己身边。二人很快得到章帝的信任，掌握了朝中大权。

章帝由于贪恋酒色，不到中年便死了。太子刘肇继位，史称和帝。那时，和帝只有 10 岁，所以朝中大权由窦太后和窦宪、窦笃把持，窦家势力更加强大。

窦宪也是一员大将，永元元年，曾大败北匈奴，斩杀敌军 3000 人，俘虏 20 万人，彻底打垮了匈奴，解除了北部边境几百年的大患。

但是窦宪心术不正，总想杀了和帝，自己做皇上。

那时和帝年方 14 岁，但很有手段，联合宦官将窦宪杀掉，又杀了窦宪的爪牙。

窦太后一死，窦家的势力彻底崩溃。

窦氏家族由盛及衰，由衰转盛，最后败落，其中有很深刻的历史教训。

窦融身为开朝元老，却处处小心，忠实于君，所以很受尊敬，窦家也为此而荣光；窦穆、窦固虽无反心，但骄纵蛮横，易让别人产生疑心，最后只有自讨苦吃；窦贵人成为窦皇后又变成窦太后，心狠手辣，想带上窦宪、窦笃谋权篡位，心术不正，难逃历史惩罚；窦宪虽有功，但过也不小。纵观历史，窦家的盛衰也是东汉史的一个缩影。

窦宪北伐匈奴

章帝虽然对窦宪始终不怎么放心，可是他又不得不依赖于窦氏一家。

章帝 18 岁继位以来，养尊处优，生活奢侈豪华，还迷恋酒色，身体状况很差。人还不到中年，就觉得体力不支，处理朝廷政务也显得力不从心。这样，窦皇后和窦宪兄弟又开始把持政务，而且更加肆无忌惮。

窦宪仗着权势，在朝中横行霸道，只要曾经得罪过窦家的，哪怕只是一些小仇小怨，他一定要让他们偿还窦家的损失。

当年窦宪的父亲窦勋、祖父窦穆在永平年间被明帝下狱，惨死狱中。韩纡奉明帝之命，审讯了窦氏父子。窦宪得势之后，便要给父亲、祖父报仇。可是韩纡已死，窦宪就派人杀死韩纡的儿子，并且用他的首级来祭祀窦勋。

朝中文武百官，都处处留心，事事小心，生怕言语不当冒犯了窦宪，从而招来杀身之祸。

章和二年（公元 88 年），只有 32 岁的章帝驾崩（去世）。年仅 10 岁的太子刘肇即位，称为和帝。刘肇继位后的第二年，改年号为永元。

窦皇太后以皇帝年纪小，无法处理政务为理由，下诏宣布临朝听政。窦皇太后是一个女子，无法周全地处理政务。所以，她便倚重窦宪，让他掌握兵权保卫两宫。

这么一来，窦宪大权在握，更加有恃无恐，不可一世。

不久，齐殇王（刘肥的曾孙）之子刘畅来京师吊唁章帝。刘畅被太后接见几次之后，颇能讨太后的欢心，太后也很信任他。窦宪知道了以后，怕刘畅会与他争权，于是就派刺客把刘畅杀死，还诬陷说是他在青州（今山东省内）的弟弟刘刚暗中指使人干的。

窦太后听说以后，就准备派大臣去青州调查。

可是，尚书韩棱却不这么认为。他郑重地向太后禀告说："臣以为杀人凶手就在京师，不应该舍近求远，在京师调查就可以了。"

窦太后本来想在青州随便找个替罪羊结案就行了，谁知还有人反对，那岂不是说会牵涉到窦宪？可如今看来……

窦太后本来就很心虚，怕人怀疑到窦宪，现在听到韩棱的话，感觉像是被人看穿，揭了老底，不由得恼羞成怒，厉声呵斥说："韩棱你到底是什么意思？"

韩棱用眼角瞟了一眼太后，又一字一顿地说道："杀人凶手就在洛阳，太后应下令在洛阳城内追捕！"

朝中群臣也纷纷表态，向太后进言，都认为应该在洛阳城中追缉凶手。

窦太后虽然千不情，万不愿，但却无法不顾文武百官的要求，一意孤行。所以，窦太后最终无可奈何地同意了韩棱的提议。

过了没几天，凶手就被缉拿归案，经过审问，真相大白——刘畅原来是被窦宪所害！

满朝文武都没有惊讶，这似乎是意料之中的事。

窦太后觉得很没面子，堂堂皇舅竟会做出这种被人耻笑的事，实在是让她脸面无光。追不得已，窦太后下令把窦宪在内宫中软禁起来，好平服朝中大臣。

正在此时，北匈奴发生饥荒，民不聊生，南匈奴便请求朝廷出兵征伐北匈奴。

北匈奴一直是东汉朝廷的心腹大患。他们经常侵扰中原边境，杀人越货，无恶不作，边境的百姓人心惶惶，生活很不安定。

光武帝的时候，东汉才刚刚建立，根本没有能力与北匈奴抗争，因此拒绝了南匈奴征讨的建议。如今，经过40多年的发展，东汉国力已经不同往常，所以窦太后决定讨伐北匈奴、安定边疆。

窦宪主动要求出击匈奴来抵偿自己的死罪。窦太后本来就不愿软禁窦宪，如今正好有个借口让哥哥自由。于是，窦太后就任命窦宪为大元帅，伐北匈奴，让他立功赎罪。

永元元年（公元89年），窦宪率兵与边境少数民族羌兵、胡兵出塞（边界）进攻北匈奴。

在南匈奴的帮助下，东汉军队与北匈奴单于（北匈奴的王的称号）大战于稽落山，取得了胜利。

窦太后听到这件事以后，非常高兴，马上派人前往窦宪统兵的地方，宣布任命窦宪为大将军，封为武阳侯，食邑2万户。但是窦宪坚持推辞，没有接受太后的封赏。

窦宪不久班师回朝，威名远播。太后又再次下诏封他为冠军侯，还同时赐封了窦宪的三个弟弟。然而，窦宪仍然不肯接受赐封，反而又率兵前往凉州。

永平二年（公元90年），窦宪又派兵进攻北匈奴，这次彻底打败了北匈奴，还活捉了北匈奴单于的母亲。

窦宪把北匈奴赶离了北部边境，从此之后中国的北边安定下来，再也不用担心北匈奴前来侵扰了。

窦宪击败了北匈奴，使老百姓安居乐业，也为东汉王朝的安全立下了汗马功劳。看来窦宪的确是个很有才干的人。

窦宪平定匈奴回朝之后，越发地无法无天。朝中许多大臣都去巴结窦宪，以便谋求高官。

而窦宪的许多亲戚也都掌握了朝中有实权的部门。到最后，满朝文武之中有一多半是窦宪的党羽，整个朝廷乌烟瘴气。

刘肇年纪越来越大，也越来越懂事。窦宪怕刘肇亲政以后会威胁到自己的权势，就想杀死刘肇。而刘肇看到舅舅把持刘家的朝廷，也对他很不满意，也想除掉窦宪。

可是，朝廷中无论是大臣还是宦官大部分都依附于窦宪，要想除去窦宪很不容易。刘肇细心观察之后，发现宦官郑众不与窦家的人交往，于是就与郑众合谋商议诛杀窦宪与其党羽的办法。

第二天，和帝命令官兵将窦宪所在的北宫团团包围，立刻逮捕了窦宪亲信，并且派人收回窦宪的官印。

和帝考虑到窦宪终究是太后的哥哥，而且还曾为汉室立过功劳，就没有公开诛杀窦氏兄弟，而是命令他们都回到自己的封国去。

没多久，和帝又下令逼迫窦宪的几个弟弟自杀。凡是因为窦宪的关系在朝为宫的，也纷纷被免职遣送回家乡。

和帝依靠宦官的力量打击了外戚，使得以后宦官开始干涉朝廷政务，并渐渐掌握朝中大权，这与东汉后来的灭亡有很大关系。

班固、班昭著《汉书》

班固、班昭是兄妹俩，他们的父亲名叫班彪。班彪文采出众，开始的时候，在刘玄手下做个文职小官，后来刘玄被灭，又到了隗嚣那里，隗嚣没过多久也灭亡了。班彪为了生存，又跟随了窦融，窦融非常欣赏他。光武帝统一全国后，任班彪为徐县县令。

班彪做了县令之后，仍是笔耕不辍，废寝忘食，一面教自己的子女读书，一面自己写史书。班彪很想让后人从史书中吸取经验教训，达到以史鉴今的目的。

班彪计划写一部前汉时期的作品，但是没能完成自己的理想，便去世了。

班固是班彪之子，非常爱好写作，而且文采也相当出众。他从小深受父亲的教诲，立志要成为一名优秀的史学家。父亲临终之前，还对班固再三叮嘱："儿啊，一定要完成父亲的愿望，写完这部史书，留给后人，让后人受到启发，从中学到一些有用的东西。"

班固没有忘记父亲的话，子承父业，开始了漫长的创作。

班固查阅大量的历史资料，数日闭门不出，可是有些人却四处造谣，说班固私改国史。

永平5年，班固写史书已达10年，而外边的谣言也传到了明帝刘庄耳里。一听说有人私改国史，明帝十分生气，便立即下令，将其逮捕。

刘庄得知写史书之人是班固。先帝时期，他父亲班彪就因为文采出众而闻名天下，后来做了县令。虽然是私改国史，刘庄也想看看班固的文采如何，抄来的手稿交上来之后，他一读，便被此书深深地吸引住了。文章不仅写得好，而且观点鲜明，丝毫没有篡改国史，而且有许多篇章都是在歌颂汉室业绩的。

正当明帝专心致志地读此书时，班固的弟弟班超托人奏疏，为哥哥申冤。

奏疏中写道："哥哥班固绝没有私改国史，只是编写史书，让后人了解历史，能从历史中吸取经验教训。"明帝一看班超的奏疏，措辞恳切，而且软中带硬，十分有力。明帝召见班超，被班超的英雄气概、谈吐举止、博学广识所深深吸引，答应立时放了班固，而且给了班家一些钱财，支持他们继续写下去。

可后来，明帝又后悔了，他想把班固留在宫中，便又召班固进殿，让他当了兰台令史。没多久，班固又被提升为典校秘书郎，在后汉宫廷藏书处工作。

班固做了典校秘书郎后，真是如鱼得水，许多查不到的史料在藏书处都找到了，这为他完成这部史书发挥了很大的作用。从此，他日以继夜，以自己独特的见解去评史论今，引发人们思考历史，把握现在。

班固正在奋笔疾书时，明帝召他进殿。明帝非常欣赏班固的为人和才华，所以有什么大事经常和班固商量。

明帝刘庄问道："依你之意，现在我们是否迁都长安呢？"

班固道："陛下，东城之地，物产丰富，地势险要，我们不可走，如果迁都，必劳民伤财，有外心之人可能乘机而反啊！陛下请思之。"

班固回来之后，又写了一篇文章《两都赋》。这篇文章观点明确，把都城迁与不迁的利弊都明确地表述了，而且陈述了自己的观点：不能迁都。

明帝看后，非常赞同班固的观点，下定决心不再迁都。从此以后，明帝更加信任班固了，有许多朝中要事，都和他商议。班固也为明帝出谋划策。后来，班固又被提升为玄武司马。

明帝死后，章帝继位，章帝也很器重班固。可是班固的母亲去世了，班固是孝子，便辞官归乡服丧。

回到家中，班固将母亲埋葬完毕，为母亲穿孝百天。可就在这时，北匈奴和汉朝又发生了战事，大将窦宪主动请战出兵。刚刚即位的和帝年龄尚小，大权掌握在窦太后手中，她自然同意窦宪出兵攻打北匈奴。窦宪非常欣赏班固，所以对班固十分尊敬，二人的关系也很好。窦宪急需用人，便召班固回京。大敌当前，班固身穿丧服回到军营中，做了中扩军，为窦宪出谋划策。二人密切合作，大败北匈奴，从此我国北方边境才算彻底安定下来。

班固大胜而归，又辞官回到了家中，潜心著书。这一写就是 20 年，在这 20

年中，他写完了《汉书》的大部分，各章节提纲都已编好了。

公元92年，年轻的和帝和郑众密谋杀死了想夺权的窦宪，窦家的势力基本被消灭。和帝仍不放心，四处搜捕窦宪的爪牙，有许多人都因此事而无辜受牵连，班固就是其中一个。

班固在家中一心一意著书，对朝廷之事不闻不问，但还是没有逃过这次大劫。

洛阳令种竞和窦宪有仇，一看窦宪已死，便凶狠地对待窦宪的家人和亲戚朋友。种竞下令对班固严刑拷打，班固始终一言不发，他知道自己这次凶多吉少，但他最担心的是自己用一生心血换来的《汉书》还没有完成。

公元92年，班固由于在狱中受尽折磨拷打，再加上心情沉闷，最后死在狱中，终年61岁。这位著名的史学家带着终生遗憾在狱中含恨而死。

《汉书》虽未著完，但在民间却广泛传抄，后来传到了和帝手中。和帝读完《汉书》后，十分佩服班固的文采。遗憾的是，这部史书没有完成，作者就被洛阳令折磨死了。

和帝觉得十分惋惜，心中十分怨恨种竞，派人将其抓捕。和帝心里清楚，就是杀了种竞，一切也无法挽回了。

正当和帝为此事伤心之际，和帝的亲信郑众对和帝说："陛下，您不必伤心，我推荐一人可以续写此书。此人不是别人，乃是班固之妹班昭，她从小熟读诗书，班固著书之时，她也时常帮助查找资料，我想她一定能写完此书。"

和帝一听，十分高兴，立即下诏，让班昭进宫。

班昭从小聪明好学，文采也十分出众，班固写史书时，她经常帮助哥哥查找资料。她也想完成哥哥没有完成的事业，便答应了和帝潜心研究汉史。

由于班固已有提纲，班昭便有了大体方向，但具体史实，还得查阅大量资料，她整日伏案疾书。几年眨眼过去了，班昭这位史学巾帼终于完成了哥哥的遗稿，使这部《汉书》成为一部完整的史书。

和帝看完《汉书》后，非常满意，下令传抄，收藏在东观和兰台。和帝对班昭的精神也非常钦佩，赏给她许多财宝，但班昭没有接受。

班昭在宫中也深受别人尊重，经常教皇后和贵人学习，也深受她们的喜爱。

班昭写完《汉书》之后，仍旧没有停笔，又用了几年的时间写了 7 篇《女戒》。这几篇文章讲述了女子的道德规范、礼仪标准，在民间广为流传。

班固、班昭兄妹合力著《汉书》，历尽千辛万苦，但留给后人的是无穷的知识和启发。

班超通西域

班超（32—102），字仲升，扶风平陵（今陕西咸阳东北）人，东汉著名的军事家和外交家，史学家班彪的儿子。

班彪有两个儿子一个女儿，大儿子班固，性情敦厚，自幼跟随父亲，学问最好；小儿子班超，自小志向远大，兴趣广泛，练武习文，文武双全；女儿班昭也十分聪颖好学。

汉明帝永平五年，班超的兄长班固被召入京中任校书郎，班超和母亲跟随着迁居洛阳。由于家境贫寒，班超替官府抄写文书，维持生计。班超每日伏案挥毫，常辍业投笔而叹："大丈夫应当像张骞、卫青那样到边塞杀敌立功，怎么能老死在书房里呢？"

公元 73 年，班超跟随大将窦固出击匈奴，他在军中任假司马（代理司马）之职，并且立了战功，窦固很赏识他的才能。

为了更有效地抵抗匈奴，窦固想采用西汉武帝时所用的方法，派人去联络西域各国，共同对付匈奴。于是，窦固就派班超和从事郭恂

班超

一起出使西域。班超一行首先来到鄯善（在今新疆维吾尔自治区南部）。鄯善王很热情地招待他们，非常恭敬周到。可是没过几天，鄯善王的态度忽然冷淡起来。

班超很警觉，对部下说："你们注意到了吗？鄯善王对待我们的态度和前几

天不一样了。"

部下说："胡人行事没常性，不会有别的原因。"

班超说："这一定是因为有北匈奴的使者前来，而鄯善王心里犹豫，不知所从的缘故。明眼人能够在事情未发生前看出端倪，何况事情已显著暴露！"

班超叫来服侍他们的鄯善人，出其不意地问他说："匈奴的使者来了几天了？住在什么地方？"仆人听了，大惊失色。

匈奴使者到来的消息，本来是瞒着班超的。那个仆人给班超一吓，以为班超已经知道这件事，只好老老实实地回答说："来了3天了，他们住的地方离这儿有30里地。"

班超把仆人扣押起来，又把36个随从召集到一起，和他们一同饮酒。饮到酣畅之时，班超借酒激怒众人说："你们和我同在绝远荒域，如今北匈奴使者来了才几天，鄯善王就对我们不讲礼节了，若是使者命令鄯善王把我们抓起来送给匈奴，我们的骨头就要喂给豺狼了。你们说应该怎么办？"

部下一致回答："如今处在危亡之地，我们跟随司马同生共死！"

班超说："不入虎穴，焉得虎子。如今可行的办法，只有乘夜用火进攻匈奴人，对方不知我们到底有多少人马，必定大为震恐，这样便可将他们一网打尽。除掉了北匈奴使者，那么鄯善人就会胆战心惊，我们便成功了。"

众人说："应当和从事商议此事。"

班超生气地说："命运的吉凶就在今天决定，而从事不过是平庸的文吏，听到我们的打算肯定害怕，计谋便会泄露，到那时候，我们死得没有名堂，就不是英雄了。"众人一致同意。

到了半夜，班超带领部下，直奔匈奴使者的住处。

这天晚上刚好刮起了大风，班超吩咐10个人带着大鼓躲在匈奴的帐篷后面，20个人手持弓箭，埋伏在营门两侧，自己和其余的6个人顺风放火。火一烧起来，那10个人就一起擂鼓，呐喊，其余的人就冲杀进去。

匈奴人从梦中惊醒，惊慌失措。班超身先士卒，率部下杀死了匈奴使者和30多名随从，其余人都被烧死了。

班超等人次日返回，将事情的经过告诉了郭恂。郭恂大为震惊，接着神色

一变。班超明白了他的意思，举手声称："从事虽然没有前去参与行动，可班超怎有心一人居功！"郭恂这才转怒为喜。

班超叫来鄯善王，给他看匈奴使者的首级，鄯善全国震恐。班超将汉朝的国威和恩德告诉鄯善王，并说："从今以后，不要再同北匈奴来往。"鄯善王叩头声称："我愿臣属汉朝，没有二心。"于是将王子送到汉朝充当人质。

班超归来后，向窦固讲述了出使经过，窦固十分高兴，将班超的功劳一一上报，并请求重新选派使者出使西域。明帝说："有班超这样的官员，为什么不派遣，而要另选他人呢？现任命班超为军司马，让他完成先前的功业。"

班超还是带着他那 36 个人，他说："于阗是个大国，道路遥远，如今率领几百人前往，无异于显示强大。如有不测之事发生，人多反而成为累赘。"他们一行穿过鄯善，又行千余里，来到于阗。于阗王广德称雄于西域南道，但受匈奴人控制，对班超很冷漠。

于阗人相信巫术，有位巫师跟广德说："天神厌恶汉使，须杀汉使坐骑以泄怒。"广德急忙派人找班超要马匹。班超早听说了这件事，同广德派来的人说："愿奉马匹，然而必须由巫师亲自来取走。"巫师闻之，果然来了。班超抓住巫师的衣领厉声喝道："你若要马，拿头换罢！"说罢，一刀砍掉巫师首级，放入盘中，送给广德，借机对他进行谴责。广德早已听说过班超在鄯善斩杀北匈奴使者的事迹，极为惊恐，随即杀死匈奴使者投降。班超重赏于阗王及其大臣，就此镇服安抚于阗。于是西域各国全都派出王子到汉朝做人质。西域与汉朝的关系曾中断了 65 年，至此才恢复交往。

此后，班超一直在西域活动，在极端困难的条件下，争取西域各国同汉朝友好相处。班超曾给章帝写奏折，表明自己留在边塞光复西域，击败匈奴的决心。章帝读完很受感动，抚案道："这个勇入虎穴的班超啊，真是位大将军，班氏一家皆是千古奇才，朕有此臣，福之幸之。"

永元七年（95），和帝下诏表彰班超的功绩，封班超为定远侯，后人称之为"班定远"。

班超征战西域 22 年，没动用中原军力物力，没烦扰边疆人民，使西城 50 余国称臣服汉，并且安定团结，这是很不易的。

班超后来还去了很多地方，他曾派部下甘英出使今阿富汗和伊拉克等国，那是永元九年十二月的事情。班超和甘英所做的外交努力使东汉王朝与世界建立了友好的联系。

永元十四年，在妹妹班昭的努力下，和帝召班超回京。班超终于回到洛阳，被和帝封为射声校尉。那时，班超已得了胸疾，身体虚弱，加上旅途劳累，到京师后就病了。和帝还派太监给班超送过药。永元十四年九月，一代豪杰班超病逝，终年71岁。

东汉名臣袁安

袁安，字邵公，南阳汝阳（今河南商水）人。明帝时，任楚郡太守、河南尹。后历任太仆、司空、司徒。和帝即位，外戚窦宪兄弟专权，他不避权贵，多次上书弹劾窦氏的专横。其子孙皆为大官僚，"汝南袁氏"成为东汉有名的世家大族。

袁安出身于书香门第。他的祖父袁良，通晓《易经》，汉平帝时被推荐为举明，做了太子舍人；建武初年，到成武做了县令。

袁安小的时候，深受祖父的影响，学问做得很好，人品也好。他办事认真，当地人都很尊重他。起初，他在县里当一个小官。一次，他奉命到州衙门从事史那里办事，从事史想通过袁安给县令带封信，袁安说："如果是公事，自有邮驿传递，如果是私事，那不是功曹所应该带的。"他委婉地拒绝了。

袁安的生活一直很清廉，但他很注重个人的修养，从不轻易打扰别人。

一年冬天，连天大雪，地上积雪万丈。洛阳令下乡访贫问苦，一路上见到穷人家都除雪出门，借粮乞食。但到了袁安家门口，却见积雪原封未动，无法进门。一打听，邻居说好几天未见袁安出来了，大概冻死了。洛阳令叫大家清除积雪，破门而入，发现主人僵卧床上，好在未死。问他为什么不出去借粮活命，袁安答道："大雪连天，大家都在饿肚子，这个时候我怎么可以去打扰人家呢?"于是，袁安被洛阳令举为孝廉。

后世常以"袁安高卧"为典，指身处困穷但仍坚守节操的行为。

随后，袁安被任命为阴平县的县令，后又被任为任城县令。县令乃百姓的父母官，袁安在任上，兢兢业业，为民请命，两袖清风，一身正气，深得百姓爱戴，属吏敬畏。

明帝永平十三年（70），楚王英谋反，案子交给了楚郡。案情重大又十分复杂，一直无法结案。第二年，朝廷太尉、司徒、司空三府推举袁安来处理此案。袁安出任楚郡太守。

这个案子十分棘手，数千人受到牵连，明帝非常愤怒，官吏急着定案，于是，对犯人严刑逼供，因受不了严刑之苦，很多人自己诬陷自己，诬陷别人，就被判处死刑了。

袁安一到任，就直接到监狱去，审理哪些人没有明确罪证，然后一条条分别上报，要求将无罪的释放了。府丞、掾史都叩头争辩，认为只要是附和反叛者，按照法律，就与叛逆者同罪，不可释放。袁安据理力争，说："如果不符合律令，我作为太守自然要承担责任，会连累你们的。"

袁安将案件情况上奏皇帝，明帝看了奏章，有所感悟，立即准奏，得到释放的达四百余家。

一年多后，朝廷提拔袁安为河南尹。他号令严明，从不枉用法律。他自己常常说："凡是读书做官的人，志向高的想做宰相，志向不高的也想做个牧守。在圣明之世禁锢人才，我不忍心啊。"听到这话的人都很感激，并以此自励。

袁安做了10年河南尹，京师肃然，名重朝廷。建初八年（83），迁太仆。这时已是章帝时期了。

元和二年（85），武威太守孟云上书说："朝廷既然已经和北匈奴和亲了，南匈奴又去掠夺他们，北单于认为汉朝欺骗了他们，想要进犯我边境。我认为应该把南匈奴掠夺的人归还他，以此安慰他。"皇帝下令让百官到朝堂讨论。公卿贵族们都不同意把俘虏归还北单于，说："夷狄历来狡诈，贪欲无止境，把俘虏还给他们了，他们的胃口就更大了，这事万万不可。"

只有袁安提出了自己的观点，他说："北匈奴遣使和亲以后，有时在边境俘虏了人口，也会立即归还汉朝，这说明他们畏惧我朝声威，而不是他们先违约。孟云以大臣守卫边境，不应该在戎狄面前失去信用。归还俘虏，足以表明我大

汉朝对他们的宽厚，边境由此会安宁的。"

袁安的分析在朝廷引起了更大的争议。司徒桓虞改变了原来的意见，同意袁安。太尉郑弘等人不同意。郑弘用言语激怒桓虞，大声喊道："你们都说要交还俘虏，这是对朝廷不忠。"

桓虞当庭叱责郑弘等人，大家都变了脸。

章帝得到朝廷争议的详细情况，仔细斟酌，最后接纳了袁安的建议。

章和元年（约87），袁安代桓虞为司徒。

两年后，章帝死了，和帝即位。和帝年幼，窦太后临朝。窦太后的哥哥车骑将军窦宪北击匈奴，袁安和太尉宋由、司空任隗及九卿到朝堂上书谏止，说匈奴不犯边塞，而无故劳师远涉，耗费国家资财，想求万里之外的功绩，对社稷是不利的。

几次上书都被压下来了，宋由开始害怕了，不敢再在奏书上签字，九卿迫于权势也纷纷退却了。只有袁安独与任隗坚持，他们到朝堂上，摘下朝冠，据理力争。窦太后始终不听，大臣们都替他们捏着一把汗，袁安却神情自若。

窦宪出征以后，他的弟弟窦笃、窦景依仗权势，在京师横行霸道，夺人财物。窦景甚至擅自派使者通过驿站给边疆各郡发布通告，征发骁勇善战的将士，渔阳、雁门、上谷三郡都不得不把征发来的边兵送到窦景家去。官吏们惧怕窦家的权势，没人敢出来说话。只有袁安无所畏惧，他上书朝廷，列数窦景的罪状，主张将窦氏杀头示众。

袁安的上奏都被扣押了，窦氏子弟也越来越猖狂，把自己的党羽安排到名都大郡做大官，他们敲诈勒索，相互贿赂，社会风气极坏。

袁安看了这种情况极为痛心，他和任隗再次上奏，检举被窦氏安插在各州、薪俸在二千石以上的官员，和受他们连及的官员，结果四十多人被免官。窦氏恨透了袁安，可是，袁安品行高尚，窦氏兄弟无法加害于他。

袁安一直以正义之气，在朝廷上同权贵做着坚定的斗争。那时候，和帝年幼，外戚窦氏把持着朝政，袁安每次上朝、晋见，看着皇上没有决断大事的权力，便心痛不已。和公卿大臣们讨论国家前途，他言语之中充满了忧虑，有时甚至悲伤落泪。

从皇帝到大臣，都对袁安非常信任。可是，人总是有生老病死的，袁安也免不了进入老迈之年。和帝永元四年（92），袁安死在任上。

当初袁安的父亲去世时，他的母亲命袁安寻找葬地，路上遇到一位异人，袁安就问他，葬父何地好。异人手指一处，说："葬于此地，当世代为上公。"后来，袁安果然数世发达。到汉末袁绍割据河北，袁术称帝淮南时，四世五公。古人认为，这与其说是神明指授吉地的应验，不如说是袁安累积阴德受了感召，留下了善报。

中国历史上最小的皇帝

公元 75 年，明帝刘庄驾崩，终年 48 岁。明帝一死，他的第五个儿子刘烜继位。刘烜继位那年只有 19 岁，史称章帝。章帝在位时间不久就病逝了。从章帝起，后汉王朝大多是少年皇帝和幼童皇帝当政，这在历史上是非常罕见的。更为罕见的是东汉后期出现了中国历史上最小的皇帝——刘隆。

刘隆是和帝之子，永元十四年，和帝得了一场大病，久治不愈，过了 3 年后，病情加重，于永元十七年病逝，年仅 27 岁。

和帝在位时，后宫斗争异常激烈，嫔妃、贵人明争暗斗，谁若生下男孩，就会被别人暗害，有的嫔妃、贵人一生下男孩，立即派人秘密送出宫，以免遭毒手。这些男孩由民间百姓抚养，侍候嫔妃、贵人的太监偶尔偷偷地去看望一下。

刘隆就是其中之一，刚一出生，就被送出宫。和帝一死，邓氏皇后只好怀抱刘隆这个不足 3 个月大的婴儿，来到皇帝宝座前，轻轻地把刘隆放下，文武百官跪地高呼万岁。刘隆吓得哇哇大哭起来，邓后没有办法，只好把刘隆再抱起来，哄他。

君臣大礼行完之后，邓后怀抱婴儿皇帝缓缓地离开了大堂。

和帝只有这么一个 3 个月的儿子吗？答案是否定的，和帝的儿子流落到民间的还有一个叫刘胜，和帝去世那年，他已经 10 岁了。为什么没有让刘胜继承王位呢？原因在邓后身上。

邓后名叫邓绥，长得十分美丽，永元七年入宫。她的祖父是光武帝的大将军邓禹。邓禹为光武帝东打西杀，立下了显赫战功，为光武帝统一全国打下了坚实的基础。邓绥为邓禹之后，门第显赫，和帝也不敢小瞧。但那时，和帝已立阴氏当皇后。

邓绥不仅长得漂亮，而且温文尔雅，从不卖弄风姿来讨和帝的宠爱。她对和帝处处体贴、关心，使和帝深受感动。

邓绥刚入宫时，年纪不大。父亲死后，她十分悲痛，三年没有食盐。她尽量和阴后搞好关系，事事小心谨慎，不与皇后和其他嫔妃相斗，而是默默地承受着别人对自己的谣言，甚至是侮辱。后宫中的人以为邓绥好欺辱，经常给她气受，而且瞧不起她。但邓绥毫不理睬，不和她们争风吃醋。越是这样，和帝越喜欢她。那时后宫斗得异常激烈，和帝很是心烦，看到邓绥出身豪门，但不骄纵，心静如水，时时刻刻为自己排忧解难，从不说别人的坏话。和帝觉得邓绥心地善良，但他想不到邓绥是为了自己的宏图大志。

邓绥进宫不久后，便被立为贵人，而且十分受宠。对此，阴后非常气愤，心想：我堂堂的皇后斗不过你，我一定想方设法置你于死地。

阴皇后招来巫师，让巫师施法，企图害死邓贵人。邓绥知道后，没有与阴后计较，仍是尽量和她相处，但阴后把邓贵人看作眼中钉、肉中刺，处处刁难邓贵人。

永元十四年，和帝病重，卧床不起。邓贵人心想：和帝一死，自己的志向便很难实现，阴皇后又处处为难我，我不如一死了之，陪和帝一起到黄泉之下。想到此，她便把预先熬好的毒药倒在碗中，想服毒自杀，陪和帝同死。太监眼疾手快，一把抢过毒药，将其倒掉，又有侍女相劝，邓贵人才罢休。

非常幸运的是，和帝的病大有好转，几天之后可以下床慢慢走动了。有个太监告诉和帝："邓贵人知道您得了重病，想服毒自杀。"和帝听后感动得泪流满面。

阴后不仅对邓贵人心狠手辣，对其他受宠的女人也如此。后来这些人知道了此事后，便告诉和帝，说阴后不仅害她们，也想害邓贵人。

和帝虽然有病在身，但仍是立即下令：废掉阴氏皇后的称号，移出后宫，永不归复。

邓贵人一见此景，便跪地向和帝求情："陛下，您先安心休养，不要为此事动怒，以免伤了龙体。都是臣妾不好，如果我不在宫中，阴皇后也不会如此，请饶过阴皇后这一次吧！"

和帝一听，气消了一半儿，越来越觉得邓贵人通情达理，为自己分忧解难，不像其他人那样，只知钩心斗角。

阴皇后还是被贬入冷宫，她的家属被流放到荒凉之地。阴皇后到了冷宫，整日以泪洗面，她怎么也想不通，自己身为皇后却斗不过邓贵人。越想越伤心，后来忧闷而死。

邓贵人深受和帝宠爱，和帝有病期间更是百般服侍，照顾得无微不至。很自然，邓绥被立为皇后。

邓绥忍受了百般凌辱，终于实现了自己的理想，当上了皇后，但这还不是她最后的目的。

由于和帝病重，不能起床，只好由邓皇后代理朝政。邓皇后待人仍十分随和，遇事和大臣们商议。她提倡节俭，禁止各封国进贡财物。她又十分重视农业生产，下令减少租税。这些政策深受百姓和大臣们的拥护，邓皇后也因此受到了别人的尊敬。邓皇后掌权后，不封自己的家人，这一做法让许多大臣们都佩服。

邓皇后代理朝政后，社会稳定，国势有所上升，经济也开始快速发展，和帝非常高兴。但和帝的好心情并没能挽救他的生命，由于他贪恋酒色，最终一命呜呼。

和帝一死，邓皇后知道自己不能篡权夺位，因为那样做，不仅大臣们不服，天下百姓也会不满，所以邓皇后便派大臣们去找民间和帝的亲骨肉。

后来，大臣们找到了和帝的两个儿子，大的10岁，叫刘胜，小的只有3个月，叫刘隆，就是邓皇后怀中所抱的小皇帝。

邓皇后为什么不让10岁的刘胜继位呢？原来她怕刘胜几年之后掌握了大权，对自己不利。所以她便立和帝的小儿子刘隆为皇帝，这样邓皇后便临朝听政，总揽大权了。

邓皇后临朝听政后，也就变成了邓太后。这时，她把自己的兄长邓骘安排在朝中，手握大权；非常效忠和帝的宦官郑众、蔡伦也得到了重用。蔡伦就是发明纸的那个人。邓太后依靠着自己建立的强大关系网，很好地控制住了朝中大臣。

可事情却突然发生了变化。一天深夜，邓太后正在批阅奏章，忽听得宫女前来报告："小皇帝病得非常厉害！"

邓太后一听，心里十分着急，立即派人去请最好的御医进行抢救。她并不是心疼小皇帝，而是怕小皇帝一死，自己无法临朝听政，把握大权了。

小皇帝"哇哇"的哭声逐渐减弱，御医们忙得满头是汗，也没有见效，小皇帝终于驾崩了。

公元 106 年，中国历史上最小的皇帝刘隆入土安葬，被追谥为殇帝。小皇帝一死，邓太后的心情十分沉重，她想：让谁继位，可以保证自己继续独揽大权呢？

诛异己　保权位

自从殇帝刘隆一死，邓太后心情就很沉重，她在想：立谁为皇帝。对自己最有利，可以使自己继续独揽大权呢？

邓太后便和自己的兄长邓骘，宦官郑众、蔡伦等人商量。

郑众对邓太后说："太后，小皇帝驾崩，周章一伙人便密谋想立刘胜为皇帝，如果刘胜做了皇帝，用不了几年，便可独立处理朝政，恐怕对太后的权力有威胁啊！而且，光禄勋周章掌握满朝大夫、中郎将的生死大权，势力非常庞大，我们不得不防啊！"

邓太后说道："周章等人早就想削弱我的权力，我不会让他们得逞的！"

蔡伦道："太后，我们现在应马上选一个人，准备立他为皇帝，国不可一日无君，不能让他们抓到把柄。"

邓骘也说道："太后，我用武力保护你，你赶快下决定吧！"

邓太后深夜召见清河王刘庆及他的儿子刘祜。

在邓太后谋划自己的大事的同时，朝中另一派也正在密谋，代表人物便是光禄勋周章。周章得知邓太后密诏刘庆及他的儿子刘祜之后，立即召集朝中要臣。周章知道清河王刘庆和邓太后是一伙儿的，邓太后很欣赏刘庆，刘庆自然也很听从太后的旨意了。

周章对那几位大臣说道："殇帝归天，按理应立平原王刘胜为皇帝，才可顺天意。但是邓太后另有打算，她深夜密召刘庆及他的儿子刘祜，很可能立刘祜为皇帝。清河王刘庆与我们几位素来不和，如果他的儿子做了皇帝，对我们有百害而无一利啊！我们不如联名上疏邓太后，立平原王刘胜为皇帝。刘胜虽小，但没有几年便可独立处理朝政，到时候我们再联合皇帝，一定能削弱邓太后及邓家的势力。"

其他几位大臣也纷纷说道："周大人所言极是，吾等愿意听周大人的话，明日联名上疏邓太后，请求立平原王为皇帝。"

第二天上朝之时，周章首先跪倒，说道："邓太后，殇帝驾崩，国不可一日无君，不知邓太后想立谁为皇帝？"

邓太后一听，心里便知道了周章的用意，她十分生硬地答道："这件事我已经考虑了，我想立清河王刘庆之子刘祜为皇帝。"

周章身后又跪倒了几位大臣，就是昨夜密谋的那几位，说道："邓太后，万万不可呀，平原王乃和帝之子，只有立他为皇帝，才能顺应民心，才能振兴汉室啊！"

邓太后冷冷地说道："平原王刘胜精神恍惚，生性胆小，我看他难当此任。"

周章道："邓太后，刘祜不是先帝之子，又不是封王，恐怕没有资格吧？"

邓太后道："刘祜虽不是先帝之子，但是系属皇族，而且有治国平天下之志，聪明好学，知书达礼，我看他一定能够重振汉室江山的。不是封王，我明日便封刘祜为王。"

周章等人还打算争论，可邓太后已起身离朝，不再理睬那几个大臣了。

邓太后回到后宫，立即派自己的哥哥邓骘到清河王府去接刘祜入宫。

周章秘密派人去刺杀刘祜，但邓骘亲自保驾，周章没有得逞。

公元106年，刘祜正式登上皇帝宝座，史称安帝，定年号为永初。

刘祜当上了皇帝，但他年纪尚小，邓太后仍然临朝听政，把握朝中大权。周章等人一看到刘祜登基，拥立平原王的气焰被打了下去。

邓太后深知周章等人心里不服气，便想方设法除掉他们，但又不能立即斩首，因为那样做会失去人心。

邓太后最担心的就是周章的权力，她想夺周章的权，但又怕别的大臣不服，因为周章也为汉室江山立过汗马功劳。这时，郑众给邓太后出了个好主意。

郑众对邓太后说："太后，想剥夺周章的权力并不难，您可以拜他为司空。这样，职位虽然升了，但却没有实权，可以把他现在的职位让给您的近臣。"

邓太后一听，心里非常高兴，这样做，别的大臣无话可说，周章也是哑巴吃黄连，有苦说不出。

周章做了司空之后，心里十分不满。他想：我一个大功臣竟落得如此地步，我不如反了呢，废掉安帝，拥立平原王。

周章主意拿定后，便邀来两个好友，和他们密谋造反之事。这两个好友一个是王尊叔，另一个是元茂。二人和周章关系甚好，对邓太后的做法也十分不满。周章把想法一说，二人立时同意，说道："周大人，当朝邓太后依靠车骑将军邓骘及郑众等宦官独揽大权，不肯立和帝之子为王，野心颇重，我们愿意和周大人联手，发动政变，推翻安帝，立平原王刘胜为帝，废除邓太后，免除她对我们的威胁。"

三人一拍即合，自以为很周密，但却不知早有人监视他们，并偷听了三人的讲话，悄悄地告诉了邓太后。

邓太后听了，也不声张，把自己的兄长邓骘叫到后宫，让邓骘在宫殿之上设下重兵。

第二天，三人上朝，刚一到殿上，便发觉情况有些不对，卫兵手拿刀剑，寒光闪闪，威风凛凛。周章三人知道大事不好，但再想反叛已经来不及了。他们怎么也想不到，计划还没有实施便败露了。

只见邓太后稳坐龙椅，当场宣布："司空为国日夜操劳，如今体弱多病，今免其职，回去养病罢。王尊叔和元茂你二人也劳苦功高，你们也随周章一起回去吧！"

三人傻了眼，知道他们的计划彻底失败，邓太后是不会放过他们的，于是都服毒自杀了。但此事并未了结，邓太后又命人将三家全部抄斩。

朝中其他大臣一见邓太后如此狠毒，虽有怨言，也不敢说，只好忍气吞声。邓太后的势力又明显加强了。

但周章等人的势力仍没有彻底消灭，邓太后对这些人都派人暗中监视，注意他们的一举一动。这些人也都深知邓太后的厉害，所以也没有人敢有非分的行动。

安帝14岁时，郎中杜根认为安帝可以独立处理朝政了，有推倒邓太后的最好理由了。便上疏道："太后，安帝已满14岁，年纪虽小，但已可独立处理朝政了，先帝也是14岁便亲政的，请太后还政于圣上，方可顺民心啊！"

邓太后知道杜根和周章乃是一派的，大怒道："大胆杜根，我辛辛苦苦辅佐安帝，什么时候该还政于安帝，我心里自然清楚，你干涉朝政，该当何罪！来人啊，给我把杜根押入死牢！"

看牢门的人和杜根是老乡，杜根平时对他很好。深夜，看牢门的人打开大锁，放出杜根，给杜根换了一套衣服，二人逃了出来，隐入深山，再也没有消息了。

邓太后对那些反对自己的大臣，找借口一个一个地消灭掉了，以此保住了自己的权力和地位。

邓太后治国有方

邓太后为了保住自己的权位，诛杀了异己，许多朝中大臣都死在邓太后的手里，但这都是封建王朝争权夺利的产物。开国功臣能力很大，一般又掌握兵权，有很高的威信，对自己的皇权有所威胁，如果邓太后不去诛杀这些人，自己的权力便会失去，地位也随之不保。

邓太后可以说是经历了风风雨雨，才保住了自己的权位，又经历了艰难险阻，才巩固了自己的地位。

邓太后凭借着自己的智慧和心计，由贵人成为皇后，和帝一死，又成为

　　她一方面要治理天下，一方面又要进行权力斗争。但就是在这样的环境中，她仍把国家治理得井井有条。

　　邓太后执政了20年。这20年是东汉王朝兵荒马乱的时期，战争不断，边境不稳，年年天灾。但邓太后承受住了这些压力，一步步地恢复了经济。

　　邓太后生活非常节俭，对后宫的人管理得也非常严格，规定每天花费的数量，对大臣们的开销也严加管理。由于邓太后以身作则，大臣、宫女、宦官也都纷纷仿效，没有人敢奢侈浪费，这样一来，节约了许多钱财，邓太后把这些钱财用来救济受灾的百姓。邓太后这样做，缓解了农民阶级与封建王朝的矛盾，许多起兵造反的农民义军后来都自行解散了。但邓太后知道光靠政府救济百姓，百姓是不会过上好日子的，政府开支负担仍很大。于是她派人在容易发生水灾的地方修渠挖河、疏导水流，在容易发生旱灾的地方挖泉打井。这样一来，许多原来颗粒无收的土地变成了良田，百姓手中也有了粮食，生活自然稳定了。邓太后一看农业发展了，而且百姓连年丰收，便把废除的捐税开始重新恢复，国库也因此渐渐有余粮了。

　　由于昼夜处理朝政，邓太后病例了。那时非常迷信，认为组织规模庞大的驱除恶鬼活动，可以使身体恢复健康，延年益寿。许多大臣纷纷上疏邓太后，请求为使邓太后早日恢复健康，应将仪式扩增三倍，举办得隆重些。邓太后知道以前这项活动经常举行，而且浪费大量的财力、人力。如果再扩增三倍，花费将更大。邓太后虽然迷信，相信这项仪式能给自己带来好运，但她一想到所需的钱财，便说道："今年百姓收成不好，国库空虚，举行此仪式花费太大，不要举行了，还是把钱财赈济百姓吧！"

　　作为一个封建统治者，能如此体贴百姓，真是实在难得。

　　由于邓太后的厉行节约和努力发展生产，东汉后期已经颓败的经济又有了缓慢地恢复和发展。

　　经济逐渐恢复和发展后，邓太后松了一口气，马上投入到政治管理中去。

　　邓太后下诏书告诫百官："我朝律法公正严谨，绝不讲私情，无论是谁，违者必究，严惩不贷，尤其是皇亲国戚，要加重处罚。"这条律法一颁布，全国一片哗然。而且邓太后也是这么做的，对皇亲国戚一点不手软，全国上下，从地方官到朝中文武百官都没有人敢以身试法。

可一件令邓太后十分苦恼的事发生了。

中郎将任尚不满邓太后的统治，总想起兵造反，但是他知道自己的力量单薄，很难达到目的，便把目光放在了邓骘之子邓风身上。

邓风整日游手好闲、不务正业，而且对邓太后和父亲有些看法，他想在朝中谋个官做，却总不能如愿。

任尚知道邓风是邓太后的侄子，邓太后不会设防于他，于是便写信给邓风。

邓风接到信打开一看，吓了一跳，但他马上又被任尚提出的条件所吸引，便回信答应与任尚一起干涉朝政，等待时机，准备谋反。

任尚的所作所为岂能逃过邓太后的锐眼！没几日，任尚便被发现。搜查他的府上时，搜到了一封邓风写给任尚的信，信中虽然没有造反事项，但却提到了干涉朝政之事。

邓太后得知后，左右为难。按律法理应治罪，可他的父亲邓骘是自己的左膀右臂，一旦治罪，又怕兄长有不满情绪，并且邓风只是个孩子，治罪也很难把握尺度。

正在邓太后左右为难之际，邓骘拖着自己的儿子邓风来见太后。

邓骘跪倒说道："太后，臣下犬子胆大包天，竟敢违背我朝律法，企图与逆党相互勾结，干涉政务。臣知有罪，请太后治罪，处死也无怨言。"

邓太后心想：既然兄长有如此之心，我正好有个台阶下，便说道："风儿只是个孩子，我朝律法也没有规定处罚孩子的条例，兄长严加管教风儿，不可让他再犯啦！"邓太后既给哥哥留下了面子，又让其他大臣无话可说，从而更加团结了车骑将军邓骘。

邓太后不仅执法如山，而且时常微服私访，到下边去查看地方官执法的情况。

有一次，邓太后到洛阳城去查看洛阳令执法的情况。她想：洛阳乃都城，看看天子脚下的律法是否真正执行。

到了监狱中，她看到几乎所有的犯人都被打得遍体鳞伤，浑身是血。她知

东汉

道如此严刑拷打，里边一定有冤情。

邓太后命人悄悄提审了几个，又把案卷调来审阅，果真大多数犯人都是屈打成招。邓太后心里很不高兴，一了解，原来洛阳县令是个贪官，只要送钱财，就可免罪，如果不送礼，必然遭毒打，直至招供为止。

邓太后大怒，下令重新审理案件，结果平反的有百来人。

邓太后知道，治国需要有人才，只有重视教育，才能培养出更多的有用人才。

于是，邓太后召集儒生在东观校书，又命他们传播知识，让更多的人学习。

后来，邓太后又设立了学官，开办了一所大学堂，教授经书。经书包括五经、传记、礼记、法言、孟子等书籍，有时还额外开一些天文、地理、算术之类的科目。

邓太后鼓励教育，不仅培养了一批有用人才，而且更加有利于自己的统治，因为这些人深受正统思想的教育，非常忠君。

公元121年，由于过度劳累，邓太后闭上了劳累一生的双眼，但她的功绩却留下来了，人们纷纷赞扬邓太后治国有方。

蔡伦造纸

历史上，中国人很早就有用纸的记载。《前汉书·赵皇后传》说，赵皇后的手提袋里藏有赫蹄书，可能就是一种薄纸。《三辅故事》记载：汉武帝生病时，卫太子去探视。可是卫太子鼻子很大，汉武帝素来讨厌大鼻子，于是，江充就让卫太子用纸遮住鼻子，进入内宫。

但是，造纸的记载一直不太明确。

到王充写《论衡》的时候，虽然已经有了粗糙的麻纸，但是还不适宜写字，他的书是写在竹简木牍上的。王充去世后不久，蔡伦改进了造纸术，造出了适合写字的纸。从此以后，纸、墨、笔、砚就成了中国人写字的主要文具用品，合称为"文房四宝"。文房四宝不是同一个时期发明的，它们的出现有早有晚。笔和砚出现较早，墨和纸出现稍晚，按出现的顺序排列，应该是笔、砚、墨、纸。

文房四宝出现以前，人们最初把字凿刻在龟甲兽骨上，这就是甲骨文。后来又把字铸在青铜器上，这就是金文，或叫钟鼎文。春秋时候，笔出现了，刀笔并用，把字刻或写在竹简木牍上。据说秦朝守长城的大将蒙恬改进了笔，做成了现在我们常见的毛笔。随后，墨出现了。用砚磨墨，毛笔蘸了墨写字，就比用漆方便多了。但是用木简木牍写字，不但体积庞大，占地方，而且非常笨重。于是，人们又把字写在绢帛上。秦汉时候，绢帛和简牍并用。绢帛虽然轻便，但是价格昂贵。但这启发人们寻找一种像绢帛那样轻便而价钱又便宜的东西用来写字。西汉时候，已经出现了用麻造的纸。这种麻纸很粗糙，还不适宜写字。在外国，则用埃及莎草、羊皮或贝多罗叶等。但这些材料没有一种赶得上纸，范晔在《后汉书·蔡伦传》记载，公元 2 世纪时，东汉宦官蔡伦于公元 105 年发明了纸。不过确切地说，可能是蔡伦改进了造纸术。

蔡伦，字敬仲，湖南耒阳人，是东汉和帝刘肇至安帝刘祜时候的一位宦官。他为人正直，而且很有才学，汉和帝很信任他。

蔡伦又是善于发明创造的人。他看到写字用的简牍太笨重，绢帛太昂贵，而当时已有的麻纸又不适宜写字，就下决心一定要造出一种既便宜又便于写字的纸来。

经过无数次的试验，蔡伦终于改进了造纸术。

汉和帝元兴元年（105），蔡伦改进造纸术的试验获得成功了。蔡伦把自己改进造纸术的经过上奏和帝。和帝听了很高兴，叫蔡伦继续改进，扩大造纸的规模，造出更多更好的纸。蔡伦没有辜负汉和帝的信任，果然造出了更多更好的纸。在安帝的时候，蔡伦被封为龙亭侯，所以人们就把蔡伦造的纸叫作"蔡

蔡伦

汉代的造纸过程，根据我国科学工作者的模拟实验，大体是将原料先用水洗去污泥、杂质，再用草木灰水浸透并蒸煮，这个过程成为后世碱液制浆过程的基础。蒸煮后除去原料中的木素、果胶、色素、油脂等杂质，再用水洗，然后送去春捣。捣碎后的纤维在水槽中配成悬浮的浆液，再用滤水的纸模捞取纸浆，滤水后晒干即成为纸。汉代劳动人民用简单的设备，从纺织品废料中制成植物纤维纸，确实是件了不起的事，是科学史上的一项卓越发明。

蔡伦改进的造纸术得到推广后，过了一二百年，纸就已在我国成为唯一的书写材料，有力地促进了科学文化事业的发展。后来，造纸术又不断更新，扩大到用各种木本韧皮造皮纸，用竹类造竹纸，用稻麦秆造草纸，出现了用活动的帘床纸模捞纸。在加工技术方面也有改进，出现了各种著名的加工纸。如涂布纸、色纸、蜡笺、冷金纸等。纸的质量、产量逐渐提高，纸的用途和产地也不断扩大。

造纸术的改进，对笔、墨、砚的要求提高了，使得笔、墨、砚也不断地有所改进，文房四宝之间形成了一种密切的关系。造纸术的改进，写字容易了，著书写文章的人越来越多，文化更加飞速地发展起来。造纸术的改进，对于中国的书法艺术和绘画艺术也产生了极大的促进作用。东汉以前，中国已经有了一些书法家和画家。东汉以后，有成就的书法家和画家更多了。

蔡伦改进的造纸术，最早传到东邻朝鲜，7世纪时又由朝鲜传到日本。大约在唐朝的时候，造纸术通过西域传到阿拉伯，12世纪以后再由阿拉伯传到欧洲，至16世纪时，纸张已流行于全欧洲，取代了传统的羊皮及埃及莎草等。16世纪后，造纸术又由欧洲传到北美洲，此后逐步流传到全世界。中国四大发明之一的造纸术，终于传遍了全世界，为世界文化的发展做出了重大的贡献。

张衡发明地动仪

张衡（78—139）是我国古代杰出的科学家，在天文学、数学、地理学等方面都做出了杰出的贡献。张衡也是一个著名的文学家。他生活在东汉中期以后，

由盛转衰之际。当时贵族官僚崇尚奢侈，宦官专权，政治黑暗。他空有一腔报国热望，却无处施展，长期心情抑郁。

张衡是也个勤敏朴实的学者，崔瑗在给他写的墓志铭上赞扬他："敏而好学，如川之逝，不舍昼夜。"张衡自己在《应闲》里这样鼓励自己："约己博艺，无坚不钻。""君子不患位之不立，而患德之不崇；不耻禄之不伙，而耻智之不博。"这正是他自己人格的写照。

张衡 17 岁那年，离家到外面游历。他先是到西京长安（今西安），后又到当时的京都洛阳，就读于最高学府——太学。

张衡

长安和洛阳都是当时最繁华的城市，城里的官僚贵族过着骄奢淫逸的生活，根本不顾天下百姓在受冻挨饿。张衡看了，心里十分气愤。他拒绝官僚贵族的邀请，只认真研究学问。他说：一个人不应该担心自己的地位不高，应该担心自己的品德不高尚；不应该为了收入少而害羞，应该为知识不广博而害羞。正是基于这种思想，张衡历时 10 年，写出了《东京赋》和《西京赋》。

《二京赋》模拟班固《两都赋》，而结构更宏伟，铺叙夸张更厉害，被称为京都大赋的"长篇之极轨"。赋的主旨在于讽谏奢侈，劝谕节俭，比之以前的汉大赋较有现实意义和真情实感。赋中警告统治者要懂得民为邦本的道理，不可"好剿民以偷乐，忘民怨之为仇也；好耽物以穷寇，忽下叛而生忧也"。深沉的忧虑贯穿于字里行间。赋中还写了一些社会风俗人情，如"角觗百戏"、游侠辩士、都市商贾等，也都生动细腻。《二京赋》的写作花了 10 年时间，可见其用功之深。

除了文学，张衡特别爱好数学和天文学。公元 115 年，张衡被任命为太史令。太史令的职责是观察天文，制定历法，记录各地发生的灾异，等等，这个

工作正好符合他的兴趣。

当时，关于天体、宇宙的学说，一共有三种。一种是盖天说，认为地是方的，天是圆的，像盖子一样罩在地上。另有一种悬夜说，认为天没有一定的形状，日、月、星辰都自然地悬于空中。还有一种是浑天说，认为天是浑圆的，像蛋壳，地像包在中间的蛋黄，日、月、星辰都在蛋壳上不停地转动。

张衡经过认真观察，肯定了浑天说。这种学说虽然不完全精确，但比较符合观察的实际。

张衡为了形象地论证浑天说，还制造了一个仪器，叫"浑天仪"。浑天仪用铜铸成，是一个可以转动的球体。球体上刻着日、月、星辰，随着球体的转动，日、月、星辰依次出现，和天空中星象出没的实际情况完全相同。

张衡还把浑天仪和计时用的漏壶连在一起，漏壶中水的滴漏带动浑天仪转动起来，一天一周。这样，一天里面什么星从东方升起来，什么星从西方落下去，坐在屋子里就可以看得清清楚楚。这在1800多年前，实在是非常了不起的。

浑天仪的发明和演示，在当时引起了极大的震动。只可惜，在封建社会里，创造发明得不到重视，这架精密的自动天文仪器到东晋以后就失落了。

张衡的第二大发明是在公元132年制作了世界上第一台测定地震及其方位的仪器——地动仪。东汉时期，我国的地震比较频繁。据史料记载，公元92至公元125年的30多年中，共发生了26次较大的地震。张衡正生活在这个时期，对地震有亲身体验。为了掌握各地的地震情况，经过多年的精心研究，他制造出了地动仪。地动仪也是用精铜铸成的，圆径八尺，形似酒坛，上有隆起的圆盖。仪器的内部中央立有一根"都柱"（起惯性摆动作用）。柱旁有八条通道，道中安有机关。仪器周围铸有八条龙，龙头对着东、南、西、北、东南、西南、西北、东北八个方向。龙头和内部通道中的机关相连，龙嘴是活动的，每条龙的嘴里都衔着一颗小铜球。每一条龙头下面，又放了一个张大了嘴的铜蛤蟆。要是哪个方向发生了地震，正对这个方向的龙嘴就会自动地张开，铜球"当"的一声恰好落在铜蛤蟆的嘴里。

公元138年二月初三，安放在京都洛阳的地动仪突然动作，一枚铜球从位于西边的龙嘴里吐出，掉到铜蛤蟆嘴里。可当时在京城的人们对地震没有丝毫的感觉。于是，人们议论纷纷，那些本来就不相信张衡的人乘机攻击张衡是吹牛。可是没隔几天，陇西（今甘肃省东南部）派人飞马来报，说前几天那里突然发生了地震，这才使人们真正信服地动仪的作用。陇西距洛阳1000多里，从洛阳无震感的情况分析，地动仪可以测出的最低裂度为三度左右，在1800多年前的技术条件下，测震灵敏度这样高，是一个非常伟大的成就。张衡研制的地动仪，比欧洲早1700多年。

张衡还制造了世界上第一架观测气象的仪器——候风仪，又叫相风铜鸟。他在五丈高的杆顶上安一只衔着花的铜鸟，可以随着风转，鸟头正对着风来的方向。这架仪器和欧洲装在屋顶上的候风鸡相仿，但是欧洲到了12世纪才有候风鸡的记载，比张衡晚了1000多年。张衡还制造成了当时只在传说中才有的指南车。

张衡安心地担任了十几年的太史令，在科技上取得了丰硕的成果。汉顺帝即位后，张衡被提升为侍中。这时，东汉正处于外戚和宦官轮流掌握大权的黑暗时期。张衡最终被宦官们排挤出京城，去当河间（治所在今河北献县东南）相。张衡知道自己的力量根本就敌不过那些权贵，请求辞官回家，结果顺帝反而提拔他当了尚书。张衡当尚书不到一年，就病死在任上，享年62岁。

张衡还写了一本天文学专著《灵宪》，绘制了标明星体位置的《灵宪图》，是我国最早的一张星图。

小皇帝被毒害

顺帝在位期间，不理朝政，只知宠幸女人，沉迷于后宫之中，什么黎民百姓、江山社稷都抛在脑后，不闻不问。

公元132年，顺帝已经18岁了，应该有能力治理国家了，但他对国家之事一点也不操心，相反对自己的婚姻却很着急。他想选一位漂亮而且有地位的女子立为皇后，选来选去就选到了梁妠。梁氏家族历代都是东汉王朝中的风云人物，而且和帝还是梁贵人所生。所以梁妠可以说是地位显赫。不仅如此，梁妠长得也端庄漂亮，因此顺帝便立了梁妠为后。

一人得道，鸡犬升天，封建王朝就是这样。梁妠被立为皇后以后，又封梁妠的哥哥梁冀为河南尹。梁冀依靠势力，胡作非为，整日游手好闲，玩鸟斗鸡。他做了河南尹后，觉得自己有靠山，更是有恃无恐，整日搜刮民财，抢夺民女，对待低级官员，也是横眉立目，谁若不把他打点好，他就下令撤掉谁。而且这家伙还养着一批打手，谁若对他有任何不满，立即杀掉。

整个河南在梁冀的统治下，简直是昏天黑地。但是没有人敢反抗，一是梁冀心狠手辣，二是反映到顺帝那里，顺帝不但不处置反而告诉皇后梁妠，梁妠再告诉哥哥，梁冀岂能善罢甘休，立即派打手追杀此人。时间一长，谁也不敢反映河南的情况。

梁冀虽然如此蛮横无理，但他的父亲梁老太爷为人却非常忠厚善良。

洛阳令吕放与梁家是世交，经常到梁家看望梁老太爷。有一次吕放和梁老太爷相谈，谈得很投机。梁老太爷命人准备酒宴，吕放也愿意和梁老太爷多谈一会儿，便答应留下来吃顿晚饭。

酒过三巡，菜过五味，二人喝到了兴头上，吕放对梁老太爷说："我听说梁冀在外边背着您以强欺弱啊，百姓对他有些看法，但敢怒不敢言，望兄台管教一下，以便顺应民意，也有利于梁家名声啊！"

梁老太爷一听就来了气，他对四儿子的做法早有耳闻，但是一直没有证据，也不便管教。今天一听老朋友说出此话，有些挂不住脸，心里特别恨这个不争气的儿子，便气愤地说道："贤弟，多亏你提醒老兄，我一定要严加管教，他真是无法无天了！"

"望老兄适度而已，千万不可告诉令郎是我所说。"

"贤弟放心，我不会对他说的，话又说回来，他还敢把你怎么样啊！"

二人喝罢多时，吕放起身告辞。梁老太爷沉不住气了，借着酒兴，气更大了，立即命人把梁冀找来。

梁冀正在和几个娇艳女子鬼混，一听说父亲找他，知道没好事，但还是极不情愿地起床去见父亲。

梁老太爷劈头盖脸就把梁冀大骂一顿："你这个不争气的逆子，在外胡作非为，横行霸道，我们梁家的脸面都让你丢尽了，给我滚！"

梁冀哪里受过这般委屈，但当时他不敢发作。他想：是谁敢如此大胆，向父亲告状呢？后来他向家人一打听，才知道那天晚上吕放来过府上。梁冀心想："你这个该死的老头，我念你和我梁家是世交，平日没有惹过你，你却来告我的状，不给你点颜色看看，我看你是不知道姓什么了。"

梁冀找来几个打手，让他们换上夜行衣，去刺杀洛阳令吕放。

这一天傍晚，吕放外出，正坐在车中闭目养神，突然护卫大叫一声："有刺客！"

墙上跳下十来个黑衣蒙面人，手执钢刀。这几名刺客都好像职业杀手似的，动作十分敏捷，而且武功高强，护卫队一时惊慌，这些人手起刀落，转眼就砍倒几个。

吕放在车中听到外边有喊杀声，心想：朗朗乾坤，天子脚下，谁敢如此胆大包天，竟敢行刺朝廷命官。他刚打开车帘，想看看是谁，就在这时，一个刺客一把抓住了吕放的衣服，将他从车中拉了下来，一刀砍死。有几个护卫刚想跑，便被这几个刺客的飞刀杀死。

这几个人一看任务完成，互相使了个眼色，收起钢刀，越过高墙，找了一个僻静之处，脱掉夜行衣，直奔梁府。见到梁冀，他们全部跪倒，说道："回大人，任务已经完成。"

梁冀微微冷笑，对着那几个人说："不许对老爷子说，下去领赏钱去吧！"

吕放一死，洛阳城大乱，堂堂的洛阳县令竟在天子脚下被杀。

梁老太爷认定是那个逆子所为，气得直吐血，心想：吕放啊吕放，我对不起你啊，家门不幸出逆子啊！没过多久，老爷子一命呜呼了。

本来有梁老太爷健在，梁冀还有所收敛。父亲一死，他更是无法无天。整个河南的老百姓可倒霉了，因为梁冀烧杀抢掠，和土匪恶霸一模一样。

后来，梁皇后为了巩固自己的地位，便对顺帝说拜梁冀为大将军。顺帝昏庸无能，梁皇后说什么听什么，便拜梁冀为朝中大将军，封其弟梁不疑为河南尹。

梁冀为了躲避吕案的责任，提拔吕放的弟弟吕禹为洛阳令，负责办理此案。吕禹明知是梁冀所为，也不敢捉拿，只好追捕了一些无辜老百姓结案。

梁冀做了大将军后，气焰更加嚣张，任意提拔和罢免官员，笼络亲信，在朝中安排了不少爪牙。

昏庸无道的统治，再加上梁冀的残暴，百姓忍无可忍，有许多地方都起兵造反。朝廷火速派军队镇压，但义军十分英勇，官军被打得连连败退。

顺帝本来就有病在身，得知情况后病情加重，临死前立两岁的刘炳为皇太子。

公元144年，年仅30岁的顺帝去世，只有两岁的太子刘炳继位，号称冲帝。万万没有想到，两岁的小皇帝只坐了4个月的皇位便夭折了，宫中大乱。

梁冀为了能使自己和梁皇后独揽大权，便迎立只有8岁的刘缵为皇帝。刘缵是章帝的玄孙渤海孝王刘鸿之子。公元145年，刘缵正式登基，史称质帝。

梁冀和梁皇后本以为刘缵年纪小，易于控制。但他们万万没有想到，质帝小小年纪，却很聪明，处处和梁冀不和，二人经常吵架。

梁冀非常后悔，心想：我为什么迎立你为皇帝呢？于是他便想方设法害死质帝。

质帝非常爱吃甜食，梁冀便派人为质帝做了一碗莲子汤，里边放了剧毒。质帝年纪毕竟小，接过小太监送来的莲子汤，一口气就吃净了，不一会儿就倒地而亡。

小皇帝就这样惨死在梁冀的五毒莲子汤下，梁冀则进一步控制了朝中的大权。

梁氏家族破灭

梁冀用五毒莲子汤将质帝毒死，太尉李固当时也在场，就询问了那个小太监。小太监不敢隐瞒，说是大将军梁冀让他送莲子汤给小皇帝的，小皇帝喝完莲子汤，便倒地而亡。后来这个小太监被梁冀杀害，但太尉李固却知道了实情。他明白质帝和梁冀经常争执，一定是他毒死了小皇帝。

太尉李固非常气愤，联合几个密友，与他们商议，要废掉梁冀。想废掉梁冀，谈何容易？不说梁太后，就说朝中百官，谁都畏惧梁冀三分，而且梁冀还

安排了许多爪牙。当梁冀知道太尉李固对自己不满，便找一个借口，罢免了李固的官职，后来又给李固安了一个莫须有的罪名，处死了李固，并将其家人全部流放。和李固关系好的大臣也纷纷被免职。

梁冀为了控制大权，率领官员迎立 15 岁的蠡吾侯刘志进宫，继承了皇位，史称桓帝。桓帝不是顺帝亲生，但也是未出五服的本家。桓帝虽可以独立处理朝政，但梁太后仍临朝听政，梁冀则手握大权，桓帝只好默默地忍受着。

梁冀为了扩大政治势力，闹出了一个不大不小的笑话。梁冀把自己的妹妹梁女莹嫁给桓帝，后来立为皇后。这样梁太后和梁皇后既是姐妹关系，又是婆媳关系。满朝文武都觉得可笑，但又不敢多言。桓帝也觉得很别扭，但他也是敢怒不敢言。

梁女莹被立为皇后之后，桓帝赐给梁冀金银财宝数以万计，又给他建造高级宅第，赏良田几万亩。弟弟梁不疑和梁蒙被封为颍阳侯和西平侯，也得到了许多赏钱，连梁冀的妻子孙寿也被封为襄城君，与长公主同等待遇。但梁冀最看重的不是这些，而是以此巩固自己的权力和地位。

梁冀虽然家有万贯钱财，但贪得无厌。他在做河南尹时，就是出了名的贪官，到了朝中官拜大将军后，更是变本加厉。他在自己所管辖的地区寻找有钱的人家，如果他们不送来厚礼，他便立时派人去捉拿那些人，然后严刑拷打，逼打招供，定个满门抄斩的罪名，害得有钱人家家破人亡。他却从中获利，把这些钱财据为己有。

梁冀有一个爱好，喜欢古玩，这一消息不胫而走。一些想溜须拍马的，还有一些怕梁冀找麻烦的，都纷纷搜集古玩，孝敬这位大将军。一时间，中原的古玩异物都跑到了他的府上，许多皇宫都没有的，他那里就有。

和平元年，梁太后去世。全国百姓拍手欢庆，他们知道梁冀的靠山是梁太后，以为太后一死，梁冀大权必然会被剥夺。但是百姓想错了，梁冀大权不仅没有被削弱，反而控制得更牢了。他的亲信爪牙到处都是，桓帝根本无法与之抗衡。这还不算，他更加肆意妄为，想干什么就干什么。他的爪牙也狐假虎威，横行霸道。百姓怨声载道，但也是敢怒不敢言。梁太后的死，让百姓空欢喜一场，他们只好默默地盼望梁冀早日归天。

梁冀在朝中安排了许多亲信，他让桓帝不断地给梁家人封侯，短短几年里，梁家有7人封侯，3女成皇后，6女做贵人，而且娶了3位公主，57人做了朝廷重官。很显然，朝廷已是梁家的了，其权势达到了极点。再加上梁冀的心腹，整个朝廷都牢牢地控制在他的手里。

梁冀做河南尹时，就养了一批打手，做了大将军之后，打手增加了几倍。这些人平日吃喝玩乐，如果有与梁冀作对的大臣，这些人便出面毒打一顿或是杀掉。梁冀还养了一批密探，专门负责监视皇帝和那些对自己有意见的大臣。

梁冀觉得自己权力无边，虽然不是皇帝，但却把皇帝牢牢地掌握在自己手心里。朝中的政事，桓帝根本无权做主，都得由梁冀亲自处理。梁冀觉得自己应该和皇帝平起平坐，所以他派人依照皇宫的规模，大举修建豪华住宅，耗资亿万。有了这些，他还不满足，他让桓帝允许他佩带兵刃上殿，见到皇帝可以不下跪。对于这些无理的要求，桓帝没有办法，只好一一答应。

桓帝渐渐长大了，但是权力一直在梁冀手中，好像梁冀是皇帝，自己只是个任人摆弄的木偶似的。桓帝心中当然也极其不满，想过自杀，但后来他下定决心：一定要找机会除掉梁冀及梁家的势力，不能让自己如此受辱。

通过几年的观察，桓帝终于发现了一个十分可靠的人——唐衡。唐衡是个太监，但为人忠厚，对桓帝十分尊敬和忠诚。有一次桓帝上厕所，趁没有人监视，便把唐衡叫进厕所。唐衡不知怎么回事，便问道："陛下，不知在此召臣，有什么机密大事？"

桓帝叹了一口气道："不瞒你说，这种日子我早就过够了，我不能再容忍了，他梁冀目中无君，横行霸道，我想除掉他。"

唐衡听到此话，十分激动，对桓帝说："陛下，你早就应该如此，梁冀手握大权，又到处安插亲信、爪牙，弄得百姓苦不堪言，朝中大臣也敢怒不敢言。长此以往，汉室江山将会毁掉，臣愿为此效尽犬马之劳。"

桓帝一听，非常高兴，便说道："我汉室江山不该灭亡啊，上天让我遇见了你呀！"

唐衡赶忙道："陛下，臣不敢当。陛下，除掉梁冀，单靠我们二人的力量是不行的，我们还应联合其他人，共同诛杀梁冀老贼。"

桓帝一听，说道："很有道理，不知道大臣和宦官中谁可信任？"

唐衡道："陛下，单超、左悺二人与梁家有过节，而且二人非常忠厚可信。还有徐璜和具瑷二人，年纪虽大，威望很高，对梁家所作所为也十分不满，我们也可以联合。至于朝中大臣，臣不敢妄言。"

桓帝说："外边到处都是密探，这里还比较安全，你先出去，把这几个人找齐，让他们也都来厕所，我们共议大事。"

唐衡受命去办此事，没多长时间，便把这四位太监找来。为了不引起别人怀疑，大家分头进了厕所。

人到齐了之后，桓帝非常坚决地说："我再也不甘心做傀儡了，我宁可一死，也要与老贼斗争到底，不弄个鱼死网破，誓不为人。"

这几个人陆续进了厕所却没有出来，引起了梁冀所派三个密探的注意，他们正要偷听厕所里的讲话。门忽然打开，唐衡冲出，将二人乱棍打死。

具瑷带着御林军和虎贲处护卫及双虚御马厩兵千余人，立即包围了梁家宅院。梁冀还没有明白是怎么回事，便被生擒活捉。桓帝又命人将梁家家属及亲信统统抓起。仅仅几天，就因此事，有 600 人被处死，300 名朝中大官被罢免。

梁冀多行不义必自毙，天下百姓得知梁家被灭，纷纷庆祝。桓帝也从此开始统揽大权，治理天下了。

李膺巧抓张朔

桓帝依赖宦官的势力取得权力，在他从梁冀手中夺回皇帝大权以后，得意忘形，无心顾及政事，一心沉浸在前呼后拥的风光之中。

宦官呢，因为夺权有功，势倾朝野，尤其是"五侯"，深得桓帝宠信，不但富甲天下，而且成为朝中实际掌握实权的人。

大臣们为求自保，个个投奔在"五侯"门下。这样一来，朝中就都戌了宦官的天下，大臣们畏畏缩缩，不敢与他们争夺。

李膺是河南府的府尹。他为人正直，不畏强暴、执法严明，深受当地老百姓的好评。

李膺在此之前曾经历任高官，都以为政清廉著称。

他还曾担任过护乌桓校尉（为防卫北部少数民族进犯而设的武官），多次率兵打败少数民族的进攻，令汉军声望大振。

后来他又被任命为度辽将军，击败了各地前来进犯的蛮族，不但稳定了边疆，还名震各地少数民族。

因为战功显赫，才智过人，李膺被任命为河南尹。

他上任后没多久，就有人偷偷向他汇报说野王县（今河南沁阳）县令张朔残忍至极，以残害孕妇取乐。

李膺以前就听说张朔有一个作宦官的哥哥张让。张朔以此为资本，在乡里为非作歹，鱼肉百姓。可是，因为张让的缘故，没人敢管。

张让不过是宫中的一个小太监，因为在诛杀梁冀的政变中立了一点小功，就居功自傲，任他的弟弟横行乡里。

李膺听说这件事之后，便派人四处探听、取证，打算严厉地惩处张朔。

不久，衙役们把搜集到的张朔作恶的证据，报到李膺那里。

然而，许多人都认为李膺不过是做做样子罢了。多少府尹还不都是喊着惩凶，到头来反而投于张让门下？

大家对李膺没有抱太大的希望，尽管也都知道他执法严明。

张朔起初没把李膺放在眼里，依旧我行我素，一副天不怕地不怕的样子。

可他手下人却劝他说："大人，不怕一万就怕万一啊！听说这李膺可不是个好打发的主儿，您还是避一避吧？"

张朔寻思一下，觉得也对。因为李膺上任之后，并不像以往历届府尹去拜访他的哥哥。因此，张朔便躲到了张让家中。

张让不想惹祸上身，不愿让张朔躲在自己家中。

可是张朔在他面前煽风点火地说："大哥，李膺作了府尹，不但没有孝敬您，还要拿我开刀，这不是没把您放在眼里吗！

"他上任没几天，就想整我；那用不了多久，他就会把刀架在您的脖子上了！"

张让的怒气让张朔点了起来："好！你不是要抓我弟弟吗？我就不让你抓，

看你敢拿我怎么样!"张上恨恨地想道。

这样,张朔就顺利地留在了哥哥家中。

消息很快传到了李膺那里。

李膺仔细一琢磨,心想张让年纪不大,可刁钻奸猾,如果直直白白地向他要人,他肯定不会交出张朔的。

于是,李膺便让府里的几个武士,穿上家丁的衣服,随他去张府拜望。

一进张家门,张让便迎了出来,满脸堆笑,客客气气地向李膺抱拳施礼:"欢迎!欢迎!府君前来,蓬荜生辉啊!"

李膺不露神色地拱手还礼,淡淡地答道:"哪里哪里!我早就该来拜望国家的有功之臣!"

一会儿,李膺一行人被让到了张家的大厅。

张让小心翼翼地试探李膺:"府尹大人,您应该是无事不登三宝殿吧!"

"不不不,您误会了!"李膺摇摇头,煞有介事地说道;"李某早就听闻贵府富丽堂皇,很想见识一下。此次造访,完全只是为了能够参观一下贵府之陈设!"

张让一听话都说到这儿了,自己难道还好意思再问下去吗?

"哦,原来如此,那就请李大人随张某四处看看吧。请!"张让起身带路。

尽管张让此时满腹狐疑,可他也只好带李膺和他的家丁在张府中转悠。

刚到厅堂,张让便匆匆瞥了一眼厅中两根立柱说道:"李大人,我们去后院看看吧!"

"不忙,不忙,"李膺早已看到张让的眼色,说:"这两根立柱,实在罕见,应该仔细端详一下才是!"

说着话,李膺心里就在纳闷:柱子这么粗有点奇怪,而且两边都有很大的裂纹,怎么会这样呢?莫非……

张让看到李膺围着柱子打圈,心里一惊:可千万别出事!

于是,张让急忙招呼李膺,"李大人,快到这边看看上等的珊瑚,这才是真正的罕见之物啊!"

李膺乘张让转身的机会,一把抽出短剑,顺着柱子的裂缝划了一刀。没想

到，柱子"滋"的一声裂成了两半。

大家再一细看，柱子正中站着正是张朔。

还没等李膺下令，他的"家丁"拥上去，不由分说地便绑了张朔。

张让一时还没愣过神来，就听得张朔凄厉的大叫声"大哥，大哥，救我呀！"

李膺很严肃地冲张让一拱拳："得罪了！"便率领众人向外走去。

张让一时间找不出任何理由来阻拦李膺，眼巴巴地看着张朔被带走。

回衙门以后，李膺根据搜集来的张朔的罪证，判了张朔斩刑。

张让得知以后，大为愤怒，马上跑到桓帝面前哭诉："皇上，李膺私闯民宅，带走臣弟张朔，还判了斩刑。李膺眼中无王法，请陛下为臣做主！"

桓帝不辨是非，听了张让的话，马上召见李膺。

"李膺，你强闯民宅，草菅人命，该当何罪？"桓帝怒气冲冲地呵道。

"陛下，臣自认无罪可当！"李膺不卑不亢、不软不硬地答道。

桓帝更生气了——你竟然当众顶撞我？

"大胆李膺，你闯入张让家中，强行带走良民张朔，判了死刑，还敢说无罪？"

"陛下有所不知。张朔以剖孕妇之腹为乐，一尸两命，证据确凿，臣不过是依法拿获，何罪之有啊！还请陛下明察！"说完，李膺还瞟了一眼张让。

桓帝听了这番话，也不知该如何应对了。

只好转过身训斥张让："为何不如实禀告？你的弟弟如此残忍，该杀！你竟敢诬陷李卿，真是大胆至极！"

张让此时早已开始叩头求救。

"你明明藏张朔于家中，还声称李卿有罪，贬为关中侯！"桓帝迫不得已将他降职，以求服众。

李膺此后判过几例这样的案子，大大地打击了宦官的嚣张气焰，他在朝臣中的威望也越来越高。但是，桓帝昏庸，政治腐败，宦官们又蠢蠢欲动了。他们说服桓帝捉拿李膺"党人"，说他们妄自议论朝纲，危及东汉王朝。

桓帝本来就宠信宦官，对李膺不甚满意，正好找到了个借口能处罚一下李膺这些党人，165 年，桓帝下令在全国各州各郡逮捕党人。

这么一闹，全国都乌烟瘴气，一共有 200 多人被抓到狱中，听候审讯。

166 年，尚书和城门尉（官名）分别上书给桓帝，替他们求情。

桓帝赦免了党人，但是"禁锢终身"，也就是终身不得为官。

从此，宦官集团更加猖獗，正直的官吏多数被放逐，朝中政治更加黑暗。

李膺是被禁锢的党人中很有名的一个。他与魏朗等七人合称为"八俊"，世人都称颂他们顽强抗争的美德。

这是中国历史上第一次党锢事件。自此以后，以李膺为代表的官僚集团受到沉重打击，宦官更加飞扬跋扈，后汉王朝也愈加衰落。

陈蕃和第二次党锢

陈蕃是桓帝的重臣，他力主窦氏为皇后，所以在窦太后临朝听政时，陈蕃被封为太傅，权倾一时。

陈蕃性格直爽，喜欢争谏，从不轻易接受他人的邀约做官。

年轻时，陈蕃曾做过别驾从事（官名），但是因为与郡守发生争执，陈蕃竟然将官印一扔，径自离去。

因为他年少多才，很多郡都请他去做官，陈蕃都婉言拒绝了。在陈蕃看来，做官最难莫过于让自己心安了。

后来，在李固的推荐下，陈蕃作了乐安（今山东省境内）太守。他为官清正，秉公断案，口碑极佳。

李膺到青州做刺史（官名）时，太守都因惧怕李膺的廉洁，而逃跑了，只有陈蕃坚持留下来，还和李膺成了好朋友。

当时，大将军梁冀专权，很想结交陈蕃，便派人送信给陈蕃。哪知陈蕃拒而不见，这可急坏了送信人。

送信的人谎报自己是李膺推荐来的，才见到了陈蕃。

见面以后，陈蕃才知道其中有诈，于是勃然大怒，命人用藤条抽死了送信的人。

消息传到梁冀那里，梁冀非常生气，便降了陈蕃的职。

尽管陈蕃不喜欢结交官场中的宾客，但却非常尊重当时社会上的名儒。

陈蕃在豫章（今山西）任太守时，听说南昌（今江西南昌）人徐稚，学问渊博，为人清高，家里很贫穷，靠自己种地为主。

陈蕃亲自前去请他来做官，希望他能帮自己一臂之力。

虽然徐稚和陈蕃两人相见恨晚，聊得很投机，但徐稚并未因此而改变自己的意志——不做官。

陈蕃见他主意坚定，也不勉强他，可两个人却成了很好的朋友。

唐代诗人王勃有一句话叫"徐孺下陈蕃之榻"，就是描述他们两人之间深厚情谊的。

据说，陈蕃特意在家中设一张榻（今天的床），平日里都吊起来，只有徐稚来才会放下来，以示对他的尊敬。

陈蕃还曾多次被征入京官，但是由于他性格耿直，敢于直谏，经常冒犯桓帝和有权势的宦官，因此总也不得志，常被免官、降职。

167年，桓帝死了以后，窦太后临朝听政。

窦太后为了感激当年陈蕃力争保她做皇后，便封他为太傅，封为高阳乡侯。

然而，陈蕃并没有接受高阳乡侯的封号，陆续推辞好几次，最终也没有接受。

陈蕃复官以后，便与窦太后的父亲窦武齐心协力，广结名士，征用名贤，共同参与政事，管理朝纲。

陈蕃特别反感宦官持政，因此计划发动一次政变，把宦官从朝廷各个实权职位撤走。

当时宫中势力最强的就是灵帝的乳母赵娆与宦官曹节、王甫等勾结在一起的集团。

更糟的是窦太后很相信他们，经常应他们的要求，任用他们的亲信。这样，宦官在宫中的势力更加庞大了。

对这种情况，陈蕃非常担心。

有一次，他和窦武坐在一起，环顾周围，四下无人时，陈蕃压低声音说：

"曹节、王甫等人操纵朝政，惑乱天下。只有杀了他们，天下才能安宁！"

窦武觉得陈蕃的话正中他下怀，显得十分兴奋，对陈蕃说："我也正有此意！"

两人一拍即合，马上开始着手布置这项计划。

他们开始有意地把自己的人安插在朝中的重要岗位上，慢慢排挤宦官势力代表。

陈蕃、窦武的行动受到了许多大臣的拥护和支持，他们都把国家复兴的希望寄托在陈蕃和窦武身上。

然而，事实并未像预料中的那么顺利发展。

窦武经常劝说窦太后："宦官之类的人原本只能做些杂事，伺候人或是打理杂务。如今他们权力很大，仗势凌人。这实在不是什么好事！"

窦太后虽然也比较认同父亲的话，但还是有些犹豫不决。

"如今宦官虽然参政，但是以往历代先皇当政时，也依赖宦官，如果我下令诛杀他们的话，岂不是置先辈之例于不顾？"

窦武很忧心地摇头继续说着："太后此言差矣。先皇之遗命乃是让我东汉王朝长盛不衰，而不是让宦官干预朝政。如今，宦官扰乱朝纲，大臣反倒无用，难道他们不该杀吗？"

窦太后还是有些迟疑，却又拗不过父亲的性子，只好先说："杀也只能杀那些有罪的人，不能杀诸如曹节等好宦官！"

"太后，"窦武一听这话，更急了，朝中最有势力的就是曹节了。"曹节才是万恶之首，怎能放过他呢？"

窦太后已经有些不耐烦，挥了挥手，示意父亲不要再说了。

"这件事情，哀家会考虑的，您先退下吧。哀家有点累了。"就这样，下了逐客令。

窦武一看，也没办法了，现在劝说太后，还为时过早。

以后，窦武又试图劝说太后采取措施，但是，窦太后一直未能决定，就这样一直拖了下来。

窦武、陈蕃等人只好运用自己的权力先压低宦官的气焰，但效果并不明显。

有一天，有人密告窦武说宦官郑飒贪赃枉法，欲图不轨。

这正中窦武的下怀，于是他命人"立即逮捕郑飒，严刑拷问。"

陈蕃却认为这样并不好，容易引致宦官们的救援，因此竭力劝说窦武："这样的人应该立即杀掉，免留后患！"但窦武没有接纳陈蕃的意见。

郑飒受不了严刑拷打，供出了曹节等为共谋。

窦武觉得这是一个好机会，于是便根据郑飒的口供，题写了一本奏折，建议诛杀宦官。

然而，窦武粗心大意，没有把秘密的奏章保存好。结果，一个小太监整理东西时翻了出来。

他马上把窦武的奏章交给了曹节。

曹节一看，大惊失色，急奔皇宫，拉起小皇帝就跑，一边跑一边说："皇上，外面情况危险，陛下快去前殿！"

灵帝也不知道发生了什么事，只是糊里糊涂地跟着曹节这些宦官跑。

紧接着，曹节又命人起草诏书，调遣军队，准备诛杀窦武等人。

窦武、陈蕃听到密报，急忙赶往兵营，匆匆忙忙之间调度士兵数千人，宣布宦官谋反，要求大家得而诛之。

曹节所率士兵越来越多，一会儿便把窦武、陈蕃等人团团围住。

窦武、陈蕃的士兵看到这种阵势，十分惊慌，再加上对方是宦官，握有实权，马上就四处散开，纷纷逃跑了。

窦武没能逃出宦官部队的追杀，最后自杀。

窦家的亲朋故友也受到牵连，大都下狱而死；窦太后也被放逐。

陈蕃则被捕下狱，当天就被杀了。

宦官们再次得势。他们假拟灵帝的命令，宣布"党锢"。

第二年，宦官又下令搜捕党人，其中李膺等人都被捕，死于狱中。

这次受到牵连的多达六七百人，他们或被处死，或被流放。

这次事件一直持续了十几年，宦官集团再次占了上风，东汉王朝也越来越昏暗，朝廷上下一片乌烟瘴气，完全处于宦官的掌握之中。

昏君灵帝

梁冀及梁家被诛杀，梁冀的亲信也纷纷被杀，桓帝夺回了大权，天下百姓都以为这下可以松口气了，纷纷奔走相告，欢庆了好几天。但是没有想到，这个桓帝昏庸无道，天下百姓依然处于水深火热之中。

桓帝夺取了政权，但却不理朝政，那几个太监倒飞黄腾达了。桓帝封唐衡、单超、左倌、具瑗、徐璜为"五侯"，让他们帮助自己处理朝政。这些宦官从此掌握大权，他们瞒上欺下，飞扬跋扈，横行霸道，丝毫不逊于梁冀。但是桓帝认为他们是有功之臣，睁一只眼闭一只眼，对他们的所作所为不闻不问。

桓帝夺取政权不久，单超病死。剩下的四侯不但不收敛，反而更加嚣张。朝中大臣都是四人亲目提拔上来的，自然听这几位宦官的命令了。地方官有的是这几个宦官亲自任命，有的是朝中的官员任命，但是都和这几位侯爷一心。这四位侯爷又把自己的亲属安排在朝中，身居要职。

整个朝廷都是这四个宦官的天下，他们处理朝中大事，处处为自己着想，而不管天下百姓死活。

而桓帝夺权之后，便泡在后宫中。他觉得自己有了权力，不像以前那样，到后宫去还得躲躲闪闪，现在整天泡在后宫中也无人过问，所以他乐此不疲。桓帝在后宫之中，饮酒作乐，欣赏歌舞，而对朝中之事漠不关心，以前的治国平天下之志早已抛在脑后，只知享乐。

在后宫中，年轻漂亮的窦皇后很受宠。此人可不简单，她虽然和桓帝在后宫花天酒地，但却处处留意朝中之事，经常在桓帝耳边吹风："陛下，汉室江山不能毁在那些宦官手里呀！我们要吸取经验教训啊！"

桓帝一听朝中之事，更心烦，说道："皇后，朕心烦，莫提政事。"

窦皇后只好灰溜溜地收回话去，但她仍是时时刻刻注意朝中的一举一动。

公元167年，桓帝由于贪恋酒色，一命呜呼，活了36岁，但是桓帝却没有儿子。

桓帝临终之前，下了命令：朝中之事由窦皇后处理。

这四个宦官当然不服气了，心想：我们几个出生入死，而窦皇后只知陪你玩乐，你却对我们如此无情，我们岂能善罢甘休呢！

但是有圣旨，这几个太监也不敢太放肆，他们也害怕失去人心，所以表面上十分尊重窦皇后。

窦皇后知道这几个太监不好惹，也尽量避免与他们相争。在由谁继位的问题上，窦皇后和几个宦官争得面红耳赤，最后宦官还是屈服了，和窦皇后关系甚好的河间王刘升之子刘宏继承了王位。

公元168年，年仅12岁的刘宏登基，史称灵帝，窦皇后被尊为太后，临朝听政。

窦太后临朝听政后，发觉朝中文武百官都和那几个宦官是一派的，心里很着急：如果不除掉这些人，我的权位难保。

转眼5年过去了，宦官一直和窦太后明争暗斗，窦太后忍不下这口气，便找到自己的几个心腹，准备诛杀那几个太监。但是那几个宦员到处都安排了爪牙，窦太后还没有行动，便被他们抓到了把柄。这几个宦官联合朝中文武百官共同上疏，窦太后被赶了下去。但这几个宦官还不罢休，为了彻底消灭窦太后的势力，将窦太后的亲信一一诛杀，将窦太后打入冷宫，派人监视。

窦太后被打入冷宫，知道自己已经没有出头之日了，虽然她与河间王刘升关系甚好，但刘升也无力回天，何况灵帝刘宏只是个孩子。窦太后在冷宫里完全失去了自由，而且监视她的人特别多，后来窦太后忧郁而死。

窦太后一死，这几个宦官便更加放肆了。因为灵帝年纪尚小，朝中之事又由他们处理了。

这几个老家伙心术不正，私下商议："小皇帝迟早有一天会长大的，我们不如派人杀了他，以免威胁我们的地位。"

具瑗提出了反对意见，说道："我看不必要，杀了小皇帝，很可能失去人心。另外，如果新来的皇帝年纪比较大，我们不就更加难对付了吗？我看这小孩子很贪玩，我们不如培养他这方面的兴趣，一旦他只知吃喝玩乐时，我们不就可以又统揽大权了吗？桓帝虽然年纪不小，不也是整天泡在后宫吗？"

这几个人觉得这个方法很好，都点头表示同意。

灵帝生性顽皮，喜玩耍。这几个太监抓住了这一特点，处处勾引灵帝，让他只知玩耍，而忘记朝中之事。

这几个太监处心积虑，挖空心思，为了给灵帝找一个更好的娱乐场所，便肆意搜刮民财，准备扩建皇家园囿。那时东汉国库已经空虚，那几个宦官建议灵帝卖官来赚钱。

灵帝只想着玩，便点头答应。官位与钱成正比，官越大，钱越多。许多有钱人家都纷纷掏钱买官做，做了官再搜刮民财。这样一来，百姓更是雪上加霜，生活每况愈下，一场大的农民起义正在悄悄地酝酿。

钱财终于搜刮充足，那几个太监便命人扩建园囿。园囿之中，有假山，有草地，有水池，十分豪华气派，楼阁放眼即是，层层相邻，花鸟虫鱼栖息而来。来到这里，如入仙境。

灵帝喜新厌旧，没几天，便觉得玩腻了，这几个太监赶紧想办法。他们发现灵帝对胡服很感兴趣，便命人给灵帝赶做了一身胡服，又命几个宫女也穿上胡服。

灵帝穿上胡服觉得很新鲜，又蹦又跳，看见那几个侍候他的宫女也身着胡服，觉得很好玩，便叫她们穿胡服跳舞。

又过了几天，灵帝对胡服也失去了兴趣，太监们又开动脑筋，让灵帝骑驴。

灵帝一听骑驴太好玩了，找来几头小毛驴，骑着它在宫中来回游玩。

20多岁的灵帝骑着毛驴，只知自己快乐，却不理朝政，不顾汉室江山，不顾天下百姓死活。

玩了一段时间，灵帝骑驴也骑够了，几位太监发愁了，心想：照这样下去，我们根本没有什么办法哄他元了。

老太监徐璜说道："灵帝已经不小了，汉室皇帝除了光武帝，没有几个不贪恋女色的，而且一着迷于女色，便不可自拔，我们何不让灵帝对女人产生兴趣呢？"

这几个太监便在西苑建成几千间小馆，让宫女们都住进小馆之中，白天都要光着身子在苑中游玩。

这几个太监带着灵帝来到西苑，灵帝一看，立时着了迷，闯进门去，和宫女们嬉笑打闹，玩得特别开心。从此灵帝便着迷于女色，整日整夜泡在这里。

那几个太监一看此法有效，便放心地独揽朝中大权去了。

在宦官的统治下，百姓忍无可忍，农民起义悄然爆发。

黄巾大起义

东汉末年政局不稳，外戚专政，宦官专权，对西羌战争持续数十年，花费巨大，徭役兵役繁重。加之土地兼并现象严重，灾害频繁，农民大量流亡，京师洛阳也是死尸相枕于路。广大农民被迫奋起反抗，从安帝到灵帝80余年间，史籍记载的大小农民起义近百次。大的如顺帝时张婴领导的起义军100多人，在徐州、扬州一带活动达10余年。桓帝时公孙举领导的起义军在青、兖、徐三州转战，给东汉政权以沉重打击。有的农民起义领袖自称"皇帝""黑帝""无上将军""真人"，等等，有的还建年号，置百官。当时流行的一首民谣：

> 小民发如韭，剪复生；
>
> 头如鸡，割复鸣。
>
> 吏不必可畏，民不必可轻。

在这样的形势下，大规模的起义也在酝酿中。

顺帝以后，直到桓帝、灵帝时期，道教的一支——太平道在流民中逐渐散布开来。巨鹿人张角是太平道的首领。

道教奉黄帝、老子为教祖，因此又称黄老道。《太平经》是道教的早期经典。张角创立"太平道"，他利用《太平经》中的某些积极内容，反映农民革命的要求，自称"大贤良师"，以法术和咒语等传授门徒。他用念过咒语的符水治病，先让病人下跪，说出自己所犯的错误，然后喝下符水。有些病人竟然就此痊愈，于是，人们将他奉若神明。

张角派他的弟子走遍四方。经过10余年的努力，信徒发展到数十万，遍布青州、徐州、幽州、冀州、荆州、扬州、兖州和豫州八州。有的信徒卖掉自己

的家产，前往投奔张角。他们塞满道路，尚未到达而死在途中的也数以万计。郡、县的官员不了解张角的真实意图，反而讲张角教民向善，因而为百姓所拥护爱戴。

东汉政权已有人察觉到张角在"以善道教化天下"的掩护下进行革命活动。灵帝熹平六年（177），司徒杨赐指出："张角欺骗百姓，虽受到免除罪责的赦令，仍不思悔改，反而逐渐蔓延扩张。现在，如果命州、郡进行镇压，恐怕会加重局势的混乱，促使其提前叛乱。应该命令刺史、郡守清查流民，将他们分别护送回本郡，以削弱张角党徒的力量，然后再诛杀那些首领。这样，不必劳师动众，就可以平息事态。"恰在此时，杨赐去职，他的奏章遂留在皇宫，未能实行。

司徒掾刘陶再次上书，重提杨赐的这项建议，说："张角等人正在加紧策划阴谋，四方秘密传言说：'张角等偷偷潜入京城洛阳，窥探朝廷的动静。'其在各地的党徒暗地里遥相呼应。州、郡官员怕如实呈报会受到朝廷的处分，不愿上奏，只是私下相互通知，不肯用公文的形式来通报。为此，建议陛下公开颁发诏书，悬重赏捉拿张角等人，以封侯作为奖赏。官员中若有胆怯回避者，与张角等人同罪论处。"但灵帝不以为意，没有采纳他们的意见。

张角加紧传道，派弟子八人，传于四方，道徒迅速发展到几十万人。

张角加紧组织起义，把八州信徒分为三十六方，大方万余人，小方六七千人，每方设一渠帅，预定甲子年（184 年，东汉中平元年）甲子日（三月五日）在全国同时起义。他在事前利用宗教诫语发出动员起义的口号：

> 苍天已死，黄天当立。
>
> 岁在甲子，天下大吉。

简称"黄天太平"。他还派人在洛阳寺门上，用白土写上"甲子"二字作为起义信号。

准备工作就绪后，张角令大方首领马元义调荆、扬二州信徒到邺城（今河北磁南县）集中，以作为起义的主力攻打京师洛阳。马元义又秘密前往京师争取宦官中常侍封谞、徐奉等为内应，约在这年三月五日，京师与各州同时起义。不料在预定起义前一个月，张角的弟子、济南人唐周上书告密。朝廷逮捕了马元义，在洛阳用车裂的酷刑将他处死，牵连被害的皇宫卫士和群众有一千多人，同时还下令让冀州的官员捉拿张角等人。

张角等得知计划已经泄露，便派人昼夜兼程赶往各地，通知各方首领，一时间各方全都起兵，他们个个头戴黄巾作为标志，因此当时人称他们为"黄巾贼"。

二月，张角自称天公将军，他的弟弟张宝称地公将军，张梁称人公将军。他们焚烧当地官府，劫掠城镇。州、郡官员无力抵抗，大多弃职逃跑。不过一个月的时间，天下纷纷响应，京城洛阳为之震动。安平国和甘陵国的人民分别生擒了安平王和甘陵王，响应黄巾军。各地州郡官吏纷纷逃窜。10天之内，天下响应，京师震动。

黄巾农民起义军主要有以下几支：张角、张宝、张梁兄弟领导的巨鹿义军；波才领导的颍川义军；张曼成、赵弘等领导的南阳义军；彭脱等领导的汝南、陈国义军。此外还有卜己领导的东郡义军、戴风等领导的扬州义军和今北京地区的广阳义军；等等。巨鹿的这支黄巾军俘获了安平（河北冀州区）王刘缤和甘陵（山东临清）王刘忠。广阳（今北京）黄巾攻杀幽州刺史郭勋和广阳太守刘卫，占据幽州。黄巾军"所在燔烧官府，劫略聚邑，州郡失据⋯⋯，天下响应，京师震动"。这年七月又有"五斗米道"首领张修在巴郡（四川重庆地区）发动起义，被称为"米贼"。这年冬天，胡人北宫伯王等领导羌、胡、汉各族在金城郡起义，攻杀金城太守，等等。

面对凶猛的起义，东汉政权迅速组织反击，在豪强地主的强大武装同官军的联合镇压下，张角兄弟先后牺牲，起义军缺乏攻击力量，在四面八方的敌人夹攻中相继失败。

东汉政权在风雨飘摇之中，已是奄奄一息。公元190年以后，天下更是分崩离析，各方混战，东汉王朝名存实亡。秦汉以来一统中国的局面暂告结束。

民间医生华佗

东汉末年有一个非常有名的医生，他叫华佗（约145—208）。华佗，字元化，别名旉，东汉末年沛国谯郡（今安徽亳州）人。他的医术非常高明，他擅长内科、妇科、小儿科、针灸科，尤其精通外科。他还发明了麻沸散，用中草药施以麻醉之术，进行外科手术，可以剖腹洗肠，后世称他为"外科鼻祖"。

东汉末年的中国大地，群雄割据，战乱频繁。黄河流域的经济、文化遭到严重的破坏，人民生活非常困苦。各种疫病流行，到处是堆堆白骨，悲哀的哭号之声不绝于耳。触目惊心的凄惨景象使华佗下决心"以医济民"。他刻苦钻研医学，熟读各种医书。并总结民间医术的经验，集各家之长，掌握了非常广博的医学知识和高超的医学技术。

华佗

欧洲人发明麻药，到现在只不过 100 多年的历史。在这之前，用的是放血。血放多了，人就晕过去，再进行手术。这种方法危险性极大，病人多半死亡。1842 年，法国人黑克曼开始用二氧化碳来制作麻药，但是这只能用来麻醉动物，不能用在人的身上。1844 年，美国人柯尔顿用气（一氧化二氮）做麻药，效果也不理想。直到 1848 年，美国人莫尔顿才开始用乙醚来做麻药，施行外科手术才有了比较安全的麻醉方法。

但是，在距今 1700 多年前，著名的外科医生华佗就发明使用了麻沸散，华佗用麻沸散实施外科手术，挽救了不少用别的方法无法治愈的危重病人。有一次，一个推车的脚夫患了急性阑尾炎，病情很重。华佗诊断后让其喝下麻沸散，切腹为他割除了阑尾，使他不久就恢复了健康。华佗是我国历史上有明确记载的第一位进行开腹手术的外科医生。后来，这种麻沸散又传到日本、朝鲜和摩洛哥等国，为许多病人解除了痛苦。

华佗的治疗手段很多，而且简便易行。处方用药不过数种，针灸取穴不过数处，但手到病除，效果显著，被人们誉为"神医"。

有一个叫徐毅的人请华佗看病，说是昨天请一位医生给扎针，扎了以后，

病不但不见好，反而咳嗽起来。华佗给他详细地做了检查，对其家属说，徐毅被那个医生扎伤了内脏，无法救了。没过几天，徐毅果然死了。现在看来，徐毅可能被扎伤了胸膜，空气进入胸腔，压迫了心和肺。这种情况叫"人工气胸"，靠当时的医学技术是很难救治的。华佗之所以能迅速准确地诊断病情，是与他对针灸理论和人体穴位有很深的研究和造诣分不开的。

华佗对妇科也很精通。一次，一个孕妇找他看病，他正确地判断出孕妇曾经受过伤，对胎儿造成了影响；还诊断出孕妇腹中有死胎。他判断是双胞胎中第一个胎儿产下时流血过多，肚子里的另一个胎儿因失去了生长条件而死亡。他告诉孕妇和家人，要尽快取出死胎，不然孕妇会有生命危险。华佗给孕妇扎针、吃药，可是胎儿仍然生不下来。华佗断定这是因死胎日久而不能自产，便请来一位妇女给孕妇按摩助产，终于将死胎产下。

可见，华佗不是那种没有科学根据地盲目诊断，而是以医理做根据，是依据对病史的分析和对脉象的诊察做出的。对一些疑难病例，他善于用多种方法加以诊治，根据病情的发展变通治疗措施。这说明华佗的医疗经验是相当丰富的，修养也极为深厚。

华佗医术高明，对各种病症并不被表面的病症所迷惑，他能透过病症的外表现象探察内在病因，然后对症下药。有一次，同时来了两个人请华佗治病。两人都头痛、发烧。经诊断，华佗发现其中一人是患感冒而致，所以给开了发汗药；另一人是因伤食而致，所以给开了泻药，结果，两个人的病都治好了。

华佗一贯主张防病于未然。他继承和发扬了我国古代"圣人不治已病，治未病"的预防疾病的思想。他主张人需要活动，但要适可而止。活动能帮助消化，促进血液流通，不易发生疾病。华佗常用"户枢不蠹"来说明他的这种思想。他还模仿五种动物——虎、鹿、熊、猿、鸟的自然动作并把它们联系起来，编成一套使全身肌肉和关节都能得到运动和舒展的体操——"五禽戏"。华佗亲自教授和推广"五禽戏"，一些体弱多病的人受益匪浅。

华佗具有十分可贵的医德，他一生不求名利，不慕官禄，认认真真地为百姓治病，足迹遍及江苏、山东、安徽、河南等地，深受人民的尊崇和爱戴，但他却没有医书流传下来。

当时，华佗的同乡曹操已为一代雄杰，在中国的政治舞台上纵横驰骋。但曹操患有一种严重的头风病，每次发作，心乱目眩，请了许多名医都治不好。曹操听说华佗医术高明，便召他前来许昌治病。华佗以针刺之法很快治好了曹操的头痛。曹操怕以后旧病复发，便把华佗强留在许昌，做他的私人侍医。华佗不愿只为曹操一个人治病，便借口说妻子有病而告假回家，久久不回许昌。尽管曹操一再催逼，但华佗始终不肯回去。曹操大怒，将华佗逮捕入狱。

在狱中，华佗料到曹操不会放过他，就夜以继日地整理医书，将他一生的行医经验记录下来。临刑前，他拿出整理好的医书交给狱卒请狱卒好好保管，狱卒怕受牵连，不敢接受。华佗怀着极其悲愤的心情，用火把它烧掉了，致使医书未能流传于世。华佗遇害的那一年是公元208年。

张仲景和《伤害杂病论》

东汉时期还有一位大医学家，他与华佗同时代，精通医术，他就是张仲景。华佗精通外科手术，张仲景则以内科闻名于世，但张仲景比华佗要幸运一些，虽然都生当乱世，但张仲景可以自由地为百姓治病，开创坐堂医生的先例，而且，他的《伤寒杂病论》流传后世，并一直为医家所推崇。

张仲景（约公元150—154年—约公元215—219年），名机，字仲景，东汉南阳涅阳县（今河南省邓州市穰东镇张寨村）人。东汉末年著名医学家，被后人尊称为医圣。张仲景广泛收集医方，写出了传世巨著《伤寒杂病论》。它确立的辨证论治原则，是中医临床的基本原则，是中医的灵魂所在。他从小天资聪慧，博览群书，尤其喜欢研讨医学著作，很早就以知识渊博闻名乡里。当时，读书人都忙着追求功名利禄，对民间疾苦视而不见，他不满意；当时迷信盛行，人们并不求医，而去问巫师，对此，他也很不满意。他的叔父张伯祖是当时南阳的一个名医，张仲景10岁时就跟叔父学医，经常随他去给人治病，又研读《黄帝内经》《扁鹊八十一难经》等。经过几年的刻苦钻研，在叔父的指导下，张仲景医术提高很快，同时搜集了许多治病的验方，成为一方有名的良医。

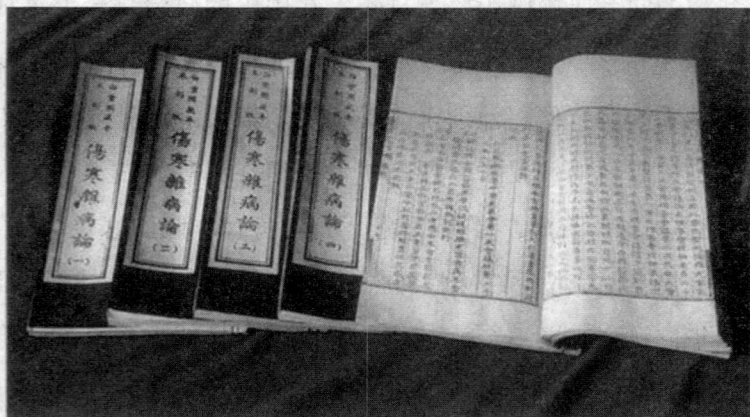

《伤寒杂病论》

　　张仲景为百姓解除病痛，深受人们的爱戴。汉灵帝的时候，他被选拔出来做官，一直做到长沙太守，他为官清廉，留下了良好的口碑。

　　张仲景生活在东汉末年，政治黑暗，朝政腐败。农民起义此起彼伏，兵祸绵延，到处都是战乱，黎民百姓饱受战乱之灾。当时又疫疾广泛流行，大批的人死亡，据载，自汉献帝建安元年（196）起，10年内有三分之二的人死于传染病，其中伤寒病占十分之七。而大多数医生对这种流行病束手无策，更别提对症治疗了，成千上万的人被这种病夺去了生命。

　　更可恨的是，一些庸医趁火打劫，不给病人认真诊脉，"按寸不及尺，握手不及足"，和病人相对片刻，便开方抓药，只知道赚昧心钱。更多的人，虽师承名医，却不思进取，因循守旧，不精心研究医方、医术，以解救百姓的病痛，而是竞相追逐权势荣耀，忘记了自己的本分。

　　张仲景痛恨这些人的卑鄙行径，严加斥责，他决心要控制瘟疫的流行，根治伤寒病。从此，他"勤求古训，博采众方"，刻苦研读《素问》《灵枢》《八十一难》《阴阳大论》《胎胪药录》等古代医书，继承《内经》等古典医籍的基本理论，广泛借鉴其他医家的治疗方法，结合个人临床诊断经验，研究治疗伤寒杂病的方法，并于建安十年（205）开始着手撰写《伤寒杂病论》。为了专心医术，他到岭南隐居著书。经过长期的努力，到建安十五年，张仲景终于写成了划时代的临床医学名著《伤寒杂病论》，共十六卷，经后人整理成为《伤寒论》和《金匮要略》两部书。

书中按病人的病症定出药方，共397法113方，其中解热、泻下、利尿、催吐、镇静、兴奋等，均已被现代医学证明无误。书中总结了一整套关于病理、诊断、治疗、用药的理论和方法，为我国中医病因学说和方剂学说的发展做出了重要贡献。后来该书被奉为"方书之祖"，张仲景也被誉为"经方大师"。张仲景和他的《伤寒杂病论》奠定了中医治疗学的基础。

张仲景主张有病要及时治疗，无病要及早预防。他说，预防疾病的方法是饮食节制，劳逸适当，做到这两条就可以基本上保证身体健康了。他对一些疑难杂症也有独到的见解。建安年间一位有名的诗人，名叫王仲宣，与张仲景有较深的交往。张仲景与他接触几次后，就辨出他身上潜伏着一种名叫"病疾"（麻风病）的病原。张仲景对他说："你身上有一种病，得早点医治，要不然到40岁时会脱眉毛，脱眉至半年，将会有生命危险。我劝你还是先服几剂五石汤。"当时王仲宣才二十几岁。当时人们认为患有"病疾"是非常没面子的事。尽管张仲景不说出病名，只说出症状，王仲宣还是听懂了张仲景的意思，但他并没有听这位名医的劝告。不久，二人再次相见，张仲景问王仲宣："你服过五石汤了吗？"王仲宣不耐烦地说："服过了。"张仲景仔细观察了他的气色说："不像，看你的气色，肯定没有服过。你为什么不听从医生的劝告，而轻视自己的生命呢？我劝你还是走快服些吧，否则可就不好了！"王仲宣还是没有听从劝说。果然，20年后，王仲宣开始脱眉，脱眉到第187天，便不治身亡。一位极有才华的文学家，过早地离开了人世，实在是可惜。

张仲景写成《伤寒杂病论》后仍专心研究医书，直到与世长辞。晋武帝司马炎统一天下后的公元285年，张仲景的遗体才被后人运回故乡安葬，并在南阳修建了医圣祠和仲景墓。

三国魏蜀吴

魏帝系表 （220—265）

文帝（曹丕）	黄初（7）	220
明帝（曹叡）	太和（7）	227
	青龙（5）	233
	景初（3）	237
齐王（曹芳）	正始（10）	240
	嘉平（6）	249
高贵乡公（曹髦）	正元（3）	254
	甘露（5）	256
元帝（曹奂）（陈留王）	景元（5）	260
	咸熙（2）	264

蜀汉帝系表 （221—263）

昭烈帝（刘备）	章武（3）	221
后主（刘禅）	建兴（15）	223
	延熙（20）	238
	景耀（6）	258
	炎兴（1）	263

吴帝系表 （222—280）

大帝（孙权）	黄武（8）	222	乌程侯（孙皓）	元兴（2）	264
	黄龙（3）	229		甘露（2）	265
	嘉禾（7）	232		宝鼎（4）	266
	赤乌（14）	238		建衡（3）	269
	太元（2）	251		凤凰（3）	272
	神凤（1）	252		天册（2）	275
会稽王（孙亮）	建兴（2）	252		天玺（1）	276
	五凤（3）	254		天纪（4）	277
	太平（3）	256			
景帝（孙休）	永安（7）	258			

董卓专权

在镇压黄巾起义的过程中，各地豪强乘机扩充自己的势力。而被派到各地担任州牧并掌握着军政大权的宗室大臣，与当地豪强地主勾结起来，形成了地方割据势力，也就是军阀。豪强地主和大小军阀之间，为了争夺利益，连年战争不断，给人民带来了深重的灾难。

董卓

董卓（？—192），字仲颖，陇西临洮（今甘肃省岷县）人，生于颍川。东汉末年献帝时军阀、权臣，官至太师，封郿侯。于桓帝末年先后担任并州刺史、河东太守，利用汉末战乱和朝廷势弱占据京城，废少帝立汉献帝并挟持号令，东汉政权从此名存实亡。

董卓出身于武将家庭，有着一身出类拔萃的武艺，史书记载他臂力过人，双手都能开弓，骑射百发百中，就连以骑射为本能的羌人也为之钦服。东汉在西北和羌胡的常年战争，为董卓的崛起提供了契机。董卓年轻从军，曾随中郎将张奂出征羌胡，以军功拜郎中，自此一路升迁，晋升郡国都尉、迁西域戊己校尉，后官至并州刺史、河东太守。这时的董卓"数讨羌胡，前后百余战"，威震西北。

公元184年，黄巾大起义爆发，董卓因为素有勇名，被朝廷任命为东中郎将，率部出击河北、山东，剿灭黄巾军。可董卓的作战却并不顺利，不久就因为兵败被免职。但就在这年冬天，西北羌胡再度燃起反抗朝廷的烽火，数万羌胡铁骑入寇边境，长安危急。董卓因此被朝廷重新起用，担任西北战场主将皇甫嵩的副手。公元185年，董卓大破羌胡。紧接着，六路汉军追击羌胡，其余五军都一败涂地，唯独董卓全师而还，一跃成为东汉王朝在西北战场上最耀眼的

将星。

兵权在握后，董卓逐渐觉得朝廷无能，开始培植自己的势力，大肆招兵买马。公元189年，董卓利用外戚宦官互相残杀之机，带领人马杀进都城洛阳。

董卓进入洛阳之后，废了少帝刘辩（汉灵帝之子），立陈留王刘协做皇帝，这就是东汉的末代皇帝汉献帝。董卓独擅朝政以后，便残酷镇压反对他的公卿，搞得满朝文武人人自危。董卓还下令将观看社戏的百姓尽情屠杀，男人割下头颅计军功，女人抓去做营妓。董卓的西凉军在京城四处烧杀抢掠，奸淫妇女，就连宫中的侍女和公主也不能幸免。董卓在洛阳的专横残暴，引起了社会各个阶层的强烈反对，就连那些官僚地主也对董卓没有好感。中军校尉袁绍因为和董卓意见不合，逃到了渤海郡。典军校尉曹操也怕董卓对他下毒手，逃出洛阳，公开打出了反对董卓的旗号。在这时候，有十多个州郡也先后起兵反对董卓。他们集合在一起，共同推袁绍做盟主，组织联军，讨伐董卓。这支联军，历史上叫作"关东军"。关东军对洛阳采取了半圆形的包围阵势，可是董卓并没有把关东军放在眼里，他担心的是黄巾军的余部，怕他们乘关东军围攻洛阳的机会，渡过黄河，切断后路，就匆匆忙忙地挟持汉献帝刘协撤出洛阳，逃往长安。

董卓撤出洛阳的时候，怕百姓不愿意跟他走，就派军队把洛阳一带的房屋、庙宇、宫殿全部烧光，把所有的物资一律毁掉，弄得鸡犬不留。东汉的政治经济文化中心——洛阳，连同它长期积累起来的物质和文化财富，就这样被董卓这个残暴无比的军阀毁灭了。董卓撤到了长安以后，更加专横跋扈，穷奢极欲，百姓的生活更加痛苦了。就连那些追随他的官员，也开始不满他的骄横残暴。

公元192年四月间，司徒王允和董卓的部将吕布合谋，把恶贯满盈的董卓杀了。杀死董卓的消息传开，长安市民欢欣鼓舞。但是不久，董卓的余部李傕、郭汜等打进长安，杀了王允等一万多人，对长安城进行了烧杀抢劫，洛阳、长安这两座繁华的大都市，相继遭到了凉州军阀的洗劫，变成了一片荒凉的废墟。董卓虽然被除掉了，但是军阀混战的动乱局面才刚刚开始，东汉从此转入分裂割据的时期。

北方群雄

当董卓西逃长安后，组成关东军的各武装力量便解除了联盟，回到各自的根据地去发展自己的势力，以求在争霸中获得胜利。

当时割据边地的军阀有：

韩遂、马腾割据雍凉，公元214年为曹操所灭。刘焉据益州，两传至刘璋，公元214年为刘备所并。张鲁据汉中，公元214年为曹操所并。刘虞据幽州，公元193年被公孙瓒兼并。刘繇据扬州，公元195年为袁术所遣孙策讨灭。公孙度据辽东，三传至公孙渊，公元238年为曹魏所遣大将司马懿讨灭。这些周边军阀，没有力量参与中原逐鹿，只是趁乱割据地盘，为一方土皇帝。当时逐鹿中原的军阀主要有：公孙瓒集团、袁绍集团、袁术集团、吕布集团、张杨集团、臧兴集团、陶谦集团、张绣集团、刘表集团。

公孙瓒集团：公孙瓒字伯珪，辽西令支人。本是家世2000石的士族子弟，由于庶出受到世俗冷遇，只得为郡小吏。后公孙瓒从戎，与塞外乌桓力战，积功为奋武将军，封蓟侯。军阀混乱之初，公孙瓒手握强兵，从幽州南下，据有冀州大部及青州，与袁绍争衡近十年，建安四年（公元199年）春为袁绍所灭。

袁绍集团：袁绍，字本初，汝南汝阳（今河南商水西南）人，出身世代官僚地主家庭。其家被称为"四世三公，门生故吏遍天下"。声望冠中原，因而在群雄联军讨伐董卓时被推为盟主。袁绍虽身为盟主，但只具有冀州东部的渤海一郡，所以，他便利用其为盟主和为众豪杰所归向的优越条件扩充势力。他先迫韩馥让出冀州。当时冀州是中国诸州中人口、粮食都比较富足的，号称"带甲百万，谷支十年"。再加上袁绍的声望和雄厚的家庭背景，使袁绍的势力骤然强大起来，公元199年，袁绍又灭掉屯兵于幽州的公孙瓒。袁绍灭公孙瓒后，又以子熙为幽州刺史，甥高干为并州刺史。于是绍兼有冀、青、幽、并四州，地广兵多，成为当时最强大的军事力量。

袁术集团：袁术为袁绍异母兄弟，二人不睦，袁术据南阳，其志大才疏而无所作为。公元197年，袁术寿春称帝，众叛亲离，又受吕布、曹操攻击，因此失败。公元199年六月病死，部众星散。

吕布集团：吕布原为并州刺史丁原部将。公元189年，何进召丁原入洛阳谋诛宦官。董卓入洛阳后，离间吕布杀丁原，吕布投董卓。公元192年，司徒王允联结吕布杀董卓。凉州将李傕、郭汜率董卓残部攻入长安，吕布南出武关投袁术。袁术恶其反复无常，拒而不受。吕布又北投张杨、袁绍。公元194年春，陈留太守张邈与陈宫等谋，迎吕布入主兖州，与曹操相争。公元195年农历闰六月，吕布兵败投徐州刘备。次年夏，吕布趁刘备与袁术交兵之际，偷袭刘备根据地下邳（今江苏邳州市南），自称徐州牧。吕布与袁术合谋夺取徐州后，两人又反目互相攻战。吕布反复无常，为天下所忌，公元198年末被曹操擒杀。

张杨集团：张杨也是丁原部将，与吕布同僚，驻屯河内。张杨初依袁绍，袁绍得冀州，使张杨守河内。张杨后投董卓，董卓败亡复依袁绍。公元198年，张杨声援吕布，曹操借机把手伸向河内，收买张杨部将杨丑杀张杨以河内附曹操。

臧洪集团：臧洪字子源，广陵射阳人，为广陵太守张超功曹。公元190年，因劝张超起兵伐董卓而声名远播。后受袁绍召抚领青州。公元196年，曹操击败吕布回兖州，围张超于陈留。臧洪从袁绍请兵救张超，袁绍不许，曹操于是破杀张超。臧洪怒袁绍不救张超，以东郡叛袁绍。袁绍兴兵围年余，破杀臧洪。

陶谦集团：陶谦字恭祖，丹扬人，为诸生，举茂才，历官卢令、幽州刺史，征拜议郎。黄巾起义，朝廷用陶谦做徐州牧。关东兵起，曹操父曹嵩避难琅琊，公元192年，曹操欲迎父入兖州，曹嵩为陶谦部将所杀，因而被曹操迁怒。公元193年到公元194年，曹操对其进行攻伐。"凡杀男女数万人，鸡犬无余，泗水为之不流"。陶谦忧病而死，让州牧于刘备。

张绣集团：张绣，武威人，董卓部将张济之族侄。公元196年入关依附刘表。官渡之战前，归附曹操，后自杀。

刘表集团：刘表字景升，山阳高平（在今山东金乡县西）人，汉末名士八俊之一。公元190年，荆州刺史王叡被孙坚所杀，刘表代叡为荆州刺史。公元192年，刘表与曹操合兵逐走袁术，刘表任镇南将军、荆州牧。公元198年，刘表击败遥应曹操的长沙太守张羡，使自己的辖地"南接五岭，北据汉川，地方数千里，带甲十余万"，成了南方最大的割据者。但刘表无戡乱之才，他只想"保江汉间，观天下之变"，不介入逐鹿中原之争。官渡之战，他坐山观虎斗，应袁绍之援而不出兵相救，使得曹操从容不迫统一了北方。

一代枭雄曹操

提起三国时期的英雄人物，少不了一代枭雄曹操。小说中的曹操被称为奸雄，那有些偏离史实，曹操以其卓越的政治、军事才能独领风骚。他才华横溢，诗情大发，写下了不少壮丽的诗篇，不愧为一代枭雄。

曹操，字孟德，乳名阿瞒，沛国谯县（今安徽亳州）人。

曹操本姓夏侯，因为父亲夏侯嵩过继给宦官曹腾，所以随之改姓曹。

曹操小时候非常顽皮，但他聪明过人。曹操的叔叔奉哥哥之命教曹操读书识字，但曹操对封建礼教的知识不感兴趣，却很喜欢游猎习武。叔叔看不惯，便在哥哥面前说曹操的不是，曹操为此经常受到父亲的批评。

曹操

但是聪明的小曹操岂能如此让自己"忍气吞声"，他小脑袋转了几转，便想出了一条妙计。

有一天，曹操正在练习射箭，他远远地看见叔叔走过来，知道叔叔肯定会批评自己，还得让自己回到屋中读书写字。他便倒在地上，手脚抽搐，口吐白沫。叔叔一看，以为曹操中风了，急忙回去找哥哥。

曹嵩慌慌张张地来了，一看小曹操正在拉弓射箭，神采奕奕，根本不像有

病的样子。曹嵩问曹操："叔叔说你刚才中风了，是吗？"

曹操心想正是告叔叔一状的好时候，便故作委屈的样子，说道："我知道叔叔不喜欢我，所以经常说我坏话，他这次又是瞎说的，我根本没得病。"

曹嵩一听，心里也很不高兴，心想：你这个当叔叔的，不喜欢曹操，也不能诅咒他啊！

以后曹操的叔叔再怎么说，曹嵩也不相信了。

这一下可乐坏了小曹操，他整天做自己爱做的事情，骑马射箭，打猎游玩，苦读兵法。曹操很厌烦封建礼教之类的书，但对兵书却十分感兴趣，他一边读《孙子兵法》，一边做注解。这为他以后领兵打仗，打下了坚实的基础。

由于曹操能文能武，所以20岁便当上了洛阳北部尉。曹操当时的官职非常小，但他却非常认真负责，想干出一番大事业！

曹操不畏权贵，上任之时，便当众声明：有违令者，无论是谁，严惩不贷！

中常侍蹇硕的叔叔依靠着自己的侄子胡作非为，百姓十分憎恨他，但没有办法，只好忍气吞声。有一次，他强抢民女，被曹操的手下捉拿归案。蹇硕的叔叔根本没把曹操放在眼里，到了衙门里，还是蛮横无理的样子。曹操大怒，命八王棍侍候，蹇硕的叔叔竟被活活打死。这下可气坏了蹇硕，但他也自知理亏，只好先忍了下来。

从此，曹操名声大振，没有几个人敢在他那里胡作非为，也正因为此，曹操得罪了朝中大臣。后来他因堂妹夫犯罪，被株连免职。

回家后，曹操的心仍在官场中。他四处活动，公元188年又被任命为典军校尉，奉命保护洛阳。

公元189年，汉灵帝归天，立长子刘辩为皇帝，其生母何太后临朝理政，于是外戚和宦官之间的斗争又重燃战火。

曹操从来都反对宦官专政，所以他站在外戚何太后一方。何太后的兄长是大将军何进，手握大权。曹操为何进提了许多建议，但何进优柔寡断，胆小怕事，没有听曹操的话，却轻信了袁绍的建议：召董卓进京武力诛杀宦官。

董卓，字仲颖，陇西临洮（今甘肃岷县）人。他在陇西一带广交朋友，培植自己的力量，又带兵镇压少数民族的起义，屡立战功，连晋官职，在陇西颇有名望。董卓野心勃勃，得知何进召他进京，立即快马加鞭，带领 3000 人马，直奔洛阳。

董卓进京之后，便开始了夺权行动。他先用武力废掉少帝刘辩，随后又杀掉刘辩及何太后，立陈留王刘协为帝，史称汉献帝。汉献帝只有 9 岁，大权都掌握在董卓一人手中。董卓挟天子以令诸侯，自称太师。

董卓通过各种手段拉拢朝中要员，又安排自己的亲信做了朝中大官。

曹操早已看出董卓之心，但他知道自己力量太弱小，无法与其抗衡，所以没有反对董卓，反而想方设法接近他，取得了董卓的信任。然后，曹操便做好了暗杀董卓的计划。

有一天，曹操手持宝刀来杀董卓。由于曹操深受董卓的信任，所以家丁并未阻拦。曹操直接来到董卓的卧室，董卓正在休息。曹操刚想拔刀，董卓忽的一下从床上坐起，这可把曹操吓坏了。但曹操马上镇定下来，急忙跪倒在地，说道："丞相，我有一口削铁如泥的宝刀特意献给您。"

董卓也没有多想，接过宝刀一看，果然锋利无比。董卓很高兴，赏给曹操一匹宝马和许多财宝。

董卓的谋士李儒得知此事后，立即求见，对董卓说："丞相，曹操乃一奸雄，不可不防，我觉得他外忠内奸，很有可能行刺丞相！我们不如派人去召他回来。如果他回来，就立即杀了他，以免留下后患；如果他不回来，更证明他想行刺丞相，我们再派重兵追杀他，趁他没有能力与我们抗衡，我们一举除掉他。"

董卓觉得李儒的话很有道理，便点头答应，派人去召曹操见丞相。

曹操行刺没有成功，立刻骑上快马逃跑了。

曹操知道董卓会派兵追杀自己，所以一路之上不敢停留，一口气跑到了陈留。

陈留太守张邈非常佩服曹操，一见曹操来到，热情招待。曹操也不隐瞒，把事情的经过一五一十地讲了一遍。张邈对董卓也十分不满，对曹操说："我有几千人马，愿听你指挥！"这时曹操的好友卫兹得知曹操来到陈留，也赶紧来到太守府，来看望自己的好友曹操。三人达成一致意见，联合天下诸侯共同伐董。

后来，吕布怒杀董卓，曹操才撤回了军队。从此曹操招贤纳士，实行屯田，招兵买马，加强军事训练。

公元200年，占据今河北、山东、山西的袁绍率领10万大军攻打曹操。曹操只有很少的人马，但坚决与袁绍抗战，双方在官渡交手。袁绍轻敌，曹操使用计谋，以少胜多取得了官渡大捷。从此，曹操统一了黄河流域，兵力十分雄厚。

曹操很有志向，想统一天下。公元208年，他率领20万大军与孙权和刘备的联军在赤壁展开了激战。结果孙刘联军火烧赤壁，曹操大败而归，仓皇逃回北方。从此曹操不敢轻易南下了。三国鼎立的局面由此形成，天下分为魏、蜀、吴。

公元220年，一代枭雄没有完成统一大业，便去世了。

小说中对曹操的评价是"治世的功臣，乱世的奸雄"，但历史上的曹操却可以称得上是一位有理想、有抱负的英雄人物！

孙坚战死疆场

孙坚，字文台，也是东汉末年一员智勇双全的大将，一生历经百战，最后战死他乡。

说起孙坚的祖上，有人传说他是春秋时期著名军事家孙武子的后代，但历史上无从考证。可他的后代却是三国时期有名的人物：长子孙策，次子孙权。二人都是叱咤风云的人物，都可以称得上是英雄豪杰。

孙坚从小跟随父亲四处游走，拜师学艺，不仅精通兵法，而且武艺十分高强，在江南一带很有名气。

有一次，他随父亲去外地拜师，路过钱塘江。父子俩看见十几个海盗正在分赃，争得面红耳赤。孙坚对父亲说："我过去将他们吓走！"

父亲说："他们十几个人，你能吓走他们吗？"

孙坚道："您别急，看好吧！"

他父亲想检验一下儿子的智谋和武艺，便点头答应。

孙坚挥舞着宝刀，左呼右喊地向海盗冲去。海盗以为一个十几岁的孩子，一定会有人在后面跟着，所以吓得扔下赃物，撒腿便跑。小英雄孙坚紧追不舍，跑得慢的那个海盗被孙坚追上。那个海盗一看孙坚只是个孩子，便与他打斗起来，哪知孙坚武艺高强，没有几个回合，便被孙坚的宝刀砍掉了人头。

孙坚没有继续追赶，把赃物分给了受苦受难的百姓。父亲一见儿子不仅有勇有谋，而且体贴百姓，非常高兴。他问孙坚："孩儿啊，你为什么能吓跑海盗呢？"

孙坚非常自信地说道："父亲，海盗抢劫之时，齐心协力，而分赃时，各怀鬼胎，唯恐自己少得，所以很容易击退他们！"

孙坚智夺赃物的故事很快传开了。本来孙坚就小有名气，再加上这事，越传越厉害，有的说孙坚吓跑了100多名海盗，有的说孙坚力杀十几名海盗。当然这有些离奇，但孙坚却因此被推荐做了校尉。

孙坚做了校尉后，加紧训练兵马，使自己带领的军队战斗力明显加强。那时有一个叫许昌的人，凭借自己的几万人马，在会稽自称"阳明皇帝"，想起兵造反。朝廷传下命令：诛杀许昌！

孙坚奉命，带领1000人马前去攻打许昌。许昌至少有3万大军，根本不把孙坚放在眼里。孙坚知道敌我力量悬殊，不能硬攻，只能智取。

一天深夜，他派500人去偷袭许昌大营。由于许昌轻敌，没有严加防备，那500人很容易地进入了许昌大营，有的人去偷兵器，有的去放走马匹。一切都办妥了，他们便放火为信号，里外夹击。许昌从梦中惊醒，慌忙迎战，结果兵器、马匹全没有了，只好等着被杀。

孙坚以1000人马大败许昌3万人马，一战成名。

黄巾起义，席卷全国。朝廷下令：全力镇压黄巾逆党。

孙坚在朱儁的带领下，到宛城去镇压黄巾军。

孙坚十分英勇，而且武艺高强。黄巾军大多数是百姓出身，几乎没有武功，碰上孙坚这员虎将，伤的伤，亡的亡。孙坚一马当先，杀死了起义军首领赵弘。起义军一看主帅已死，无心恋战，纷纷逃亡，刚逃到北门，遇见刘备把关。黄巾军首领孙仲一看无法逃脱，便带领起义军向东门逃去，刘备一箭射中孙仲的后心，坠落马下。起义军一下子又乱了，五路官兵围杀起义军，起义军死伤大半，其余的全部投降。

在此战中，孙坚英勇善战，立了头等功，被提升为别部司马。由于孙坚很有才能，后来又被提升为长沙太守。

曹操刺杀董卓没有成功，逃至陈留。董卓被激怒，派兵去追杀曹操。

曹操一看大事不好，一方面组织军队准备和董卓决一死战，另一方面积极联络天下诸侯共同讨伐董卓。

各地诸侯纷纷响应，那时袁绍人马最多，袁绍被推举为盟主，长沙太守孙坚也带兵支援。

袁绍任命孙坚为先锋，追杀董卓，孙坚带着程普、黄盖、韩当、祖茂四员大将及一万精兵直抵池水关。

双方在那里展开了激战。董卓军队非常强大，尽管孙坚的军队作战英勇，但还是很难取胜，双方进入僵持阶段。

这次诸侯共同讨伐董卓，袁术负责粮草。孙坚一看不能火速取胜，便派人到袁术那儿催要粮草。

袁术这个人很没有主见，一看孙坚派人催粮草，想立即支援。但一个谋士阻拦道："孙坚野心勃勃，又是先锋，一旦他攻下洛阳城，他必然会做皇帝，我们不如不给他粮草，他没有粮草，只好撤兵，那样头等功他就抢不去了。"袁术便没有给孙坚发粮草。

孙坚的军队与董卓的军队相持有一个多月，粮草已告罄，军队的战斗力明显下降。董卓手下的猛将华雄看出了孙坚人困马乏，立即带兵偷袭孙坚。孙坚的军队已经饿了好几天的肚子，不战自乱。孙坚大败，几员大将保护着他杀回了大本营。

孙坚十分生气，袁术也吓坏了，杀了那个谋士向孙坚谢罪。孙坚看到自己的人马损伤过半，没有力量与袁术争斗，只好先忍下了这口气。

华雄取胜之后，继续攻打联军。关羽大战华雄，关羽的大刀可不是白给的，上下翻飞，呼呼生风。华雄一个不注意，就被关羽斩落马下。

董卓的义子吕布一看华雄被战败，立即催马上前。关羽有些吃力，刘备、张飞上前援助。三英战吕布，吕布敌不过，只好撤回本营。

董卓的军队节节败退，只好弃城而走，逃向长安。

董卓带着金银财宝，又抢杀了许多富户，劫走钱财，押送着洛阳城的百姓，赶往长安。他随后下令放火烧城，一场浩劫降临洛阳城，豪华的宫殿、珍贵的书籍、稀世之宝——地动仪等全部毁在这场大火之中。

各路诸侯到达洛阳城时，洛阳城已不成样子了，房屋倒塌，宫殿被毁，到处都是一片瓦砾，只有几处余火还在燃烧。

孙坚命人去灭火，在皇宫灭火之时，一个士兵捡到了一个精美的小盒子，交给了孙坚。孙坚打开一看，又惊又喜，原来是皇帝用的传国玉玺。

袁绍得知孙坚私藏玉玺，十分生气，心想：好你个孙坚，得了玉玺，竟然不上交总盟主，我让你死无葬身之地。袁绍立即下令，命刘表在荆州堵截孙坚。

孙坚万万没有想到刘表会突然袭击，结果损伤了好几千人马，黄盖、程普舍命相救，保着孙坚跑回了长沙。

孙坚难以咽下这口气，想举兵攻打刘表；而正在这时，与孙坚有过节的袁术派人来，说袁术愿意合兵攻打刘表。

孙、袁大军直奔刘表大营，开始时，孙、袁联军节节胜利，可就在这时，孙坚中了刘表的埋伏，在乱军中战死。

一代英豪战死疆场，但他的两个儿子已经磨刀霍霍了。

英雄不问出处——刘备

刘备（161—223），字玄德，涿郡（今河北）人，东汉远支皇族，三国时蜀汉的建立者，公元221—223年在位。谓蜀汉昭烈帝。幼贫，后入军旅参与镇压黄巾起义，在诸葛亮的筹划中，联合孙权打败曹操于赤壁，占荆州、益州和汉中。221年称帝，定都成都，次年在吴蜀之战中败北。公元223年6月10日，刘备病逝白帝城。

陈寿《三国志》记载，刘备是汉景帝之子中山靖王刘胜的后代。刘胜的儿子刘贞曾被封为涿县陆城亭侯，后来因为违反礼制，触犯律令被削夺爵位，刘贞便在涿县定居，成了普通百姓。刘备的祖父、父亲都在州郡担任过官职。

刘备很小的时候父亲就去世了。他和母亲相依为命，以贩鞋子、织草席为生，可以说是地位贫贱。那时候，刘备家东南角的篱笆墙边，长着一棵五丈多高的桑树，远远望去，桑树枝叶繁茂，如同车盖，人们都觉得这不是一棵普通的树，有人预言树下的人家要出贵人。刘备小的时候和小孩们在树下玩耍，说："我长大了一定要乘坐和这棵树一样的带盖子的车。"他的叔父刘子敬训斥他说："你不要胡言乱语，这要带来灭门之灾的。"刘备15岁的时候，母亲让他外出游学，他和同族的刘德然、辽西人公孙瓒一起拜原九江太守、同郡人卢植为师。刘德然的父亲刘元起常常资助刘备，把他当作自己的儿子一样。刘元起的妻子很有意见，说："他又不是你儿子，你干吗对他那么好？"刘元起说："我族中难得出现这么个孩子，他可不是一般人啊！"

别看刘备家很穷，但他却带有贵族子弟的习气。他不太喜爱读书，喜欢养名狗，喜欢听音乐，喜欢穿华丽的衣服。刘备身高七尺五寸，双手垂下来能过膝，眼睛能看到自己的耳朵。他平时沉默寡言，尊重别人，喜怒不形于色，喜欢结交豪杰，同郡人争相归附他，为他所用。中山的大商人张世平、苏双等拥有万贯家财，他们结识刘备后，就认定刘备不是一般人，赠给他许多钱财，刘备就用这笔钱招集起了一支队伍。

东汉灵帝末年，黄巾大起义爆发，刘备瞅准了机会，也参与到讨伐起义军的队伍中。这时，他认识了关羽、张飞二人，三人结为异姓兄弟。由于刘备是汉室宗亲，所以虽然关羽长刘备两岁，但仍尊刘备为兄长。

镇压黄巾军后，刘备被封为安喜县尉。督邮因公来到安喜县，刘备上门求见，结果被拒之门外，刘备一怒之下闯入驿站，把督邮捆绑起来，痛打了二百杖，并将系在官印上的绶带解下来，一头捆在马桩上，一头套在督邮的脖子上，然后弃官逃走。

后来，刘备辗转投奔了中郎将公孙瓒。这时，袁绍出兵攻打公孙瓒，刘备和田楷率军东移。也是陶谦年老，一时糊涂，本想讨好曹操而奉迎过路的曹操

之父，没想到自己派遣护送的军队忽然哗变，杀死曹操之父，于是，曹操派大军征讨徐州。陶谦解释和抵抗无效，曹操进攻十余县，杀数十万人，江河为之不流。徐州牧陶谦派遣使者向田楷告急，田楷就和刘备一起出援。刘备手下只有千余士兵和少量骑兵，又从饥民中抓了几千壮丁。陶谦又调拨了四千丹杨兵补充给他，于是刘备离开了田楷，投靠了陶谦，驻扎小沛。

刘备

陶谦不久病重，自己的儿子又都不成器，只好和幕僚商量继承人选。陶谦对麋竺说："只有刘备才能安定我们徐州。"陶谦死后，麋竺就带领徐州士人迎接刘备入主徐州。刘备推辞。下邳人陈登对他说："现在汉室衰微，天下大乱，大丈夫建功立业就在今日。徐州是富庶之地，人口过百万，希望您来掌管徐州事务。"刘备说："袁公路近在寿春，他们袁家四代中出了五位公卿，是天下人仰慕的名门之后，您可以把徐州事务交给他。"刘备的意见遭到所有人的反对。陈登答道："袁公路骄横恣肆，不是安定动乱的人物。现在，我打算为您招募十万步、骑兵，凭着这样的实力，您进可以匡复朝廷，拯救百姓，建立春秋五霸那样的功业；退一步也可以割地称雄，名垂青史。如果您不答应我们的请求，那么我们也就难以听从您的意见了。"北海相孔融对刘备说："袁公路怎会是忧国忘家的人，他不过是坟墓中的一把枯骨。当今的形势，百姓都拥戴贤能的人为主，您对上天赐予的徐州辞而不受，将来后悔可就来不及了。"这样，刘备接管了徐州，开始有了自己的第一块地盘。

建安元年，袁术率军来攻打刘备。刘备在盱眙、淮阳抵御袁术。曹操上表刘备为镇东将军，封宜城亭侯。刘备与袁术相持了一个多月，吕布趁徐州空虚，夺取了下邳。刘备的妻子儿女都让吕布给俘去了，刘备率军转移到海西。随后向吕布求和，吕布放还了刘备的家属，刘备派遣关羽镇守下邳。

刘备走投无路，只好投靠了曹操。曹操表奏刘备为豫州牧，所以人称刘备为"刘豫州"。

刘备对曹操只是表面上敷衍，心里总想发展自己的势力，曹操也看出来了。有一次，曹操与刘备青梅煮酒论英雄，曹操似乎不经意地说："当今的英雄，只有你和我。袁本初这样的人，根本不值一提。"刘备正在吃饭，听了这话大吃一惊，手中的筷子都掉到了地下。此时，正赶上一声霹雳，刘备赶紧把筷子捡起来，说："都是这打雷闹的。"曹操这才对刘备放松了警惕。

后来，刘备脱离了曹操，在谋士诸葛亮、庞统、法正，武将张飞、关羽、赵云等的辅佐下，最终也取得了自己的一块地盘，建立了蜀汉。英雄不问出处，卖草鞋出身的刘备也当上了皇帝。

美人计除掉董卓

关东兵起，诸侯共同讨伐董卓。董卓只好撤出洛阳，将洛阳城烧毁。东汉200年来政治、经济、文化中心的帝京，在董卓的大火中变成了一片瓦砾。

董卓迁都长安后，又把关中弄得残破不堪。到了长安，他不但不吸取失败的教训，反而更加残暴。他肆意搜刮民财，大兴土木，在郿县修建了"万岁坞"。此坞依山而建，城墙高7丈，厚7丈，易守难攻。

万岁坞建成之后，董卓认为此地进可攻，退可守。他储备了大量粮食，珍藏黄金二三万斤，白银八九万斤，足可以支撑20年。

为了进一步搜刮百姓钱财，他命人铸小钱，结果物价猛涨，百姓叫苦不迭。

董卓又在长安建了几座富丽堂皇的宫殿，从洛阳带去的美女都住在后宫，数不胜数。但这老贼还不罢休，又从长安城中挑选美女。一时间，长安城的未婚女子都十分惊恐，怕被官兵带走。

董卓不仅吃喝玩乐，而且非常残暴，对待手下人说骂就骂，动不动就杀，他手下的部将也整日提心吊胆。

有一次，董卓在宫中款待大臣，有义子吕布、司空张温、司徒王允，还有其他一些朝中要员。喝着喝着，董卓向吕布使了个眼色，吕布抓起司空张温，走出殿外。

不一会儿，吕布提着张温的人头，又回到宫中，众人皆惊，无心酒宴。

董卓见百官大惊失色，大笑了几声，说道："大家不必惊慌，继续饮酒。我之所以杀张温，是因为他私通袁术，想暗害我。大家听着，谁要敢背叛于我，与张温同样下场！"

众官早已没有了酒兴，纷纷告退。

司徒王允回到家中，又惊又气。他想：董卓惨无人道，而且反复无常，在他手下，说不定什么时候脑袋就得搬家。而且这老贼肆意搜刮民财，百姓怨声载道，天下诸侯共同讨伐他，迟早有一天，他会被诛杀。我何不顺应民心，杀了这老贼，替天行道呢！王允知道，想杀董卓，也非常困难，他的义子吕布寸步不离他。而且吕布十分勇猛，关羽、刘备、张飞三员大将才与他打成平手，后来吕布只是因体力不支，才败下阵来。要想除掉董卓，必须先离间二人。王允心想：我何不使用美人计将二人离间拆散，再找机会下手呢？

王允知道，董卓宫中美女如云，一般姿色的美女，他根本不放在眼中。那吕布也是一员猛将，有多少女子为他倾心，他都不心动，要想迷住吕布，得选一个绝色佳人。王允想来想去，便想到自己的义女，虽有些舍不得，但为了杀死老贼董卓，也只好如此。

说起王允的义女，可是位绝代佳人，她就是我国古代四大美女之一的貂蝉。

貂蝉似天女下凡，有闭月羞花、沉鱼落雁之貌。但貂蝉从小失去父母，受苦受难，靠邻里的照顾才活了下来。后来，王允看见貂蝉聪明懂事，便将她收养为义女。

王允下定决心，准备让貂蝉先嫁给吕布，后献给董卓。但王允没有主动向貂蝉开口，而是故意唉声叹气。十分懂事的貂蝉看出义父有心事，便问道："义父，这几日您总是心情不好，不知有什么事，可否讲与女儿听一听呢？"

王允还没有开口，便一下跪倒在貂蝉面前，说道："女儿，我有一事相求，希望你能够答应。我想用美人计，离间董卓和吕布，我想让女儿委屈一下，不知女儿可否答应？"

貂蝉赶紧搀扶王允，说道："义父让女儿去死，女儿也答应。义父快快请起，女儿答应您就是了。"

王允一见貂蝉答应了，这才起身，仰天叹道："女儿，为父对不住你啊！但是董卓这老贼手握大权，胡作非为，专横无道，他迟早有一天会篡位夺权的。而他的义子吕布，武艺十分高强，只有离间他们，才能除掉老贼董卓。"

貂蝉道："义父放心，女儿一定按您的吩咐去做。"

王允按计划，先请吕布到自己府中做客。王允备了好酒好菜，吕布也很高兴，问道："不知司徒大人有何贵干？"王允道："将军，我十分敬佩将军的武艺和才气，以后我王允还仰仗将军啊！"

喝了几杯，王允吩咐道："歌舞侍候！"

这时门帘一挑，走进几个美女，领舞的正是貂蝉。她楚楚动人，舞姿优美。吕布借着酒兴，来了兴致，问道："这个白衣女子不知是谁家的？"

王允微笑着说道："她是貂蝉，我的义女，从小能歌善舞，今日听说将军来，非要见见将军。我本不答应，但她非见不可，我才让她乘为将军伴舞之际来看看将军。"

吕布问道："司徒大人的小女，可曾婚嫁？"

王允道："她年纪尚小，还没有。她从小仰慕将军，不知将军是否愿意收下小女？"

吕布一听，大悦，道："当然愿意，当然愿意。"

王允道："过几日，我选个良辰吉日，亲自把小女送到府上。"

吕布虽有些不高兴，想立即把貂蝉带走，但一听王允这么说，也只好再耐着性子在府上等几天。

吕布走后，王允又准备招待董卓。

董卓是丞相，又手握大权。王允派人送去了许多珠宝，才把董卓请到。席间，王允让貂蝉为董卓倒酒。董卓也十分贪恋女色，一见貂蝉，就被迷上了。王允一看，立即答应把貂蝉嫁给董卓。

董卓带走了貂蝉，整天陪着貂蝉饮酒作乐。

大将军吕布在府上等了好几天，也不见王允的影子，十分生气，便怒气冲冲地来到王允府上，责怪道："司徒大人，你可不对啊！你答应我的，过几日把义女送到我府上，可这么长时间，怎么还不见她的身影啊？"

王允十分委屈地说道:"将军息怒!我本想把小女送到你府上,可遇见了董卓,他见小女姿色可人,硬要带走。小女和我都不愿意,我说将军已看上小女,可丞相却说他算什么东西,我把她带走,看他能怎么样!我没有办法,小女也含泪而走。"

吕布十分生气,心想:董卓,我为你立下汗马功劳,你却如此对我!

一天早晨,吕布在董卓的卧房中见到貂蝉,貂蝉诉说她心中只有吕布,让吕布带她走。吕布一把抱住了貂蝉。正在这时,董卓进来了,吕布吓跑了。貂蝉扑在董卓怀里,哭着说:"你的义子调戏我。"

董卓和吕布二人翻了脸。王允一看,时机成熟,便密谋吕布,合杀董卓。

有一天,李肃假传圣旨,说献帝召董卓进殿,商议帝位禅让之事。董卓兴冲冲地来到殿上,早已埋伏好的吕布将董卓刺死在宫殿之上。

老贼董卓就这样结束了性命,长安墟的百姓则欢天喜地地庆祝了好几天。

曹操为父报仇围徐州

吕布杀死了董卓,王允掌握了政权。但是董卓的旧部李傕、郭汜不甘心,率领10万大军攻破长安,杀死了王允,又赶走了吕布。二人又在长安城为了争夺权力打得不可开交。经过长时间的厮杀,长安城变成了一片废墟,百姓叫苦不迭。

各地诸侯一看董卓被杀,便纷纷撤兵,回到自己的地盘,招兵买马,扩张自己的势力。可大局稍稍稳定,百姓从战争的苦难中刚刚走出来,青州黄巾军余部又举兵起义,战火重燃。

青州黄巾军有10万多人,作战英勇,连破数座城池。黄巾军所到之处,杀死官吏,烧毁府衙,打开粮仓,救济百姓,深受百姓拥护。

青州黄巾军声势浩大,直接威胁着京都的安全,朝中大臣议论纷纷,却找不到合适的人选去灭黄巾军。这时,有的大臣提议让有勇有谋的曹操去灭逆党,有的大臣提出相反意见,说曹操雄踞一方,野心勃勃,一旦他灭了逆党,他的势力就会扩大。可黄巾军势不可当，朝廷万般无奈，只有派曹操领军前去镇压。

曹操接到圣旨，非常高兴，心想：天助我也！黄巾军只是农民军，虽然勇猛，却无计谋，打败他们应该没问题，取胜之后，我可以乘机扩大地盘，扩张势力。

曹操带三万精兵直扑黄巾军。别看只有三万人马，但平时曹操训练严格，这些人都能征善战，而且军纪十分严明，战斗力很强，双方很快就展开了激战。

曹操带领一部分人马且战且退，而另一部分人马则埋伏在密林之中。黄巾军不知是计，拍马紧追不舍。刚一到密林，伏兵便在密林中射出上万支箭，箭无虚发，黄巾军死伤无数，顿时乱了阵脚。曹操一马当先，冲入黄巾军。黄巾军腹背受敌，丧失了战斗力，纷纷投降。

曹操非常有智谋，他想借此机会扩充自己的军队，便对降军说："大家不要担心，我曹操说话算数，愿意从军，和我曹操一起南征北战的，发给粮饷；不愿从军的，现在就可以走，我曹操绝不阻拦。"大部分人都归顺了曹操。对那些想走的人，曹操没有阻拦，也没有追杀。那几个人觉得曹操很值得信任，又带领逃散的黄巾军前来投降，曹操非常高兴地接纳了他们。曹操把青州的黄巾军整编，一清点，有一万多人投降归顺。

曹操以少胜多，大败黄巾军，而且很讲信用，对降兵以礼相待。各地名士、文人、武将纷纷慕名而来，一时间曹操实力大增。这时归顺曹操的，武有于禁、典韦，于禁力大如牛，典韦精通武艺；文有荀彧、毛玠，荀彧被曹操誉为"张子房"，毛玠为曹操提出"挟天子以令诸侯"，帮助曹操完成霸业。这些文武精英为曹操横扫天下打下了坚实的基础。

曹操一看自己实力大增，心里非常高兴。曹操也是一位大孝子，从小深受父亲的疼爱。他的父亲曹嵩非常宠爱这个聪明的儿子，对曹操读兵法，不但不反对，而且十分支持他。如今曹操有了自己的人马，而且名声大振，便想把自己的家人接来，一家人团聚，共享荣华富贵。但是，曹操却失算了。

在陈留居住的父亲曹嵩早已知道儿子出了名，而且势力大增，心里自然很高兴。没多久，他又接到儿子寄来的信，让家人到他那儿共享快乐。

曹嵩接到信后，便开始收拾家产。徐州太守陶谦久闻曹操大名，心里十分佩服曹操，一听说曹操父亲要从徐州过，立即设宴款待，并出于好意，让自己的心腹张阄带兵护送曹嵩一家人。

谁想到，张阄这人见财眼红，看到曹家的财产够自己花一辈子的，便起了歹心。一天，人马来到一座小山上，天已经黑了，大家只好在外边露宿。张阄和几名士兵等人们都睡熟了，便开始了行动。可怜曹嵩一家人，还没有享受到曹操的富贵，便死在这几个人的刀下。张阄带着几名士兵，将曹嵩一家40多人全部杀掉，然后带着财产连夜跑了。

曹操得知家人被杀的消息后，痛哭一场。哭罢多时，他又恨自己，为什么不派人去接父亲呢，但曹操最痛恨的是徐州太守和那个叫张阄的。本来陶谦一番好意，却惹了大祸。

曹操下令：三军戴孝出征，只留下很少的兵力守城。他决心为家人报仇雪恨，灭掉徐州。哀兵必胜，曹操悲痛万分，带领大队人马，浩浩荡荡，直奔徐州城。

将士们也想为主公报仇，所以作战英勇，一连攻下几座城池。这一下，城里的老百姓可倒了霉了。曹操下令：无论男女老幼，见人就杀。几座城池的老百姓无一幸免，都死在曹军的刀下。曹操每占领一座城池，杀完所有的人，便放火烧城。

曹军走后，留下的是一片废墟。

曹军直逼州治郯城，陶谦得知，心乱如麻。手下大将糜竺说："曹操杀红了眼，如果我们投降，他定会斩尽杀绝，但是我们力量太小，和曹操无法抗衡，我们不如去请救兵。"

陶谦也没有别的办法，知道投降是死路一条，便问道："谁能相助呢？"

糜竺道："北海孔融与我有交情，我想他一定会出兵相救！"

说起孔融，四岁就知道尊敬长辈，有孔融让梨的故事。从小十分聪明的他，有一次同父亲到洛阳城。那时，老子的后代李膺担任河南尹，孔融大摇大摆地想进李府的大门，卫士挡住他的去路。孔融不慌不忙地说道："烦请通报一声，就说我和李家是世交，想求见。"

过了一会儿，李膺出来，看见是一个孩子，便问道："我不认识你，怎么能

说是世交呢?"孔融答道:"我的祖先是孔子,你的祖先是老子,咱们不是世交吗?"

孔融从此出名,后来被任命为北海太守。

糜竺来到北海,和孔融一说,孔融立即准备派兵。可就在这时,黄巾军围攻北海,孔融只好守城。正在孔融危难之际,他的少年好友,虎将太史慈说服了刘备,带领几千人马把黄巾军打败。刘备听说徐州被围,百姓遭殃,十分痛心,答应立即出兵解徐州之围。

与此同时,吕布看兖州空虚,带兵攻打,刘孔联军也把大部队开到徐州城下。

曹操没有办法,只好先撤兵保兖州,他知道刘孔联军也不是好惹的。

就这样,徐州之围才被解,百姓才逃过这一劫。

完成遗愿据江东

孙坚在攻打刘表时,战死在疆场上,两个儿子孙策、孙权悲痛异常。父亲在世的时候,曾对哥俩说过:"我一生最大的心愿,不是做皇帝,而是割据江东,让这里的百姓能过上好日子就足矣了!"然而孙坚却早早地战死了。

孙策立志为父报仇,但他毕竟是个孩子,单凭自己的力量根本无法对抗刘表。他知道袁绍、袁术哥俩反目成仇,刘表投靠了袁绍,所以孙策便投奔了袁术。

袁术对孙坚战死沙场也很惋惜,他少了一个帮手,怕刘表趁机反扑。

孙策投奔袁术,袁术自然十分高兴。孙策小伙儿不仅长得风流潇洒,而且机智、勇敢。袁术便收孙策做了干儿子,这一年孙策只有 17 岁。

少年英雄孙策雄心勃勃,但袁术却认为他是个孩子,没法给他重任。所以孙策一直很心烦。袁术不重用孙策还有一个重要原因,他发觉孙策很有志向,他怕孙策长大成人之后,舍去自己而另挑大旗。

那时庐江太守陆康与袁术有过节,要起兵围攻袁术。袁术得知消息后,还

没等陆康起兵，便派孙策去围攻庐江。孙策年少勇猛，陆康大败而逃。孙策凯旋而归，心里非常高兴，心想：这次总该给我一个郡太守做了吧！

袁术也很高兴，为孙策摆酒庆祝。席间，孙策向袁术表明了要做郡太守之意，袁术一脸的不高兴，十分傲慢地离去。

孙策呆呆地愣了半天，终于明白袁术是永远不会重用自己的。想想死去的父亲，他不知不觉泪流满面。

从此以后，年少有志的孙策便很少出家门，更不想见袁术。袁术知道孙策的野心，也开始渐渐提防他。

孙策每天在房中看兵书，看累了便自斟自饮，借酒消愁。

有一天，孙策又在借酒消愁，忽有人推门而入，一看孙策愁眉苦脸地又在喝酒，便问道："伯符（孙策字伯符），为什么整日郁郁寡欢，借酒消愁呢？"

孙策抬头一看，是父亲的谋士朱治，忙起身让座。他知道朱治足智多谋，父亲有事经常与朱治商议，父亲还经常对他说："有事多和朱治商议！"

朱治对孙策说："伯符，我知道你为什么整日不高兴，是不是因为袁术不肯重用你，你完成不了父亲的遗愿呢？"

孙策点点头道："想起父亲战死他乡，儿子都不能为父报仇，不能完成父亲的遗愿，我真恨自己无能！"

朱治摇摇头道："伯符，这次机会来了。扬州刺史刘繇攻占了袁术的地盘丹阳，而这个地方恰是你舅舅吴景把守的，你可以借收复丹阳、营救你舅舅吴景为名，回老家发展自己的势力，创建自己的宏图大业。"

二人正谈到兴起处，忽听窗外有人说道："好啊，胆大包天的孙策，你竟敢有如此野心。"

孙策和朱治吓出了一身冷汗，他们万万没有想到窗外会有人偷听。

正在这时，从门外走进一人，原来是袁术的谋士吕范。他边走边说："二位莫惊，我开了个玩笑。"

孙策平时很敬重吕范，此人也很有谋略，而且待人和气。孙策一看是吕范，立即起身让座。

吕范道："我也正有此意，也是想来为孙将军出谋划策的，正巧遇上你二

中华传世藏书

中华上下五千年

三国魏蜀吴

人，便在窗外停留了一会儿。袁术这人心胸狭窄，不可以共谋大业，我有几百武士，愿意助孙将军一臂之力。"

孙策非常高兴，说道："恐怕袁术不会同意我出兵。"

朱治道："袁术心中一直想着传世玉玺，事到如今，我们可用玉玺作押，袁术一定会答应的。"

第二天，孙策以玉玺相押，不出所料，袁术点头答应。孙策带领朱治、吕范、黄盖、程普及吕范的几百名武士和三千人马直奔丹阳。

半路之上，周瑜听说自己儿时的亲密伙伴孙策带兵打丹阳，也来加入。孙策高兴极了，一是二人关系甚好，二是周瑜文武精通。

刘繇听说孙策来战，心里慌了。虽然他的人马比孙策强大几倍，而且手下有太史慈这样的猛将，但他生性胆小，而且不会用兵，也不会用人，太史慈一直没有得到重用。

刘繇带兵迎战孙策，他哪是孙策大军的对手，被孙军打得大败而归。

第二天，孙策又带兵攻城。这时刘繇手下的猛将太史慈主动请战，刘繇根本瞧不起太史慈，但大敌当前，也无良策，便让太史慈出战。

太史慈果然是一员猛将，连杀孙策几员战将。孙策一拍战马，和太史慈打在了一起。二人都使长枪，只见枪头乱撞，却不见人影，打得难解难分。太史慈便出了绝招回马枪，孙策知道来不及躲闪，伸出左手，一下抓住了枪杆，又出右手，用枪猛刺太史慈，太史慈也抓住了孙策的枪杆，二人用力，从马上翻了下来，长枪落地，又短兵相接。朱治唯恐孙策受伤，命人鸣锣收兵，二人这才回归本队。

孙策一看很难取胜太史慈，便改方向攻打牛诸。于糜做了先锋官，摆长枪直刺孙策，眼看枪尖就要伤到孙策了，孙策一闪身，躲过长枪，夹住于糜，刚要回归本营，忽听后面有风声，回头一看是樊能的大枪已到，孙策大喝一声，樊能一惊，跌落马下，当即摔死。

刘繇一看，孙策果然厉害，没费一兵一卒，便生擒一将，又吓死一将。刘繇只好投奔刘表，但太史慈坚决不投降，他带领手下的人马，准备和孙策决一死战。

自从和太史慈交上手，孙策就喜欢上了这员战将。周瑜深知孙策的心意，便设计活捉了太史慈。

孙策亲自为太史慈松绑，脱下自己的战袍给太史慈披上。太史慈深受感动，他心里也很佩服孙策，在刘繇手下又得不到器重，便归降了孙策。

为了报孙策的知遇之恩，太史慈主动请缨去召集刘繇的散兵，并说好了明日正午返回。孙策立即点头答应，有的人怕太史慈乘机逃跑，孙策道："太史慈为人忠诚，明日正午定会返回。"

由于太史慈在将士们心中很有威望，所以散去的人马都回到了太史慈手下。太史慈带领人马去见孙策。

孙策出门相迎，立即下令：犒赏太史慈的将士。

孙策又带兵打败了"东吴德王"严白虎。严白虎逃到王朗那里，孙策又以此为借口，大败王朗，占领会稽。

经过几年的征战，孙策占据了江东各郡，完成了父亲的遗愿。他下令：军队不许骚扰百姓。江东的百姓十分拥护孙策，这为弟弟孙权建立东吴打下了良好的基础。

猛将吕布

东汉末年，三国时期，一提起猛将吕布，无人不知，无人不晓。

吕布武艺高强，英勇善战，谁都惧怕他三分，但他却有勇无谋，而且见利忘义，最终也没有得到别人的重用。

吕布从小习武射箭，武艺精通，力大过人。丁原一看吕布十分勇猛，而且武艺过人，便收留了吕布。吕布也为丁原立下了不少战功。

董卓野心勃勃，为了达到自己的目的，用离间计使吕布和丁原不和。那时吕布盛气凌人，心骄气傲。一怒之下杀了丁原。董卓一看计策得逞，便收留了吕布。

吕布确实是一位骁将，董卓为了更好地利用他，平日对他很好，而且收他为义子。吕布为董卓冲锋陷阵，这才有了三英战吕布的故事。关羽有勇有谋，武艺也十分高强，他力劈大将华雄，但却敌不过吕布。刘备、张飞二人助阵，三英战吕布，才打了个平手，足见吕布之勇猛善战！

后来，王允使用美人计，离间董卓和吕布，吕布一怒之下，杀了董卓。

董卓旧部李傕、郭汜打着为董卓报仇的旗号，率大军攻入长安城，杀死王允，又要捉拿吕布。吕布十分勇猛，在 10 万大军中杀出重围，准备投靠袁术。

吕布雕像

袁术手下一谋士说："主公，那吕布虽勇猛，但无智谋，而且连杀丁原、董卓，我们不能收留他，以免他对我们不利啊！"

袁术没有主见，觉得谋士的话很有道理，便赶走了吕布。

吕布十分生气，心想：此处不留爷，自有留爷处，我迟早有一天要找你袁术老儿报仇雪恨！一气之下，吕布骑马带戟，投奔了袁绍。

袁绍也深知吕布的为人，但袁绍那时正在开战，急需用人，便收留了吕布。

第二天，吕布便被派去攻打常山。常山将领根本不是吕布的对手，吕布带兵攻入常山，在敌军中如入无人之地，大戟一挥，倒地一片。吕布大胜而归，袁绍非常高兴，为他接风洗尘。吕布又接连立了几次大功，自己便觉得很了不起，目中无人，连袁绍都不放在眼里。袁绍忍无可忍，想杀掉吕布。

吕布知道自己再勇猛，也敌不过袁绍的千军万马，只好逃到了张邈那里。

张邈很热情地接待了吕布。那时曹操正在兴师围攻徐州为父报仇，而兖州只留了很少人马。谋士陈宫对张邈说："现在曹营空虚，我们可以乘虚而入，占领兖州。"于是吕布率领人马直奔兖州。

曹操正在攻打徐州，一听说兖州被围，只好舍弃了徐州，撤军到兖州。

曹军刚一到兖州，吕布立时带领人马，与曹军展开了激战。由于曹操围攻

徐州数日，而且又远道而来，还没有站稳脚跟，所以军队很疲乏。吕军又十分勇猛，一时间，曹军大乱，多亏大将典韦保着曹操杀出了重围。

吕布占领兖州后，得意扬扬，根本没把曹操放在眼里。

曹操虽然兖州战败，而且险些丧命，但他善于行军打仗。他知道吕布虽勇，但无谋，所以重整军队，又杀了一个回马枪。而此时吕军正在营中喝酒庆祝呢，丝毫没有设防，曹操一鼓作气又夺回了兖州。

吕布万般无奈，知道自己没有去处了，只好投靠刘备。

刘备得知吕布来投靠自己，十分高兴，他认为解徐州之围，吕布很有功劳，所以决定收留他。但刘备的谋士却说："主公，吕布出尔反尔，不讲信义，我们不能收留他啊！"其他人也都劝说刘备，但刘备过于仁义，认为吕布走投无路才来投靠，应该收留。

吕布投靠了刘备，可吓坏了曹操。曹操深知刘备野心勃勃，手下大将众多，再得到吕布，一定会对自己构成威胁，便假传圣旨命刘备攻打袁术。

袁术听说刘备要率军攻打自己，十分害怕，他知道自己拒收吕布，吕布对自己也一直怀恨在心，如果刘吕二人联手，一定很难对付。袁术手下的谋士说道："主公，不必担心，那吕布虽投靠刘备，但他见利忘义，如果我们答应给他金银珠宝、粮草、马匹，联合吕布攻打刘备，吕布一定会答应！"

刘备奉旨出征讨伐袁术，吕布却乘机夺取了徐州。而袁术也是背信弃义的小人，他没有给吕布金银珠宝、粮草、马匹。吕布大怒，但他知道自己的兵力不是袁术的对手，只好忍下这口气。

吕布手下的谋士陈宫说道："我们现在兵少，应急召刘备，共谋大业。"

刘备回到徐州，被吕布安排到小沛进驻。刘备因一时仁慈，却引狼入室，使自己失去了徐州，但他胸怀大志，能屈能伸，知道自己的兵马敌不过吕布，所以忍辱进驻小沛，等待时机。

曹操本想拆散吕、刘，结果目的没有达到，二人又重归于好。曹操知道，不拆散二人，对自己的威胁太大。

于是，曹操派人秘密联络刘备，准备合力攻打吕布。刘备心想：你吕布忘恩负义，反复无常，我不能再和你一起打天下了，说不定你心血来潮，就杀了我。刘备便答应了曹操。

但是曹操的使者却被吕布捉住，那个使者胆小怕死，说出了实情，吕布大怒，一剑刺死使者，立即派兵围攻小沛。

刘备知道自己兵力不足，无法与吕布抗衡，只好带兵投靠了曹操。曹操十分痛恨吕布，要不是吕布乘机攻打兖州，他也就不会从徐州撤兵，也就可以为家人报仇雪恨，屠杀徐州城了，所以曹操收留了刘备。

曹操兵多将广，刘备又有几员大将，二人联手，共同攻打吕布。

吕布节节败退，被围在下邳。吕布知道大势已去，已无心指挥战斗，只知以酒消愁。

吕布手下的将士，本来对吕布就有意见，现在一看吕布败局已定，便乘吕布熟睡之机，将其捆绑，带着吕布去投降曹操。

曹操一见吕布，怒发冲冠，命人将其斩首。

一代猛将，因背信弃义、见利忘义，最终做了刀下鬼。

煮酒论英雄

曹操联合刘备，大败吕布，除去了自己的心头之患，又收编了许多投降的将士，人马明显壮大。

曹操以许都为根据地，发展自己的势力。以前，曹操每当准备扩张时，总担心吕布在后方乘虚而入，这一次吕布被杀，曹操可以解除后顾之忧，放心大胆地去扩张了。人无完人，金无足赤，曹操觉得自己前景一片光明，便有些骄傲起来。曹操原本就不把汉献帝放在眼里，现如今大败吕布，更是独揽朝政，俨然他是皇帝一样，汉献帝也只好忍气吞声。

刘备无处可去，前来曹操这里避难时，曹操手下的谋士程昱就说："主公，我们趁刘备此时力量弱小，先除掉他，否则他将会和我们争夺天下，他虽一时有难，但手中大将众多，一旦有机会，他就会强大起来，到时候，我们就不好对付了。而且刘备素有仁义之师的称号，天下百姓很拥护他，此人也是胸怀大志，他绝不会甘心位居人下的，我们要尽快斩草除根，以免放虎归山！"

曹操摇了摇头说："你只说对了一半儿，我还不能除掉他！"

曹操何尝不想除掉刘备，但他知道刘备也是皇族一员，论辈分还是献帝的叔叔。如果杀了刘备，必失去人心。人们一定会觉得他妒才，如果那样，天下贤士就不会再辅佐自己了。所以曹操只好等待时机，也不敢轻举妄动。

刘备知道自己虽为左将军，但有其名而无其实。他也知道曹操想除掉自己，所以他明哲保身，对许多事都装糊涂，几乎不参与政事。为了躲避曹操，他整日在自己的小花园中养花种草。

曹操为了向大臣们炫耀自己的威风，便邀上献帝和满朝文武到山林去打猎。

曹操与献帝在前面骑马而行，后边跟着文武大臣。这时有一位大臣大叫一声："后边有梅花鹿。"

满朝文武回头一看，果然远处有一只肥大的梅花鹿。献帝一时兴起，拿起弓箭便射，可献帝的箭法着实不敢让人恭维，一连几箭都没有射中。曹操对献帝说："陛下，臣用一下弓箭。"

献帝本不想把弓箭给曹操，但又有些惧怕曹操，只好不大情愿地把弓箭递了过去。曹操接过弓箭，拉满弦，一箭就射倒了大梅花鹿。

后边的大臣一看梅花鹿被射死，赶紧过去取鹿，一看鹿身上是御箭，都高呼"万岁"。曹操非常气愤，心想：什么万岁呀，那是我射的。为了让大臣们知道那一箭是他射的，他竟然冒天下之大不韪，走到献帝前面，接受文武百官的朝拜。

汉献帝肺都气炸了，但也只好强忍怒火，他知道一旦自己反抗，曹操就敢废掉他。

汉献帝的委屈被伏皇后的父亲伏完看了出来，他也十分不满曹操的专权，便悄悄地对汉献帝说："陛下，曹操野心，路人皆知，我们必须除掉他，否则他迟早会篡权夺位的！"汉献帝长叹了一声，道："我也早想除掉他，可朝中大臣都是他的心腹，我也没有办法啊！"

伏完道："陛下，不必如此伤心，忠于汉室的大臣仍有，我和车骑将军董承、西凉太守马腾说过此事，他们表示愿为兴复汉室、夺回大权而舍身相助。

左将军刘备身为皇叔，武艺高强，身边又有关羽、张飞相助，而且他对曹操也十分不满，虽然深居简出，但对政事十分关心。我们这些人联合起来，杀曹操老贼一定不成问题！"

伏完悄悄把董承、马腾、刘备邀来见汉献帝，汉献帝十分气愤地说道："我汉室江山被曹操老贼操纵，他目中无君，专横霸道，长此以往，他一定会夺取我们汉室王位的。我想请几位联手，诛杀老贼，重振我汉室江山，不知几位意下如何？"

董承、马腾早就恨透了曹操，立即答应了下来。刘备心想：曹操专权，视我如一块心病，如果我不除掉他，他也会想方设法除掉我，我不如先下手为强。想到此，他也答应了下来。几个人咬破手指，在盟书上写下了自己的名字。

曹操生性多疑，时刻注意着刘备的一举一动，有一天忽听有人报："刘备被献帝密召！"

曹操吃了一惊，心想：莫非他们想联手除掉我，我得先试一试刘备。

曹操来到刘备的小花园，刘备正在浇水。曹操约刘备到府上饮酒，刘备怕曹操知道密谋之事，暗害于自己，便婉言拒绝，说道："如果丞相有雅兴，就到我府上吧！"

二人在刘备住处喝了几杯。曹操忽然问道："如今天下诸侯各据一方，多如牛毛，但最后能成事的少如麟角，不知左骑将军以为谁能够成为天下英雄呢？"

刘备心想：这老贼一定是在探我的虚实，我一定要小心谨慎。于是他答道："小霸王孙策文通武备，又有朱治、吕范、周瑜、太史慈等多员大将辅佐，没有几个月便割据江东，将来必有一番作为！"

曹操道："一个孩子，只靠他父亲孙坚的威名而已，很难成为英雄！"

刘备又说道："袁绍拥有军队数十万，文人武将也不乏其人，而且他依据险要的地势，可以称得上是一位英雄人物。"

曹操摇了摇头，说道："袁绍虽有野心，但为人刚愎自用，手下虽有大将，但他舍而不用，此人很难成为英雄！"

刘备道："那袁术呢？"

曹操笑了笑道："他乃一匹夫，无谋无志，没有主见，他若算得上英雄，天下人岂不都成了英雄吗?"

刘备道:"依丞相之见,谁能成为真正的天下英雄呢?"

曹操笑而不答,用手指了指刘备,又指了指自己。

刘备大吃一惊,以为曹操看出了自己的心事,吓得筷子落地,而这时天边正好响起了一声惊雷。

刘备连忙说道:"丞相见谅,突闻惊雷,心一紧张,筷子落地!"

二人喝罢多时,曹操走出刘备的府门,自言自语道:"刘备胆小怕事,也不能成为英雄,称雄者还得是我曹操!"

刘备为了尽快逃脱曹操的控制,找借口带领自己的人马逃跑了。

那几个人想刺杀曹操,却没有成功,反而被曹操生擒活捉。曹操一怒之下,将那几个人全部杀掉。

煮酒论英雄,刘备乘机而逃,成了后来的英雄。

大刀关羽

关羽手使一把大刀,英勇善战,而且非常讲义气,自从与刘备、张飞二人桃园结义,便视二人为亲兄弟,誓死保刘备。关羽一生光明磊落,不仅武艺高强,而且人品极好,后来人都尊称他为关公。

曹操与刘备煮酒论英雄后,刘备知道曹操野心勃勃,迟早有一天会对自己不利,便带领二弟关羽、三弟张飞及手下将士找了个借口逃离了曹操。

曹操后来发现董承等人想密谋暗害自己,火冒三丈,不仅杀了那几个人,连他们的家人都杀掉了。

曹操看到盟书上有刘备的血书,气得咬牙跺脚,心想:好你个大耳贼刘备,我曹操在你遇难之际收留了你,你却敢背叛我。上次饮酒,我真是被你骗了,你分明是想和我争夺天下,被我说中,你一时心惊掉了筷子,而你却说是惊雷所吓。我这次就要让你死无葬身之地,你也想当天下英雄,有我曹操在,你就别想得逞。

曹操立即召集众将领。典韦说："丞相，刘备贼心不死，他不仁，我们也不义，乘他根基未稳，将他除掉！"

曹操道："典将军，我也有此心。不过我们一出兵，袁绍老贼如果再联合吕布乘我们城中空虚攻占许都，那么即使我们打败了刘备，捉拿了他，也得不偿失啊！"

谋士郭嘉道："丞相，不必担心许都，我们可以在城中多挂战旗，给袁绍以假象。袁绍向来有勇无谋，而且他刚愎自用，即使他手下的谋士向他说出实情，他也不一定出兵。他办事优柔寡断，待他准备出兵之时，我们已凯旋而归了！"

关羽

曹操觉得典韦、郭嘉二人的话很有道理，立即下令进军徐州。

刘备逃离曹操后，无处可去，只好暂时驻扎在徐州。

曹操大军出征，而城中却战旗飘飘。早有密探报告袁绍，但袁绍却说道："曹操生性狡猾，他虽然出兵，一定还有军队驻扎在城中，我们不可轻举妄动。"

谋士田丰道："主公，曹操大队人马已到徐州攻打刘备，城中只留了一小部分人马，虽然战旗飘扬，但那是故意做的假象，我们乘虚而入，不仅可以不费多少兵力得到许昌，还能够断了老贼曹操的后路。我们可以依靠许昌这一险要地势，先灭曹，再灭孙，然后夺取天下啊，请主公三思！"

但袁绍刚愎自用，根本听不进去田丰的话，爱理不理地说道："关于此事，我心中自有对策，以后再议吧！"

田丰没有办法，气得他转身离殿，暗暗埋怨道："真是昏庸啊！我怎么保你呢？"

曹操知道刘备的兵力不如自己，一定会乘自己没有立稳脚跟突袭自己，便命人埋伏在四周，而没有安营扎寨。

再说刘备，得知刺杀曹操没有成功，盟书又落到曹操手中，曹操一定会带

兵前来攻打，他便迅速做好了准备，心想：你远道而来，我乘你没有立稳脚跟出兵袭击你。但他没想到，这正中了曹操的计。

大刀关羽奉命守城，刘备带着三弟张飞及几千人马突袭曹军，哪知曹军做好了埋伏，刚一交战，刘军便大败。刘备一看曹军众多，自己不是对手，便和三弟张飞商议冲出重围。不一会儿，二人便被曹军冲散，没有办法，只好各带兵马，拼命杀开了一条血路。张飞躲到了芒砀山，心想：你曹操老贼若是敢来追杀，这里一夫当关、万夫莫开，我让你有来无回。

刘备在众位将领的保护下，也杀出了重围，别无去所，只好投奔了袁绍。

曹操大败刘、张二人，立即派兵包围徐州。徐州只有很少的士兵，在大刀关羽的率领下，誓死保卫城池。

曹操特别爱惜人才，在关羽大刀斩华雄时就十分欣赏关羽。他心想：我如果能得到这员大将，一定能够横扫天下，将来有机会，我一定收降他。曹操得知关羽守城，非常高兴，心想：我一定要收降他！所以曹操没有派兵硬攻徐州。

曹操手下的一位谋士道："丞相，您是不是想劝降关羽?"曹操点头，那位谋士道："我愿去劝降关羽!"

曹操听后，说道："只要关羽能够归降，什么条件都答应。"

那位谋士见到关羽，对关羽说道："关羽，你要认清形势，如今大军围城，曹丞相爱惜你，才没有下令攻城。如果你不投降，你两位嫂嫂也没命了，到时候你还怎么见你的大哥呢?"

关羽心想：曹军几十万，真要攻城，两位嫂嫂性命难保，我不如先答应下来。于是，关羽说道："回去告诉曹丞相，答应我三个条件，我便投降；不答应，我宁可战死。第一，我不会投降曹操，我只投降汉献帝；第二，必须确保我二位嫂嫂的安全；第三，我一听说我哥哥刘备的下落，我便去找他，曹丞相不得阻拦。就这三条，如果曹丞相能够答应，我便投降，不答应，就让他攻城吧!"

那位谋士回来和曹操一说，曹操很快答应了前两条，可第三条太苛刻了，他心想：如果你知道了刘备的下落，再去找刘备，我这儿成了你的休息地了。但曹操又转念一想，关羽实在是不可多得的一员战将，有勇有谋，我不如先让他归降了我，再以礼相待。关羽这人很讲信义，他一定会感激我，我再找机会杀了刘备，这样就可以达到目的了。想到此，他便派谋士告诉关羽，三个条件都答应。

关羽来到曹营，曹操非常热情，不仅对关羽视若上宾，三天一小宴，五天一大宴，而且对刘备的两位夫人也非常好。关羽确实很感激曹操，但他不会背叛自己的大哥刘备。

袁绍有了刘备的辅佐，信心大增，准备攻打曹操。

两军开战，袁绍手下大将颜良十分勇猛，连斩曹操数员大将。关羽有言在先："我一定会为丞相立下战功之后才离开！"关羽一看，现在是立功的好机会。但是曹操怕关羽立了功便走了，所以不想让关羽出战。程昱对曹操说："丞相，你让关羽出战，他若杀了敌将，袁绍大怒，一定会杀了刘备，不正好断了关羽的后路吗？"曹操很高兴，便答应关羽出战。

关羽来到两军阵前，大刀一举，没有几个回合，便将颜良斩于马下。袁绍听说曹操有一员大将手执大刀，红面长须，杀死了自己的爱将。他猜一定是关羽，以为是刘备和关羽相互串通，便命人去杀刘备。刘备道："天下人有许多长得相似的，难道长须红面的一定是我二弟？明日我去观战，如果是我二弟关羽，我让他来归降。"袁绍一听，连忙给刘备解开绑绳，连声道歉。

第二天，袁绍派文丑迎战，文丑哪是关羽的对手，又被关羽斩落马下。

刘备一看，真是自己的二弟，立即写了一封信，派孙乾送给关羽。

关羽知道了哥哥的下落，立即向曹操辞行。曹操怕关羽辞行，便躲了起来。但关羽思念大哥心切，给曹操留了一封信，保着两位嫂嫂离开了曹营。曹操远远地目送着这位讲义气的英雄，有人建议去追杀关羽，被曹操拦下了。

关羽保护着两位嫂嫂恰好路过芒砀山，听说三弟在此，非常高兴，哪知见了张飞，张飞举枪便刺。两位嫂嫂劝道："三弟，为何对你二哥如此无礼？"

张飞怒气冲冲地说道："他投降曹贼！"两位嫂嫂赶紧解释，把事情的经过说了一遍。张飞知道错怪了二哥，倒地便拜，哥俩保护着两位嫂嫂见到了大哥刘备。三兄弟又团聚了。

大刀关羽的故事被人们一代代传颂下来。

曹操推行屯田制

魏武帝曹操（155—220），本名吉利，字孟德，小名阿瞒，沛国谯县（今安徽亳州）人。东汉末年杰出的政治家、军事家、文学家、书法家，三国时期魏国奠基人，太尉曹嵩之子。

献帝兴平二年（195）春天，曹操率兵袭击定陶，济阴太守吴资在定陶南城拼死抵抗，曹操没能攻克。此时，吕布率军赶到，又被曹操击败。这年夏天，吕布派部将薛兰、李封守巨野，曹操率军偷袭，吕布随即带兵救援，但薛兰已经被曹操打败，吕布只好退回。薛兰等人被斩。不久，吕布又会合了陈宫所带一万多人，再次进攻曹操。此时曹操手下兵员少，于是设下伏兵，大败吕布。吕布连夜逃走，曹操率军追击，顺便攻克了定陶城，然后分兵驻守占领的诸县。吕布向东逃走，最后投奔刘备。张邈和吕布同行，张邈的弟弟张超带家属驻守雍丘。同年八月，曹操率军围攻雍丘。十月，献帝封曹操为兖州牧。十二月，雍丘守军溃散，张超自杀。曹操诛杀了张邈三族。张邈到袁术处请求救兵，结果半路让他的部下给杀死了。兖州平定后，曹操挥师东进，攻打陈国。

这一年，长安城中大乱，献帝东迁，护卫献帝的军队在曹阳被叛军打败，献帝渡过黄河，到了安邑县。

献帝建安元年（196）正月，曹操率军到达武平县，袁术任命的陈国国相袁嗣向曹操投降。

此时，曹操要去迎接献帝，部将中有人不赞成这个举动，谋士荀彧和程昱极力劝说曹操，曹操就派曹洪带兵西行，迎接献帝，而卫将军董承和袁术部将苌奴占据险要，阻止曹军前进。

汝南、颍川一带的黄巾军何仪、刘辟、黄邵、何曼等人，各有数万部众。这些人开始时追随袁术，后来又依附孙坚。这年二月，曹操派兵征讨他们，大败其军，刘辟、黄邵被斩首，何仪及其部下投降。献帝封曹操为建德将军，六月，又升曹操为镇东将军，封为费亭侯。七月，杨奉、韩暹护送献帝回到洛阳，杨奉另派兵驻守梁县。曹操率军赶到洛阳，保卫京城，韩暹逃走。献帝命令曹操负责领尚书事务，总揽朝政。这时的洛阳城已经残破不堪，董昭等人力劝曹操迁都许县。九月，献帝的车驾出轩辕关，向东进发。献帝加封曹操为大将军，封为武平侯。自从献帝被董卓挟持，西迁长安，朝政日益混乱，直到这时，宗庙制度才又确立起来，从此曹操总揽朝政，挟天子以令诸侯。

曹操自迎献帝以后，自己由丞相、魏公、进九锡，终于自称魏王，设有宗庙百官，形式上已和皇帝没有区别。曹操及其集团将恢复经济放在极其重要的地位，这是因为他们清楚地看到，一个政权的经济状况如果是

汉献帝

"公家无经岁之储，百姓无安固之志"，必然"难以持久"。曹操曾总结历史经验说："秦人以急农兼天下，孝武以屯田定西域，此先代之良式也。"据此，曹魏集团大力推行了屯田制。

屯田渊源于两汉，原来只是边疆戍兵的军事屯垦性质，曹操则将屯田推广于一般农民。他实行屯田的最初目的，也是为了保证军粮的供应，有了成效之后，才将其当作一项根本农业经营措施。曹操行屯田，有记载可查的地区有20余处，基本上可以分为两类：一类是边境或军事重镇，如许昌、邺、洛阳、襄阳、五原、芍陂、皖城、汉中、长安等地区；一类是原来水利事业比较发达，土地比较肥沃的地区，如颍川、魏郡、汲郡、河内、河东、沛等地。屯田区不属于郡县，由相当于郡守的典农中郎将、典农校尉和相当于县令的屯田都尉统辖，直属于中央大司农。屯田分民屯和军屯两种。民屯的农民称为屯田客，也称典农部民，他们只从事农耕，收获物以田租形式按四六或对半与国家分成，以外不再服兵役或一般徭役。屯田客的来源虽称为招募，实际是强迫征集，他们被严格束缚在土地上，没有迁徙的自由。

军屯是两汉士兵屯田的继续。从事屯田的兵卒被称为屯田兵或田卒，按军事组织以营为基本单位，从事农业生产。曹魏后期，邓艾在淮南北屯田，且田且守，"自寿春到京师，农官田兵，鸡犬之声，阡陌相属"。军屯不仅开垦了沿边荒废的土地，也部分减轻了人民养兵运粮的负担。

屯田的土地属于公有制，它是以军事强制形式将农民束缚在土地上，进行地租剥削的一种土地制度。田客、田兵地位比自耕农更低，剥削量也较重，但屯田农民在生产生活上比自耕农更有保证，没有别的兵徭负担，而且屯田又能使大量离开生产的流民重新与土地结合，这就促进了北方经济的恢复。

曹操为了保证长期控制大量军队，使兵士来源固定，建立了"世兵"制（也称"士家"制）。按照规定，士家以当兵为终生职业，有单独的户籍，父子相袭世代为兵，不许改业。为避免兵民混杂，禁止士家与一般民户通婚，婚姻只能在士家之间进行，士逃亡要罪及妻子。士家身份大大低于平民，是依附性加强在士兵身上的反映。

屯田民、兵只是当时农民的一部分，此外仍有大量自耕农的存在，对自耕农的赋税征收，仍是地主阶级国家的重要经济来源。曹魏政权对赋税制度也进行了一些改革，实行了租调制，规定田租每亩每年纳粟四升，户调平均每户每年纳绢二匹、绵二斤，正式废除了汉代征收的口赋、算赋。由于租额固定，农民的负担比过去相对减轻。

屯田的实施在战乱的年代，其作用是巨大的。它不仅使大量流民安定下来，重归土地，生活有了着落，而且还使残破的经济得以恢复和发展。曹操借此也解决了军粮问题，为其争霸天下奠定了物质基础。

官渡之战

在曹操迎奉汉献帝以前，曹操和袁绍分别在黄河南北发展自己的势力，双方还一直保持着友好的关系。但随着双方势力的扩张，利害冲突也随之而来。

建安三年（198）十二月，曹操擒杀吕布，取得徐州。第二年三月，袁绍消灭公孙瓒，兼并幽州。于是，这两大势力之间的矛盾更加突出，最终不能不以兵戎相见了。

建安五年（200）二月，袁绍命大将沮授为监军，亲率10万大军，从邺城出发，进攻曹操的都城许昌。曹操连施计策，袁绍连战皆败。

九月，两军在官渡展开阵地战，曹军寡不敌众，还营坚守。袁军起土山地道强攻，激战异常，相持百余日。

十月，袁绍派大批车辆运粮草，命大将淳于琼等率领一万余人护送，停留在袁绍大营以北40里处。沮授劝袁绍说："可派遣蒋奇率一支军队，在运粮队的外围巡逻，以防曹操派军袭击。"

许攸也说："曹操兵少，而倾巢出动来抵抗我军，许都由剩下的少量人守卫，防备一定空虚，如果派一支队伍轻装前进，连夜奔袭，可以攻陷许都。占领许都后，就奉迎天子来讨伐曹操，一定能捉住曹操。如果一时攻不下，也能使他疲于奔命，一定能将他击败。"袁绍不听从，说："我一定要先捉住曹操。"

许攸的计策不被采纳，心中很是不平。正在这时，许攸家里有人犯法，留守邺城的审配将他们逮捕，许攸一怒之下就投奔了曹操。

曹操听说许攸前来，来不及穿鞋，光着脚跑出来迎接他，拍手笑着说："许子卿，你远道而来，我的大事可成功了！"入座以后，许攸对曹操说："袁军势力大，你有什么办法对付他？你现在还有多少粮草？"曹操说："还可以支持一年。"许攸说："没有那么多，再说一次。"曹操又说："可以支持半年。"许攸说："您不想击破袁绍吗？为什么不说实话呢！"曹操说："刚才只是开玩笑罢了，其实只可应付一个月，怎么办呢？"许攸说："您孤军独守，外无救援，而粮草已尽，这是危急的关头。袁绍有一万多辆辎重车在故市、乌巢，守军戒备不严密，如果派轻装部队袭击，出其不意而来，焚毁他们的粮草与军用物资，不出3天，袁绍大军就会自行溃散。"

曹操得知袁军粮食储备和守军情况，非常高兴，留下曹洪、荀攸防守大营，自己亲率5000名步骑兵出击，冒用袁军的旗号，兵士嘴里衔着小木棍，把马嘴绑上，以防发出声音，夜里从小道出营，每人抱一捆柴草。经过的路上遇到有人盘问，就回答说："袁公恐怕曹操袭击后方辎重，派兵去加强守备。"听的人信以为真，全都毫无戒备。到达乌巢后，围住袁军辎重，四面放火，袁军营中立时大乱。正在这时，天已渐亮，淳于琼等看到曹军兵少，欲邀功利，不护粮草，出营迎战，曹操殊死抵抗，淳于琼战败，袁军粮草被焚。

袁绍听到曹操袭击淳于琼的消息，对儿子袁谭说："曹操攻破淳于琼，我就去攻破他的大营，让他无处可归。"于是，派遣大将高览、张郃去袭击曹军大营。张郃说："曹操亲率精兵前去袭击，必能攻破淳于琼等，他们一败，辎重被毁，则大势已去，还是先去救援淳于琼。"郭图坚持要先攻曹操营寨。张郃说："曹操营寨坚固，一定不能攻克。如果淳于琼等被捉，我们都将成为俘虏。"袁绍只是派轻骑兵去援救淳于琼，却派重兵进攻曹军大营，结果没有攻下。

袁绍增援的骑兵到达乌巢，曹操左右有人说："敌人的骑兵逐渐靠近，请分兵抵抗。"曹操怒喝道："敌人到了背后，再来报告！"曹军士兵都拼死作战，大破袁军，斩杀淳于琼等，烧毁袁军全部粮秣。将1000余名袁军士兵的鼻子全都割下，将所俘获的牛马的嘴唇、舌头也割下，拿给袁绍军队看。袁军将士看到后，恐惧异常。

郭图因自己的计策失败，心中羞愧，就又去袁绍那里诬告张郃，说："张郃听说我军失利，十分兴奋。"张郃听说后，又恨又怕，就与高览烧毁了攻营的器械，投降曹操。曹洪生怕中计，不敢接受他们投降。荀攸说："张郃因为计策不为袁绍采用，一怒之下来投奔，您有什么可怀疑的！"于是接受张郃、高览的投降。

粮草被烧，张郃等率大军投降，袁军惊恐，全面崩溃。袁绍与袁谭等戴着头巾，骑着快马，率领800名骑士渡过黄河而逃。曹军追赶不及，但缴获了袁绍的全部辎重、图书和珍宝。袁军残部投降，全部被曹操活埋掉，先后杀死的有7万余人。

官渡之战，曹操以少胜众，以弱胜强，消灭了北方最大的军阀袁绍的主力，取得了绝对的胜利。袁绍从此一蹶不振。两年后，袁绍在邺城病死。袁绍之死，成就了曹操的事业，加快了他统一北方的步伐。河北智士田丰、沮授、颜良、文丑，成了袁绍的殉葬品。张郃、许攸等一批人杰归附了曹操，曹操的势力进一步壮大了。曹操开始步入事业的巅峰。又经过几年的征战，曹操基本上统一了北方。

刘备三顾茅庐

官渡大战以后，刘备逃到荆州，投奔刘表。刘表拨给他一些人马，让他驻扎在新野。刘备在荆州住了几年，刘表一直把他当上等宾客来招待。但是刘备是一个雄心勃勃的人，因为自己的抱负没有能够实现，心里总是闷闷不乐。

刘备打听到襄阳地方有个名士叫司马徽，就特地去拜访。司马徽很客气地接待了他，询问他的来意。刘备说："不瞒先生说，我是专程来向您请教天下大势的。"司马徽听了，呵呵大笑起来，说："像我这样平凡的人，懂得什么天下大势？要谈天下大势，得靠有才能的俊杰。"刘备请他指点迷津说："往哪里去找这样的俊杰呢？"司马徽说："这一带有卧龙，还有凤雏，您能请到其中一位，就可以平定天下了。"刘备急着问卧龙、凤雏是谁。司马徽告诉他：卧龙名叫诸葛亮，字孔明；凤雏名叫庞统，字士元。刘备向司马徽道了谢，回到新野，正好有一个读书人来见他。刘备一看他举止大方，以为他不是卧龙就是凤雏，热情地接待了他。经过一番谈话，才知道这个人名叫徐庶，也是当地一位名士，因为听到刘备正在招请人才，特地来投奔他。刘备很高兴，就把徐庶留在部下当谋士。

有一天，徐庶对刘备说："我有个老朋友诸葛孔明，人们称他卧龙，将军是不是愿意见见他呢？"刘备从徐庶那里知道了诸葛亮的一些详细情况：原来诸葛亮不是本地人，他的老家在琅琊郡阳都县。他少年的时候，父亲死了。他叔父诸葛玄跟刘表是朋友，就带着他到荆州来。不久，他叔父死了，他就在隆中定居下来，搭个茅屋，一面耕地种庄稼，一面读书。那时，他年纪只有二十七岁，但是学问渊博，见识丰富，朋友们都很钦佩他，他也常常把自己比作古时候的管仲、乐毅。但是他看到天下纷乱，当地的刘表也不是能用人才的人，所以他宁愿隐居在隆中，过着恬淡的生活。刘备听了徐庶的介绍，说："既然您跟他这样熟悉，就请您辛苦一趟，把他请来吧！"徐庶摇摇头说："这可不行，像这样的人才，一定得将军亲自去请他，才能表示您的诚意。"

刘备先后听到司马徽、徐庶这样推崇诸葛亮，知道诸葛亮一定是个了不起的人才，就带着关羽、张飞，一起到隆中去找诸葛亮。诸葛亮得知刘备要来拜访他，故意躲开。刘备到了那里，扑了个空。跟刘备一起去的关羽、张飞都感到不耐烦，但是刘备却记住徐庶的话，耐着性子去请。一次见不到，第二次再去；两次见不到，第三次又去请他。诸葛亮终于被刘备的诚意感动了，就在自己的草屋里接待刘备。

刘备把关羽、张飞留在外面，自己跟着诸葛亮进了屋子。趁屋里没有人的时候，刘备坦率地说："如今汉室衰落，大权落在奸臣手里。我知道自己能力差，却很想挽回这个局面，只是想不出好办法，所以特地来请先生指点。"诸葛亮看到刘备这样虚心请教，也就推心置腹地跟刘备谈了自己的主张。他说："现在曹操已经战胜袁绍，拥有百万兵力，而且他又挟持天子发号施令，这就不能光凭武力和他争胜负了。孙权占据江东一带，已经三代。江东地势险要，现在百姓归附他，还有一批有才能的人为他效力。看来，也只能和他联合，不能打他的主意。"接着，诸葛亮分析了荆州和益州的形势，认为荆州是一个军事要地，可是刘表是守不住这块地方的。益州土地肥沃广阔，向来被称为"天府之国"，可是那里的主人刘璋也是个懦弱无能的人，大家都对他不满意。最后，他说："将军是皇室的后代，天下闻名，如果您能占领荆、益两州的地方，对外联合孙权，对内整顿内政，一旦有机会，就可以从荆州、益州两路进军，攻击曹操。到那时，有谁不欢迎将军呢？如果这样，功业就可以成就，汉室也可以恢复了。"

刘备听着听着，不禁打心眼里钦佩眼前这个青年人，说："先生的话真是开了我的窍，我一定照您的意见干。现在就请您和我们一起下山吧。"诸葛亮看到刘备这样热情诚恳，也就高高兴兴跟着刘备到新野去了。后来，人们把这件事称作"三顾茅庐"，把刘备和诸葛亮这番对话称作"隆中对"。

三国魏蜀吴

蒋干中计

周瑜被诸葛亮激怒后，决心联刘抗曹。

孙权得知周瑜来到，第二天一早，便召见周瑜。张昭说道："此次曹操以汉天子名义征伐天下，而且兵精将广，我们不如去求和。"

鲁肃道："我军求和，曹操或许饶我们一命，可主公去求和，只有死路一条，我家主公怎会受此屈辱呢？"

顾雍道："我们兵力弱小，若要抵抗，我江东父老一定又要饱受战争之苦，曹操素来仁德，不会伤害主公的！"

周瑜道："曹操老贼打着仁义的旗号，其实却是一代奸雄。他号称百万大军，我已派人去核实，只有几十万大军。曹操此次远征犯了许多兵家大忌：第一，北方战况未平，马腾、韩遂虎视眈眈，他一出战，二人必会乘虚而入，曹操两面征战，必会分心；第二，曹军远道而来，我们以逸待劳对他疲劳之师；第三，曹操的兵士大部分是北方人，北方人不习水性，而且对水战很不熟悉，而曹操却依靠舟楫与我们抗衡，拿自己的弱点和我们的长处相抗争，他明显不占优势；第四，这些中原士兵，长久征战，到了这里因水土不服，很多人生病，也大大削弱了他的士气；第五，现在是隆冬季节，马匹正缺草料。曹操犯了如此之多的兵家大忌，一定会大败而归。主公不必担心，给我三万精兵，进驻夏口，我与曹操誓不两立！"

周瑜一席话，说得孙权心里非常痛快。孙权心想：大哥在世之时告诉过我，内不明问鲁肃，外不通请周瑜。今日一见，这二位果真是我的左膀右臂，而张昭、顾雍等人只顾家人性命，不足以共谋大事。孙权忽地一下站起，抽出宝剑，将奏案的一角砍掉，说道："宁可战死，绝不投降，今后谁若再提投降之事，与这个奏案下场相同！"

孙权传下命令：周瑜为大都督，程普为副都督，鲁肃为赞军校尉。周瑜接了命令，带领三万精兵直奔夏口。

曹操大军已经开到江东地带，周瑜刚安营扎寨完毕，曹操便派使者来送战书。封面上写着："汉大丞相付周都督开折"。周瑜心想：你曹操老贼，挟天子以令诸侯，我周瑜不听你那一套。于是，周瑜命人将使者杀掉。

曹操得知使者被斩，大怒，心想：你一个小小的周瑜，竟敢斩掉我的使者，历来两国开战不斩来使，你却敢如此放肆，目中无我曹操，我一定要让你知道一下我的厉害。曹操知道北方将士不习水战，便命令荆州投降的将领蔡瑁、张允带领人马前去攻打周瑜。

周瑜怒斩来使，早已做好了开战的准备。他命甘宁为先锋，韩当为左翼，蒋钦为右翼，各带兵马准备迎战。东吴的兵少，但精通水战，曹操的兵虽多，但许多人都不熟悉水战，站在船上，根本站不稳，更不用说交战了，结果曹军大败。

曹操一看自己的人马再多也没有用，便任命蔡瑁、张允二人负责训练水师。周瑜夜探曹营，一看蔡、张二人不仅负责，而且很有办法，心想：不除掉二人，曹军很难被击败。

曹军和周瑜的人马展开了持久战。曹操心想：我是否可以劝降周瑜呢？他召集文武百官说道："周瑜乃东吴大将，如果能降服他，东吴军队将不战而败，谁能去劝降周瑜呢？"

话音刚落，他手下有一个叫蒋干的人站了起来，说道："丞相，我与周瑜从小一起长大，关系甚好，我可以去劝降他！"

曹操将信将疑，但也没有合适的人选，便派蒋干去劝降周瑜。

周瑜一听说蒋干前来，知道他是做说客的，便和手下人做好了安排，只等蒋干中计。

周瑜亲自迎接蒋干，刚一见面，周瑜便说道："你我二人，多年未曾见面，今日不远千里来到江东，一定是替曹操劝降我的，是吧？"

蒋干一听，心中一惊，但马上镇定了下来，说道："周都督，见外了！你我从小亲如兄弟，今日特来看望，只是叙叙旧，绝无他事！"

周瑜一笑，说道："那太好了，今日我们一定一醉方休，里边请！"

周瑜早已安排好了，将东吴的良将精英都召集到一起，盛情款待蒋干。

三国魏蜀吴

周瑜对大家说："蒋干虽为曹操的手下，但他与我周瑜是同窗好友，此次前来，只是叙旧，而不是为曹操做说客来了。谁要提起有关战争之事，定斩不饶，我们今日相聚，实在难得，大家尽情地喝，一醉方休。"

蒋干一听周瑜这么一说，心中暗暗叫苦，但也没法说什么，只好先静下来喝酒，等待时机。

东吴文武百官对待蒋干十分客气，轮流向他敬酒。蒋干无心喝酒，但为了不扫周瑜的兴，也只好硬撑着。周瑜说道："我自领军以来，从不沾酒，今日故友前来，我们不醉不罢休，歌舞侍候！"边歌边舞，气氛十分活跃，一直喝到天黑，每人都喝得有几分醉意。

喝罢多时，酒席撤下，周瑜对蒋干说："到我们军营去看看。"

蒋干跟随着周瑜一起检阅士兵，士兵们个个盔明甲亮，精神抖擞。他们又参观了粮库，粮草堆积如山。蒋干感叹道："东吴真是兵精粮足啊！"周瑜道："这全是江东的英杰，今日集会于此，共谋大业，这可以叫作'群英会'了。"

参观完粮库，周瑜非常亲切地拉着蒋干的手，对蒋干说："我们多年未曾见面，今日到我房中同床共眠。"

蒋干心想：总算可以单独与周瑜相处了，我可以利用这个机会将他劝降。他随着周瑜来到了房中，还没来得及说话，只见周瑜衣服也不脱，倒床便睡，一会儿又大吐起来，连续呕吐了几次，终于睡沉了。

蒋干却翻来覆去睡不着，心想：我不能白来一趟啊！于是他便开始偷看桌案上的信，最底下有一封信，信面上写着"蔡瑁、张允谨封"。蒋干又惊又喜，连忙偷看，信里写道："我们本不想降曹，但迫于无奈。我二人愿意投靠周将军，为了表示诚意，我们找机会下手杀了曹操老贼，将其人头献给周将军。"蒋干心想：原来这二人勾结周瑜，要杀害曹丞相啊！

蒋干躺在床上，说什么也睡不着。天快亮了，忽听有人进来，问道："周都督醒了吗？"周瑜故意装作梦中惊醒的样子，突然问道："床上睡的是谁？""都督，那不是您的朋友蒋干吗？您昨日喝多了，您不是请蒋干一起同您一床而睡吗？"周瑜道："我昨日多喝了几杯，不知有没有失言。"那人说道："江北有人来……"周瑜道："小点声。"他又叫了几声蒋干，蒋干连忙装睡。

周瑜和那人走到帐外，蒋干悄悄地跟着。那人说："张、蔡两位都督没来得及下手。"蒋干听到此，赶紧回到床上。周瑜回屋之后，又叫了蒋干几声，蒋干也不搭言。

天刚亮，蒋干立即起身离去，见到曹操把情况一说，又把书信呈上。曹操大怒，便传蔡、张二人来见，问道："你们准备什么时候进攻？"

蔡瑁道："水军还没有熟练，不能贸然进军！"曹操道："等你们练好了，我的脑袋已到了周瑜那里。来人啊，将二人推出去斩了！"

二人不知怎么回事，便被杀了。刚杀了二人，曹操立刻明白中了周瑜的计了。

曹操只好任命经验不丰富的毛玠、于禁为水军都督，继续训练水军。

黄盖苦肉计

曹操知道自己错杀了蔡瑁、张允二人，但他不承认，便对别人说此二人因贻误战机才被处死，这一切却未能逃过大谋士荀攸的眼睛。

荀攸对曹操说："丞相，我们错杀蔡、张二人，但我们可以将计就计，派人到东吴去诈降，然后里应外合，便可以共破东吴了。"

曹操道："知我心思者，荀攸也，但不知我军中谁能担此重任呢？"

荀攸说："丞相，我们刚刚杀了蔡瑁，他的两个弟弟蔡中、蔡和都在我军中，如果派他们两个去投降东吴，周瑜一定不会起疑心，到时候我们就可以里应外合了。"

曹操道："我错杀了二人的兄长，如果二人真的投降了，怎么办呢？"

荀攸说："丞相，您虽杀了蔡瑁，但二人并没有怨恨您之意，而且二人忠心耿耿，我们此次只派二人去诈降，而不让他们带着家眷，如果他二人敢背叛我们，就杀了他们的家人。"

曹操立即召见蔡中、蔡和。二人愿意去诈降，乘着小船来到了东吴。

二人一见周瑜，哭诉道："我哥哥蔡瑁根本没有错，而曹操老贼昏庸无能，

杀了我哥哥，我们想替哥哥报仇，特意来投靠周都督，希望您能收留我们，我们好有机会，为哥哥报仇雪恨，杀了曹操老贼。"

周瑜心想：你二人竟敢诈降于我，我何不将计就计？于是他点头答应了二人，又赏给了他们许多钱财，把他们安排在甘宁的手下。周瑜对甘宁说："此二人没有带家眷，分明是来诈降，我们将计就计，但你要时刻注意二人的行动！"甘宁点头答应。

东吴有一员老将，名叫黄盖，为人忠诚而且有勇有谋。他看到曹军如此之多，又派人来诈降，心想我们为什么不将计就计，也去诈降呢？于是黄盖求见周瑜，周瑜一看老将军求见，连忙起身相迎。

黄盖为人爽直，见到周瑜，便说道："周都督，曹军兵力占优，我们为何不用火攻呢？"

周瑜道："老将军所想和我一样，刚才我与诸葛亮也商议此事，我们都认为火攻可以大败曹军，但是我军之中没有人能施诈降计啊！"

黄盖道："我愿意！"

周瑜摇了摇头，叹了口气道："老将军，曹操非常奸诈，不受些苦，他是不会相信的，老将军都这么大年纪了，我怕将军难以承受啊！"

黄盖道："周都督，我黄盖身经百战，生死都不怕，还怕受苦不成？主公对我十分尊敬，为了主公，我宁愿不要这条老命了！"

周瑜大为感动，二人商议好了如何演这场"戏"。

第二天，周瑜召集文武百官，甘宁手下的蔡中、蔡和也参加了。周瑜说道："曹军几十万，绵延几百里，我们要准备长久之战！"话音刚落，黄盖站起来，说道："周都督，只守城而不攻，这样下去，一旦曹军水师练好，我们必然做了他的俘虏，还不如现在就投降了曹操呢！"

周瑜一听，大怒，说道："我家主公决定出战，谁敢再提投降二字，立即斩首！"

黄盖也不甘示弱，说道："你分明是贪生怕死，顾及妻儿，我黄盖顶天立地，绝不像你一样缩手缩脚！"

周瑜大怒，道："来人，将黄盖推出去斩首示众！"众将官跪倒，给老将军求情，周瑜这才摆了摆手道："看在众人的面子上，我暂且饶你不死，不过死罪饶过，活罪难免，来人啊，给我打100大板！"

老将军被打得皮开肉绽，鲜血直流，众人都埋怨周瑜太狠了。周瑜心里也十分难过，但为了打败曹操，也只好如此。

阚泽是黄盖的密友，此人能言善辩，而且很有智谋，他早就看出了这是一条苦肉计。他看望黄盖，二人畅谈至深夜，黄盖让好友去曹营送诈降书。

阚泽能说会道，曹操相信了他的话。但曹操生性多疑，又派人去询问蔡中、蔡和二人。甘宁故意让二人送出话去，他二人告诉曹操，黄盖确实与周瑜闹翻了脸，而且黄盖还受了酷刑。

曹操心想：这次可是真的，你周瑜等着瞧吧，我取你项上人头的日子不远了。他便和阚泽商议好接受投降的方式。

曹操对此事深信不疑，他万万没有想到，这是黄盖的苦肉计。也正因为此，曹操赤壁之战大败而逃，险些全军覆没，自己也险些丢了性命。

火烧赤壁

公元208年，曹操率军南下，攻打荆州，此时刘表已死。刘表的次子刘琮抢先自立为荆州牧，此人懦弱无能，不战而降，曹操顺利地占有荆、襄四郡，收编了荆州30万军队。这时的曹操兵精粮足，其势锐不可当，号称80万大军，要一举消灭刘备、孙权两大对手。

曹军在当阳长坂（今湖北当阳市东北）打败刘备。刘备和诸葛亮、张飞、赵云等几十个人，跑了好几天，才在汉津遇到了关羽的水军，等刘备一行到樊口（今湖北鄂州市），所拥有的部队总数不过两万人。曹操接着占领江陵，把刘备逼到最后的据点——夏口。

正在这时，曹操向孙权下了战书。一些江东将士惧怕曹操，以张昭为首的一些人极力主张投降，只有鲁肃一人主张抵抗。鲁肃到荆州和刘备、诸葛亮联络共同抗曹的计划，诸葛亮便自告奋勇会同鲁肃一起来到柴桑，面见孙权。陈

述利害，力主联合抗击曹操。

这时，大将周瑜从前线赶回，力主抵抗。周瑜分析道："曹操虽然平定了北方，但马超、韩遂还驻兵函谷关以西，威胁他的后方。曹操舍弃鞍马，改用船舰，与生长在水乡的江东人决一胜负，没有优势。现在正是严寒时节，战马缺乏草料。而且，中原地区的士兵远道跋涉而来，不服水土，必然会发生疾疫。这几方面是用兵的大患，而曹操都贸然行事。将军抓住曹操的时机，正在今天。"

赤壁遗址

孙权支持周瑜的意见，拔出佩刀，砍向面前的奏案，说："谁再胆敢说投降曹操的，就与这个奏案一样！"

当天夜里，周瑜又去见孙权，说："众人只看到曹操信中说有水、陆军80万就惊恐万分，不去分析其中的虚实，就想投降曹操，太不像话。现在咱们据实计算一下，曹操所率领的中原部队不过十五六万人，而且长期征战，早已疲惫；新接收的刘表的部队，至多有七八万人，仍然心怀猜疑。以疲惫的士卒，驾驭心怀猜疑的部众，就算人数多，也不值得害怕。我只要有5万精兵，就足以制服敌军，望将军不要顾虑！"

孙权拍着周瑜的背说："公瑾，你说到这个地步，非常合我的心意。张昭、秦松等人，都想着自己的妻子儿女，怀有私心，让我太失望了。只有你与鲁肃和我的看法相同，这是上天派你们两个人来辅佐我。5万精兵一时难以集结，已挑选了3万人，战船、粮草及武器装备都已备齐，你和鲁肃、程普率兵先行，我当继续调集人马，多运辎重、粮草，做你的后援。你能战胜曹军，就当机立断；如果失利，就退到我这里来，我当与曹操决一胜负。"

于是，孙权任命周瑜、程普为左、右督都，率兵与刘备合力迎战曹操；又任命鲁肃为赞军校尉，协助筹划战略。

这时，刘备驻军樊口，每天等待孙权的军队。周瑜一到，刘备就派人前去尉劳。周瑜对慰劳的人说："我有军事任务在身，不能委派别人代理，如果刘备能屈尊前来会面，实在符合我的愿望。"刘备就乘一只船去见周瑜，说："现在抵抗曹操，实在是很明智的决定。不知有多少战士？"周瑜说："3万人。"刘备说："可惜太少了。"周瑜说："这就足够了，将军且看我怎样击败曹军。"刘备听了很高兴。

孙权与刘备的联军与曹操的军队在赤壁相遇。

当时曹操的部队中已发生疾疫。两军初次交战，曹军失利，退到长江北岸。周瑜等驻军在长江南岸，周瑜部将黄盖说："如今敌众我寡，难以长期相持。曹军把战船连在一起，首尾相接，我们正可以用火攻的方法打败他们。"周瑜接受黄盖的意见，让他具体实施。黄盖命选取战船10艘，装上干荻和枯柴，在里边浇上油，外面裹上帷幕，上边插上旌旗，预先备好快艇，系在船尾。

黄盖又派人送信给曹操，说要脱离东吴，投降曹操。曹操以为东吴害怕了，就信以为真。当时东南风正急，黄盖将10艘战船排在最前面，到江心时升起船帆，其余的船在后依次前进。曹操军中的官兵都走出营来站着观看，指着船，说黄盖来投降了。

离曹军还有2里多远，那10艘船同时点火，火烈风猛，船像箭一样向前飞驶。曹军的战船连在一起，无法分开。大火借着风势蔓延开来，曹营水寨化成了一片火海，顷刻间全部烧光。曹军人马烧死和淹死的不计其数。周瑜等率领轻装的精锐战士紧随在后，鼓声震天，奋勇向前，曹军大败。

曹操率军从华容道徒步撤退，道路泥泞，天又刮起大风。曹操让所有老弱

残兵背草铺在路上，骑兵才勉强通过。老弱残兵被人马踩踏，陷在泥中，又死了很多。刘备、周瑜水陆并进，追赶曹操直到南郡。这时，曹军又饿又病，死者过半。曹操就留下征南将军曹仁、横野将军徐晃镇守江陵，折冲将军乐进镇守襄阳，自己率军返回北方。

赤壁大战是历史上以少胜多的著名战例，自此以后，曹操无力南进，三国鼎立的基础由此奠定。

曹操败走华容道

诸葛亮神机妙算，知道周瑜心胸狭窄，嫉妒自己的才能，所以借来东风之后，火速离开了东吴。周瑜派人去捉拿诸葛亮，诸葛亮早已被赵子龙接到夏口去了。

诸葛亮安全来到夏口，他立即调兵遣将准备截杀曹操的残兵败将。诸葛亮确实很有军事才能，他对曹操的性格早已了如指掌，因此准确地判断出曹军的撤兵路线。

诸葛亮拿出第一支令箭，对赵云说："子龙（赵云的字），你带 3000 人马，渡过大江，埋伏在乌林，曹操大败，只能走此路。当他的军队路过此地时，你不用追杀他，只要在中间放火即可。乌林一带树林和芦苇很多，而且现在十分易燃，曹操人马必然会烧死大半。待他们慌乱之际，你们可以突袭，但不要穷追不舍。"

赵云领命而去，诸葛亮又拿出第二支令箭，看了看张飞，说道："张翼德听令！我命你率 3000 人马渡过大江，埋伏在葫芦谷口。曹操被赵云火攻，他不敢走南彝陵，一定走北彝陵这条路。曹军到葫芦谷口，一定人困马乏，必然会埋锅造饭。你一看见烟起，就在山边放火，曹军一乱，立即出击，不得有误！"

张飞也领命而去，到下边去清点人马。诸葛亮又拿出第三支令箭，说道："糜竺、糜芳、刘封三人听令！你们各带 1000 人马，驾船过江，围剿曹军，曹军一路奔波，到了这里，已无心恋战，你们三人只需夺取曹军的器械，将这些败兵活捉！"

这三人也下去了，诸葛亮又拿起第四支令箭，说道："刘琦听令！武昌这一关非常重要，曹军到了这里，已经精疲力竭，你埋伏在此，曹军一旦到达，立即出兵，生擒败兵！"

刘琦知道任务很重要，立即下去做准备。诸葛亮又拿起了第五支令箭，在大将中间察看，但目光根本不停留在关羽身上。

关羽有些耐不住了，许多员大将都领令而去，军师却不用自己。关羽道："军师，我关羽为何弃而不用呢？我自从随我兄长征战以来，从来没有被弃用过，我不敢说战无不胜，但也身经百战，有些作战经验，不知军师不月我是何意？"

诸葛亮心想：这一关非常重要，只有派关羽去，才可以截杀曹操，但关羽讲义气，我得先激怒他。于是诸葛亮道："云长啊，我本来有一个重要的关口想让你把守，但我有些顾虑，所以不敢用你！"

关羽道："军师，什么顾虑，快快讲来！"

诸葛亮道："想当年，你被围困城中，曹操待你恩重如山，对你如上宾，而你又很看重情义，曹操兵败，会走华容道，我想让你去把守，但又怕你心慈手软，放过曹操老贼，所以我没让你去！"

关羽道："军师多虑了。曹操当年确实对我有恩，但我已事先声明，我会给他立下战功再走，后来我车斩颜良、文丑两员袁绍大将，又帮他解了白马之围。我已经报答他了，才离开了他。今日我怎么还会放过他呢？"

诸葛亮道："如果你放过他呢？"

关羽道："愿立军令状，按军法处置！"

诸葛亮道："好！笔墨纸砚伺候！"军令状的内容就是：如果关羽放走曹操，定斩不饶。

诸葛亮又说道："曹操生性多疑，你可以在华容道的小道和高山峡谷的地方，堆积一些柴草，然后点燃，曹操一见烟火必然会走华容道，到时候，你提着他的人头来见我！"

关羽有些不明白，忙问道："军师，曹操也懂得兵法，他见有烟火，一定会

中华传世藏书

中华上下五千年

三国魏蜀吴

八一三

知道有埋伏，所以他会走大道的！"

诸葛亮道："别人可能不走华容道，但曹操熟读兵书，善于用兵，他懂得虚虚实实的道理，一看见烟火，他会认为这是虚张声势，他必然会走华容道。"

曹营被黄盖的火船烧毁，军营大乱，幸亏张辽用小船将曹操救出，毛玠带领着几百人马杀出重围。曹操仰天长叹："天不助我也，为什么刮东风啊？"但曹操不愧为杰出的军事家，他马上镇定下来，对众将士说道："南彝陵不能走，那里有东吴的人马，我们只能走北彝陵！"一声令下，大家向北彝陵走去，但曹操道高一尺，诸葛亮魔高一丈。

曹操带领人马，来到了乌林。一看这里地势险要，杂草丛生，曹操一阵大笑，众位将领不知怎么回事，心想：丞相是不是被打糊涂了，打了败仗，反而还大笑。大将毛玠问道："丞相，您为什么大笑呢？"曹操道："诸葛亮、周瑜二人合起来，还不如老夫我。如果换成我，我一定在此埋伏一支人马！"话音未落，只见杂草和树干全都着了，火光冲天，曹军被烧死无数。正在这时，从路边杀出一支人马，为首的一员大将不是别人，正是赵云。他大喝一声："我乃赵子龙，奉我家军师命令，在此等候多时了，尔等拿命来。"曹操深知赵云的厉害，派了两员大将徐晃、张郃和赵云战在一起，自己带着人马匆匆逃走。赵云带的人马追杀了一阵，也回来了。

天已经亮了，突然下起了雨。那时候天气寒冷，士兵们又困又累又冷，实在走不动了，便在葫芦谷口附近安营扎寨，埋锅做饭，又从附近村民那里抢来了粮食。士兵们脱去了湿衣服用火烤，战马也跑累了，浑身是汗水和雨水，士兵们卸下马鞍子，让它们去吃草了。曹操问将领："此地叫什么名？"有认识这地方的士兵道："丞相，这里叫葫芦谷。"曹操大笑道："诸葛亮、周瑜也不过如此，要是我，一定在此埋伏一支人马，这里的地势太险要了，真像个葫芦口，有一夫当关、万夫莫开之势！"曹操正和士兵说着，只见山边起火，一支人马拦住了去路，为首一员大将，也使一杆长枪，大喝一声："我乃张飞是也，曹操留下你的人头再走！"说着，张飞带领人马杀了上来。

曹操的人马没有准备，只好仓促应战，两军打在了一起。曹操一看大势不好，赶紧带着人马逃跑。张飞在后面又是一通追杀。

曹操从张飞手下逃了出来，一看人马损失惨重。正走着，前面忽然出现了两条路。曹操一看小路上起了烟火，而大路静悄悄的，便大笑道："诸葛亮又来迷惑我，兵书上说'虚则实，实则虚'，他是故意在小路上放烟火，使我们不敢走这条路，我们就走这条华容道！"

正说着，一员大将手执大刀拦住了去路，正是关羽。曹操一见关羽，催马上前道："关将军，我大败而归，你看在往日的情面上，放我一条生路吧！"关羽不答应。但曹操一再苦求，关羽便动了恻隐之心，想起往日曹操的恩情，一声令下："让开道路！"曹操这才得以生还。

关羽空手而归，军师大怒，命人将其斩首。刘备立即求情，说道："当初我们三兄弟结拜之时，曾说过'不求同年同月同日生，但求同年同月同日死'，如果军师非要治罪，请将我一并斩首！"诸葛亮只好作罢。

曹操赤壁之战大败而逃，又败走华容道，从此以后，再也不敢轻易南下了。

刘备娶亲

曹操败走华容道，诸葛亮设下了几处伏兵，结果大败曹操，缴获了不少兵器，还收编了许多降兵，诸葛亮乘机四处扩张领土。

诸葛亮派赵云攻打桂阳郡，桂阳郡太守不是对手，献城投降。

张飞奉命攻打武陵，围城数日，武陵不攻自破。

关羽放走曹操，刘备求情，才免一死，这次戴罪出征，英勇异常，一口气平了长沙郡，收降了黄忠、魏延等一大批猛将，立下了赫赫战功。

刘备派人去驻守这些郡，之后带兵回荆州。由于赤壁之战诸葛亮神机妙算，刘备又仁义，所以贤良人士纷纷归附。刘备的声势大增，这可吓坏了东吴的将领。

虽然火烧赤壁，周瑜、黄盖立下汗马功劳，但是孙权十分佩服诸葛亮的才能，黄盖也是如此，只有周瑜是嫉妒。他们都知道刘备手下有几员大将，关羽、张飞、赵云这几个人能顶得上几千人马，再加上诸葛亮足智多谋，刘备的势力扶摇直上，长此以往，必然会威胁到东吴。

周瑜对孙权说："主公，刘备四处扩张，野心勃勃，我们要趁他还不是太强大之时，要回荆州，否则他势力强大之时，我们想要回荆州就难了，到时候，我们将悔之晚矣！"

孙权说道："公瑾，荆州如今被刘琦占据，我们也答应了他们，只有刘琦去世，才能收回荆州。"

周瑜道："主公，我听说刘琦如今病重，生命垂危。我们要时刻注意他的情况，一旦刘琦去世，我们即刻收回荆州，以免节外生枝。"

没多久，驻守襄阳的刘琦病死，这个消息可乐坏了周瑜。他想：我们马上可以收回荆州了。

周瑜立即把这一消息报告给孙权，孙权派鲁肃前去荆州，以吊丧为名，其实是索要荆州。

到了荆州，鲁肃礼节性地吊丧完毕之后，见了刘备、诸葛亮等人。鲁肃对刘备说道："皇叔，如今刘琦已亡，按照约定，我们应收回荆州，还请皇叔答应。"

刘备一时语塞，不知说什么。诸葛亮道："我家主公还没有攻打下别的城池，你家主公让我们现在归还荆州，我们到哪里去呢？这分明是不合理的要求，我家主公一向诚实守信，一旦我们有了别的城池，立即会将荆州归还你们。"

鲁肃一听，说道："周都督在来之前，再三叮嘱我，无论如何要得到荆州，如果你们不答应，他将率兵前来攻打。"

刘备一听，有些心惊。诸葛亮接着说道："一个小小的周瑜，算得了什么？想当初曹操率百万大军前来，我们都不惧怕，回去告诉周瑜，我们随时奉陪。当然啦，我们都不愿意看到双方再动干戈，那样曹操老贼很可能坐收渔利，我们不如和睦相处，我家主公看在孙将军和你的面子上，不和周瑜计较，我们可以写个文书，签字画押，答应你们如果再攻占了别的城池，立即归还荆州。"鲁肃也没有别的办法，只好答应了。

鲁肃回来交差，周瑜一听，气坏了，说道："那诸葛亮乃是缓兵之计，他根本不会归还荆州的！"

又过了一些日子，周瑜听说刘备的夫人去世了，心想：我们何不利用这个机会夺回荆州呢！想到此，他便去见孙权。

周瑜道："主公，刘备丧妻，必将续娶。您的小妹文武双全。我们可以将刘备骗来相亲，然后将他囚禁起来，那时候，诸葛亮为了保住刘备的性命，必然会拿荆州来换。"

孙权点了点头，不过有些顾虑，因为只有这一个妹妹，而且母亲十分疼爱她，但为了夺回荆州，也只好如此了。于是，孙权派吕范去荆州说媒。

吕范见到刘备，说道："我听说你最近没了夫人，我代表我主公向你表示慰问。我家主公有一个小妹，还没有出嫁，貌若天仙，而且端庄贤惠，不知你是否愿意娶我家主公的小妹为妻？如果你们两家成了亲，曹操就不敢再来侵犯了。但是国太吴夫人舍不得自己的女儿远嫁，所以你要到东吴完婚。完婚之后，你们夫妻二人便可回到荆州。"

刘备知道这里边有圈套，没有立时答应，而是找到诸葛亮。诸葛亮一听，便知道这是周瑜的计策，对刘备说道："主公，我们将计就计，你就答应他！"

诸葛亮知道此次前去有一定风险，便叫来赵云，对他说："此次你带 500 精兵前去东吴，一定要保证主公的安全。我有三个锦囊妙计，你按上面说的去做就行了。"

刚一上岸，赵云便打开了第一个锦囊，上面写着"拜见乔国老"。众人随着刘备去拜见乔国老，士兵们带着许多礼物，而且故意让城中人都知道吕范为媒，刘备要娶孙权的妹妹。乔国老拜见吴国太，吴国太也听说了此事，气得直骂孙权和周瑜，竟敢用自己的女儿来骗刘备。但是事到如今，满城风雨，不拿刘备为婿，定会有损女儿的名声，于是吴国太接见了刘备。一看刘备气宇非凡，吴国太就喜欢上了刘备。

周瑜、孙权弄巧成拙，非常气愤。周瑜写信告诉孙权，要让刘备只知饮酒作乐，从而与其他将领产生隔阂。刘备果然中计，乐不思蜀。

赵云到了年底，才想起了锦囊妙计，立刻打开第二条，上面写着：速回荆州。赵云赶忙去见刘备，说道："主公，曹军 50 万杀向荆州，荆州告急，请你速回！"

孙夫人和刘备二人感情很好。孙夫人知道她哥哥想暗害刘备，便对母亲说："我哥哥心怀鬼胎，我夫妇二人想回荆州，但不能让哥哥知道。"吴国太点头答应。

赵云带着那 500 精兵，保护着刘备和孙夫人悄悄离开了。

孙权得知后，大怒，立即下令："蒋钦、周泰，你们率 3000 人马将我妹妹和刘备抓来。"程普道："郡主深受国太宠爱，恐怕没有人敢得罪她啊！"

孙权立即将自己的宝剑交给蒋、周二将，说道："取了他们的人头，我去向母亲请罪！"

刘备一行人正快马加鞭，突然被徐盛和丁奉二人截住。孙夫人大声喝道："你们反了不成，难道不认识本郡主不成，我母亲已同意我离开，你们哪个敢过来？"众人一想：主公是孝子，不敢惹母亲生气，既然老夫人发了话，就让他们走吧！

蒋、周二人根本没有追上，刘备等人早已上了诸葛亮安排好的大船。正在这时，周瑜率人乘船赶到。诸葛亮早有安排，刘备弃船登岸，周瑜等人紧追不舍。突然间，关羽、黄忠各率人马大败吴军。

赵云打开第三条锦囊，立刻让士兵高喊："周郎妙计安天下，赔了夫人又折兵。"周瑜气得昏了过去。

刘备娶到了孙夫人，又大败了吴军，自然也没有归还荆州。

气死周瑜

东吴水军都督周瑜，有勇有谋，自从跟随孙策打天下，南征北战，为东吴的建立立下了汗马功劳。但周瑜心胸狭窄，嫉贤妒能，也因此毁了自己的一生。

自从诸葛亮来到东吴，周瑜的每一步计划都被诸葛亮看透，因此他十分嫉妒诸葛亮。自从诸葛亮草船借箭，周瑜便气得想杀了诸葛亮，但由于曹操率军前来攻打东吴，大敌当前，才没有下手杀诸葛亮。

后来周瑜想用火烧毁曹营，因为没有东风而急得病倒了，诸葛亮去看望周

瑜，一句话就说中了周瑜的心病，"万事俱备，只欠东风"。周瑜觉得诸葛亮的才能比自己高，更加坚定了除掉诸葛亮的决心。周瑜派人去杀诸葛亮，哪知道诸葛亮早已安全地离开了，周瑜气得险些跌倒在地。

后来周瑜为了将荆州夺回来，将刘备骗去娶亲，诸葛亮给赵云三条锦囊妙计，结果周瑜、孙权是"赔了夫人又折兵"。周瑜生气而又旧疾复发，经众人抢救，才醒了过来，大叫道："大耳贼，诸葛亮，我绝不罢休！"

周瑜

孙权得知自己的妹妹和刘备已逃走，而周瑜又被打败，非常气愤，立即任命程普为都督，准备起兵攻打荆州。孙权说："大耳贼刘备欺人太甚，娶了我妹妹，又打了我的士兵，还不还荆州，真是岂有此理，看来不动用武力是不能解决问题啊！"

正在这时，张昭说道："主公，请莫要动怒！那曹操老贼虽败走华容道，但如今又重新整编军队，手下又有几十万大军，虎视眈眈地看着我们江东。一旦我们和刘备闹翻了，他必然会出兵攻打我们。现在他之所以不敢轻易出兵，一是因为赤壁之战，他大伤元气；二是因为我们和刘备联合，他才不敢轻举妄动。如果您一时动怒，伤了两家的和气，曹操若再乘机勾结刘备，那么我们东吴便不安全了。主公先冷静下来，派心腹用反间计，使曹刘互相残杀，我们坐山观虎斗，不论谁取胜，都会大伤元气，我们可以乘机夺回荆州，还可以横扫天下、统一中原。"

孙权本来对张昭无好感，但觉得张昭的话也有道理，便点头答应了。孙权派华歆出使曹营。

华歆对曹操说："丞相，我家主公特派我来推荐他为荆州牧，汉上九郡的地方都归他所有，希望丞相能答应！"

曹操心想：你孙权想使用反间计，让我和刘备产生矛盾，你却坐山观虎斗，我何不将计就计，让你和刘备相互争斗呢！于是曹操派人重赏了华歆，又将他

留在朝廷中重用。接着曹操又传下令：封周瑜为南郡太守，程普为江夏太守。曹操知道周瑜对诸葛亮恨之入骨，对刘备也是如此，他若一上任，必然会起兵攻打刘备。

刘备在荆州得知孙权派人到曹操那里推荐自己为荆州牧，便与诸葛亮议论此事。诸葛亮说："主公，孙权是想让您安心占有荆州，乘您不注意再攻打荆州，而曹操也害怕您拥有荆州，必然与您为敌！"

刘备一听，大惊，忙问道："军师，我们怎么办呢？"

诸葛亮胸有成竹地答道："主公莫急，孙权之计早已被曹操识破，所以曹操借刀杀人，任命周瑜为南郡太守，程普为江夏太守，我们不用防备曹操，只要防备周瑜即可！"

果然不出曹操、诸葛亮所料，周瑜刚上任，便上书孙权，命鲁肃前去讨伐荆州。

刘备早已做好了准备。诸葛亮说："主公，对付鲁肃，不用兵卒，只要您让他感动即可。那鲁肃宽厚仁慈，一定会撤兵的。"

鲁肃前来攻打荆州，刘备来到两军阵前。鲁肃道："我奉我家主公之命，特来讨回荆州，如若不还，我们将举兵攻城！"

刘备听后，十分痛苦，不禁泪流满面，边哭边说道："请你回去多多美言几句，再给我几日时间，我只是不忍心攻打西川。西川王乃是刘璋，与我都是汉室骨肉，我不忍心互相残杀，再等一些时日，只要我得了西川，立刻把荆州还给孙将军。"鲁肃确实仁厚，立即撤兵。

周瑜得知鲁肃没有攻城就回来了，十分生气，对鲁肃说道："你又中了孔明的计策，那刘备对刘表都有吞并之心，何况刘璋呢？他只不过是不想还给我们荆州而已。既然他这么说，我们也可以将计就计，既然他不忍心攻打刘璋，我们替他打，对刘备说打下了西川，我们把西川给他，让他把荆州还给我们。刘备一定以为我们是真的攻打西川呢，到时候，我们乘他不注意，攻打荆州。但是我们的人马路过荆州时，要向刘备索要钱财粮草，刘备必然会前去慰问，到时候找机会杀了他。"

鲁肃也觉得此计可行，便前去荆州，对刘备说："我家主公想替您打下西

川，但是您应给我们一些钱财和粮草，到时候把西川打下来，您再把荆州还给我们。"诸葛亮一听，便知道这是周瑜的小计策。他对鲁肃说："这样太好了，等你们军队前去攻打西川的时候，我家主公一定前去慰劳！"

周瑜一听鲁肃所述，十分高兴，大笑道："你诸葛亮也有今日，我一定亲手杀了你！"

诸葛亮早就看穿了周瑜的计策，做好了应敌的准备。

周瑜率5万大军，准备一举消灭刘备，夺回荆州。他派甘宁为先锋，吕蒙为后队，大军浩浩荡荡直奔荆州而来。可一路之上，静悄悄的，前锋已到夏口，还没有人来迎接。周瑜心想：莫非刘备老贼已知我的计策？不会的，要是知道的话，他早就派兵镇守了。又向前行，周瑜从江上来到荆州城下，仍不见刘备前来慰问，正在这时，城墙上有人高喊："周瑜，你跑不了了，我家军师早已看穿了你的计谋！"

周瑜一听，大吃一惊，心想：这一下可完了。想攻城，一看城门紧闭，又有赵云率精兵把守。周瑜大叫："诸葛亮，你……你……，真是气杀我了，我与你誓不两立。"周瑜知道已经中了诸葛亮的计，立即下令："火速撤兵！"

但已经晚了，诸葛亮布下四路大军，将吴兵团团包围。大刀关羽率5000精兵从江陵杀来；猛张飞也率5000精兵从秭归杀了过来；黄忠从公安率一万精兵杀了过来；魏延从屏陵小路率5万精兵冲杀过来。几万人马喊声、杀声震耳欲聋，士兵们高喊："活捉周瑜！"周瑜气得大叫，箭疮一下子就裂开了，鲜血直流。这时有人报告："刘备、孔明正在军营之中饮酒。"周瑜气得口吐鲜血，仰天长叹道："既生瑜，何生亮！"说罢，他又连吐数口鲜血而死，年仅36岁。

周瑜心胸狭窄，被诸葛亮活活气死。如果周瑜不是年轻气盛，而是虚心学习，不仅会从诸葛亮那里学会好多东西，而且也不至于因气伤了自己的身体。俗话说："气杀人"，看来气的确"杀"人！

马超为父报仇

庞统，字凤雏，是三国时期著名的谋士，与卧龙齐名，时人称："卧龙、凤雏得其一者必得天下。"

鲁肃得知凤雏先生才高八斗，学富五车，上知天文，下晓地理，满腹经纶，便想把凤雏推荐给孙权。

一日，鲁肃见到孙权，对孙权说："主公，自从周将军去世，我奉命接替他，深感力不从心。我向您推荐一位旷世奇才，此人性格有些古怪，但足智多谋，有他辅佐主公，必成大业！"

孙权很高兴，他也对庞统早有耳闻，当初赤壁之战，就是庞统的连环计，才使曹操把战船用铁环相连，最终火烧曹营。孙权向来礼贤下士，可一见庞统其貌不扬，而且十分傲慢，有些不满，便问道："不知您的才学能否抵得上周将军？"

庞统一听，心想：你孙权目中无人，而且明显轻视我，便答道："无法与周将军相比！"

孙权也不知说的什么意思，是才学很高，周瑜无法与他相比；还是他的学问比不上周瑜，但见此人如此高傲，也就没有再理睬。鲁肃心想：一旦失去此人，比周公瑾之死损失还大！

庞统知道孙权不会重用自己，无论鲁肃怎么挽留，还是离开了东吴。他听说刘备胸怀大志，而且礼贤下士，曾三顾茅庐请卧龙，对人才十分重视，便来投奔刘备。

刘备不知此人才能有多大，便让他做阳县县令。庞统心想：刘备也是有眼不识泰山，我一定要让他知道我的才能。庞统到了阳县，整日饮酒，从不过问县衙之事。后来庞统手下的人反映到刘备那里，说新来的县令对县衙之事不闻不问，已有100余天，案卷已有三尺高。

刘备一听，心中很不高兴，心想：庞统，你也太不识抬举了！你如果真有才学，我可以重用你，但你得拿出本领来让我看看啊！想当初，我三请孔明先生，孔明先生把天下形势分析得十分透彻，而你见到我却一语不发，我怎么能够知道你有没有才学呢？于是刘备派孙乾去巡视。

庞统早已预料到刘备会派人来巡视，所以他手中批卷，耳中听着陈诉，立即断案。每个案件处理得都十分公正，分毫不差，100多天的案子，不到一天便处理完毕。孙乾一看，大吃一惊，心想：此乃神人也。他立即将此事报告给刘备，刘备一听，十分吃惊，心想：庞统果然有才能，他一定是怪我没有重用他。

刘备亲自到阳县，见到庞统，对他说："凤雏先生，我有怠慢之处，请多多原谅。我想请先生与我回到军营之中，共谋大业！"

庞统一见刘备确实是一位明主，知错必改，而且志向很高，礼贤下士，便答应了。刘备封他为副军师、中郎将，与孔明共同谋划军事策略。

这个消息传到了曹操那里，可把曹操吓坏了。他虽然恨庞统使自己中了连环计，但他知道此人很不简单，刘备得到此人真是如虎添翼。本来刘备那里就人才济济，如今又得了庞统，早晚会北伐攻打自己。于是曹操召集群臣，大谋士荀攸说："丞相，刘备野心勃勃，如今又得庞统，我们要趁他没有强大起来，先攻孙权，然后挥师伐刘，消灭刘备。"

曹操道："此话正合我意，但是马腾有几万兵马，一旦我们远征，他若乘虚而入，断了我们的后路，怎么办呢？"

荀攸道："丞相，不必多虑，马腾有勇无谋，我们可以招降马腾为征南将军，马腾也怕我们灭掉他，所以他一定会来京师，到时候我们不费一兵一卒就可以灭掉他，这样就解除了我们的后顾之忧，我们就可以出兵攻打孙、刘了。"

曹操一听，大喜，说道："就依你的计策去办！"他立即派人去招降马腾。

马腾乃一猛士，有勇无谋，不知曹操使计，便亲自率领 5000 人来投降曹操。哪知道，西凉人马刚一到城下，许褚、徐晃等大将就率领几万人马将其包围，马腾与儿子马休被俘。曹操立即下令：追杀马岱。马岱负责在后接应，刚到半路就听说曹操俘虏了马腾，又前来追杀自己，他知道自己不是曹军的对手，便连夜逃跑，准备等待时机，找曹操报仇。

曹操除了后患，决心南征。谋士荀攸说："丞相，我们先攻打孙权，孙权一定会向刘备求救，而刘备正准备攻打西川，没有心思去解救，到时候我们就可以占领江东了！"

曹操亲自带领 30 万大军直奔江东。

孙权得知曹操率领几十万大军来攻打江东，十分惊慌，便找来鲁肃商议。鲁肃道："主公，曹操已解除了后顾之忧，此次来者不善。单靠我们的实力，很难与他们抗衡，我们可以继续联合刘备，这样，曹军就不敢轻举妄动了！"

孙权道："如今，我们与刘备关系不好，而且他要出兵攻打西川，还会顾及我们吗？"

鲁肃道："刘备虽有野心，但此人忠厚仁义，况且他知道曹操如果灭了江东，一定会继续征伐荆州，我们和他们是唇齿的关系，他不会袖手旁观的！"

鲁肃来到荆州，和刘备说了此事，求刘备共同抵抗曹操老贼。刘备找到军师孔明、副军师庞统商议此事。庞统说："曹军虽直指江东，但如果取胜，一定会攻打我们荆州，我们应该联合孙权共同抗曹。"诸葛亮说："我们可以不出兵，江南也可以不出兵，只要主公给马超写一封信，让他乘机攻打许昌，曹操就不敢出兵。"马超是马腾的儿子，自从父亲被杀，便下定决心为父亲报仇，只是一直没有机会。

刘备一听，立即给马超写了一封信。马超收到信后，大喜，心想：曹操老贼，我非取了你的颈上人头为父报仇祭灵。

马超立即集合西凉人马，逃跑的马岱也回来了，二人率领人马直奔曹营，半路上，马腾的结拜兄弟韩遂也派兵增援。20万大军，浩浩荡荡，来到长安城。马超将长安城围困了十几天，最后不攻自破。马超休整了一下军队，继续前进。

这一日，西凉人马来到潼关。曹操知道西凉人马为复仇而来，士气正旺，所以派了两员大将曹洪、徐晃带领一万人马火速支援，但是曹军根本无法抵抗西凉人马，没过几日，潼关失守。

曹操早已没有了南下的打算，只好亲自率领大军直奔潼关。西凉人听说曹操来了，都杀红了眼，个个英猛无比，曹军大败。西凉人岂能放过曹军，在马超的带领下，紧追不舍。曹操一看大势不好，立即命于禁、张郃、李通在后堵截。那马超为父报仇心切，几个回合枪挑于禁，没用上20个回合，张郃那么高的武功也败走。李通自知不是对手，但没有办法，只好勉强作战，没过几个回合，被马超挑落马下。

曹操在曹洪、徐晃等人的保护下才逃脱了西凉人马的追杀。

马超为父报仇，虽没有杀了曹操，但也杀死了无数曹兵。马超伐曹，使曹操不敢南下攻打江东了。

曹操反间计大败马超

马超为了给父亲报仇雪恨，率领 20 万西凉人马大败曹操，连斩曹操数员战将，曹操也险些丢了性命。

曹操逃回营中，重新整编队伍，再次出击，双方展开了激战。两支队伍不分上下，打得难解难分。曹操知道长期这样战下去，自己的力量必然会受到削弱，很可能失去争夺天下的机会。他知道擒贼先擒王，只要捉到了马超，西凉兵就会四处奔逃。于是他派出自己手下最勇猛的大将许褚与马超会战。许褚跟随曹操行军打仗以来，不敢说战无不胜、攻无不克，但也鲜有败绩。一旦危急时刻，他便会突发神威。曹操赤壁之战兵败之时就多亏了大将许褚，才得以逃脱。曹操十分爱惜自己的这员大将，平时不爱让他出战，怕他有个闪失。如今一看马超如此厉害，只好打出这张王牌。

马超前来挑战，许褚穿戴整齐，手拿大刀，杀了出来。二人并不搭话，战在一处，刀来枪往，打了几百回合不分胜负。马超的大枪似银蛇上下翻飞，许褚的大刀呼呼挂风，左砍右杀。二人战罢多时，累得汗水直淌，战马也累得呼呼直喘。马超使出了马家绝枪，直刺许褚心窝。曹操一闭眼，心想：我的爱将，性命难保！哪知道，就在这千钧一发之际，许褚扔下大刀，身子一闪，一把抓住了枪杆。二人在马上较开了劲，许褚不松手，谁也夺不过去，这样足足有 3 分钟，突然只听一声脆响，枪杆被拗断，两匹战马都后退了好几步。二人稳住了战马，又各拿半截兵器战在一处，仍是不分输赢。两边的士兵都看傻了眼，擂鼓助威的士兵把臂膀都累酸了，曹操也捏了一把汗，唯恐许褚受伤。他一看二人继续打下去，也很难分出胜负，便命令夏侯渊、曹洪上阵换下许褚。哪知马岱、庞德指挥铁骑兵杀了过来，十分英勇，曹军一阵大乱，许褚胳膊上中了一箭，仍和马超厮杀。夏侯渊赶紧上前迎战马超，许褚脱身而逃。夏侯渊打了几十回合，根本不是马超的对手，也虚晃了一招，掉转马头就跑，马超随后紧追不舍，曹操命令弓箭手射箭，才挡住了马超带领的西凉军的进攻。

曹操得知许褚受伤，亲自看望。回到营中，曹操闷闷不乐，既有大将受伤，又损失了大半兵马。谋士荀攸看出了曹操心事，对曹操说："丞相，不必伤心，我们可以派一员大将带领一部分人马渡过大河，到河西安营扎寨。我们从东边攻打他们，前后夹击，那样马超腹背受敌，我们可以将其打败。"

曹操依计而行，命令徐晃带领3万精兵，在深夜悄悄渡过大河，在河西安营扎寨。

第二天又开战，马超前后受敌，有些支持不住，便收兵守寨，不再出战。马超找到韩遂，说道："如今我们前后都有曹军，今日一开战，便败下阵来，我们怎么才能破敌呢？"韩遂道："报仇不在于明日，我们可以长期准备，来日方长，等待战机。"李堪也说道："主公，我们不如先割地求和，等到我们兵多将广之时，再取老贼的人头不晚。"

马超点头答应，便派杨秋、侯选为使者，到曹营去下书。曹操心想：机会来了，我可以假装答应，然后使用反间计，让马、韩二人相互残杀，之后我再举兵将他们一网打尽。于是曹操对杨秋、侯选二人说道："我答应你们，明日便撤兵，把河西的地方还给你们。"

杨侯二人很高兴，回到营中交差。第二天曹操派人搭浮桥，故意慢慢地搭。马超看后，产生了疑心，心想：曹操是不是佯装退兵啊？他找到韩遂，说道："曹操虽然答应撤兵，但他行动缓慢，好像又不想退兵，我们还要提防他。我对付徐晃，你对付曹操，以防万一。"

第二天，韩遂带领一部分人马，在大寨外边巡营。只见曹操一人骑着马过来，对韩遂说："韩将军，请过来一叙。"韩遂便骑马过来，二人谈了很长时间，但没有谈及军事之事。

有人将韩遂与曹操会谈之事报告了马超。马超这个人生性多疑，他怀疑韩遂与曹操串通。当天夜里他找到韩遂，对韩遂说："今天你和曹操谈了什么？"韩遂也没有隐瞒，说道："随便聊了几句，没谈什么正经事。"马超仍不相信，说道："明天你去对付徐晃，我去对付曹操！"韩遂也没有多想，便点头答应了。

第二天，马超带领士兵巡营，曹军根本无人过来。

曹操一看马超来巡东营，心中大喜，心想：马超已经起了疑心。这时，谋士贾诩说道："丞相，马超已起疑心，我们可以再施一计，让马超与韩遂闹翻脸。您写一封信给韩遂，故意让马超知道，马超疑心会大增。"曹操立即给韩遂写了一封信，信中所说全是无关紧要的事。

马超得知此事，疑心更大，心想：韩遂真要是串通曹操，我得小心谨慎为妙。

韩遂带领杨秋、马玩、侯选、梁兴、李堪五将出去巡营，马超对韩遂起了疑心，便悄悄跟随。曹操一看此景，立即派曹洪骑马过去。见到韩遂，曹洪说："就按信中所说去做！"韩遂还没有明白怎么回事，曹洪已经离开了。而身后偷听的马超大怒，举枪便刺，幸亏有五员大将在此，才将马超劝下。

杨秋对韩遂说："主公，曹操虽一时不能取胜，但统一天下只是时间早晚的事，我们不如投降了曹操，一是可以谋个职位，二是可以避免与马超闹翻脸！"

韩遂道："我与马腾是结拜兄弟，我怎么会背叛他呢，他这个人太不讲情义了！"

侯选道："主公，他不仁，我们就不义。如果继续与马超在一起，不但杀不了曹操，还得把命丢了。但不是死在曹操手中，而是死在马超的枪下。"

韩遂下定决心投靠曹操，立即派侯选前去曹营通报此事。曹操得知韩遂要投降，心中大喜，心想：我许多年以来，出征总不放心，唯恐袁绍等人乘虚而入，如今这些人被我消灭，韩遂、马超又对我构成威胁。如果我能收降韩遂，马超的20万大军有一半是韩遂的，马超也就不足为患了，我们里应外合，一定能够大败马超，也就除去了我的后顾之忧。曹操告诉侯选："回去告诉韩将军，我愿意封他为西凉侯、杨秋为西凉太守，其余人也都有官爵，我们三更之时，放火为信号，到时候，里应外合，活捉马超。"侯选非常高兴地回去了。

但马超早已派人监视着韩遂等人，一看见侯选从曹营回来，立即将他捉住，严刑拷打，侯选不得不说了出来。马超大怒，带着马岱直奔韩遂帐中，韩遂几个人正在等侯选回话，一见马超带领将士前来，知道计划泄露，各拿兵刃。马超气得大叫，骂道："韩遂，你表面一套，背后一套，你想出卖我，给我拿命来！"韩遂知道解释也没有用，只好迎战马超。马超何等勇猛，一枪挑死梁兴，又回枪刺死马玩。韩遂被其他人保着逃出了军营。曹操一看马超和韩遂已打了起来，立即派兵前来，结果马超大败，带领几十人逃跑了。

曹操使用反间计，大败马超，收复了长安、潼关，不仅消除了后顾之忧，而且威名大振。

刘备仁义得西蜀

西川刘璋不求进取，只知死守自己的地盘，他以为这样就可以躲避战乱。三国时期，诸侯争战此起彼伏，张鲁知道自己的实力与曹操无法相比，和孙权、刘备相比也稍逊一筹，因此他不敢轻易出兵攻打这些地方。他看到西川刘璋软弱无能，心想：我只有灭了他，才能与孙权、刘备相抗衡，我不如先派兵攻打他。

刘璋胆小怕事，听说张鲁要出兵攻打西川，早已吓得六神无主，慌忙召集群臣商议对策。有人主张投降，有人建议请求刘备前来帮忙，刘璋也没有了主意。这时益州别驾张松说道："主公投降张鲁，万万不可。张鲁心胸狭窄，投降于他，他必然会对您下毒手。我觉得曹操挟天子以令诸侯，横扫中原，打败吕布、袁绍、袁术，又大败马超，收降韩遂，虽然赤壁之战，损伤一些战将，但士气早已回升，拥有精兵几十万，大将几千人。张鲁对待曹操毕恭毕敬，从不敢触犯曹操的利益。如果主公多备厚礼，我去许都劝说曹操攻打张鲁，那样张鲁受到威胁，也就无心攻打我们了。"刘璋一听，十分高兴，觉得此计可行，便立即命人准备了许多金银珠宝，让张松带着前去见曹操。

张松为什么要去见曹操呢？他认为曹操实力最强，迟早有一天，会举兵灭掉西川，他想趁此机会，给曹操留下好印象。他还偷偷地画了一张西川的地理形势图，准备献给曹操。他想：曹操如果得到此张地图，一定非常高兴，将来若真的攻打西川，不但不会伤害自己，或许还会给自己一个小官做。

张松很高兴地到了许都，把来意一说，大臣们把东西收下了，把张松安置下来，对他说："丞相最近比较忙，你先住下来，什么时候丞相有时间了，什么时候就接见你！"

张松本以为曹操会非常热情地接见自己，没想到他对自己会如此无礼，心想：西川的地理形势图我不能交给他，如果给了他，他待我也不会客气的。张松为了见到曹操，只好耐着性子等。到了第三天，张松实在等不下去，对侍卫说："给曹丞相捎个话，他对我如此无礼，说明他瞧不起弱小的诸侯国。我家主公刘璋兵力远不及丞相，但是丞相为了统一天下，怎能如此傲慢无礼呢？得人心者得天下，丞相照这样下去，将会失去人心啊！"

曹操这才接见了张松。曹操见此人其貌不扬，举止卑鄙庸俗，十分瞧不起张松。张松也看出曹操对自己不屑一顾，但还是耐着性子，对曹操说："丞相，汉中乃肥沃之地，如今张鲁为了扩张势力，想攻打西川，丞相不如派兵乘机攻打张鲁，一定会大获全胜，从而占领汉中，那样就有利于统一中原了！"

曹操一听，就知道了张松的小计谋，说道："你们是不是想让我出兵讨伐张鲁，从而牵制他的力量，让他没有能力攻打你们啊？"

张松一听，大吃一惊，心想老贼果然很精明，便说道："丞相果然是一代英豪，神机妙算，我家主公确有此意，不过这也确实给您提供了一个灭掉张鲁的大好机会。丞相请仔细考虑一下，不要错过良机啊！"

曹操道："此事我自有主张，不用你来说明！"说完他拂袖而去。张松心想：你曹贼太无礼了吧，真是欺人太甚！听说刘备仁义，我不如去他那里。

张松气呼呼地离开了许昌，向荆州赶来。刚到郢州界口，赵云带领几百人马突然出现，张松吓了一跳。赵云原来是奉诸葛亮之命在此迎接张松。诸葛亮认为张松在曹操那儿受到无礼待遇，必然会来荆州。赵云见到张松，立即下马，说道："怕是张别驾吧？我奉主公、军师的命令，在此迎候多时了，请到营中一叙。"张松心想：刘备确实仁义，赵云乃一员大将，竟在此迎接。张松随赵云来到营中，见准备了丰盛的酒菜，很是感动。几杯酒下肚后，张松提议改日再喝，先到荆州。赵云立即答应，上马与张松同行。

来到荆州时，赵云一看天色已晚，对张松说："我们先在馆驿休息一下，明日去见我家主公，不知老先生是否愿意？"

张松赶了几天的路程，十分疲劳，便点头答应。二人直奔馆驿，刚到门口，却看见大将关羽率领几百人在此迎接。张松对关羽十分敬佩，万万没想到关羽会亲自迎接。二人相见，关羽说道："我奉主公之命，在此迎接先生，请先生好好休息一下！"张松很感动，心想：刘备考虑得太周到了，而且待我如上宾。

第二天，张松觉得已经消除了疲劳，便提出去见刘备。关羽、赵云二人相陪，刚走出馆驿不远，就看见刘备、孔明、庞统等人亲自前来迎接。张松更是感动，心想：曹操老贼三天不见我，而刘备却远远相迎。

一行人回到殿上，刘备立即设宴款待张松，众人轮流为张松敬酒。张松心想，他们是不是知道我的来意呢？我先考验一下他们。于是张松只和刘备谈一些旧事，并不提及西川之事，而刘备仍是天天设宴款待张松，也从不问及西川之事。

张松住了有半个月，想回去了，刘备率领文武百官设宴相送。张松心想：刘备确实是一位仁义之君，我不如投奔他。想到此，他对刘备说："皇叔，我此次前来，别无他事，有一张西川地理形势图想奉上。我家主公不思进取，迟早有一天会被曹操灭掉，皇叔不如尽快起兵攻占西川，到时候我做内应，一定能大获全胜。"

刘备非常感激地接过了地图，命关羽、赵云二人护送张松。

张松回来见到刘璋。刘璋问道："别驾，不知事情进展如何？"张松道："主公，那曹操老贼早有灭西川、夺天下之意，他根本不把您放在眼里，还口出狂言，说灭西川不费吹灰之力！"

刘璋一听，大吃一惊，忙问道："那我们怎么对付张鲁、曹操呢？"

张松道："主公，不必惊慌，有一人可以使张、曹不敢进攻西川，他就是刘备刘玄德。此人手下有大将数百名，能征善战，曹操都有些惧怕，何况张鲁呢？我们只要把皇叔刘备请到西川，曹、张二人就不敢进犯！"

黄权、王累非常反对张松的做法，认为那样是引狼入室，但刘璋心意已决，派法正去迎接刘备进驻西川，法正早已被张松说服。

法正见到刘备，说明来意，但刘备犹豫不决。庞统看出了刘备的心事，说道："主公，当断不断，必受其乱，益州物产丰富，又有百万人口，足可以成就大业，如今有张松、法正为内应，天赐良机。我们可以先兵后礼，攻下西川，再广施仁德，必会得人心！"刘备听后恍然大悟，立即起兵进驻西川。

可到了西川之后，刘备不忍心下手，庞统劝刘备早做准备，王累劝刘璋要除掉刘备。但二刘却惺惺相惜，谁也没有动手。

后来，张鲁进犯葭萌关，刘璋请刘备去抵抗。刘备带领着自己的人马来到葭萌关，到了那里，刘备广施恩德，不仅没有失去民心，反而得到百姓的拥护。

赵云、张飞智夺幼主

刘备没有费一兵一卒，只写了一封信就使曹操撤了几十万大军，而与马超进行了一场激战。孙权既佩服诸葛亮的才能，又担心刘备的势力大增。孙权对鲁肃说："刘备既得卧龙又得凤雏，看来真要得天下啊！我当初为什么就没有重用凤雏呢？"鲁肃道："主公，不必后悔，刘备虽得二人，但我东吴有精兵几十万，而且军心、民心都很齐，一定能得天下！主公，目前就有一个好机会，可以夺取荆州。刘备已带领数员大将和精兵进驻西川抵抗张鲁去了，现在荆州城中只有赵云、张飞二人率领很少的兵士守城，我们可以乘虚而入，一举夺回荆州。"这时顾雍也面见孙权，对孙权说："主公，如今刘备在西川作战，荆州城空虚，我们千万不要错失良机啊！"

孙权觉得二人的话很有道理，便决定亲自带兵出征。孙权是一位大孝子，每次出征之前，必向母亲辞别，这次也一样。吴国太问他："儿啊！这次又出兵攻打哪儿啊？"孙权不敢说谎，如实回答道："我要带兵攻打刘备，夺回荆州。"

吴国太一听，气得险些跌倒，孙权立刻扶住了母亲。吴国太说道："你真是太贪心了，如今江东的地方都由你掌管，你还不满足，非要夺回荆州。如果你用兵，我的女儿怎么办，我就这么一个女儿，你就这么一个妹妹，难道你不知道吗？你非要气死我不成吗？"吴国太放声大哭，孙权一见母亲又生气又伤心，一下傻了眼，赶紧向吴国太赔不是，只好答应母亲不出兵攻打荆州。

孙权回到帐中，闷闷不乐，心想：攻打荆州，母亲肯定不会饶了自己，真把母亲气坏了，我怎么对得起死去的父兄呢？怎么面对江东父老呢？如果不出兵，大好的机会白白错过，机不可失，时不再来，荆州就很难夺回来了。正在

孙权左右为难时，张昭求见。张昭对孙权说："主公，我听说国太不让你出兵攻打荆州，其实国太只是不放心她的女儿，我们可以派人把郡主接回来，再让郡主带上刘备的儿子，就说国太病重，想见她们母子俩。如果她们一来，我们就把阿斗留下，刘备只有这一个儿子，到时候他只能拿荆州来换幼主。这样国太也无话可说了！"

孙权一下子来了精神，说道："好计策！"说完他立即写了一封信，派周善带500精兵，火速去荆州接郡主和阿斗。

周善乃是东吴的一员大将，有勇有谋，他知道如果带士兵前去根本无法进城，那赵云英勇异常，自己根本不是对手。他让所有的士兵都打扮成商人的模样，船舱内暗藏兵器。

周善独自乘一只小船来到荆州城下，其余的船与这只小船保持一定的距离，以免引起别人的注意。周善跳上岸，让守城的士兵报告孙夫人，说吴国太派人来看望。

孙夫人让周善进城，周善将密信交给孙夫人。她打开一看，得知母亲病重，想见她和阿斗。孙夫人很为难，去吧，刘备带兵远征；不去吧，又怕见不到母亲。周善道："郡主，不要再迟疑了，国太病得很厉害，只想见您，如果您要等皇叔回来，恐怕……"孙夫人大哭不止。

哭罢多时，孙夫人擦干了眼泪，收拾了一下行李，怀抱阿斗跟着周善便出了荆州城门。

周善一看孙夫人和阿斗已上了船，立即下令："快开船。"可就在这时，只听赵云大喝一声："别开船！"周善一看是赵云，心中暗暗叫苦。

赵云来到船边，周善带着几十个精兵拦住了赵云的去路，大声说道："什么人竟敢如此胆大，拦阻主母的去路？"赵云毫不畏惧，大枪一摆，一枪挑死了两个士兵。周善让士兵抵挡，自己先行离岸登舟，向江中拼命划去。赵云一看周善要跑，催马沿江而追，这时江中有一老渔翁，看见是赵云，立即停下船，让赵云上了船。这只小渔船像离弦的箭一样，直奔大船而去。周善命弓箭手一齐向小船射箭，赵云大枪一抢，弓箭全部落入水中，而赵云丝毫无损。快要接近大船了，赵云大喝一声，然后轻轻一纵，稳如泰山一样，登上大船，吴兵都吓

坏了。

这时孙夫人从船舱中走出，说道："原来是赵将军！我母亲病重，来不及通知皇叔！"赵云道："主母，那您为什么带幼主一起去呢？主公一生只有这一个儿子，我当年在长坂坡千军万马之中，历尽千辛万苦才救出幼主，多亏我三哥喝断长坂桥，才保住了幼主的命。今天夫人却想带幼主离去，我恐怕无法向我家主公交代啊？"孙夫人道："我看你敢夺阿斗，你难道不想要命了不成？"赵云一把夺回了阿斗，说道："臣宁愿死去，也绝不让您带走阿斗！"大船没有停，继续向东吴方向行驶，小船已被甩开了一定的距离。赵云一手抱阿斗，一手拿枪与他们搏斗，而周善却指挥着士兵，拼命划桨。眼看着船已到了江心，赵云心想：如果船一接近东吴，我纵有天大本领，也无法保护幼主的安危，这可怎么办是好啊？

忽然，有几艘大船和几条小船疾驶而至。小船船头一员大将，不是别人，正是猛将张飞。张飞巡城之时，没有见到四弟赵云，便问士兵是怎么回事。士兵说赵将军去截幼主去了。张飞立即下令，火速追击！

由于周善的船上人比较多，所以船行驶的速度比较慢，而张飞小船上只有三人，所以没用多长时间，张飞便追上了东吴的大船。赵云一看张飞来了，心中大喜，心想：幼主有救了！

张飞接近大船，大声说道："嫂嫂，留下侄儿！"

周善一看见张飞又乘船追来了，便停止了指挥，率领精兵到船尾来阻拦张飞。周善确实武艺高强，和张飞打了几十个回合，张飞心中一急，心想：我非杀了你不可！于是，张飞大喝一声，见周善的大刀砍来，也不躲闪，周善稍一迟疑，张飞大枪一下穿透了周善的心窝，当时跌落江中。东吴兵一见周善被杀，早已吓得魂飞魄散。张飞乘机跳上东吴的船，大枪一颤，护住了赵云，东吴的兵士没有人敢上前了。

孙夫人一看张飞杀了周善，心想：回去我怎么和哥哥交代呢？她怒声问道："三弟，为何如此无礼？"

张飞道："嫂嫂，恕小弟无礼，那周善先与我搏斗，我才将他挑入水中。嫂嫂，您私自回家，而俺哥哥正在西川征战，这不也是无礼吗？况且，我只有这一个侄儿，若是有个闪失，我怎对得起我的哥哥啊?"夫人一听，叹了口气道："我母亲病危，十分想念我，如果二位贤弟不想让我离去，我请你们照顾好阿斗，我宁愿一死了事!"张飞赶忙相劝："嫂嫂，且慢!"

张飞和赵云商议了一下，决定让夫人回到东吴，而留下阿斗。张飞对夫人说道："嫂嫂，那您就请吧!不过俺大哥正在征战，希望您早去早归，到时候我们一定会亲自迎接您!"

张飞、赵云带回了阿斗，孙权的计谋又失败了。

庞统献计取涪关

刘备率领人马去守葭萌关，准备和张鲁决一死战。刘备到了那里，严明军纪，下令：不许扰乱百姓，违令者斩!

刘备在葭萌关广施恩惠，收买人心。刘璋的谋士黄权得知，立即上疏，对刘璋说："主公，刘备野心勃勃，如今已进驻西川，我们不得不防，应该告诫各关隘太守一定要严防死守，以免刘备兵变。"刘璋道："我与皇叔刘备乃同宗，而且刘备仁慈宽厚，在我有难之际前来支援。他进驻西川已经不短，但我二人相处很愉快，他也没有兵变之心。"黄权一看刘璋不听自己的劝告，十分焦急，心想：长此以往，西川必被刘备所占。正当黄权焦急之时，遇上了王累，二人一商议，决定带领百官共同上疏。王累道："主公，我们不怕一万，就怕万一。我们命大将紧守城门，也没有什么损失，这样，即便刘备有兵变之心，也无从下手啊!"

刘璋一看文武百官都这么说，便下令：紧守各关隘。随后他又派白水都督杨怀、高沛二人严守涪水关。

庞统得知情况后，便对刘备说："主公，刘璋对我们已有防备之心，我们也要小心谨慎为妙!"刘备道："军师，我们不如回到荆州吧!我接到孔明的信，说夫人已回东吴，多亏了赵云和张飞两位贤弟截下了阿斗。探马也来报曹操兴兵准备攻打东吴。二者无论是谁取胜，都会攻打荆州的!"

庞统道："主公，不必多虑，那孙权想用幼主阿斗换回荆州，但被子龙和翼德截下幼主，看来他还不敢进犯荆州，而且吴国太一向十分疼爱您的夫人，她也不同意孙权攻打荆州。曹操此次前来，虽有大军几十万，但和东吴激战之后，必然会损兵折将，他也没有能力继续围攻荆州，必然会回师许都。利用这一段时间，我们攻占西川，扩张领土，扩大势力范围，到时候就可以与曹贼抗衡了。所以主公万万不可轻易撤军，我们可以利用曹军攻打东吴的机会索取刘璋的粮草和人马。您写一封信，就说曹操攻打孙权，我和孙权是亲戚又是唇齿的关系，我要回师相救。但是缺少粮草和人马，希望能够得到你的支援，给我 10 万斛粮，4 万人马。至于张鲁，一见曹军南下，他只顾自己保命，绝不会来攻打西川。"

刘备听了庞统的一席话，茅塞顿开，说道："听军师一席话，胜读十年书啊！我立即下书给刘璋！"

刘备派人送书给刘璋，自己先行来到涪关。把守涪关的是大将杨怀，他早就对刘备有戒心，便带着使者前来面见刘璋。刘璋看完信，犹豫不决，心想：要是给刘备兵马和粮草，他若攻打我，我可就难以自保了；如果不给，看在同宗情义上，有些说不过去。大将杨怀说："主公，千万不能拨给刘备兵马和粮草，他到葭萌关之后，广收民心，他野心可不小啊！如果他再有充足的粮草和兵马，一定会攻打我们，到时候，我们恐怕难以迎敌啊！"

其他大臣也都反对给刘备人马和粮草，只有张松赞成。张松说："主公，虽然刘备在葭萌关广收人心，到时候刘备一撤兵，还不都是为主公您收买的人心吗？而且刘皇叔素有长者风范，不会背信弃义的。"

刘璋拿不定主意。刘巴说道："主公，刘备一代枭雄，一定要防备他，您不如调拨给他几千老弱残兵，一万斛粮。"刘璋觉得很有道理，便依刘巴所说去做。

刘备得知刘璋所作所为，破口大骂。庞统一看刘备如此生气，心想：我何不激主公一下，让他夺取涪关呢！庞统对刘备说道："主公，刘璋对我们早已失去同宗之情，而您却仍以仁义为重。我们不如挑选精兵，昼夜攻打成都，杀了刘璋，西川这地方就都是我们的了。"

刘备一听，连连摇头，说道："这个计策太仓促，我们哪有那么多的兵士攻

打成都呢？"

庞统又说道："主公，如果不想攻打成都，那么您可以借口回荆州，那样，杨怀、高沛一定会代表刘璋为您送行，我们找机会杀了二人，就可以占领涪关了！"

刘备给刘璋写了一封信，信中说：曹军火速行军，东吴告急，我必须马上回去支援，来不及辞行，还望见谅。

刘璋收到信后，派涪关将领杨怀、高沛前来送行。二人都恨透了刘备，又见刘璋优柔寡断，对刘备迟迟不下手，便决定借此机会杀了刘备，以绝后患。杨、高二将手藏兵刃，准备刺杀刘备。

庞统料事如神，对刘备说："主公，涪关二将心怀鬼胎，很可能在为您送行之际，乘机行刺于您，您要小心谨慎！"

刘备一听，有些担心，立即身披重铠，腰佩宝剑，又叮嘱黄忠、魏延要小心杨怀、高沛二人。

刘备到了涪关城，有人去报告涪关将领。杨怀、高沛拿着礼物，带着200名士兵为刘备送行。刘备很高兴地接受了二人的礼物，但都是魏延接过来的。二人没有机会下手，但一看刘备没有丝毫准备，心中一阵高兴，心想："别急，一会儿有机会了，我就让你到黄泉之下去报到！"

刘备、庞统让杨怀、高沛二将到帐中相谈，二人随着刘备等人来到帐中，那200名士兵被拒之门外。杨、高二人还没有坐下，刘备一拍桌案，大喝一声："给我拿下！"二人还不知道是怎么回事呢，已被刘封、关平按倒在地，五花大绑，想反抗，已经晚了。庞统派人去搜身，果然不出所料，二人的腰间都别着两把匕首。

刘备大怒，说道："你们二人，为什么要行刺于我？我与你们昔日无冤，近日无仇。我不远千里来支援你们，而你们却来害我，真是岂有此理！来人啊，推出去，斩了！"

二人边走边骂，刚骂了没几句，人头已落地。黄忠、魏延将那200名士兵全部抓住，刘备对他们说："我刘备乃讲信义之人，此二人竟敢行刺于我，而你们与此事无关，如果愿意归降我的，我一定不会亏待你们！"

那200名士兵纷纷投降，庞统让这200名士兵带领大军直奔涪关。守城的士兵一看是自家弟兄，便大开城门，刘备率大军占领了涪关，蜀兵投降。

庞统献计，没费一兵一卒，智取涪关，为刘备在西川站稳脚跟立下了汗马功劳。

关羽受印大败曹

曹操手下有一个谋士叫杨修，此人才高八斗、学富五车，但生性喜欢炫耀自己，时常显示一下自己的才能。曹操对他这一点很不满意，最后因"鸡肋"事件，一怒之下杀了杨修。

提起"鸡肋"事件，还得从头说起。

曹操率领几十万大军，南下汉中，驻扎在汉水北岸，刘备的军队驻扎在汉水南岸。两军展开了激战，几次交战，各有胜负，两军只好准备长期作战。

曹操怕自己的粮草不足，所以派大将张郃去押运，临行之前，再三叮嘱："粮草事关全营将士的性命，粮草在，士气在，粮草毁，军队不攻自破，不得有半点失误！"张郃深知责任重大，不敢怠慢，派人严加看守。

黄忠手下有人报告：曹操正派张郃将曹军的粮草押运在汉水北山脚下。黄忠得到这条消息，非常高兴，心想：如果烧毁了曹军的粮草，曹操只好败阵而逃。他便到孔明那里去请战。黄忠是一位老将，非常勇猛，但到老了才得到重用。诸葛亮一听，也很高兴，但他知道曹操善于用兵，一定会派大将把守，于是说道："黄将军，既然你想去烧毁曹军粮草，我也不阻拦你，任你要量力而行。曹操一定有重兵把守，能毁掉他的粮草更好，毁不掉也不为过，小心谨慎为妙，我再派赵子龙与你同行。"诸葛亮确实用兵如神，他知道老将黄忠的特点，人老心不老，而且贪战，不到黄河不死心，而赵云则能够稳定阵脚，做什么事都很有尺度。

二人领命而去。一路之上，曹操布下了多员大将。黄忠真可谓老当益壮，与曹操手下的大将夏侯渊战在一处，打得难解难分。可夏侯渊有些轻敌，认为

黄忠上了年纪，一不留神，脑袋搬了家。

赵云看一路上曹兵众多，便对老将军黄忠说："老将军，曹操看来一定有重兵把守粮草，我们还是先回到寨中休息一下，另作打算！"

黄忠摇了摇头说道："赵将军，我刚斩了夏侯渊，你且留在寨中，我带几个人去烧毁曹贼的粮草。"

赵云一看劝不了老将军，只好点头答应，并对黄忠说："老将军，一路上要千万小心，烧毁粮草之后立即回来，我们约好明日午时一定要回来；如果不回来，证明您与曹军打了起来，我再去相助。"

天已经大黑了，黄忠心想：趁着天黑渡过大河，正好可以毁掉曹操的粮草。黄忠带领着副将张著等人渡过汉水，一看曹营根本没有防守，心中大悦，又前行了一段，来到北山脚下，一看粮草堆积如山，而且只有几个士兵把守，还都睡了。黄忠等人十分高兴，立即上前，想烧毁粮草，可就在这时，鼓声大震，四面八方、漫山遍野的曹军将黄忠等人围了一个里三层外三层，风雨不透，水泄不通。黄忠大叫一声："上当了！"

为首的两员曹军大将是徐晃和张郃。张郃负责守护粮草，听说黄忠、赵云要来烧毁粮草，知道自己不是赵云的对手，便又让曹操调来大将徐晃。他们布置好了圈套，只等黄忠、赵云到来。

张郃一看只有黄忠一个人，仰天大笑，因为老将黄忠那时名望还不高。张郃道："大胆毛贼，竟敢毁我粮草，拿命来吧！"说着他与黄忠战在了一起。张郃小看黄忠了，老将老而弥坚，十分英勇，张郃真有些抵挡不住。徐晃又前来助阵，副将张著也前来支援。四个人打在了一起，打得不分上下，一直到了天亮，又从天亮打到了中午。老将黄忠有些体力不支，张著也受了伤。

再说赵云一看已到午时，老将军还没有回来，知道出事了，便对副将张翼说："多安排些弓箭手，一定要坚守营寨！"说完，他骑马带枪直奔敌营，远远就看见曹营战成了一团。赵云大枪一甩，从曹军中杀了进去，曹军根本不是对手，一下闪开了一条血路。见到老将黄忠、副将张著，赵云大叫一声："快随我来！"再看赵云大枪上下翻飞，舞动起来，呼呼挂风，带领二人杀回了寨中。曹军紧追不舍，到了寨门，无数支弓箭像雨点一样密集，曹军死伤无数，纷纷逃跑。赵云立即下令：追杀曹军！赵云一口气夺取了曹寨，黄忠大喜，立即派人把曹军粮草运走。

曹操得知粮草已丢，又怒又急。一日曹操喝鸡汤，看到碗中有一块鸡肋，正遇上巡营将军询问夜间口令。曹操看着鸡肋，有感而发，随口说了一句"鸡肋"。鸡肋传遍军营，众将领不知何意，便问很有学问的杨修。杨修说："大家回去收拾行装，装备，准备回家吧！丞相已有退兵之意，鸡肋食之无肉、弃之可惜，丞相是把汉中比作鸡肋啊！"众人一听，很有道理，便开始打点行装。曹操得知大怒，命人将杨修斩首。但是大军已毫无斗志，曹操只好撤兵。这就是"鸡肋"事件，杨修被斩，曹军也丧失了斗志。

刘备一看曹军已撤，心中大喜，乘机又占领了房陵、上庸。刘备实力大增，众将拥刘备为王。刘备推辞不掉，于建安二十四年在汉中举行隆重典礼，刘备为汉中王，又立长子刘禅为世子，诸葛亮为军师，许靖为太傅，法正为尚书令，封关羽、张飞、赵云、马超、黄忠为五虎大将，其他有功之臣都有封赏。

那时，关羽正在荆州守城，刘备派费诗为关羽受印。关羽一见费诗，便问道："汉中王封我什么职位？"费诗道："二将军您、张飞、赵云、马超、黄忠，你们五人被封为五虎大将，您为大将之首，张飞为左将军，马超为右将军，黄忠为后将军，赵云为翊军将军。"

关羽一听，有些不悦，说道："我关羽为我家兄长立下汗马功劳，而黄忠无名无望，怎能同封为五虎将军呢？"

费诗一看关羽不受印，便说道："二将军，昔日萧何、曹参与汉高祖共创大业，立下汗马功劳，而韩信是后来投靠高祖的，可分封之时，韩信地位却高于萧、曹二人，二人却没有不满。二将军与汉中王为结拜兄弟，休戚与共，祸福同当，而如今二将军却为职位高低而不满，实在不应该啊！"一席话说得关羽十分惭愧，立即下拜受印。

诸葛亮一看曹军已撤，便立即命令关羽围攻樊城，守城的曹仁向曹操求助。曹操派于禁、庞德来助阵，二人在樊城10里处安营扎寨。

那时，雨水不断，而曹营和樊城都在城北低地处。关羽顿生一计，决定水淹曹军。他命人堵住水口，大水暴涨，又连降几日暴雨，然后突然开闸放水曹

营被淹，樊城也被水围困。关羽大悦，立即带领将士，直奔曹营。于禁无路可逃，只好投降。而庞德却誓死不降，与关羽的人马展开了大战。他从士兵手中夺下一条小船想逃走，但周仓手疾眼快，驾着大船直接撞向庞德。庞德落入水中，周仓将庞德活捉。庞德誓死不降，关羽令人将其斩首。

关羽受印，水淹七军，大败曹操，威名大振。曹军一听五虎将军的大名，都闻风而逃。

关羽败走麦城

关羽水淹曹军，杀了庞德，俘获了于禁、史胡修、傅芳等多员曹将，樊城也被大水围困了多日，曹仁心中有些惊慌，他知道关羽有勇有谋，十分难对付，而且眼下许多将士都已丧失了斗志，想弃城而逃。曹仁也想乘关羽还没有攻城，弃城而走，保存实力，等待时机，再与关羽决一死战。

满庞知道了曹仁的意思，便对曹仁说道："将军，千万不可弃城而逃啊，关羽虽用水围城，但他没有来攻城，说明他有所畏惧，他怕我军从后面袭击，如果我们一撤兵，关羽必然会轻而易举地占领了樊城，我军的处境十分危险，请将军三思。"曹仁一听，恍然大悟，说道："我意已决，愿与樊城共存亡！"立即召集队伍，对大家说："丞相待我们恩重如山，如今大水围城，我们不能撤兵，否则丞相所在地就有危险，我们必须同心协力，共渡难关。谁若扰乱军心，定斩不饶！"军心渐渐稳定了下来，曹仁亲自带领士兵巡城，士兵也大受感动，决心与樊城共存亡！

曹操早已知道关羽水淹七军，杀死庞德，活捉于禁，心中十分焦急，但也更加佩服关羽了。他心想：我若得此大将，必得天下，此人有勇有谋，而且十分重情义。正想着，司马懿求见。司马懿问曹操："丞相，如今水困樊城，不知有何打算？"曹操说："我正为此事而担忧，你可有妙计破敌？"

司马懿道："丞相，我们可以写信告诉孙权，关羽围攻樊城，荆州空虚，可以乘机夺回荆州。孙权虽与刘备是亲戚，但孙权对刘备恨之入骨，恨不得尽早消灭他，夺回荆州。所以孙权得知此消息，一定会立即出兵，到时候关羽就得撤兵守城，樊城之围不就解了吗？而且我们可以抓住战机，大败关羽。"

曹操大悦，连声说："妙！妙！"立即写了一封书信，派使者送给孙权。

孙权一看书信，立即召集文武群臣。大将吕蒙说道："主公，如今关羽水围樊城，必然派出大量人马，我们正可以借此机会，夺回荆州。这虽然也帮曹贼解了樊城之围，但只要我们占据了荆州，樊城我们也可以夺取啊！"孙权也觉得这是一个千载难逢的好机会，便命吕蒙领兵攻打荆州。

吕蒙带兵来到陆口，安营扎寨，派人去打探消息。吕蒙心想：关羽主力兵马已围攻樊城，荆州城内只有老弱残兵，用不了几日，我便可攻下荆州。哪知道探马来报：关羽已在荆州城外沿江建了许多烽火台，五步一岗，十步一哨，防守严密。吕蒙听后，心中暗暗吃惊，十分佩服关羽。吕蒙心想：攻城，很难攻下，荆州地势险要，易守难攻；不攻城，无脸面见主公，我已夸下海口，这可怎么办啊？

这时有一个叫陆逊的人求见。陆逊，足智多谋，21岁时就在孙权幕府中任事，不仅做事认真，而且头脑敏捷，深受孙权欣赏。孙权任命他为地方官，陆逊把地方治理得井井有条。后来孙权又把他调到自己身边，这次吕蒙出师攻打荆州，孙权便派陆逊辅助他。

陆逊见了吕蒙说道："将军，现在是否进退两难啊？我给你出个计策，你在陆口不要进军，称病辞职。关羽虽然有勇有谋，但此人有一个致命弱点，就是傲慢，他一向自恃英雄，我听说他被封为五虎大将之首，还有些不满意。他目中无人，瞧不起黄忠，后来费诗苦劝一番，才接受大印，可见此人有多骄傲。如今他又连连取胜，一定傲慢无比。如果将军辞职，他一定会放松警惕，撤走兵马去围攻樊城，到时候我们再出其不意，占领荆州。而曹操到时候也会乘机攻打关羽，他前后受敌，必然大败而逃。"

吕蒙心想：这是个好计策。第二天，便向孙权请求辞职，让陆逊顶替他，而且故意让关羽知道这个消息。

关羽这个人优点很多，不愧为一代英豪，但他却十分骄傲。他听说陆逊代替吕蒙，心想：陆逊是一个无名鼠辈，他会带兵打仗吗？我不如撤走荆州的人马去围攻樊城，等攻下樊城，再来收拾他。关羽把荆州的人马刚一撤走，陆逊就派人去告诉孙权。孙权得知后，立即给曹操写信，让曹操乘机攻打关羽。孙权任命吕蒙为大都督，带领1万精兵攻打荆州。吕蒙把将士们藏在船舱中，他带领几个人打扮成商人的模样，来到烽火台下。守城的士兵根本没有在意他们，问他们是干什么的？吕蒙边说边拿钱贿赂他们，士兵们毫无防备，就让他们进了城。

由于近期没有战争，烽火台的士兵十分松懈，到了半夜就睡觉了。吕蒙带领着几十人爬上烽火台，将士兵生擒活捉，对他们说："如果你们投降，骗开城门，我家主公一定会重重赏你们，如果你们不识抬举，只有死路一条！"这些士兵纷纷投降，带领着吴兵来到荆州城下，让守城的士兵开城门。守城的士兵一看是自己人，立即打开城门，吴兵迅速进城，占领了荆州，傅士仁和糜芳也投降了。

吕蒙知道关羽手下的将领十分英勇，便下令：不许扰乱关羽将领的家眷，违令者，定斩不饶！

曹操得知孙权出兵攻打荆州，立即派大将徐晃带领几万人马去解樊城之围。曹仁听说来了救兵，士气大涨，率曹军从城中迎战。关羽前后受敌，又听说荆州被吕蒙占领，气得大骂孙权、吕蒙。关羽一看很难攻下樊城，便下令撤兵。他重新整顿人马，想杀回荆州，再夺回来。

关羽带领众将士杀了回来，但将士们得知自己的家眷都很平安，心想：如果再与吕蒙交战，吕蒙气急败坏，很可能杀了家眷，不如一走了之。许多将士都纷纷逃离，军心大乱，毫无斗志可言。

刚走到半路上，关羽便遇到了吕蒙。关羽大骂道："你这个小人，违背盟约，真是卑鄙无耻！"吕蒙笑道："关将军息怒。我是奉我家主公之命前来索回荆州，不得已而为之啊！"关羽气得须发皆立，大刀一挥，与吕蒙战在了一起。关羽一看吴兵无边无沿，心想：不能久战。他带领着几百人马，逃到麦城。吕蒙率吴兵将麦城团团围住。关羽一看，很难战胜吴兵，便派人到上庸去求救，孟达知道自己不是吴兵的对手，便迟迟不发兵。关羽在城中大骂孟达。关羽心想：如果吴兵围城时间一长，城中无粮草，人马饿也得饿死，我必须突围出去，

到西川去搬兵。

一天深夜，关羽带领关平由城北小路向西川驰去。谁知道，吕蒙早已在周围设下了重重埋伏，没走多远，伏兵四起，关羽、关平被围，二人带领着自己的人马不敢恋战，杀出一条血路，向北跑去。刚走二三里，又遇上伏兵，关羽大刀一砍就是一片，但是吴兵太多，倒下一批，又上来一批，关羽知道这样累也把自己累死，便带马向北跑。刚跑了几步，战马被吴兵绊倒，关羽跌落马下，立即被吴兵擒住。

关羽、关平被擒，二人宁死不降，被孙权杀掉，周仓听说关羽被杀，也拔剑自刎，麦城失守。

关羽因骄傲而败走麦城，却给了孙权一个大好时机。

曹丕称帝代汉

曹丕，字子恒，沛国谯县（今安徽亳州市）人。三国时期政治家、文学家，曹魏开国皇帝（220—226年在位）。魏武帝曹操嫡长子，母为武宣皇后卞夫人。曹丕从小就受到了严格的贵族教育，8岁时就能下笔成文，写出洋洋洒洒的散文。年纪稍大之后，曹丕不但博览了诸子百家的著作，还学习武艺，不但弓马娴熟，还是个击剑好手，堪称文武双全。

赤壁之战曹操大败而归后，曹操觉得自己体力已经不如从前，开始着手安排继承人，就直接把曹丕升为五官中郎将、副丞相。公元216年，曹操被汉献帝晋封为魏王，赐九锡，册立王太子的事情就被提到议事日程上来。曹操的正室夫人丁氏没有子嗣，就收养了小妾所生的孩子曹昂为子。同时，曹操的侧室卞夫人却非常争气，连着为曹操生下了曹丕、曹植、曹彰、曹熊四个儿子。后来身为长子的曹昂在宛城之战中死于乱军之中，王太子就只能在身为次子的曹丕和深受曹操喜爱的曹植之间产生。

当时曹丕和曹植身旁各有一帮亲信。曹植身边这些人都是些文章出众、政治敏感度却低下的文人，而曹丕身边都是跟随曹操辛苦创业的能臣干将，再加

上"立子以长"的观念，曹丕在斗争中越来越占据上风。曹植丝毫没有感觉到形势对自己不利，依然我行我素，一派狂士风采，居然驾着马车在皇帝的御道上奔驰，引得众人侧目。曹操知道这件事后勃然大怒，重重责罚了曹植。没过多久，曹植的妻子穿着逾制的衣服出游，又被曹操撞见，当即下令赐死了自己的儿媳。这几件事使曹操对曹植的印象越来越差，觉得还是曹丕知道进退，懂得尊卑，就正式下旨立曹丕为王储。

公元 220 年，雄才大略的曹操死在了洛阳。当时曹丕正在自己的封地邺城

曹丕

（今河北临漳）。跟随曹操出行的谏议大夫贾逵急忙安抚人心，然后派人快马赶到邺城请曹丕主持大事。曹丕闻讯后立刻赶往许昌，召集群臣，商量大事。当时满朝大臣刚刚听说曹操的死讯，个个号啕大哭，场面非常混乱。这时中庶子司马孚厉声大吼说："现在魏王刚刚去世，天下震动，我们应该辅助王子早日继承王位，以镇万国，哭有什么用？"群臣这才醒悟过来，安排大队警卫，开始置办曹操的丧事，给献帝上奏章，要求让曹丕继王位。献帝在群臣的裹挟下，很快就派遣御史大夫华歆宣诏，封曹丕为丞相、魏王，领冀州牧，曹丕完全继承了曹操遗留的权力。

曹丕继承王位后，没有忘记拥立自己的几个大功臣，他加封贾诩为太尉，御史大夫华歆为相国，大理王朗为御史大夫。然后曹丕又把威胁自己位置多年的弟弟曹植贬为安乡侯，把弟弟的心腹丁仪等人满门抄斩，总算消除了弟弟当年带给自己的压迫感。王位稳固之后，曹丕就积极准备把有名无实的献帝赶下台，自己过过皇帝的瘾。朝中的左中郎将李伏、太史丞许芝揣摩到了曹丕的心意，就上表献帝说："天下有不少异端景象，说明魏当代汉，陛下您还是禅让给魏王吧。"这时的献帝早被曹操调理得"知书达礼"，根本没有让大臣们费事，

就直接在禅让诏书上盖了印，签了字。这年十月，大臣们在繁阳筑起祭坛，曹丕在祭坛上接受了皇帝的玺绶，正式即皇帝位，国号魏。至此，历经12帝、195年的东汉政权名实俱亡。

此后，公元221年，刘备即帝位，建蜀。公元222年，孙权称帝建吴。至此，三国鼎立局面正式形成。

曹丕称帝后，实行"九品中正制"，确立了士族豪强在政治上的特权，开辟了魏晋南北朝时期的氏族门阀制度。曹丕还设置了秘书监和中书省，中书省设置中书令，主管通达百官奏事，起草诏令，以此分掉尚书令的权力，改变了东汉后期尚书权力过重的局面。在经济上，曹丕继续实行屯田制，重视水利建设，使魏国的实力进一步增强。

刘备为二弟伐吴

关羽被杀之后，张昭对孙权说："主公，关羽不该杀呀，那刘备与关羽桃园结义，情同手足，今日我们一杀关羽，他必然大怒，会来攻打我们的。关羽素来威望很高，将士们听说我们杀了关羽父子，士气也会大涨，必然会与我们决一死战。而且刘备现已占据益州，兵强马壮，他若攻打我们，我们很难抵抗啊！"

孙权一听，吃了一惊，他只想杀了关羽，可以解除后顾之忧，没想到刘备这一方，便问道："孤没有想到此，如今事已至此，我们有何对策？"

张昭道："我们可以把关羽的人头送给曹操，这样刘备一看，就知道我们与曹操是联合攻打关羽的，而且会认为是曹操指使我们杀的关羽。刘备自然会起兵攻打曹操，到时候我们就可以坐山观虎斗了。"

孙权一听，大悦，立即派人将关羽的人头送给曹操。曹操心想：你孙权想嫁祸于我，真是妄想，我何不将计就计，使你与刘备矛盾加深呢。于是曹操传下命令，用木头为关羽刻了一个身体，与关羽的头连在一起。自己又不顾身体虚弱，头痛得厉害，亲自去拜祭。

再说汉中得知关羽父子被杀，上下一片哭声，关羽不仅武艺高强，而且威望很高。刘备悲恸欲绝，他立即召集文武百官道："我二弟被孙权所杀，我与他誓不两立，明日我要亲自率领人马去攻打孙权，割了他的人头，为我二弟报仇雪恨！"其他众将领也纷纷表示，一定要灭掉孙权，为关将军报仇！

只有诸葛亮、赵云等很少的人反对。诸葛亮道："主公，关将军的仇一定要报，但我们一定要沉住气。吴兵大获全胜，士气正旺，他杀了关将军，必然有所准备。孙权把关将军的首级送给曹操，说明他想嫁祸于曹操，而曹操却将关将军厚葬，可见二人面和心不和。孙权是想让我们攻打曹操，而曹操又希望我们与孙权争斗，无论我们和谁交战，都会有损兵力，到时候另一方就会坐收渔利。主公，这时候我们千万不可出兵，我们不如先为关将军发丧。魏、吴为了荆州、樊城之事还会大战，到时候我们再攻打他们也不迟啊！"

赵云也劝道："主公，关将军之仇不报，难为好男儿，但我们要等待时机，千万不可中了魏、吴计策啊！"

刘备含泪道："好吧，先为我二弟发丧，全体将士为我二弟挂孝！"

关羽的首级在魏，尸体在吴，刘备只好把关羽的衣物葬在成都城外万里桥边，全城一片悲哀。

刘备为关羽发丧完毕后，便调查原因，原来关羽是中了吕蒙、陆逊的计策，后来又得知上庸守将孟达不支援关羽，才导致父子二人被拿。刘备大怒，派人去诛杀孟达，孟达知道刘备不会放过自己，便投降了曹丕，曹丕乘机占领了上庸、房陵。

曹操死后，曹丕继承王位。不久，他废掉汉献帝，自立为大魏皇帝，追谥曹操为太祖武皇帝。

诸葛亮一看曹丕称帝，联合百官共同上疏，请汉中王也称帝。刘备推辞再三，但在文武百官的劝说下，于公元221年，在成都称帝，国号为汉，刘备就是昭烈帝，他封长子刘禅为太子，诸葛亮为丞相，又封赏其他官员。

刘备做了皇帝，但并没有只图安逸，他刚一做皇帝，就想起了与自己出生入死的二弟关云长。他下定决心一定要伐吴，为二弟报仇雪恨。

张飞得知二哥关羽被吴国杀害，气得暴跳如雷，总和大哥刘备说要为二哥报仇，一定要举兵伐吴，可诸葛亮和赵云却劝阻他，他没办法，只好每日以酒为伴，喝多了就打手下的将士，渐渐地，手下的将士十分惧怕、讨厌张飞。有一次张飞喝多了，手下张达、范强又无缘无故挨了一顿打，他俩趁张飞熟睡之际，杀了张飞，带着他的首级投奔东吴去了。刘备扬言新仇旧仇一起报，下定决心伐吴，为二弟关羽报仇，为三弟张飞报仇。

赵云得知刘备又要伐吴，便赶忙劝阻，说道："皇上，如今曹丕篡位，不得人心，我们应积蓄力量，攻打魏国。如果我们能够大败曹丕，控制黄河以北地区，我们就可以依据有利的形势，灭掉吴国。如果现在伐吴，即使取胜，也很难一统天下啊！"

刘备道："我二弟被斩，三弟又遭害，想当初我们桃园三结义，不求同年同月同日生，但求同年同月同日死，而如今二位贤弟都离我而去，纵然我得到天下，又有何用啊？"

刘备不听赵云、诸葛亮的劝阻，亲自率5万大军直奔江东。孙权虽然早有准备，但还是不敢应战，多次派人去求和。刘备这时报仇心切，都红了眼，根本不理孙权，大兵继续前进。

孙权一看议和无效，忙召集文武百官商议应敌对策。张昭说："主公，我们东吴的人马可以和刘备一搏，但是如果曹丕乘虚而入，我们就力不从心了，不如我们向曹丕称臣，即使曹丕不出兵帮我们，也不会乘机攻打我们。"

孙权点头答应，派张昭前去曹营。曹丕一听孙权称臣，很高兴，封孙权为吴王。

孙权立即集合人马，准备大战，他派陆逊为大都督，迎战蜀军。

刘备的军队气势逼人，先头部队很快攻占了巫县，接着又向秭归进军，没多久，冯习占领秭归。蜀军很快打到彝陵，刘备率领大军进驻，在附近的山地上设置了几十座营寨，绵延几百里，声势浩大。

陆逊一看刘备来势凶猛，命全体将士只守不攻，一些老将军都认为陆逊胆小怕事，陆逊置之不理。

孙权的侄子孙恒被刘备围困在彝陵（今湖北宜昌市西），派人向陆逊求救，而陆逊却不派兵支援，反而说："孙将军威望很高，一定能守住城池。"

刘备在山中埋伏了8000精兵，故意派人向陆逊挑战，可陆逊却不出击。刘备只好撤伏兵，刚一撤兵，陆逊便带领人马向刘备进攻。他知道刘备足智多谋，刚一出兵时处处小心，而撤兵之时则麻痹大意。那时正值盛暑天气，陆逊用火攻，大火漫天，刘备大败而归。

陆逊火烧连营，没有费多少兵力就大败刘备，而孙植东夷之围也早解了，东吴的将领都十分佩服他。孙权加封他为辅国将军。

白帝城托孤

公元219年，关羽所守的荆州被吴国攻占，关羽也兵败被杀。刘备听到这个消息，不顾诸将的劝阻，举全国之兵力去讨伐吴国，为关羽报仇，结果大败，自己也病倒在白帝城的永安宫。刘备知道自己的病难以治好，命诸葛亮辅佐太子刘禅，让尚书令李严做诸葛亮的副手，并派人日夜兼程赶到成都，请诸葛亮来嘱托后事。

汉王刘备对诸葛亮说："你的才干胜过曹丕十倍，必定能安定国家，完成大业。如果刘禅还可以辅佐，你就辅佐他；如果他没有才德，你可取而代之。"诸葛亮已泣不成声，立即跪倒在地，说："亮定当竭尽全力，鞠躬尽瘁死而后已！"

汉王刘备又下诏给太子："人活五十而死不能称为夭折，我已经活了六十多岁，还有什么遗憾，只是牵挂你们兄弟。要努力，再努力啊！不要因坏事很小就去做，也不要因为好事很小就不去做！只有贤明和德行，才会使人折服。父亲德行浅薄，不值得你们效法。你与丞相共事，对待他要像对待自己的父亲一样。"

公元223年四月，刘备在永安宫辞世，谥号为昭烈皇帝。

丞相诸葛亮护送灵车回到成都，由李严做中都护，留下镇守永安。

五月，太子刘禅即位为蜀汉皇帝，当时17岁，尊奉皇后为皇太后，大赦罪犯，改年号为建兴。封丞相诸葛亮为武乡侯，兼任益州牧，国事无论大小，都取决于诸葛亮。

刘禅初为皇帝时，对诸葛亮充分信任，军国大事全权委任于诸葛亮。诸葛亮几次出兵北伐，攻打魏国，均遭失利。诸葛亮死后，蒋琬和费祎相继辅政，他们遵行诸葛亮的既定方针，团结内部，又不轻易用兵，蜀国一度呈现出比较稳定的局面。蒋琬、费祎之后，姜维执政，多次对魏用兵无功，消耗了国力。

诸葛亮、蒋琬等贤臣相继去世后，刘禅自身无力把持国政，宦官黄皓开始专权，迫使姜维外出屯田避乱，蜀国逐渐衰败。

公元263年，魏国出动大军，分三路进攻蜀汉，魏将邓艾抄小路攻入蜀中，刘禅派诸葛亮之子诸葛瞻阻击邓艾。诸葛瞻在绵竹战死，魏军进而逼近成都。这时，姜维率领的蜀军主力还在剑阁驻守，毫无损伤。后主一听敌军逼近，慌作一团，不知所措，急忙召集大臣商议。有人建议他逃向南中地区（今四川南部及云、贵部分地区），但那里情况复杂，能否站稳没有把握。有人建议东投孙吴，但孙吴也日益衰弱，自身难保。光禄大夫谯周力主降魏，后主刘禅竟采纳降魏的建议，反缚自己的双手，出城投降邓艾，并根据邓艾的命令，下令蜀军全部投降。蜀汉灭亡。

公元264年，司马昭派人把刘禅接到洛阳。刘禅举家东迁洛阳，很仓促，他的大臣们都没有跟随他，只有秘书令郤正和殿中督汝南人刘通两个人舍弃妻子儿女单身跟随刘禅。刘禅到了洛阳，司马昭用魏元帝的名义，封他为安乐公，还把他的子孙和原来蜀汉的大臣50多人都封了侯。刘禅仰仗郤正的导引和帮助，才使自己的言谈举止合乎礼仪，他曾经慨然长叹，恨自己了解郤正太晚。

有一次，晋王司马昭与刘禅一起宴饮。宴会中间，司马昭特地叫了一班歌女演出蜀地的歌舞。旁边的人都为之感伤不已，而刘禅却高高兴兴，就像在他自己的宫里一样。司马昭观察了他的神情，宴会后，对贾充说："人之无情，竟然到这种程度；即使诸葛亮还在，也不能辅佐他长久平安，何况是姜维呢！"

过了几天，司马昭又问刘禅："你还思念蜀国吗？"刘禅说："在这里很快乐，不思念蜀国。"郤正听到后很难为情，就对刘禅说："如果晋王以后再问，您应当哭着回答说：'祖先的坟墓，都远在岷、蜀，我心常常西望而悲，没一天不思念的。'然后闭上眼睛。"

后来，司马昭果然又问起刘禅，刘禅就把郤正教他的话原原本本背了一遍，

还竭力装出悲伤的样子，就是挤不出眼泪来，只好闭上眼睛。司马昭看到他这个模样，心里早明白了一大半，笑着说："这话好像是郤正说的啊！"刘禅惊讶地睁开眼说："确实像您所说的那样。"左右之人都大笑。

司马昭从此对刘禅放了心，这就是"乐不思蜀"的典故。泰始七年（271），刘禅死在洛阳。